人間存在の
経済人類学
社会再生への道程

前田芳人

弦書房

目次

序章　経済学が直面している課題とは何か——本書の構成と素描

経済の狂気的暴走によって、人の精神と魂が傷つき、自然のかけがえのない貴重な生命が失われあるいは危機に瀕し、私達の生（聖）命を支える役割を持つ農林漁業は台無しにされ、社会の全体は世界的規模で迷走しているように見える。経済発展が社会発展の目的と化し、目的と手段が逆転していることすら私達は気付いていない。経済発展はあくまでも社会発展のための手段であったはずである。経済は現代世界ではいまや凶器と化している。社会発展の方法として今日の経済の原理が間違っているとすれば、如何なる経済の原理が社会の発展に繋がるのかを検証すべきである。発展という概念は、経済のみに限定されるものではなく、人間や社会の在り方に関わる極めて多層的価値を含むものである。現代が文明論的危機あるいは文明論的転換の時代であると言われる所以である。

こうした状況のもとで、経済学に与えられた課題とは何か。本書は、その課題に少しでも接近出来ることを望んでいる。本書の問題意識は基本的に三つある。第一は、現代経済と現代経済学に対する批判である。資本主義社会と市場社会・市場経済への根本的な疑問である。第二は、現代経済の基本原理である市場と競争の原理＝交換価値の原理の世界から、和と連帯で成り立つ使用価値の原理の世界への転換の道筋を考究することである。それは、第一章で論究している本来的市場と補章と第六章で触れている半市場のことであるが、対立を生まず、共助・共立の穏やかな精神を育む経済の原理とはどのようなものかを明らかにしたい。したがって、第三は、経済を経済という限定された枠に閉じ込めるのではなく、社会の中の経済、人間の生の営みとしての経済に論究することである。それは、本書では、文化としての経済、さらには「聖なる社会の聖なる経済」に接近するための言説のことである。

本書のすべての章は、以上のような問題意識のもとに展開しており、それぞれの章に通底するものは、人間の経済の本質とは何かを問うことである。それぞれ各章は独立して叙述したために本書を四部構成にして出来るだけ纏まりのあるものとして整理している。第一部は「人間の経済への接近」、第二部は「柳宗悦の経済思想―用の経済学」、第三部は「風土の思想と経済」、そして第四部は「文明転換の可能性と方向性」である。

第一部はポランニー（一八八六～一九六四）の「人間の経済」論（経済人類学）を導入部にして、人間の経済について問題意識を深めることである。ここでは人と人の絆の基礎である互酬性がキー概念となる。

第一章の「人間の経済と「市場」―K・ポランニーの本来的市場論の構造」は、K・ポランニーが展開した本来的市場論の基本的な構造を明らかにすることである。現代社会の市場システムは、過去に私達が手に入れた「市場」の根本的な変容の形態であって、歴史的に望ましい方向に深化・発展をしてきたと言えるものではないのではないか。それは歴史的に見ても最良の市場システムではないのである。ポランニーの近代の市場認識である「悪魔のひき臼」に対する言説は、まさにそうした歴史的な視点からの根本的な市場批判であって、そのことに社会的視点からの批判が加わるのである。人類学的知見をも取り入れた、ポランニーの本来的市場論は、きわめて含蓄が深く、われわれに貴重な示唆を与えてくれる展開になっている。第一章では、まず、本来的市場を規定する三つの原理である、非競争・非膨張原理、必要・補完原理、互酬原理について明らかにする。そして、量的関係で動く近代の交換価値の世界とは異なり、非市場社会での質的等価の問題を考究する。ここでは、使用価値が主役であり、文化としての経済に言及するとともに、質的等価に関係する貨幣論にも考察を進めている。そしてさらに、非市場社会における社会的二重運動に関するポランニーの言説を検討し、その動態は社会の制度的な問題や人間の自由・宗教の問題と密接な関係のあることを明らかにしている。

第二章は、「石牟礼道子の精神世界と現代文明―人間・風土・神々の円環構造の文明論的意味」である。水俣病問題は、文明論的課題を背負った問題として受け取るべきものである。それはまさに個別的利得のために奔走する、企業と科学的専門家と国の三位一体的関係性を根底から問うものであり、戦後の「成長のためなら犠牲は仕方がない」という日本経済の構造や体質を一貫して告発し続けてきたからである。工業の身勝手な論理が漁民の日常の健全な暮しを破壊していく不条理を前にして、石牟礼は、文学を通して、近代知や科学知では認識することの出来ない風土的生活世界に横溢している人間存在の真姿を描いている。それは宗教的な神秘性をも帯びて、崇高で聖なる精神世界のように思える。小説『苦海浄土』の「浄土」という言葉にはそういう聖なる世界の存在が暗示されている。石牟礼のことを知悉している、渡辺京二は、石牟礼文学の特質の二つあるものの一つとしてそのことに言及している。次のように言う。「ひとつは現にこの世にある世俗的な生活の彼方に、その始原ないし根元をなす隠れた存在の次元があって、その次元から絶えず呼び返されているといったふうに、人間の生のありかたをとらえる感覚です。その隠れた存在の次元は、近代化以前、工業化文明以前の、さらに言えば文字文化以前の、土を耕し、海の生きものをすなどり、牛や馬を追う、山河と密着した生活のありかたのなかで常に感知されていたもので、それなしには農民としての、あるいは漁民・牧畜民としての現世の世俗生活も、存続の根底を失うような、「もうひとつのこの世」だったのです(1)」。こうした渡辺の極めて的確な評価は、石牟礼の精神世界の核心を言い当てている。第二章では、石牟礼の精神世界を「人間・風土・神々の円環構造」として認識し、人と風土と神々とが信じ合って循環するそうした仕組みのなかに経済の営みの基本を組み入れるべきことを示唆している。

第三章は、二〇一一年三月一一日に起こった、東日本大震災と原発事故の文明論的課題を主題にしている。大震災と原発事故は、生きることと死ぬことの問題を根底から問うことになったが、経済学はこれまでこうした問題を真剣に扱ってこなかった。サブタイトルを「生と死の社会経済学」とした所以である。大震災・原発事故が明らかにした問題の一つは、東北地域――もちろんこの地域に限らないが――が経済のグローバリゼーションの従属的な一部として、また日本の権力構造が生み出した、犠牲のシステムのもとにあるという現実である。水俣病問題を引き起こしたのと同じ権力的犠牲の構造が浮き彫りになり、その構造は戦後一貫して変わることなく持続しているのである。それはもちろん沖縄の現実とも同じ性格のものである。(2)したがって、三章で、脱「犠牲のシステム」を構築し、風土的・霊性的な共助・共立の生活世界を目指すべきであること、そしてそれが生者と死者との健全な関係を生み出すことを展開している。

第二部は「柳宗悦の経済思想―用の経済学」を扱うが、これまで柳宗悦の思想は経済思想として理解されてこなかった。本書では経済学の視点から柳思想に接近する。

経済と欲望の論理が勝ち過ぎている現代において、「美と道徳と経済の調和」を語る、柳宗悦の思想は、極めて魅力的である。それは、成長と蓄積、そして市場・競争の原理をどこまでも是としてきた、経済学とは根本的に異なる、オルターナティブな経済学を考究するに足る経済思想であると言える。第四章と第五章で、柳の経済観・経済論とでも言うべき言説を明らかにする。柳の社会を見るキー概念は、病がなく「健康である」かどうかということである。したがって、健康な美、健康な精神（道徳）、健康な経済の在り方が問題となる。

周知のように、柳の思想の領域は広く、宗教にまで及ぶので、柳の経済論の全体像を知るには、文化論だけでなく、宗教論との関係をも視野に入れる必要がある。第四章は、「美と道徳と経済の調和」に関する言説に焦点を当てたものであり、第五章は、いくらか体系的な展開に心がけ、「用の世界」の経済学と言うべき内容になっている。柳の「用の世界」は、経済価値（使用価値のこと）の世界にとどまらず、文化的価値の世界、人道的・宗教的価値の世界からなる、重層的な価値をもつ世界として認識される。そこでは、いわゆる富は、用の価値（使用価値）としての経済的富だけを指すのではなく、文化的価値も人道的・宗教的価値も含まれる。(3)しかも、柳は、生と用の俗的生活世界に「美の法門」、「美の浄土」を発見し、いわゆる真・善・美の聖なる世界を描こうとしているのである。柳のこうした健康で健全な社会像は、民衆（水俣の海の民）の「無事」を祈る世界に「もうひとつのこの世」を見ている、石牟礼道子の「浄土」論と通底しているように思える。「用の世界」の奥深さを柳は示そうとしたのである。

補章「柳宗悦の「こころの経済学」」は、五章、六章と重複するところがあるので、補章とした。成長一辺倒の社会が終焉を迎え、定常型社会が現実化しつつある今、市場原理に代わる新たな経済の原理が要請されている。そうした認識のもと、柳の「用の世界」は、使用価値という経済の狭い領域に留まらず、豊かな精神世界をもつ「物心一如の世界」として描かれていることを明らかにしている。柳の「物心一如の世界」は私達に新たな社会経済像を示唆していて、「こころの経済学」と呼ぶに相応しいと思う。

第三部は「風土の思想と経済」である。第一部は互酬型経済、第二部は用（使用価値）の経済、そして第三部は風土の経済で、本書で言う経済人類学の基本型が出揃うことになる。

風土なき経済は虚構なのではないのか、風土と一体化した経済こそ本来の経済の姿ではないのか、第六章「風土と経済―風土といのちの産業としての農業の再生」は、その問題を扱っている。和辻哲郎（一八八九〜一九六〇）の風土論は、いろいろ批判されるべきものがあるにしても、私達人間の存在を確認させてくれる場であり空間であるという認識において、いまだに私達の風土論の原点である。経済を風土論として理解する時、必然的にいのちの世界に直接的に交わる一次産業―農林水産業―の問題に行き着く。国際分業システムの市場競走原理に翻弄され続けて来た日本の一次産業は、いのちの産業としての本来の姿から遠のく変容を余儀なくされた。一次産業の再生、ことに農業の再生は経済再生の核心である。それは風土というのちを育む環境の中で初めて可能なのである。[4] そして、風土に根ざした経済を支えるシステムとして、半市場という「市場」の在り方を提唱している。第一章で論究した、K・ポランニーの本来的な市場論に倣い、三つの原理が組み込まれた市場の仕組みを構築すべきである。人と人が連帯し得る市場の仕組みでなくてはならない。半市場というタームは、本書において初めて使用するが、近代的市場を相対化する意味で提起しているものである。今後、風土型経済を育て、構築していく思想や精神の陶冶が欠かせない。

第七章と八章は、民話の世界における経済問題を扱っている。民話には風土の思想が豊かに活きづいている。人間の経済という営みが風土と深く結びついているとすれば、民話の世界に経済の本来の姿が読み取れるのではないかと思う。日本における近代化は何だったのかを踏まえつつ、民話の世界で展開される風土と経済との関係はどのような意味を持つかを問うている。そして、民話は伝承の世界でもある。伝承はまことに長い歴史の継承であると同時に新たな道を準備する創造の世界を含意している。それは、言い換えれば「生における死と再生」というテーマに他ならない。持続可能な社会の構築が、いま私達人類が直面している課題だとすれば、「死と再生」の思想は重要な問題となる。それを民話のなかに探っている。

第四部は「文明転換の可能性と方向性」である。現代文明の危機的状況は深まるばかりである。いま私達は文明の転換を語るべき時代に生きている。第四部ではその可能性と方向性を問うている。

第九章は、コロナ問題から見えて来る文明論である。コロナ問題には現代文明の悪しき影が付き纏っているように思われる。人類は地球の生命系を破壊した結果、二一世紀をウイルスの世紀にしてしまった[5]。コロナ問題は現代文明を根本から問い直すことを要請しているのである。現代文明は間違ったレールの上を走り続けているのではないか。間違いのない正しい道はないのか。そこで注目するのが柳の『無謬の道』という論文である。柳の言う無謬の道は不二の思想に凝縮している。彼の宗教観がそこによく展開されている。世界を見ても、私達の身の回りを見ても、二元の世界に囚われ対立と分裂が拡大している。コロナ問題を問うことは単に医療問題に限らず、自然と人間の対立、人間同士の対立という現代文明への批判でなくてはならない。そして和の思想の意味を問い、不二の世界の実相に想いを寄せることである。

最後の第一〇章は、文明転換の在り方の問題を扱っている。私達の社会は、文明のシステムとして、人間を「生きる存在」として活かすことに失敗したのではないか。資本主義という欲望のシステムに主導され、「経済知・科学技術知」に特化した文明は、人間の生とそれを支える自然的・社会的諸要素の本来的な在り方を根底から台無しにしてしまった。コト・モノにおける言語（意味）脱落・本質脱落という現象である。私達の近・現代コスモスはその意味で解体の対象として認識すべきである。この章では、井筒俊彦の「コスモスとアンチコスモス」論が導きの糸となる。この世の存在世界（近・現代コスモス）に対置してアンチコスモスをどう描くかが問題となる。井筒のアンチコスモス論と石牟礼道子の「もうひとつのこの世」論を実在の世界として展開することで、文明転換の問題に接近している。そのなかで経済人類学はどのような役割を果せるかが論究される。

（1）渡辺京二（二〇一三）『もうひとつのこの世―石牟礼道子の宇宙』弦書房、一九八ページ
（2）高橋哲哉（二〇一二）『犠牲のシステム　福島・沖縄』集英社。原発に関わる多くの問題の本質は、私達世代だけでなく、幾世代にもわたって途方もない犠牲を強いるということであり、原発を持つことが如何に愚かな行為かが分かる
（3）柳宗悦全集第十五巻「琉球の富」筑摩書房、四七～八四ページ
（4）宇根豊（二〇一四）『農本主義へのいざない』創森社、「農の原理」の積極的な意義を説く、宇根は、次のように述べている。「百姓仕事の最大の特徴は、自然と一体になれることです。仕事に没頭しているときは、自分のことも、時間のことも、世の中のことも忘れて生きものの世界にいます。経済なんて、痕跡もありません。そしてふと手を休めて我に返ると、生きものや田んぼや里に囲まれている自分を発見するのです。子どもたちはこういう仕事がまだ現代社会にも残っていることを感じとることができます。限りなく生産性を求め、人間のためだけの富を求めていく近代化社会の潮流ではない、別の魅力的な世界があることを体験することはとても大切なことだと思います。近代化を超えていくための土台があると言っていいでしょう」（二一〇ページ）
（5）藤田紘一郎（二〇〇一）『謎の感染症が人類を襲う』ＰＨＰ新書参照

第一部

人間の経済への接近

第一章　人間の経済と「市場」

――K・ポランニーの本来的市場論の構造

「あらゆる人が人類奉仕の永遠の道徳律を理解するなれば、富の蓄積は罪悪であることを認めるだろう。かくて富の不平等はなかるべく、飢饉も餓死もなくなるのである」（エルベール編、蒲穆訳（一九五〇）『ガーンディー聖書』岩波書店、八六ページ）。

「真の経済学は決して最高の倫理基準に対しては不利に作用しない。ちょうど、その名に値するすべての真の倫理学が、同時に、良質の経済学でなければならないのと同様である。拝金主義を教え込み、強者が弱者の犠牲の上に富を増やすことを容易にする経済学は、誤った、荒涼とした科学である。それは死を意味する。これに対し、真の経済学は、社会的正義を象徴し、弱者をも等しく含む万人の幸福を促進する。分相応の生活を送るには欠くことのできないものである」（M. K. Gandhi, 1955. *My Religion*, compiled and edited by Baharatan Kumarappa, Navajiaran Publishing House, p.123 マハトマ・ガンディー著、竹内啓二・浦田広朗・梅田徹・鈴木康之・保坂俊司訳（一九九一）『私にとっての宗教』、新評論、一二二～一二三ページ）。

第一節　二つの市場――本来的市場と近代的市場

現代社会は、言うまでもなく市場社会である。社会の殆どの出来事が市場につながり、市場の動向に関係している。市場が社会と個々の人間の在り方全てを規定する、究極の市場社会である。一九八〇年代以降顕著であるグローバリズムは、市場社会を地球化し、文化的要素をもたない経済思想であるが、市場の暴走が自らの拠って立つ産業的経済基盤だけでなく、人類社会の生存・存在基盤をも危機に陥れているにも拘らず、人類社会は市場原理を社会組織のための最上のものと認識する思想（グローバリズム）に将来を托そうとしているように見える。現代社会では、経済の問題は人間の問題として認識されず、アメリカ主導のグローバリズムは富の幻影のみを追いかけ、社会や人間にとって真に価値あるものを生み出していない(1)。人間不在の経済はまさに道徳律なき経済の真の姿である。冒頭のガンディー（一八六九～一九四八）の思想とは全く逆である。

しかしながら、市場は一つではない。市場は歴史的に見て二通りある。一つは、近代において人間社会が大きく依存し始めた、経済制度の中心的存在である近代的市場である。常に利得・私欲がからむ市場である。もう一つは、歴史的に古い近代以前の非市場社会における市場である。前者は価格形成の仕組みを持つ市場で、後者はそれを持たない市場である。本章では、価格形成の仕組みを持たない後者を本来的市場（以下、カッコつきの「市場」を使う場合が多い）と呼ぶ。経済学はもっぱら前者を研究の対象にしてきたのに対し、後者は人類学や社会学の研究対象であったと言ってよい。経済史の分野でももちろん非市場社会の「市場」を検討の対象にしているが、それが本来的市場であるとの認識は薄く、近代の市場認識から自由であったとは言い難く、いまだそうした偏見は払拭されていないように思われる(2)。経済学に近代以前の「市場」についての人類学的知見に学ぶ姿勢が欠如しているのである。

本章は、社会と人間存在の全てを市場制度に委ねている近代市場社会に根本的な疑問を表明した、K・ポランニーの非市場社会の本来的市場についての所説に焦点をあて、その意味するところを明らかにする。ポランニーは、人類学の知見を彼独自の歴史認識の中に吸収しながら、非市場社会における経済の位置と意味を究明するなかで、これまでの経済学が定式化してきた経済観念に真っ向から異議を唱えた。ポランニーの経済人類学は、彼独自の社会認識、歴史認識、そして人間観に裏打ちされた思想の成果であり、非市場社会の本来的市場についての彼の所説は、現代社会が抱える市場問題の本質とその変革の方向性を検討するのに極めて有意味な示唆を与えるものである。ポランニーの思想は、文明論として、また歴史のグランドセオリーとして興味深い。二一世紀の現代は、我々人類の運命も自然の運命も全てを市場という社会制度に全面的に委ねてよいという時代ではない。近代の市場とは異なる別のシステムに活路を見出さなければならない。欲望の体系としてのグローバリズムが現代思想の主軸を占め続けるとすれば、われわれ人類は深刻かつ永続的な害悪を蒙ることになるのは必定だからである。物を作り、消費するわれわれの行為は、それが単に物的再生産としてだけでなく、生きることの繰り返しとしてあるいは自然のいのちを含む生命再生産の過程として認識されるならば、人間と自然との相互作用ということを意味する。そうした人間の本来的な生の営みが、ポランニーの言う自己調整的な市場メカニズムの中に組織化され埋没してしまうと、人間と自然は欲望と需給の経済の論理に翻弄され貶められ、その本来のあり方が歪められてしまう。人間も自然も社会全体が市場メカニズムに従属してしまうのである。[3] こうした社会(人間・自然)と市場制度との悪しき関係は如何にして正常な関係に変えうるのであろうか。ポランニーの本来的市場論の構造を検討することは、そうしたことのための不可欠な作業のように思える。

第二節　本来的市場と三つの原理——非競争・非膨張の原理、必要・補完原理、互酬原理

人類学的知見によって経済学のあり方に革命的な修正を導入した、ポランニーの経済人類学の主要な課題は、市場社会の虚構性を暴き、非市場社会の歴史的普遍性を明らかにすることにあったのは良く知られている。[4] しかしながら、ポランニーの本来的市場論は必ずしも十分な検討が行なわれていないように思われる。例えば、ポランニーの著書『人間の経済』(The Livelihood of Man)を編集した、H・W・ピアソンは、その編集序文の中で、ポランニーは「人びとのあいだにおこなわれる文字どおりの「交換」が、市場があろうとなかろうと、いずれにしても必要不可欠なものと考えられてきた需要・供給—価格機構の法則なしに行なわれうる諸形式を分析した」[5] とし、さらに「誰が何をするのか、どんな手段が用いられるべきか、それはどれだけ用いられるべきか、そして

それはいつなされればよいのか、さらに生産の結果が誰にどんな分量で渡されるのか、といった普遍的な問題は、特定の社会構造における所与の場合にはたらく習慣的規範によって決定されるべき問題なのである[6]」と述べて、ポランニーの方法論の導入部の重要な側面を指摘しているが、その構造にまでは言及していない。「需要・供給―価格機構の法則なしに行なわれうる諸形式」とは、言うまでもなく、互酬、再分配、交易（本来的市場）、家政のことを指しているが、これら諸形式の間の関係性については何らの指摘も行っていない[7]。

ポランニーの言う普遍的社会たる非市場社会の研究は、その著書『大転換』の中にすでに生かされており、市場社会の形成とその本質を見極めるのに重要な役割を果している。『人間の経済』はその本格的な研究である。われわれは、これら両書をもとにしてポランニーの非市場社会論の全体像を把握することが出来る。本章は、そうした全体像を描き出すことが目的ではないが、本来的市場論の構造を明らかにすることによって、ポランニーの非市場社会論、ポランニーの思想の本質に迫ることが出来るであろう。本来的市場論はいわばポランニー思想理解の重要なポイントの一つであると言える。

経済は社会に埋め込まれているということ（embeddedness）は、ポランニーの非市場社会認識の基本である。そのことを互酬、再分配、「市場」（本来的市場）の三つの社会統合形態について言えば、互酬、再分配は極めて社会的な概念であるのに対して、「市場」（本来的市場）は経済的な概念であると分類することは間違っているということである。つまり、本章の意図するところは、「市場」（本来的市場）だけを他の二つの形態から独立したものとして切り離して考察するのではなく、互酬、再分配との関係性こそが重要であるということである。本来的市場は互酬と再分配との関係性によってその本質が規定されていると言ってよい。「市場」は本来社会性を持つ概念なのであって、社会の一領域を構成している。決して独立した存在ではないのである。

まず、本来的市場（「市場」）の第一原理とも言うべき規定、非競争・非膨張の原理を検討しよう。すでに自明のことだが、近代的市場は競争原理が働き、常に膨張する性格をもっている。それに対して、ポランニーは、本来的市場は非競争的で非膨張的であると言う。それに該当する言説は、例えば次の通りである。

①「孤立している諸市場を一つの市場経済へと変える段階、すなわち規制された諸市場を一つの自己調整的市場へと変える段階こそ、決定的なものである。一九世紀が—この事実を、文明の極致として喝采を送るにしても、あるいは癌の増殖であるかのように嘆くにしても—このような展開を市場の拡張の自然な帰結であると思い描いたのは、あまりに単純であった。つまり、市場が巨大な力をもつ自己調整的市場へと転換したのは、市場が異常生成するという固有な傾向の結果ではけっしてなく、機械というまさに人工的な現象によってもたらされた状況に対応するために、社会体に与えられたやはり高度に人工的な刺激剤の結果であった、ということが理解されなかったのである。市場パターンが本来もっていた有限で非膨張的な性格は、認識されなかった。しかし、近年の研究が十分な説得力をもって明らかにしているのは、まさにこのような事実なのである」[8]。

②「市場もしくは貨幣の存在の有無は、必ずしも未開社会の経済システムに影響を与えるものではない——正統的な経済史は、市場それ自体の意義に関する計り知れないほどの過大評価に基づいていた。——経済の内部組織については、市場があってもなくても必ずしも違いが生まれるわけではない。その理由は簡単である。市場は、主として経済の内部において機能する制度ではなく、むしろ経済の外部で機能する制度だからである。遠隔地交易における出会いの場所である。厳密な意味での局地的市場は、ほとんど重要性をもたない。さらに、遠隔地市場も局地的市場も本質的に非競争的で、したがっていずれの場合も領域的な交易、すなわちいわゆる国内市場あるいは全国市場を生み出すような圧力はほとんどもたない」[9]。

③「われわれ誰もが知っているように、のちの段階では、市場が対外交易の組織化において支配的なものとなる。しかし経済的観点から見れば、対外市場は局地的市場あるいは国内市場とはまったく異なるものである。それらは、規模において異なるだけではない。機能および起源についても、異なる制度である。対外交易は輸送である。重要な点は、その地域においてある種の財貨が欠如しているということである。イギリスの羊毛とポルトガルのワインの交換はその一例であった。局地的市場で取り扱われるものは、その地域の財貨に限定さ

れている。そのような財貨は、重すぎたり、かさばるものであったり、腐りやすかったりするために、輸送することができない。このように、対外交易も局地的交易も地理的な距離に関係する。一方は、取り扱われる財貨が距離を克服できないものに限定されるのに対して、他方はそれが可能なものに限られる。この種の交易は、まさしく補完的であるということができる。都市と農村間での局地的交換や異なった気候帯の間の対外貿易は、この原理に基づいている。こうした交易は、必ずしも競争をともなうものではなく、もしも競争が交易を混乱させるような傾向をもつものであれば、競争を排除しても問題があるわけではない。他方国内交易は、対外交易および局地的交易の両者とは対照的に、基本的に競争的である。補完的交換を別とすると、国内交易は、異なった場所でつくられた似たような財貨がお互いに競争するかたちで提供されるという形態の交換を、はるかに数多く含んでいる。

したがって、国内取引あるいは全国取引の出現にともなって初めて、競争が交易の一般的な原理として受け入れられる傾向をもつのである[10]」。

長文を引用したのは、言説全体の意味を正確に理解する必要があると同時に、本来的市場の非競争的・非膨張的な性格についてのポランニーの指摘の真意を明らかにするためである。ここでの重要なポイントとして、第一は、近代的市場と本来的市場との比較対照的認識であり、第二は、古典派経済学以来の経済学が定説としてきた市場認識批判である。第三は、遠隔地市場、局地的市場、そして対外交易などの本来的市場の社会経済的な位置と意味づけである。そして第四は、本来的市場は近代的市場の起源ではないのであって、それらは全く性格を異にする、歴史上異質な存在であるということ、つまり、市場進化の非連続性認識が表明されていることである。そうした文脈で、本来的市場の第一原理、非競争・非膨張の原理が言及されているのである。現代社会では、競争原理が働かなければ、人間としての向上も意欲も創造されないという、市場主義者達の言説が存在する。典型的な市場論的人間論である。そのような人間論が如何に虚言を弄したものであるかは、何らの価値あるものを創造していない現実によって証明されているが、われわれにとって重要なのは、ポランニーの「市場」論が人間と競争とは全く無縁のものであるという認識にもとづいていることを確認することである。つまり、人間としての意欲の根源は他人との競争にあるのではなく、後述するように社会的責務を果たす、社会の発見にある。本来的市場がどうして非競争的で非膨張的であるかの理由は、以上のようなポランニーの言説では十分ではないが、ここではまず本来的市場に対するポランニーの認識の第一のポイントは、非競争的・非膨張的であるということを確認しておきたい。

ポランニーの本来的市場認識の第二は、必要・補完原理が働いているということである。引用文の中でも語られているように、非市場社会での「市場」(本来的市場)の重要性についてのポランニーの評価は極めて低い。局地的市場の評価に至っては極端でさえある。しかし、すべての社会が必要な財貨を完備しているわけではない。だからこそ、ポランニーは「ある種の財貨の欠如」に触れて、必要と補完原理による「市場」の形成・存在を指摘しているのである。すなわち「都市や農村間での局地的交換や異なった気候帯の間の対外交易は、この原理に基づいている」というわけである。「市場」制度は、経済の外部で働くものだと認識すれば、「市場」の社会経済的な役割は低いものとして位置づけられるが、物の社会経済的必要という認識にもとづき、「財貨の欠如・不足」を考慮に入れれば、社会にとっての「市場」の存在を無視することは出来ないであろう。ここでの財貨とは、有用性をもつもの＝使用価値のあるもののことであり、その欠如・不足は稀少性の問題とは無縁で、使用価値そのもの、有用性そのものの欠如・不足を意味している。特に、衣・食・住にかかわる必要な財貨の充足は、社会の維持に不可欠な条件であり、それら財貨の欠如・不足とその補完の関係は社会の再生産にとって決定的である。物の再生産においても、生命の再生産においても。その意味で、非市場社会において、必要概念は本来的市場認識にとって重要な論点と言ってよい。通常、われわれが市場取引を過剰と結びつける傾向があるのとは対照的である。

市場社会において、非市場社会の必要概念に対置しうるのは、欲望という概念である。近代的市場での欲望は、使用価値論とは異なる価値（交換価値）論の次元の問題であって、「市場のなかではたらく孤立した個人の功利主義的価値の尺度[11]」である。もちろん、市場社会であろうと人間に「必要なもの」は不可欠であり、それなくして物の再生産も人間の再生産もありえない。しかし、市場社会では、必要概念は欲望概念の中に埋没しており欲望の関数として、欲望の従属変数として認識される。つまり、必要とは本来それが充足されればそれ以上入手されることはなく有限性のものであるが、欲望概念に包摂されると、それは常に稀少性の問題と融合して際限のない必要へと転化する。市場社会での必要は、充足しても一時的で終わりはなく、不足・不満とそれの充足という連鎖を生み出し、過剰な必要を意味することになる。必要の名において、欲望が拡大する。

それに比べて、非市場社会の実体＝実在的経済のもとでは、必要は有用性（使用価値）の世界の問題であり、無限の必要を意味しない。社会にとって必要なのは、価値ではなく、有用性のあるものでそれが真の富になる。それは「よき生活」（good life）と結びついている。どのような社会であろうと、いつの時代であろうと、人間に欲望は付随するもので際限のないもののように語られるけれども、実体＝実在的経済では、そのようなことを前提にして議論を進めることはできない。B・K・マリノフスキー（一八八四〜一九四二）は、『西太平洋の遠洋航海者』の中で、未開のトロブリアンド島人は、「きわめて複雑な社会的、伝統的性格の動機にうながされて行動するのであって、目前の欲求の満足を志向し、功利的目的を直接に達成するのではない」とし、「人間、とくに低い文化段階にある人間が、開化した利己主義からくる純粋に経済的動機にしたがって行動するという仮定が、いかに途方もないばかげたものであるか[12]」と指摘している。ポランニーの認識はマリノフスキーのそれと同じであると言ってよい。

それでは、「よき生活」とは何か。この言葉はアリストテレスのものであるが、ポランニーは、そのアリストテレスに依拠して、「家あるいは国家における真の富とは、蓄積が可能で保存のきく生活必要品のことである」、そして「それらは、ひとつの目的にたいする手段以外のなにものでもなく、そしてあらゆる手段と同様、本質的にはその目的によって制限され決定される。家においては、それは生活の手段である。ポリスにおいては、それは良き生活のための手段である。それゆえに、人間の欲求と必要は、—無限ではない」[13]と述べている。つまり、ポランニーは、アリストテレスに従いながら、「よき生活」とは、物的な財と享楽の欲望を功利的に蓄積することでは決してなく、「真の価値」としての生活必需品の確保にかかわる社会的制度化の過程の問題であり、その中にこそ必要の本質が存在すると考えるのである。一つの目的に一つの手段という限定的な関係が社会的に制度化されているというのである。それは生活必需品に典型的にあらわれる。

ポランニーにいわゆる自然経済についての言説と考えられる文言があり、そこで生活必需品への言及がある。「動物たちは、生まれた時から、その環境のなかに自分の生存に必要なものが用意されているのを見出すのではないのか。そして人間もまた生存に必要なものを母乳のなかに見出し、やがて狩猟民でも、牧畜民でも、農耕民でも、それをそれぞれの環境のなかに見出すのではないか。交易さえも、それが現物で交換される限りはこの自然的パターンに調和する。生活必需物質以外の必要は、いかなるものも自然なものとはみなされない」[14]。自然によって与えられる生活必需品の確保は、自然的パターンに調和的であるばかりでなく、人間にとっていわば最低限の社会的必需品あるいは基本的必要を意味している。生活必需品の確保の方法として、部分的に「市場」が含まれる。例えば、「文明の部族社会的時代」[15]では、物の生産（制作）、物の獲得、収穫、あるいは冒険などと同じ社会的事象として、「市場」が一定の役割を果す。必要原理にもとづいて、「市場」は補完的機能をもつことになる。それは本来的市場が非競争的で非膨張的であることの理由の一つでもある。

少なくとも、人間の社会はすべてそれぞれの自然環境に調和的な物的必要が与えられる。それが生活の物的基礎であり、「よき生活」の核として基本的必要を形成するのである。しかし、「生活必需物質以外の必要は、いかなるものも自然なものとはみなされない」、すなわち、社会には、「自然なもの」を超える「生活必需物質以外の必要」が存在しなければならない。というのは、人間は、自然的存在であるばかりでなく、社会的存在、歴史的存在、文化的存在でもあるからである。つまり、社会は一般的に自然との調和をはかる構成体であると同時に、文化的装置を持たなければならないからである。文化・文明装置は「自然なもの」を超えたところに存在しうるが、そのことによって自然の再生産能力が阻害されてはならない。ポランニーが人間は自然と文化と一体のものであると強調しているのはそのような意味に他ならない。したがって、必要概念は文化的・文明的装置をも考慮した概念として認識されなければならない。そうだとすれば、人間社会には、衣・食・住にかかわる基本的な生活必需品からなる自然的必要、社会的存在として必要なものないし必要なことのためのもの、歴史的存在として必要なものないし必要なことのためのもの、文化的存在として必要なものないし必要なことのためのもの、がなければならない。もちろん、それらの必要は、重なり合う部分があり、それぞれを明確に区分け出来るものではないが、そうした社会的な必要の存在は不可欠である。われわれは非市場社会における必要を自然的必要と社会的必要の二つの概念で表現出来るのではないかと考える。

自然経済と言われる段階でも社会的必要の存在は不可欠であるが、文明の発展を考慮すれば、そのことが明確になる。ポランニーは部族からアルカイックへの発展を「経済的取引の出現」を軸に展開している[16]。次のように述べている。自然経済に近い「文明の部族社会的時代」から「文明社会の初期段階」であるアルカイック社会への発展は、「身分段階の出現」によって区別されるが[17]、「本質的には、「生活様式」「身分」「恵みの財」といった一般的用語で示される社会の組成に埋め込まれた状態のなかから、経済的なものが次第に出現してくる。すなわち、「「生活様式」から、ひとりの人間の「職業」(彼の経済的役割)が色合を変える傾向をとる。包括的な身分上の諸取引から、土地、家畜、および奴隷の占有上の移動を含んだ諸取引、いわゆる「経済的」諸取引が分離することになる。三つの「恵みの財」、つまり生命、栄誉、身分という区分可能な部分から、生命と体の安全、財宝よりは富といった要求がついに分離する傾向をとる」[18]。こうしたポランニーのいう部族社会からアルカイック社会への文明的発展は、自然的必要とは別に社会的必要の存在を要請する。「部族による身分上の取引」に「財の重要性に関係する取引」が加わることによって、物的生産の拡大が促進される。しかしながら、そのような過程は、基本的に制度的レベルで起きることで、経済的取引が分離独立して主役の座を占めるという意味ではなく、あくまでも経済的取引は身分的取引の補完的存在にすぎない。経済は社会的関係に従属しているのである。そうした社会的必要の形成と拡大は、文明的発展の中で必然的であり、その必要を充足するための経済的取引（本来的市場）の役割は大きくなる。それは「市場」における必要・補完的原理の拡大である。

人間の経済は、「物的な手段を提供するために機能する相互作用の制度化された過程」であるから、個々ばらばらの経済行為はそのような「制度的な法衣」を通して安定した秩序ある統一体に統合されることが重要である。そのためには、人間生存のための物的基盤（自然的必要と社会的必要の充足）は、一定の社会的条件を満たすことが要求される。第一は、時間または空間において統一性と安定性をもつこと、第二は、社会との不変の関係性を保持するような構造をもつこと、第三は、社会全体にかかわる特定の行動様式＝機能をもつこと、そして第四に、社会的目標との密接な関係＝政策の適切性をもつこと、[19]などである。こうした条件が満たされるならば、物的必要は「制度化の法衣」を通して社会に活きるのである。それの積み重ねが歴史であり、伝統や慣習として定着する。したがって、必要の概念と範囲は、社会の伝統・慣習などを通して決定されると言ってよい。社会的必要が有限性を保持し社会の要求を超えて拡大しないためには、知足と無欲・寡欲の原理が不可欠であるが、ポランニーはその働きをするのが伝統であり慣習であると考えている。伝統や慣習は、個々ばらばらの経済行為を統一性をもって社会的なものにするための重要な判断基準になる文明・文化的装置である。

本来的市場の第二の原理である必要・補完原理は、以上のような文脈のもとで説明可能となる。人間の経済における自然的必要と社会的必要の欠如ないし不足は、そこに必要原理が働き、欠如・不足を充足するための、したがって補完のための「市場」が創造される。それが「制度化された経済」の要求するところであり、そのことが伝統や慣習に沿うこととなる。

人間の経済は、有用性を重視する使用価値の世界である。交換価値の世界とは異なる。交換価値の世界は、稀少性に意味を付与する市場価値が支配し、経済的利得を目的とする交換経済である。それとは対照的に有用性＝使用価値同士の交換は、必要（自然的・社会的必要）をベースにした補完のための「市場」である。例えば、良く知られる沈黙交易は、必要なものを手に入れるためだけの、極めて原初的だが、補完原理にもとづく「市場」形態の典型である。沈黙交易についても様々なバリアントが存在するが[20]、それは、一般的には共同体の外的＝「市場」的発展と見なされるが、それが食糧に関係した交易であれば「食糧の地域での分配と関連」をもつ内的な発展とも見なしうる。本来、「原始的社会の内部では、食糧に関する取引は、共同体の連帯を壊すがゆえに、反社会的なものとして避けられている[21]」からである。ともあれ、「市場」が社会的な必要原理にもとづくものである限り、それは社会の維持・発展にとって極めて重要な位置を占める。逆にそれなくしては、社会の物的・人的再生産もありえないという性格のものである。

「市場」における必要・補完原理という第二の原理から第三の原理、「市場」における互酬原理を導き出すのは難しいことではない。共同体同士、地域同士、社会同士の「市場」における必要・補完原理は、それぞれが経済的利得による交換原理を志向しないかぎり、相互扶助的・相互依存的な関係、すなわち互酬原理を保持していると言える。ポランニーは、対外取引に関連して、それは「通常は、取引の原理ではなくて互酬原理（the principle of reciprocity）に基づいて組織される[22]」と述べている。つまり、ここでは、「市場」と互酬・再分配との関係が問題である。

ポランニーは次のように言う。「互酬が対照的な組織パターンに助けられ、再分配が何らかの集権的な措置によって容易に行われ、あるいは家政が自給自足を基礎として成立しなければならないように、取引原理もまた、それを実行あるものとするためには、市場パターンの存在が必要である。しかしながら、互酬、再分配、あるいは家政が、こうした原理が十分に行き渡っていないような社会において機能することができるように、取引原理もやはり、他の原理が優勢であるような社会において、副次的な役割を果たすことが可能である[23]」。この言説には、二つのポイントがある。一つは、通説的市場認識批判が含意されていることである。すなわち、取引原理（交換原理）が有効性をもつためには、社会の構造として「市場パターンの存在」（土地・自然・貨幣・労働・人間の擬制商品化）が必要であるということで、それはまさに近代資本主義以降の話である。したがって、もう一つは、非市場社会では、交換原理が機能する社会的条件は欠如しているということである。言い換えれば、互酬と再分配が優勢である社会では、「取引原理」は「副次的役割」を果たすということである。

ポランニーは、他のところでも同じ趣旨の言い方をしている。『大転換』では、「個別的な取引行為や交換行為は、他の経済行動原理が支配的であるような社会においては、通常市場の確率をもたらすものではない。これがありのままの事実である」[24]。また、『人間の経済』では、「互酬や再分配が優勢を占めている限り、交易や貨幣や市場がひとつの制度的全体を形成することはない。実際、貨幣と市場はほとんど区別できなかったし、別々のものとして識別することさえできなかった」[25]と述べている。殆ど同じ趣旨であるが、互酬や再分配が優勢な社会での「市場」の「副次的役割」の意味が問題である。我々は、前述したように、「市場」は互酬と再分配が果す社会的役割の一部を担うものであるという認識に帰着する。つまり「市場」も互酬原理に従うということである。

そのことをもう少しポランニーの言説で確認してみよう。一つは、マリノフスキーの無償の贈与や商業的交換に関する研究へのコメントで「交換の唯一の目的は、互酬性の紐帯を強化することによって、相互の関係をより緊密化することにある」[26]と言い、また、アリストテレスの『倫理学』における互酬性の説明に対するコメントで「交換は互酬性の行動の一部をなすものと考えられており、互酬性の観念に付随する寛容や美徳とは正反対の性格を、物々交換に与えるようになった市場的な考え方とはまさに対脈的である」[27]と述べている。こうした言説でわかるように、ポランニーの非市場社会における「市場」の社会的な意味づけが明らかにされているのである。我々は、非市場社会での「市場」に内在する第三の原理、互酬原理を確認できるのである。

ポランニーの言う人間の経済における統合形態のうち、何が最も基本であるかということ、それはまぎれもなく、互酬という形態である。互酬の関係・原理は、ポランニーの言うように、社会関係における対称的な組織パターンの存在を前提にするとすれば、その作用は限定的なものに留まると言えるかもしれないが、しかし、少なくともそれが相互扶助の精神によって成り立つものであれば、それは社会関係を律する基本原則と見なされうる。それは日常生活での対等な人間関係や宗教・文化領域での互酬関係においてだけでなく、経済領域においても機能する。だからこそ、ポランニーは社会統合の基本に互酬原理を据えたのである。

ところで、互酬原理について近年注目すべき研究が現れている。特に、宗教、哲学、倫理学、文化の領域では、互酬の原理を〝黄金のルール（The Golden Rule）〟と呼び、互酬原理に関する研究は、社会科学、人文科学における共通の課題として認識されつつあるように見える。[28] 経済学でも、「社会関係の経済学」として互酬をその基軸に据え、「互酬の経済学」が提唱されている。[29] 互酬（論）は、いうまでもなく贈与（論）と近接しており、贈与―絶対贈与や一般的贈与―との関係やその関係の中での位置・意義など検討すべき論点は多いが、ここではこれ以上触れられない。互酬原理による社会関係は、利他主義による与（give）の精神を基本にしており、その精神と経済―「市場」、交換―との密接なかかわりは、経済学における重要な論点である。ポランニーの互酬性への視点は、そうした研究に大きく寄与していることは間違いない。経済における互酬性の問題は、経済を量的関係が支配する世界としてではなく、質的関係を重視する世界として描くことを要求する。次節でそのことを検討する。

第三節　質的等価の社会経済学

非市場社会の自然と人間を主体とする実体＝実在的経済は、互酬、再分配という社会統合形態が優勢を示す経済であり、「市場」もその互酬や再配分を律する原理に大きく依存し、質的等価の支配する社会経済システムである。[30]
ポランニーは、「経済が原始社会において統合効果をもたない……大きな理由は、数量性の欠落である」[31]と言い、そうした経済における「互酬性は妥当な呼応行為を求めるのであって、数学的な等価を求めるものではないのである」[32]と述べている。「数量性の欠落」あるいは「数学的な等価」の欠如が実体＝実在的経済の特徴であるというわけである。つまり、実体＝実在的経済では、量的等価の原理ではなく、質的等価の原理が作用しているということである。[33] ポランニーは、その問題を『人間の経済』第六章「アルカイックな社会における等価」で展開しているが、この節での課題はその質的等価の意味をさぐることである。

しかしながら、その前に、経済学が古典派以来展開してきた量的等価に関する議論の問題点を指摘することが重要である。A・スミスをはじめ、D・リカード、K・マルクスは、経済学の体系の初めに価値論を置いた。経済認識の方法としての価値論である。ポランニーが批判の対象にした稀少性理論も本質的には同類のものである。すなわち、量的等価を前提にした価値論とは何だったのかが問われなければならない。

まず第一は、量的等価の理論は、経済学に現実の経済関係を量的交換の世界として認識するように仕向けたということである。量的等価の原理は、近代的市場経済における公平性、平等性の基準であって、そこからの逸脱は経済的不均衡や不完全な競争などを原因にして経済の歪みにつながる。量的等価のルールこそ自由市場の黄金ルールなのである。またマルクス経済学においても、その理論の骨格ともいうべき労働価値論と搾取の理論は、量的等価の関係を基準にしてはじめて論証可能な議論である。古典派以来の価値概念は、それが抽象的な概念であるがゆえに普遍性をもった概念として経済思想の根幹たる地位を占めて来たが、そのことが価値概念を歴史的に普遍的なものとして認識せしめるという近代主義思考の誤りを導くこととなるのである。つまり、価値概念は、西欧近代社会の成立＝市場システムの発展と近代工業社会の成立を前提にした特殊歴史的な刻印を受けた概念であったはずで、それを歴史全般に当てはめるという大きな矛盾を抱えていたのである。近代経済学には歴史的視点への配慮が乏しいが、その歴史的な視点を重視するマルクス経済学は、社会関係の中に経済を位置づける極めて重要な社会観を持っているにも拘らず、基本的に価値量の大きさに帰着する抽象的労働概念の抽出と価値の質を問う視点の欠如によって、つまりは唯物論的・経済主義的視点の突出によって、社会経済の質的問題への接近が封印された。そして、西欧近代文明の優越性に対する絶対的な信頼が根底にあることもその原因の一つである。[34]

競争的自由を是とする市場的交換経済は、量的等価を原則とする公平性・平等性を社会に対して強制してきたように思われる。しかし、公平性・平等性というのは、本来単純な量的関係において認識しうる性質のものではなく、質的社会関係においてこそ成り立つ社会概念である。

このことは、自然と人間との間の関係でも同じである。人間が自然に向き合う関係は、例えば農の営みについて言えば量的等価の関係として語りうるものであろうか。経済学は古典派以来農業問題を価値論の枠組の中で適正に説明できる方法論—例えば地代論—に腐心して来た。しかし、それに成功したとは言い難い。農産物をはじめとする一次産品の問題はすべてを市場論的思考の中で処理しているのが通常である。例えば、農業問題は自由貿易の論理＝国際分業の論理に支配され、ＷＴＯがそれを推進していることは周知のところである。農の営み、生の営みは、工業とは異なり、市場論が認識しうる枠を食み出ている。深刻さを増すばかりの環境問題はそのこと決して無関係ではない。自然は「人間の経済」における自然的必要の源であり、基礎である。そうした自然からの無償の贈与に対して人間の経済ではその生の営み・社会的営みの中に儀礼的な形をとりながら互酬的応答の方式が組み入れられている。自然と人間との関係性の中には、経済学的に量化できない重要な問題が伏在しているのである。量的等価関係を論ずる市場論的経済学にそうした諸問題は論究されることはない。

量的等価論が陥る第二の問題は、言うまでもないことであるが、経済における質的諸問題の無視である。質的諸問題とは、前節でも触れた互酬的関係において運営されている、社会的・文化的性格の濃いケースのことである。互酬・再分配、そして家政、さらには、「市場」のあり方にしても、そこでは人と人との間の社会的な相補関係が極めて重要な機能をもっていた。しかし、それらの社会的統合諸形態は近代において根本的な変質を余儀なくされたとはいえ、いくらか経済的利得を度外視した側面をもっている。それらは量的等価原理の支配する市場社会では一定の緩衝装置的役割を果すのであるが、それらも非効率的・非合理的なものとして、また非近代的なものとして排除されるのである。それはまた、国際関係において歴史、文化、風土などの違いを無視することにも通じている。

こうした量的等価関係における質的諸問題の無視は、使用価値の問題にも及ぶ。[35] ここでの使用価値とは、交換価値を表わす素材としての使用価値のことではなく、広く文化的価値をも有する生活価値（有用性）を指している。市場経済は交換価値を生産する経済であるが、非市場経済は使用価値（生活価値）を生産する経済である。非市場的な価値としての使用価値は、量的等価のルールのもとでは大きくその社会的な意味を喪失する。本来的な使用価値は、利得を目的としない、純粋に必要を生み出す労働の成果であるが、交換価値の経済はその使用価値を無視できないにもかかわらず、本来の使用価値から遠ざかろうとする。しかもそれは、他方で社会的必要とは次元の異なる、欲望の発露である顕示的・奢侈的使用価値を生み出してもいる。

ポランニーが自尊心と社会的規範の喪失として意味づけた「文化的真空」の問題は、大きく言えば、交換価値経済による使用価値経済の破壊―ポランニーは文化をもたない人間の存在はありえないとして、それを「人間的な意味での搾取」と呼ぶ―という文明論的次元の現象であり、文明による文化破壊を意味している[36]。

実は、これと同類の現象が日々繰り返されていることを指摘せざるを得ない。欲望の体系と化した現代消費社会は、価値による使用価値の破壊を日常的に行っている。消費バブルに等しい使い捨て消費の実態は、使用価値の破壊そのもので、結局は価値破壊に帰着する。価値を生産し供給する側は、増殖する価値に本質的な意味をもたせているため、価値生産の回転時間を加速化させる。技術の進歩がそれに拍車を掛ける。そのことは、新たな価値と使用価値の市場創出だが、消費する側では、新たな欲望に火がついて、絶え間のない使用価値と価値の破壊が制度化する。そうした満足なき欲望の制度化は、生産者にも消費者にも経済における権力構造として立ち現れる。権力構造としての生産、権力構造としての消費である。それは言うまでもなく、現代経済の過剰欲望を支える生産と消費のシステムだが、そこには何らの文化的創造の意義も認められない。破壊の連続性だけである。

近年の毒物汚染食品の問題は、そうした交換価値経済の構造的欠陥を露呈したケースである。それらは、安全性・信頼性のない使用価値あるいは虚偽の使用価値しか持たず、交換価値の論理だけが先行している。商品の売買という実質のない形式のみの、いわばマネーゲームにも等しい量的価値の世界が成立している。そこにはもはや本来の経済の姿は見られない。交換価値経済が作り出す価値とはいったい何なのか。そこに見られるのは、GがG′を生み出す価値増殖の経済にすぎず、商品（生産物）はそのためだけの単なる手段でしかない。つまり、GがG′になれば、その手段は何でもよい、環境も人の命もすべてがビジネスの手段と見做される世界である。結局、労働の成果であるはずの人間的・社会的価値が正当に評価されないということになる。このように質的経済の世界が崩壊し、それがまた市場経済の心臓部である量的価値の世界の崩壊をも誘発しているというのが、私達の経済社会が直面する本質的な問題である。それは道徳的・精神的な病にまで及ぶのである。

以上のような量的等価交換の理論と現実を踏まえ、ポランニーの質的等価の社会経済学の問題を検討したい。質的等価の世界は、ポランニーにとって如何なる構造をもつものとして認識されているのであろうか。数や量の大きさを競う世界とは異なる質的等価の世界とは何であろうか。

ポランニーは等価性に関連して次のように述べている。「等価性は原始社会ではたいてい慣習や伝統の問題である」とし、その例をいくつか挙げている。「一定量の貝が豚と交換される。その等価性は、糸につるした貝殻が豚の鼻口部からしっぽの先まで達すれば満たされる」。「エシュヌナ法では、油とブドウ酒の一単位の枡目は他の単位の枡目と等しい」。「ハムラビ法典では、船頭の報酬の等価「費用」が詳しく述べられている」。そして「中央スーダンの首都クカでは、糸につるされた子安貝とマリア・テレサ銀貨との等価が毎水曜日に市場で公示された」。これらの等価性はある仕方で「設定され定式化」されたものであって、その「ある仕方」が「慣習や伝統」であるとポランニーは言っている(37)。ポランニーのこうした言説とこれまで展開してきたことを考慮すれば、質的等価の問題を検討するのに注視すべきポイントが三つあるように思われる。第一は、使用価値同士の交換であること、第二は、慣習と伝統の問題であること、そして第三は、設定され定式化された等価であること、である。

質的等価関係の意味を問うためには、まずそれが使用価値同士の交換であることに注意しなければならない。それは、明らかに量的関係を表現する交換ではなく、その背後にある社会関係を反映した、使用権—なかには所有権の移転の無いケースもある—、有用性・有効性の交換である。使用権のみの交換であれば、それは時間的な制限を伴うけれども、これらの交換は「両当事者にとっての等しい利益または利得を意味する」もので、そのためには「他方の側を犠牲にして生ずる利得が存在しないこと」が必要条件である。つまり、量的交換に伴うような経済的利得を排除し、あくまでも有用性・有効性にかかわる使用上の利得でなければならない。これは前節で展開した、必要・補完原理、互酬原理に必然的に伴う使用についての等価の交換であることは明白である。社会における互酬的関係、あるいは必要充足の互酬的関係を反映する使用価値の交換は、単なる交換物の使用・消費という狭い意味に限定されるものではなく、その交換物の社会的属性すなわち社会的・文化的・歴史的・伝統的な問題を内包していることを想起することが重要である。使用価値には、その社会の歴史的・文化的な属性が刻印されており、その消費にはそうした社会的な意味が付属する。あるいはそれは地域・風土に沿った生活価値でもある。繰り返しになるが、われわれ人間の、自然的存在としての消費、社会的存在としての消費、歴史的存在としての消費、文化的存在としての消費を意味する。これらは量の問題ではなく質の問題である。

第一の論点は、必然的に等価性と伝統や慣習との関係というポランニーの第二の論点につながる。何をどのように生産し、そしてその生産物をどのように配分・消費するかは、その社会の自然的・社会文化的・歴史的風土と密接にかかわっており、長い歴史的積み重ねによって育てられてきた経験と知の蓄積、そしてそれらによって具現化する思想様式に規定されている。そうした生産物の使用価値は、単なる物の属性ではなくて、人間の社会生活を支えるのに不可欠な存在で、その社会の仕来りや伝統によって規定された[38]経験と知の結晶とも言える。伝統・慣習とは、そのような意味で言えば、生活・くらしと密接にかかわる歴史的時間・空間における知の蓄積体系のことであり、それが使用価値（モノ）に刻印されている。使用価値は生活空間における社会的知の思想的表現の一つとも言いうる。伝統や慣習にもとづく等価性の問題は、そうした経験と社会的知の所産ということになる。それは現実的には、実体＝実在的経済における等価性の制度化を意味している。社会関係の中に慣習や伝統を通して等価性が仕組まれているのである。

第三の論点は、設定され定式化された等価性の問題で、貝と豚との交換比率で表わされるような、等価性の具体的な形態の問題である。それはポランニーによれば、「公正価格《ジャストプライス》」のことと考えられる。必要・補完原理や互酬的交換原理にもとづく使用価値交換は、結果として公正価格に落ちつく。

ポランニーは、紀元前一五世紀メソポタミアに栄えていた都市ヌジの社会における「ditennutu」として示される主要取引を例にして、次のように述べている。「ditennutu は、すべての自然的交換に含まれる両当事者にとっての主観的利得を「等しく」するだけでなく、「客観的」利得をも、会計士業務にそって計算されたように「等しくする」のである。すなわち、双方の利得は公正であるがゆえに、合法である。また等価性を形成するがゆえに、公正なのである」(39)。双方の利得が等しく公正であること、そして合法的であること、すなわち等価性と公正、合法の関係が主観的利得についても、客観的利得についても保持されていることが語られている。そしてポランニーは次のようにも述べている。「異なる財の単位間の等価は、その社会に存在する諸条件に起因する比率と、そうした諸条件の維持に貢献する比率を表現するように意図されていた。等価性に表現される「公正さ」とは、それが写し出す社会の「正確さ」の反映である」(40)。さらに、公正価格とは「ひとつの等価性であり、その現実の大きさは、自治都市の当局か市場における組合員の行為により決定されたが、どちらの場合も具体的な社会的状況に適した決定要素にしたがっていた」(41)。これら二つの引用文は内容的に同じで、等価性の表現としての公正価格の大きさは、「具体的な社会的状況に適した決定要素」に依存するということ、すなわち、等価性を表わす比率とは、その財の社会的存在としての必要の度合とその必要の維持・貢献についての社会的認知度の表現形式である。「公正さ」や「正確さ」は、財の社会的必要としての評価の程度を意味しているとも言える。そうだとすれば、渡植彦太郎が、ポランニーの等価論に関連して、非市場社会の交換の特徴は、その交換比率が「固定的で、交換当事者の外部であらかじめ決定されているところに」(42)あると理解しているのは、正当であろう。まさしくそれは社会的に認知された交換の比率に他ならないからである。

もう少しその「社会的に認知された交換比率」の意味を探ってみよう(43)。社会的に認知された等価の比率関係には、それに参入する財の「格」とでも言うべきものが存在する。それは社会的重要度を表わす尺度とも言いうる。使用価値・有用性(モノ)の社会的格づけの問題である。それはあくまでも質にかかわる問題であって、稀少性とか量的関係にもとづく概念ではない。ポランニーが「原始社会の内部では、食糧に関する取引は、共同体の連帯を壊すがゆえに、反社会的なものとして避けられている。しかし他の(たとえば性に関する)タブーが明示的であるのにたいし、食糧的操作の禁止は、部族社会の基本的組織そのもののなかでは暗黙の存在なのである」(44)と言うとき、食糧品の有用性・必要性としての社会的格づけは極度に高いことを意味している。極度に高いがゆえに、取引関係から除外される。そして取引される場合には、利得的操作の禁止が原則で、それは暗黙の社会的ルールというわけである。公正で正確な等価性による取引が要請されるのである。それが食糧というものの社会的な格である。他の多くの財についても、その社会的格づけに従って、社会的に認知された交換の比率が存在し、それが公正価格となるのである。

以上、質的等価に関する三つの論点を検討して改めて気づくのは、ポランニーの「社会に埋め込まれた経済」の意味である。それは経済的利得を出来るだけ排除し、人と人とを互酬的に結びつける社会的秩序の体系のことと言ってよいように思われる。

ところで、まだ論ずべき主要な課題が残っている。それは第三の論点である等価としての交換比率＝公正価格と貨幣の関係である。価格と貨幣と市場は、現代経済学では一体のものとして理解されるが、ポランニーの場合は全くそれとは相違している。ポランニーは貨幣と市場とは本来無縁のものだと考えているからである。ポランニーによれば、貨幣は交換過程の中から必然的に生み出されたもの（交換貨幣）ではなく、交換とは異なる他の系から出てきたとされる。貨幣は市場・交換とは無関係にその存在を確認できるのであって、原始社会では、共同体の秩序維持のための重要な道具・手段であると言う。公正価格はここでいう貨幣と密接に関係し、貨幣によって等価の関係・公正さが証明されるのである。

貨幣は、市場をもたない初期的社会では、統一的にシステム化された制度的存在ではなくて、「多様な貨幣使用」によって特徴づけられ、特定目的貨幣である。ポランニーは「初期的共同体では制度的にまったく別で独立した貨幣用法が見出される」と言う。すなわち、「初期的社会では交換手段としての使用は基本的な貨幣の用法ではなくて、貨幣の「用法相互間に相互依存性がある場合には、交換に先行するものとして、支払手段や計算貨幣または富の貯蔵手段としての用法が見出せるのである」[45]。近代貨幣は、市場の交換価値主体のシステムのもとで、「交換」を軸にして展開される体系性をもつものとして存立しているが、共同体的性格をもつ貨幣（原始貨幣）

はその使用法が相互につながりをもつ統一性をもった原理に従うのではなく、それぞれがいくつかの用法の組み合わせでしかない。「初期的な社会には「全目的」の貨幣はない[46]」のである。例えば、奴隷が価値尺度や計算手段として実質的富や大量な物をまとめてはかるのに用いられたり、あるいは外国の大君主への貢納支払の手段であったりする。また子安貝が小額計算の手段として、あるいは対内的な支払手段として用いられる。その他、富の蓄積として貴金属が用いられる場合もあるし、他のところで貨幣たりえない交易品の数種が貨幣的役割をすることもある。まさに貨幣の用法、貨幣のための財は地域性をもつものとして存在していたというのが実際であった[47]。古代日本においても、米や絹が貨幣として使用されたし、和同開弥が呪術的意味をもって用いられたこともある[48]。

市場経済における貨幣の支払手段機能は、貨幣のもつ「全目的」の一部であり、その貨幣は他の機能をも合わせ持つ。投資ファンドとして、利子を生む貨幣として、あるいは外国貿易にも利用できる。日常のくらしにのみ使用される貨幣は存在しない。「近代的な語義では、支払とは量化された単位を手渡して責務を解除することである[49]」が、非市場社会での支払手段としての貨幣は、社会的責務と深くかかわっている。近代貨幣による支払の意味は、量的等価原則から考えても、等価の貨幣を譲渡することでその責務は果され、その後の責務は残らない。しかし、非市場社会では、社会的責務は持続的で連続的でさえある。互酬的関係に主導される社会関係においては社会的責務は一回きりの責務ではなく、慣習的な性格をもっている。伝統と歴史そして慣習の力が作用しているとも言える。慣習や伝統に沿う社会的責務の遂行は、社会の成員としての当然の行為である。等価のルールが働いている。それが通常の等価原理にもとづく社会的責務のケースであるが、宗教的・社会的な違反というケースを考えると、支払の意味が明確になる。社会的責務の未完成・失敗・回避は、支払義務者の「肉体的破壊」、「尊厳や威信、身分の失墜」などの結果をまねくことが多い。ポランニーは、そうした社会的・宗教的違反について次のように述べている。「宗教的・社会的違反は、それが神にたいするものであれ、部族、血族、トーテム、村共同体、年齢集団、カースト、ギルドにたいするものであれ、支払によっては補填されず、適当な時に適当な方法で適当な事物によってのみ、償われるのである。求婚、結婚、忍耐、ダンス、歌、着飾り、宴会、哀嘆、苦衷、そして時には自殺などの行為で責務から解放されることがある。だから、それはけっして金銭的な意味の支払ではないものなのである」[50]。身分性にもとづく社会の成員の社会的責務やこうした責務の違背は、その責務が社会秩序の基礎であるだけに極めて厳格な対応がなされる。ポランニーは責務の重さとそれが量的なものでない質的な問題であることを強調しながら、「この点において、貨幣の支払手段的用法の要素のひとつは計量可能性になってくる」[51]と続けている。逆説的な言い方だが、ポランニーは社会的責務の遂行と貨幣の支払手段機能との何らかの結びつきを追求しているように思われる。質的問題の量的解決である。その解決についてのポランニーの説明は、論理的とは思えない。それは「責務を負う人物が決済に用いた単位がたまたま物理的存在であった場合に、貨幣の完全な支払手段用法が出てくる」と言っていることでもわかる。それらは、例えば、「犠牲の動物や、奴隷、装飾品の貝、食料の一定分量」の支払とか、「罪金」の支払、「示談金、税、貢納金」の支払、「贈物やそのお返し」、「神や先祖、死者に供物を供える」ことなどである。しかしながら、問題の本質は次のことにある。すなわち、社会的責務を果すという質的な問題を物理的な量で解決することは、実は「支払操作に少し変化が加わっただけのことで、責務の本質は変わっていない」[52]ということを含意しているのである。それは貨幣量による支払という形式をとるけれども、その意味するところは社会的責務を果たすことへの個々人の社会的参画の重要性である。量的解決による不完全性をそれぞれが認識することである。以上が支払手段としての貨幣の意義と限界である。しかし貨幣の役割はあくまでも質的なものである。

社会では、宗教的、そして政治的な性格をもつ責務は、権力や身分とも深くかかわり、貨幣が権力や高身分のもとに集中する。その集中した貨幣は、再分配の源泉だが、それは富の蓄積を意味する。貨幣が富の蓄蔵手段となる。貨幣の用法として富の蓄蔵手段が富者や権力者に重大な意味をもつのは、財（富）の蓄積とその管理が社会的・政治的に必要な責務であるからである。人間の生存と社会的秩序を保持するという観点からの富の蓄蔵は、穀物、油、牛などの基本物資、税、地代、贈与、罰金、示談金などから成る。それらが発生する原因は、経済的なものではなく、社会的、政治的なもので、その範囲は「保護にたいする純粋な感謝や、すばらしい下賜品にたいするよろこびから、奴隷にされることや死にたいする怖れにまでおよんでいる」[53]。

ところで、社会的責務にもとづく貨幣の支払手段・蓄蔵手段としての機能は、価値（使用価値）尺度機能・計算手段としての貨幣を前提とする。富者や権力者の支払や再分配が公平性や平等性を確保するためには、貨幣のその機能が不可欠である。それによって、富の再分配機能も健全性が保持され、富者や権力者の社会的責務が果される。

以上見てきたように、貨幣は、社会的責務を果す—その全てではないにしても—手段として論究された。その意味で、貨幣は非市場社会の社会統合形態で社会的責務の発露でもある互酬、再分配の原理と同じ土俵のうちにあると言える。互酬と再分配原理は、現実には、「異なった財を結びうる何らかの「比率」がなければ機能しない」し、管理上・操作上そうした共通の比率が必要である。つまり質的等価性を表現し、保持するための手段が絶対に必要である[54]。その手段が貨幣である。そのことは、質的等価の表現形式である「公正価格」についても当てはまる。社会的に格の高いものも、低いものも等価物＝計量可能物である貨幣の存在によって「公正な」扱いが保証されるのである。

今日の世界での貨幣は社会秩序を担う存在ではなく、逆に撹乱の要素である。ポランニーは、「初期的社会構造では、貨幣的交換比率が驚くほど安定しているという不思議な文化的特徴がある」[55]とし、「アルカイックな社会では……官僚的管理を不要とするような安定の源泉が貨幣制度にこそあった」[56]と述べる。つまり、この安定した貨幣制度こそ、質的等価の世界を支える社会制度の重要な構成部分であったということである。

第四節　人間の経済と二重運動

ポランニーは、これまで論究してきたように、原始社会、アルカイックな社会を基本的には安定性のある利得なき経済の仕組みをもつものとして描こうとした。経済的取引が共同体に妥当性のあるものとして受け入れられるのは、それが非利得的となりうるときであると言う。経済の非利得性の仕組みが保持されれば、それは共同体の社会運営に合致し親和性をもっているのである。

しかしながら、ポランニーの非利得性に関する言説には含みがあり、いささか婉曲的ですらある。例えば、「交換は人間の絆のなかで最も不安定なもの」とか、「交換に本来存在する不公平な要素」、「経済的取引が生む反社会的危険」といった表現が見られるからである。(57) 交換という互酬的原理の働く人間の営みが、不安定で不公平な要素をもち、反社会的危険を伴っていると言うのである。ポランニーは、非市場社会の特質を、そういった経済主義的反社会的な危険が剔出されても、社会の側にそれを押し止める反作用の力が働くことを認めていると言ってよいのであるが、そのことは、彼が非市場社会での二重運動を想定しているとして間違いないであろう。これは、ポランニーの本来的市場論の構造を検討するのに避けて通れない論点である。ここでの二重運動を「社会的結束にたいする非常に強い要求」あるいは「社会的連帯の強さ」と経済主義的社会行動とのせめぎ合いであると再措定してよいであろう。

したがって、非市場社会での二重運動の論拠は、質的等価原理の中に常に伏在している、不安定で不公平な要素とそれが反社会的な働きをするという認識である。この伏在している要素が顕在化する原因、すなわち「利得への動機」がどこから来るかということがまずここでの主題である。

反社会的要素として、必ずしもポランニーに十分な説明があるわけではないが、三点考えられる。第一は、質的等価の世界に潜む量的問題の存在である。たとえ伝統や慣習の問題とはいえ、社会変化や経済的取引の拡大に伴う量的関係から発せられる質的問題への懐疑である。第二は、貨幣の登場である。有力な支払手段として、また富の蓄蔵手段として貨幣は権力や富者と結びついている。ことに物品貨幣とは異なる金属貨幣の登場は、それが権力による認知を絶対的条件とし、富や価値の尺度としての役割を果すものであれば、そこには権力と結びついた経済的利得獲得の余地が生まれる。富の再分配機構と密接に関係する貨幣の機能は、それが権力の強さや大きさを決定づける基準になれば、量としての貨幣が富と権力のシンボルと化する。社会的責務の遂行という貨幣本来の機能とのズレが生まれることとなる。第三は、第二の問題との関連が深い、権力者や富者の社会的責務に向き合う意識・精神の問題である。身分階層に関係する社会的・政治的報償、誇り、名声そして虚栄など支配者層の精神的欲心は、一般の民を必要以上に犠牲にするだけでなく、経済的欲求と権力の獲得への衝動を大きくする。歴史におけるそうした権力への志向は、「人間の経済」においても避け難く纏り付いて離れない。権力者や富者の社会的責務の持つ意味は計り知れない。

しかしながら、以上の三つの論点が市場社会の源になるということに否定的なポランニーにとって、問題の関心は、「人間の経済」に働く二つの力の関係性の構造を明らかにすることである。ポランニーは、『人間の経済』の独立した章「正義・法・自由の経済的役割」で、人間の経済における二重運動の具体的な展開とも理解できる問題領域に言及している。部族社会からアルカイックな社会への転換に伴う食糧などの取引の登場に関連して次のように述べている。「原始社会の内部では、食糧に関する取引は、共同体の連帯を壊すがゆえに、反社会的なものとして避けられている。しかし他の（たとえば性に関する）タブーが明示的であるのにたいし、食糧についての利得的操作の禁止は、部族社会の基本的組織そのもののなかでは暗黙の存在なのである。アルカイックな社会において食糧その他の取引についての禁止が取り除かれる。こうして、人間の暮らしの歴史において最も顕著な前進のひとつへと道が開かれる。財・サーヴィスの交換は、売り―買い、賃貸し―賃借り、貸し―借り、を問わず、経済の諸要素内の融通性を可能にし、その融通性によって、生産と消費の双方で諸要素の有用性が急速に高まってゆく。こうした重要な変化は、部族社会の解体とともに、主としてふたつの道をつうじてあらわれる。すなわち、ある種の取引を制限し厳格に制御するかたちで容認するか、あるいはそうした取引から利得の原理を排除するか、そのどちらかである」[58]と。食糧やその他の取引の拡大は、アルカイック社会において、人間の暮らしの歴史的な前進だが、それは両義的な意味を持つ。それは経済的諸要素内の有用性（使用価値的要素）の拡大と他方での反社会的な経済的利得操作可能性の拡大である。そこに登場するのが、利得原理への二つの対応方式である。

一つは、利得原理を容認し制限・制御を加える方法、二つめは、利得原理の排除である。前者の例は、ヘシオドス（前八世紀頃の古代ギリシアの農民生活を歌にした詩人）のギリシアや旧約聖書のアモス（前八世紀のユダ王国の社会主義を説いたと言われる旧約聖書に出てくる予言者）の時代のイスラエル諸地域などの小規模小農民社会や叢林型経済[59]で、後者の側は、バビロニアとアッシリアの灌漑型帝国[60]であった。前者では、「地域での生の食料品や調理済みの食物の販売が中心」で、後者では、「基本物資を中央に集中蓄積し、それを分配する形態[61]」がとられた。すなわち、前者は経済的取引を互酬的な社会関係の中に埋め込み、後者は再分配機構の中に取り組む方法である。

部族社会の解体を経てのそれぞれの発展の道は異なるけれども、アルカイックな社会の二重運動は、利得原理を包み込むかあるいは押さえ込むかであった。ポランニーは、その対応の結果としての「正義」、「法」、「個人の自由」に注目する。すなわち「人間の経済の歴史において、正義、法、個人の自由が国家の創造物として初めて決定的な役割を果した[62]」と言っているのである。

正義とは、社会的責務の誠実な遂行のことである。ポランニーは「アルカイックな諸帝国における正義の経済的役割は、利得の汚名をその破壊的な含みとともに排除し、それによって取引にたいする部族的禁止を取り去ったことにある[63]」と述べ、その結果「ある経済力が解放され、治水農業での労働の生産性を何倍にも増加させた[64]」という。社会的正義にもとづく「等価の宣言は、アルカイックな王の主要な機能のひとつ[65]」であった。したがって利得原理を排除する正義の観念は、質的等価原理にもとづく公正価格を意味する「神格の任命者が認可した「比率」や「割合」にしたがう取引のための半宗教的サンクションを用意し[66]」たのである。

正義が利得原理に厳しく対応したことで、経済的取引は合法的なものとして普及する。利得があるから経済的取引が普及するのではなく、そうでないからこそ経済的取引が社会に受け入れられたのである。このポランニーの認識は、いうまでもなく通説とは異なるが、この認識こそ非市場社会分析の基本である。そうした認識に立てば正義に裏づけられた法的取り決めは、利得ぬきの取引を正当で公正なものと認定し、その普及を促すことになる。それは安定したリスクのない交易の形態の拡大を意味している。そのことをポランニーは「市場への発展を回避し、それにかわって経済上の売買の非取引的方向を切り開いた」[67]と表現している。法的取り決めによる取引の普及は、規制のかかった管理的処置（regulated dispositions）ということだが、それはわれわれの市場論的思考とは逆に「交易のはるかに多くの部分」を誘導する役割を果したことになる。これは対外交易で言えば、管理交易・条約交易と呼ばれるものである。「交易の全体は管理的方法で運営[68]」されたのである。

ポランニーは、正義と法に続けて、「人間の経済的生活のなかでいままでに知られない個人の自由の領域が開かれた」と指摘する。利得ぬきだからこそ成立する等価の原理（正義）と、リスクのない公正な交易システムを組織的に誘導する装置（法の経済的役割）は、権力側の「統合の再分配的形態が支配する結果であった」し、その正義と法によって「個人の自由の領域」が広がったと言うのである。ポランニーのそうした指摘の根拠には、統合形態としての再分配機構は「専制的な行政上の官僚主義」ではなかったという認識がある[69]。常識的に言えば、共同体社会で個人の自由の問題が語れるかという疑念が湧くけれども、それは利得なき取引への個人の自由な参入ということを意味している。身分や階級のある社会で、財力のない階層の参入は困難を伴う場合が多いけれども、小さな地域的な「市場」への参入はある程度可能だし、また「市場」にたずさわる階層の管理交易への参入の機会は増えるということである。それは経済的取引の活動範囲の拡大であると同時に、社会的責務を果す領域の拡大を意味している。そうだとすれば、個人の自由とは、社会が要求している社会的責務の重さを受け入れるということでもある。近代の経済的自由の意味とは全く逆の関係である。

ポランニーのここでの二重運動論は、経済的利己主義を社会の中に閉じ込める社会制度的装置の問題として提起されているように思われる。その中で、正義、法、個人の自由が制度的装置として極めて重要な役割を果すものとして認識されているのである。

ところで、ポランニーによれば、「制度とは、人間存在の意味と目的が具体化されたものである[70]」。制度というものが、どのような意味と目的をもって人間存在にかかわっているかは、制度分析の根源的な問題提起である。ポランニーは、言うまでもなく、自然的存在としての、社会的存在としての人間が営む経済、「人間の経済」

の構造を明らかにしようとした。人間の自然的・社会的存在としての生き方が制度によって保証される、そうした制度が互酬、再分配、そしてそれに従う「市場」であった。しかもそれは、市場論的・経済主義的思想の呪縛に陥いることなく、人類史の殆どを占める非市場社会から抽出された、人間の本来的社会である。人間社会の理念モデルでもある。ポランニーが制度分析に込めた根源的問題提起がそのようなものだとすれば、前述の「正義、法、個人の自由」(政治的次元の問題)に加えて、広く文化的領域に含まれる、人間の意識・精神の問題は、社会制度と二重運動を語るとき、不可欠な論点であるように思われる。

事実、ポランニーは、人間は「自己の歴史を築きあげる力」を備え、社会的諸制度を計画的に変化させる「心と精神の力」をもっていることを指摘している。この言説は、「人類の歴史とそのなかにおける経済の位置は、進化論者が主張したがっているような、無意識的発達や有機的連続性を物語るものではない。そのようなアプローチは、現在の過渡段階において、人間にとってきわめて重要な経済発展のいくつかの局面を、必ずや不明瞭なものにするであろう[71]」という文脈でのものである。つまり、ポランニーの言い分は、「有機的連続性のドグマ」を排除して、「歴史を築きあげる力」や時代の要請に応えて社会を変革する主体的な「心と精神の力」を人間が備えているということである。ポランニーは、この問題に関連してこれ以上のことを語っていない。しかし、人間の経済の二重運動における人間の意識や精神の問題を軽視していたとは考えられない。本章でとりあげた、慣習や伝統、社会的責務というキー・ワードは、人間の意識や精神の問題と密接に関係しているからである。そうだとすれば、やはり人間の精神世界の分析を排除できない。ポランニーにそうした分析の独立した展開があってもよかったと思われるのである。

ポランニーが強調する、非市場社会における共同体的連帯は、物質的なつながりだけでなく、精神的なつながりでもある。社会的責務を利他的に果そうとする精神的連帯である。社会的責務の精神的連帯とでも呼ぶべきものである。社会的責務の精神的連帯は、基本的には、宗教的精神世界の中で醸成されるものである。諸社会特有の精神風土、精神文化というものは、宗教的精神と無関係ではない。そうした宗教的精神世界の問題は、社会構造の重要な構成部分として制度化されていたと考えることができる。

宗教的精神性とは何か。それは既存の宗門宗派の教示といったものではなく、人間が生きる中で、自然との相互作用の中で、自ずと身につけた世界認識である。世界の認識の方法は、地域の風土によって多様であるが、ほぼ共通して見られるのは、聖なるもの、聖なる世界の発見である。それらは極めて土着的、原初的なものも含めて、伝承・伝説・民話・神話、諸儀礼などに登場する。宗教哲学者のM・エリアーデ[72]（一九〇七～一九八六）や人類学者の研究によって知られているように、「人間であること」と「聖なる世界」とは不分離の関係にあり、聖なる世界は、人間の意識・精神構造の一要素として普遍的存在である。聖なる世界に対置されるものは、俗なる世界である。この二つの世界はそれぞれ異質で対立する関係にあるが、しかしそれらは相互に融合する関係でもある。融合する関係にあるからこそ、私達俗なる存在は、その実在的確かさを認識しうるのである。聖と俗、それは非市場社会の思惟の芯であり、野生の思考の基底に存在する、いわば「生きる力」のよりどころである。自然的実在として、また社会的実在として、人間が全てを托しうる安心の時空、それが聖と俗の融合する場である。聖なる世界と俗なる世界が融合し、そこに創造と豊饒、再生の力が産まれる。その融合する場は、愛と真の満ちた世界であり、人間の豊かな精神世界を育くむ。それは、豊かな文化・道徳性・倫理性、そして社会的責務を育くむ土壌である。自らを「生きる」確かな存在として確認する営為は、人間の世界認識の原点であると同時に、宗教的精神を育くむ極めて自然な出来事であったと言ってよい[73]。

宗教的精神の形成とその陶冶は、人間の道徳性・倫理性を育くむ土壌として、利得なき経済観念を創造したと思われる。アルカイックな社会の諸文化は、多かれ少なかれ、常にそうした宗教的精神の世界から豊かな栄養分を吸いとってきた。その栄養分が文化の中心的価値として定着し、その社会の精神を豊かなものにしたと考えられる。宗教的精神の世界を社会の精神構造の不可欠な要素と理解できるとすれば、それは非市場社会における二重運動の、利得的経済の運動に対する強力な規制的役割を果すものとして認識されうる。その意味で、ポランニーの宗教的精神世界についての独自の展開が必要だったのではないかと考えられるのである[74]。

以上展開してきた、ポランニーの人間の経済の二重運動論は、別な言い方をすれば、「市場」（利得原理への志向）と宗教・道徳との関係として語られうる。あるいは、二重運動論における自由の問題と言い換えてもよい。ポランニーにあって、経済的利得原理を互酬的原理へと誘導する社会の側の、そしてまた人間の側の問題は、政治（制度）的領域と文化的領域にまたがる人間の社会的責務の自覚・拡大（自由の拡大）と結びつけられていたからである。人の社会的責務の遂行は、まさに自由の内実によって決まる。自由は社会的責務遂行のための条件・手段として位置づけられていて、単なる目的ではない。それは非市場社会における自由の問題を目的論として論じられない認識上の事情である。とはいえ、自由の問題は、制度論と文化（道徳）論にかかわる重要な課題でありながら、『人間の経済』では、その具体的な展開は殆んど見られない。それを補ってくれるのが、『大転換』最終章「複合社会における自由」である。そこでのポランニーの自由論は、本節のテーマである二重運動論の豊富化に役立つし、また自由が目的化している現代社会だけでなく、ポスト市場社会や「人間の経済」の文明論的分析にも示唆するところ大である。

『大転換』最終章「複合社会における自由」は、もちろん、前近代を扱ったものではない。市場社会からポスト市場社会への転換を射程に入れた「複合社会」での「自由」論である。複合社会とは、市場社会からの脱出を志向する社会のことで、非市場社会と重なる。ポランニーの言葉を借りれば、経済（市場）を「社会に埋め込める」段階の社会を指している。つまり、それは「人間の経済」の再生と深くかかわる。

ところで、『大転換』最終章「複合社会における自由」では、一九世紀文明の破綻と崩壊にふれ、その原因を「自己調整市場の作用に対し、それによって壊滅的な打撃を受けまいとして社会が採用した措置」によるものと断じ、「盲目的な「進歩」の一世紀ののち、人間はみずからの「住処」を回復しつつある」[75]と述べている。転換期世界のこのような状況認識が、ポランニーの二重運動論からのものであること自明だが、ここで二つの点が指摘されている。一つは、産業文明を継承すること、もう一つは、市場システムの変質の問題である。前者については、産業文明を「人間本来の要求」に沿ってひき継ぐこと、そのために市場システムを廃棄に追い込み非市場的基礎を創造しなければならない[76]と言う。ところが、産業文明を正当にひき継ぐ環境が生まれつつある、それが後者の問題、市場システムの根本的変質とでもいうべき状況である。すなわち「経済システムが社会に命令することをやめ、逆に経済システムに対する社会の優位が確保されつつある。われわれは、諸国の内部においてこのような事態の展開を目撃している」とし、市場システムは労働、土地、貨幣を含まなくなり、その「市場システムはもはやその原理においてさえ自己調整的ではないだろう[77]」とポランニーは指摘する。つまり、市場システムの根本的な変質状況である。これら二つの指摘の意味するものは、産業文明と非市場的基盤との融合の問題とポスト市場社会転換への期待である。ポランニーが「複合社会における自由」の問題を論じようとしたのは、以上のような転換期市場社会への認識があったからに他ならない。ポランニーにとって自由論をその本質において語れる時代が到来したのである。

しかしながら、戦後世界経済が生み出した、高度の産業文明—環境破壊を引き起こす高度の生産力—、高度消費社会と市場システムの新たな展開、そして社会主義の崩壊—ポランニーはポスト市場社会への入口の一つとして社会主義にある種の期待を込めていた—は、ポランニーの非市場化社会への移行という期待を裏切ったように見える。今日、産業文明の到達地点は、次なる非市場社会を担う産業基盤としては余りにも過剰すぎるし、破壊的である。農業との共栄も考え難い。農業を中心とした一次産業と共栄しうる産業文明こそが重要である（なお、ポランニーの産業文明認識については、註（76）も参照）。そして、現在進行中のグローバリゼーションもポランニーの認識を超えている。

こうした現実を前にして、ポランニーの文明史的転換認識は、いささかズレがあるように見えるかもしれない。しかし、資本の専制、悪魔のひき臼、市場システムの本性が露呈するに及んで、非市場・反市場化の動きが顕著な形で力を持ち始めている。人間と自然、いのち、生きる場の思想、文化の役割、聖なる世界へのまなざしなど、市場社会の合理的精神が破壊し無視してきた、いわば人間存在の本質にかかわる諸問題が、現実的にも、思想・哲学的にも、台頭してきている。ここで取りあげる自由の問題もそうである。これらは、ポランニーのいう社会の二重運動の再来とも言える。ポランニーの思想はいまも生きている。そして、ポランニーの市場観は、すでに見て来たように、現在進行中の市場社会の様々な現実に接近しうる概念装置を備えているということが重要である。すなわち、そのような無慈悲な市場が人間の存在にとって如何に歴史的異常性に満ちたものであるかに気づき、我々が社会を発見し、社会の実態・実在の本質を認識するということがポランニーの思想の核心である。これはそのままいまの世界に当てはまる。

我々の眼前にある、ポランニーの『大転換』執筆時期とは異なる、人間不在の経済状況は、ポランニーに導かれて「社会の新発見」の機会を与えてくれたと言ってよい。我々は、社会の新発見でようやく、「複合社会における自由」を検討できる地点にたどりついたのである。

ポランニーは、自由について次のように指摘している。「自由も平和も、市場経済のもとでは制度化することができなかった。というのは、市場経済の目的が平和や自由を創造することではなくて、利潤や繁栄を剔出することにあったからである」[78]。「社会の発見は、あるときには自由の終焉を、そしてまたあるときには自由の再生を意味する」[79]。すなわち、ポランニーは、近代の自由は、まやかしものの自由で、偽りであり、それに代る新しい自由の獲得は社会の発見によるのだと言っている。こうした結論めいた言説に至るには正確な現状認識にもとづいた説明が必要である。

ポランニーは、自由の問題は二つの次元をもつと言う。「制度的な次元および道徳的あるいは宗教的次元である」[80]。

第一の次元については、「増大する自由と減少する自由との間の均衡をとる問題であって、基本的に新しい問題に遭遇するわけではない」[81]とポランニーは言う。ここで言及されている自由は、統制・規制の対象になる「現実の自由」あるいは「法律上の自由」のことで、そこでのポイントは権力への「不服従の権利が制度的に保護される」[82]こと、そしてそのことが「自由な社会の証明印」になるのである。如何なる権力であろうと、その権力から保護されるべき「不服従の権利」は、どの時代でもどの社会でも普遍的に妥当する性格のものである。ただ、制度的な意味での自由についても、ポランニーも認めているように、「新しい問題」ではなく、人権の尊厳の問題として多くの論者によって論じられてきた自由論の定番である。もちろん、それすら現実のものになっていない状況だから、この制度的次元の自由論は重要である。だが他方で、権利の過剰な主張が、他者の権利を侵害するという厄介な問題を惹起している現実もある。そこにはやはり生産効率、消費の拡大、利得の拡大のための市場論的自由の暴走の問題が背景にある。利得のための自由の拡大、そこには市場社会の枠内の論理しかなく、社会的責務の問題は殆ど無視される。そのことが貧困や差別を増幅しているという事実があるにも拘らず、そうなのである。したがって、われわれにとって重要なのは、「不服従の権利が制度的に保護される」ことはもちろん、「諸個人は、権力を恐れることなく、自由に自己の良心に従う[83]」意識・精神をもつことである。というのは、「権力とは、社会生活の一部の分野に関する行政的職務をたまたまゆだねられたものにすぎ[84]」ず、われわれの生活の場における「自由」の領域は広いからである。すなわち、自由が制度化されるためには、市場論的社会観から発する利潤と経済的繁栄のための精神や意思から脱して、制度的自由と個人的自由の拡大を目的とする意識的追求とその意思の貫徹が不可欠である。

制度的自由の問題は、ここではすでに第二の次元の「道徳的自由」の領域に重なる。ポランニーは、その道徳的自由を「至高の重要性をもつような自由」と述べる。ポランニーは、社会正義と安全に付属した「道徳的自由」と「精神の独立」そして「法的な自由」を「一九世紀経済の副産物」と位置づけ、「失業や投機家の自由」(悪の系列に属する自由)と対比して、「ルネサンスや宗教改革以来のもっとも貴重な伝統に属するもの」、「すでに崩壊した市場経済から受け継いだ価値ある自由[85]」だと言う。悪の系列に属する自由に対比しての善の系列に属する自由である。これは、ポランニーが指摘する「道徳的あるいは宗教的次元」の自由である。善なる系列の自由、それが個々人の道徳的自由と精神の独立なのである。しかも、これは制度的自由の問題に比べて「根本的な次元」の自由で、「現代における自由の問題を解決する鍵」である。道徳的自由とは何かということが「複合社会における自由の真の意義を把握[86]」することに繋がるのである。

こうした認識によって強調されるのは、個人の自由（精神の独立）、市民の諸権利で、例えば、「ある個人が、みずからの政治的・宗教的信条や肌の色・人種にかかわりなく、正当と認められた条件のもとで仕事につく権利[87]」は「権利リストの最初におかれるべき」である。そしてこうした個人の自由や市民的諸権利は、市場システムの崩壊と共に新たな地平を迎えることになるとポランニーは言うのである。すなわち、「市場経済の消滅は、これまでになかった自由の時代の幕開けになりうる。法的自由および実際上の自由は、かつてないほど拡大され、普遍的なものとなることができる。規制と管理は、少数者のためでなく万人のための自由を達成することができる。この場合の自由とは、汚れた手段で手に入れた特権の付属物としての自由ではなく、政治的領域という狭い範囲を超えて緊密に組織された社会それ自体へと広がる規範的な権利としての自由である。かくして古くからの自由と市民的権利に、産業社会が万人に提供する余暇と安全によって生み出された新たな自由という財産がつけ加えられることになるだろう。このような社会は、公正と自由を二つながら備えるゆとりをもちうるのである[88]」。市場経済の消滅は、古い自由に新しい自由を付け加える。新しい自由とは、政治の領域をこえて社会生活全体に行きわたる「規範的な権利」（道徳性を含意した権利）としての自由、あるいは健全な産業社会が「余暇と安全」によって創出する自由のことで、これが「複合社会における自由」の意味というわけである。そこには、公正と自由があると。

しかしながら、複合社会への移行過程で重大な道徳的問題が立ちはだかる。悪しき道徳的意識である。それはファシズムと自由主義哲学である。ファシズムは、自由を完全に抑圧し、権力と強制を賛美し「社会の現実」を受け入れる。そのファシズムの自由の抑圧は、自由主義の産物でもある。一方、自由主義哲学は、権力と強制に依存しながらもそれを悪と位置づけ、そして幻想としての自由概念によって盲目的な自由の拡大を追い求め、その自由が権力と強制を駆逐すると主張する。しかし、自由主義哲学は、個人の自由の個別化を促し、自由の暴走を演出する。こうした悪しき道徳観は、結局は自由の可能性そのものを否定することになるのである[89]。

悪しき道徳的精神（自由主義哲学）の元凶である「権力と経済的価値」は市場「社会の現実」のパラダイムで

ある。[90] 権力と経済的価値は、社会の実体すべてを自らのパラダイムの中に取り組む。こうした市場社会の権力と経済的価値の枠組から脱出するために、われわれに課せられた課題は、道徳的迷妄に陥ることなく、社会の現実を正当に認識して自由と規制の調和的関係を構築することである。そのために必要なのは、善なる道徳的・宗教的な意識や精神をわがものとすることである。

道徳的・宗教的な意識や精神の根拠となるものは何か。ポランニーは、「西欧人の意識における三つの本質的な事実」、死についての認識、自由についての認識、社会についての認識を指摘する。彼は、それらについて、次のように述べる。「ユダヤ人の言い伝えによれば、死の認識は旧約聖書の物語に啓示された。自由の認識は、新約聖書に記録されているイエスの教えの中で、人の唯一性の発見を通じて啓示された。そして社会の認識は、産業社会に生きることを通してわれわれに示されたのである」[91]。これら三つの認識は、ポランニーにとって同列ではないようである。この引用文の後に、ロバート・オーウェン（一七七一～一八五八）の名が「偉大な啓示の功績」者に「近い立場」にあるとして挙げられているからである。そして「社会についての認識が近代人の意識を構成するもっとも重要な要素」[92]であると言う。もちろん、「社会の認識」以外の二つの認識が否定されているわけではない。当然肯定されるべきものとして考えられている。彼が最も重要だとして期待を寄せるのは、オーウェンの協同的社会主義への信頼である。それはオーウェンが何よりも「社会の発見」の立役者であるからである。そうしたオーウェンによる社会認識を基礎にしてはじめて前二者の認識（死の認識と自由の認識）も生きてくるというのがポランニーの見立てである。それは次の文章で明らかである。「ロバート・オーウェンは、「福音書」が社会の現実を無視していることを認識した最初の人物であった。彼は、これをキリスト教における人間の「個別化」と呼び、彼の協同的共和国においてのみ、「キリスト教において真に価値のあるものすべて」が人間の手に取り戻されるだろうと信じていたように思われる。オーウェンは、われわれがイエスの教えを通して獲得した自由が複合社会には適用しえないことを認識していた。彼の社会主義は、このような社会における人間による自由を求める要求を擁護するものだった。西欧文明におけるポスト・キリスト教の時代は、彼においてすでに始まっていた」[93]。社会の現実を正当に認識した、オーウェンの協同型社会主義のもとで、個人の唯一性を意味する「自由」が終焉し、新たに「自由」が再生する。この新しく再生された「自由」が先に見た「道徳的自由」なのである。したがって「人間は、複合社会において成熟し、人間存在として生きることができる」[94]のである。以上が、ポランニーがオーウェンを通して到達した、「制度的自由」と「道徳的・宗教的自由」とが融合した「自由」の意味である。

しかしながら、ポランニーの「自由論」が「人間の経済」に通用する性格のものかどうか不明瞭である。次の文章は、『大転換』最終章「複合社会における自由」の最後をしめくくるものである。「諦念は、常に人間の力と新しい希望の源泉であった。人間は死という現実を受け入れ、そのうえにみずからの肉体的な生命の意味を築いた。人間は、失うべき魂を持ち、そして死よりも悪いものがあるという真実に諦念し、そのうえにみずからの自由を打ち立てたのである。現代では、人間は過去の自由の終焉を意味する社会の現実に諦念しつつそれを受け入れている。しかしこの場合にもまた、生命は究極的な諦念からよみがえる。忍耐強く社会の現実を受け入れれば、人間は除去しうるあらゆる不正と隷属を排除する不屈の勇気と力を与えられるだろう。また人間が万人のためにより豊かな自由を創造するという自己の使命に忠実であるかぎり、権力と計画化が人間の意に背き、それらを道具として使いながら打ち立てようとしていた自由を破壊するという事態を恐れる必要はない。これが複合社会における自由の意味であり、この使命の重要性が、われわれの必要とするすべての確信を与えてくれるのである」[95]。

この言説は難解である。「諦念」(resignation)という独特の概念の意味が難しい。道徳的・宗教的意味を含む、ポランニー苦心の作であろうか。後述するように、宗教的深さに欠けるように見えるけれども肯定と否定を同時に含む、ある種の「悟り」とでも呼ぶべき響きはある。「諦念」には、明らかに道徳性の高い意識という意味が込められているようにも思われる。死への肯定と否定、自由への否定と肯定。そして、社会の不正と隷属に挑戦する「不屈の勇気と力」、人間に与えられた「万人のためにより豊かな自由を創造しようとする」使命感とその任務への誠実さ。ポランニーの自由論には、ある種のペシミスティックな感覚もただよっているが、人間的誠実さと使命感に裏づけられた、「道徳的・宗教的自由」であることは確かである。

『人間の経済』で展開された二重運動論を『大転換』にまでさかのぼって―執筆の順でいえば、『大転換』が先である―、ポランニーの社会的責務(道徳的責務)の意義を検討してきた。『大転換』での「道徳的自由」論は、『人間の経済』での「社会的責務と個人の自由」の意味をある程度明瞭なものにしてくれた。その意義を認めつつ、『大転換』での「道徳的自由」論での問題点を指摘しなければならない。ポランニー思想の核心である、社会の実体としての人間存在に到達しうる方法とは何かという観点から三点指摘したい。

第一は、道徳的・宗教的次元での自由の取扱い方の問題である。ポランニーの場合、基本的に道徳論レベルに留まっているということである。宗教的言説は確かに見られるが、第一義的には、オーウェンの社会認識を主軸に、キリスト教的内実については副次的意義しか与えられていない。もちろん、ポランニーにキリスト教への全面的批判は見られない。そう言ってよければ、オーウェン的社会認識にもとづくキリスト教道徳観とでも呼べるものである。現代社会にとって、モラル・エコノミーの構築は大切な作業であるが、それを超えるようなヴィジョンが必要であることも事実である。

第二は、個人の自由の捉え方の問題である。道徳的自由、精神の独立は、個の確立の問題として考えられている。キリスト教的意味の個の唯一性・人類の一体性は、どの社会にも当てはまる普遍性をもったものとの認識が強く、それはオーウェンの協同的社会主義のもとで意味をもつと説かれる。個人の自由と協同体的連帯との結合の論理は、厳密に言えば、十分に展開されていないうらみが残る。それは「自由と規制」あるいは「権利と義務」を論ずる自由論の枠組と大差はないのではとも思える。社会的責務論だけでは説明しきれないものを感ずる。『人間の経済』では、互酬的人間関係に「伝統・慣習」が重要な役割を持っていたことが指摘され、地域的特性をもった社会的連関・社会的責務の連帯という視点が導入されていた。その点でいえば、『大転換』との基本的なちがいは見られない。ただ、『人間の経済』では、『大転換』とは異なり、人類学的知見が多く導入され、地域の「伝統・慣習」に視点が移動している。ヨーロッパ的ではないということである。ともかく、前にも触れたように、自由の中の個の否定（和の論理）につながる宗教的精神の世界が欠如していることは確かなように思われる。したがって、第三は、宗教的分析の欠如を指摘せざるを得ない。前述したように、ポランニーの議論は、道徳論にもとづく自由論の枠内に留まっている。「人間の経済」にも見られる、「権力と経済的価値」からの解放は、ポランニーの言うように社会の実体である人間存在への認識を抜きにしてありえない。その人間存在の問題こそ、宗教的精神世界の議論が不可欠である。ポランニーに道徳論はあっても宗教論はない。このように断じるのは、実は正確ではない。ポランニーは、「キリスト教個人主義は、……「神が存在するがゆえに、個々の人格は無限の価値をもつ」と考えるのである。それは、人間みな同胞という考え方である。人々が霊魂（soul）をもつということは、彼らが個人として無限の価値をもつことを言い換えたにすぎない。人々が平等であるというのは、人々が霊魂をもっているというのと同じことにほかならないのである。人類みな同胞の考え方は、個人の人格が共同体の外では現実のものとならないことを暗に意味している。共同体の現実性とは個人間の関係なのであり、共同体が現実であるべきであるというのは、神の意志にほかならないのである」(96)と言っている。このようなポランニーのいうキリスト教的個人主義―個人の自由をルネサンスや宗教改革以来の貴重な伝統として高く評価したこととつながっている―と共同体の論理（神の摂理）では、実体＝実在的人間存在に接近することは出来ないのではないか。その意味では、キリスト教はあるが、共同体的社会で創造された宗教論はないと言える。佐藤光氏は、ポランニーは、「プロテスタント的人間像を最善のものとするという意味で、きわめて強い近代主義的色彩を帯びている」とし、啓蒙主義的性格もあると言う(97)。ポランニーは、個人の自由を前提にした道徳的自由の枠を超えていないというべきであろう。もっと言えば、キリスト教的道徳感にもとづく自由のレベルに留まるとすれば、市場社会への切り込みは限定的で、場合によっては、市場社会の延命の手段になりかねない。非ヨーロッパ世界をも視野に入れた人類学的知見に学び「人間の経済」を構想したポランニーに、ヨーロッパ中心史観に偏向しない歴史観が見られるにも拘らず、そうである。もちろん、このズレは、ヨーロッパ的近代思想あるいは市場論的思考に毒されたわれわれにとっての課題でもある。

『人間の経済』において、「伝統や慣習」に注目したポランニーは、宗教（信仰）生活の歴史的な意味について殆ど語ることがなかった。やはり・『大転換』で展開したキリスト教的道徳観から抜け切れなかったからであろうか。ともかく、ポランニーの思想に限界があることを否定しえないのである。欲望のシステムとしての市場社会の現実を見るとき、また非市場社会といえども「権力と経済的価値」の枠組に強固に組み入れられてきた長い歴史を想起するとき、ポランニー思想の限界を克服する可能性を示唆するのが、個人の自由の中に非個人の自由を同居させるという「宗教的自由」の思想である。西田幾多郎（一八七〇～一九四五）は、「意志の矛盾の如く、自己を見ること深ければ深いほど、自由なれば自由なるほど、自己自身の矛盾に苦しまなければならない。かかる矛盾を脱して真に自己自身の根抵を見るのが宗教的意識である」[98]と述べている。こうした、自己を自己において対象化する「自覚的限定」の認識がわれわれの議論の出発点であるような気がする。例えば、一つの例がある。それは仏教思想をもとに独自の民衆思想に到達した、わが国の民芸運動家柳宗悦の説く「宗教的自由」である。妙好人という信仰者に見られる、信仰に裏づけられた自由、すなわち、「自己からの自由」、「自己にまつわる一切の執着からの自由」を、柳は「宗教的自由」と呼ぶ。つまり、「利己心」からの自由を説く。自己を超えた自由の世界である。自由を束縛するものは、我であり、分別であるとも言う。我欲は自己中心になり、ものを二つに別ける分別は二元の世界に導き入れ対立の原因になる。人と人との連帯が壊れる。分別を是とし、二項対立的思考に陥る知的文化は、自由を拘束し、その知が孕んでいる愚かさが先行するのである。柳は、執着するものが何もないところに、浄土美・自在美が生まれると言う。その執着のない心の状態あるいはその精神を「無住心」・「無碍心」と呼ぶのである。この無住心・無碍心こそ、柳の説く「宗教的自由」に他ならない[99]。自捨の精神、謙譲と謙虚の精神に至ること、そして人間の尊厳に想いを寄せることが、連帯の絆となる。個人の中の非個人の思想が注目されるのである。

　ここで宗教的自由を体系的に語ることは不可能であり、筆者の能力を超えている。柳宗悦の思想世界が示唆していることの意味の一部を指摘するのみである。もとより、現代世界における宗教が俗的存在に陥りその本来の役割を果さないだけでなく、市場論的思考の拡大再生産に手を貸している現実があることも事実である。ポランニーが構想した「人間の経済」にふさわしい人間のあり方については、さらに議論を重ねる必要がある。

ポランニーの「人間の経済」論の意義は、近代的な市場とは質的にも原理的にも全く異なる「市場」の存在を明らかにしたこと、そして人間の永遠のテーマである、権力と経済的価値からの解放の可能的な道すじを経済学の体系の中に提起したことにある。他人を嫉妬し、妬む、さらには怨むといった、日常の生活の中で繰り返えされる人間の抜き難い罪が、現代では、欲望を肥大化させ、故なき貧困、差別、不安、そして多くの悲惨を創出する経済的営みの中から生まれていることを考えるならば、道徳論をこえた経済学が要求される。宗教的生活が人間を生と自然に結びつける役割を果したことは、歴史の教えるところである。「人間の経済」では、政治現象、社会現象、そして経済現象も「宗教的自由」と有機的に結合しているはずである。ともあれ、非市場社会での「市場」は、互酬的社会関係のもとで非競争的で非膨張的であると認識した、ポランニーの思想は、和の経済を説いた柳の思想と、[100]そして非暴力の思想によってヒンドゥー的宗教経済学を構想した、M. ガンディーの思想と、その社会認識において共通項を持っていると同時に、相補的な関係にもあると言ってよい。

(1) David C. Korten (2006), *The Great Turning : From Empire to Earth Community*, Kumarian Press, Inc. and Berrett-Koehler Publishers Inc. 田村勝省訳『大転換—帝国から地球共同体へ』二〇〇九年、xxiv ページ

(2) 例えば、F・ブローデルは、『物質文明・経済・資本主義一五～一八世紀、11－1、交換のはたらき1』の中で、ポランニーの本来的市場と近代的市場の認識は極めて単純すぎるとして異議を唱えている。「ある交換の形態を経済的であり、他のある形態を社会的であると名付けるのはあまりにも安易である。実際はすべての形態は経済的であり、すべてが社会的なのである。何世紀もの間、きわめて多様な社会・経済的交換が存在し、それらはその多様性にもかかわらず、あるいはその多様性のゆえに共存して来たのである。相互性・再分配はまた経済的形態でもあり、利益を得るためのものとしての市場は古い時代から存在し、これまた社会的現実であると同時に経済的現実なのである」。ブローデルはこのように述べて、「一九・二〇世紀よりはるか以前に、市場経済は存在した」としている。批判のポイントは二つあるように思われる。第一は、市場交換は歴史的に常に経済的であると同時に社会的であるということ。

しかもそれは多様で、利得目的の交換は古いということ。したがって、第二は、本来的市場と近代的市場を区別することは誤りであり、「市場経済はゆっくりと着実に形成されてきた」のであると。（F. Braudel (1979), *Civilisation Matérielle, Économie et Capitalism, XV-XVIII Siècle tome 2 Jes Jeux de L'Echange*, Librairie Armand Colin, Paris. 山本淳一訳（一九八六）、みすず書房、二七六〜二八四ページ。）ブローデルのこれらの批判には、ポランニーの二つの異なる経済の意味（形式的意味と実在的な意味）と近代的な市場交換の歴史的特異性についての誤解が含まれているように思われる。ポランニーは、本文で触れたように、利得なしの交換取引は経済的利得を得るための取引に転化するような不安定性をもつことを否定していない。例えば、ポランニーは次のように言っている。「もちろん、窮乏の恐怖や利潤欲がまったく存在しないわけではない。市場はどんな社会にも出現し、商人の姿はいろいろな文明にみられる。しかし、個々の市場は孤立しており、結合して一つの経済を作りあげることはない。利得の動機は商人に特有のものであって、これは騎士の剛勇、僧侶の敬神、職人の誇りがそれぞれ特有の動機であるのと同じである。利得の動機が普遍的であるという考え方は、われわれの先祖にはけっして思い浮かばなかったであろう。一九世紀の第二・四半期より前のいかなる時代をとっても、市場は社会の従属物にすぎなかったのである」。（「時代遅れの市場志向」、K・ポランニー『経済の文明史』玉野井芳郎・平野健一郎訳（一九七五）、日本経済新聞社、四五〜四六ページ）ポランニーは、経済現象と考えられている事態をあくまでも社会的・文化的現象として認識しようとしたことをわれわれは忘れてはならない。唯物論的・経済主義的思考を斥けるところにポランニー思想の特徴がある

（3）K. Polanyi (2001), *The Great Transformation, ThePolitical and Economic Origins of Our Time*, Foreword by J. E. Stiglitz, Introduction by F. Block, Beacon Press, p136、野口建彦・栖原学訳（二〇〇九）『〔新訳〕大転換、市場社会の形成と崩壊』東洋経済新報社、二三八ページ

（4）玉野井芳郎「『人間の経済』日本版の編集にあたって」、K・ポランニー著、玉野井芳郎・栗本慎一郎訳（一九八〇）「人間の経済Ⅰ　市場社会の虚構性」所収、岩波書店、五ページ

（5）K. Polanyi (1977), *The Livelihood of man*, ed. by H. W. Pearson, Academic Press, p.xxxi、玉野井・栗本訳、五五ページ

（6）ibid., pp. xxxiii〜xxxiv、同右、五九ページ

（7）J・レンジャーは、商品（サービス）の交換は、互酬的・再分配的条件のもとで生起していると指摘している。ポランニー理解としては十分ではないが、その指摘は、本稿の問題意識と重なる部分がある。（J. Renger (2005), "*K.Polanyi and the Economy of Ancient Mesopotamia*", *in Author de Polanyi ; Vocabularies, théories et modalities des echanges*, Textes renuis par Ph. Clancier, F. Joannes, P. Rouillaerd et A. Tenu, De Boccar, p.51.

（8）K. Polanyi, *The Great Transformation*, p.60, 野口・栖原前掲訳、一〇〇〜一〇一ページ。野口・栖原による新訳は、The limited and unexpanding nature of the market pattern, as such, was not recognized を「市場パターンが本来もっていた限定的で非拡張的な性格は、認識されなかった」としているが、旧訳（吉沢英成・野口建彦・長尾史郎・杉村芳美訳（一九七五）、東洋経済新報社、七七ページ）では、「市場パターンそれ自体がもっている有限かつ非膨張的な本質は認識されなかった」となっている。旧訳に従いたい

（9）ibid., p.61, 同右、一〇一～一〇二ページ。野口・栖原による新訳は、Neither long-distance nor local markets are essentially competitive を「遠隔地市場も局地的市場も基本的に競争的ではなく」としているが、旧訳（同右、七八ページ）では、「遠隔地市場も局地的市場も本質的に非競争的であり」としている。訳に誤りはないが、旧訳に従う

（10）ibid., p.63, 同右訳、一〇四～一〇五ページ

（11）K. Polanyi, *The Livelihood of man*, p.29, 玉野井・栗本前掲訳、七七ページ

（12）B. K. Malinowski (1922), *Argonauts of the Western Pacific : An Account of Native Enterprise and Adventure in the Alchipelagoes of Melanesian New Guinea*, George Routledge & Sons, Ltd., London, 泉靖一責任編集（一九八〇）、『西太平洋の遠洋航海者　メラネシアのニュー・ギニア群島における、原住民の事業と冒険の報告』、『マリノフスキー、レヴィ＝ストロース』（世界の名著七一）所収、中央公論社、一二九ページ

（13）K. Polanyi, *The Livelihood of man*, p.29, 玉野井・栗本前掲訳、七八～七九ページ

（14）ibid., p.30, 同右、七九ページ

（15）ibid., p.57, 同右、一二〇ページ

（16）ibid., p.57, 同右、一二〇ページ

（17）ibid., p.57, 同右、一二一ページ

（18）ibid., p.58, 同右、一二一～一二二ページ

（19）ibid., p.34, 同右、八六ページ

（20）P. P. J. H. Grierson (1903), *The Silent Trade, A Contribution to the Early History of Human Intercourse*, Edinburgh, William Green & Sons, Law Publishers, 中村勝訳（一九九七）『沈黙交易―異文化接触の原初的メカニズム序説』ハーベスト社参照

（21）K. Polanyi, *The Livelihood of man*, p.73, 玉野井・栗本前掲訳、一四八ページ

（22）K. Polanyi, *The Great Transformation*, p.62, 野口・栖原前掲訳、一〇四ページ

（23）ibid., p.59, 同右、九九ページ

（24）ibid., p.64, 同右、一〇六ページ

（25）K. Polanyi, *The Livelihood of man*, p.253, 玉野井・栗本前掲訳（Ⅱ）四四七ページ

（26）K. Polayi (1957) *"Aristole Discoers the Economy" in Trade and Market in the Early Empires*, eds. by C. M. Arensberg and H. W. Pearson, The Free Press, Glencoe,「アリストテレスによる経済の発見」玉野井芳郎・平野健一郎編訳（一九七五）『経済の文明史』所収、日本経済新聞社、一九九ページ

（27）同右訳、二二三ページ

（28）J. Neusner and B. Chilton (eds.) (2008) *The Golden Rule, The ethics of Reciprocity in World Religions*, Continuum, 参照

(29) S. C. Kolm (2008), *Reciprocity, An Economics of Social Relations*, Cambridge Uni. Pr. S. C. Kolm and J. M. Ythier (eds.) (2006) *Handbook of the Economics of Giving, Altruism and Reciprocity*, Vol.1, Elsevier, 参照

(30) 渡植彦太郎（一九八七）『学問が民衆知をこわす』農文協、六五ページ参照

(31) カール・ポランニー『経済の文明史』前掲訳、一九八ページ

(32) カール・ポランニー『経済の文明史』同右、一九八ページ

(33) ポランニーは、「量的概念」が存在するかどうかで現代の経済システムと未開社会の経済との比較を行なっている。次のように述べている。「われわれの社会には、制度的に分離した経済システムがある。われわれの経済における重要な統合概念は、交換可能な経済的単位の集合の概念である。ここから経済的生活の量的様相があらわれる。かりにわれわれが一〇ドル保有しているなら、われわれは一般に別々の名を持った個々の一〇枚のドルとは考えず、一方で他方を代用できる単位と考える。そうした量的概念なしには、経済の観念はほとんど意味をなさないのだ。このような量的概念は未開社会には一般的に適用できるものではない、という認識が重要である。たとえばトロブリアンドの経済は、持続的な授受関係を基礎に組織されている。しかし資金の概念を用いたり、バランスをたてるという可能性は存在しない。多種多様な「取引」は、経済的な見地からは、つまり物的欲求の満足に影響する様式からは、分類できないのである。たとえ「取引」の経済的重要性が大きいとしても、それらの重要性を量的に算定する方法は存在しないのである」。(K. Polanyi, *The Livelihood of man*, p.53、玉野井・栗本前掲訳、一一四〜一一五ページ)

(34) 渡植前掲書、五八ページ

(35) 渡植彦太郎（一九八七）『技術が労働をこわす』農文協参照。また同書への内山節氏の解説「非文化としての資本制社会批判の理論」（同書所収）も参照

(36) 拙著（二〇〇六）『国際分業論と現代世界』ミネルヴァ書房参照

(37) K. Polanyi, *The Livelihood of man*, p.70. 玉野井・栗本前掲訳、一四二ページ。ポランニーの「等価性は……慣習や伝統の問題である」という文章には、注が付され、R・ターンヴァルド（『原始社会の経済学』）、M・モース（『贈与論』）の名前が連記されている。この両者の影響が大きいことがわかる。例えば、モースの『贈与論』は、市場交換とは全く異なる交換のメカニズム―精神的なメカニズムも含めた―の解明を主題にしている

(38) 渡植彦太郎『技術が労働をこわす』一〇七ページ

(39) K. Polanyi, *The Livelihood of man*, p.71、玉野井・栗本前掲訳、一四三〜一四四ページ

(40) ibid., p.71, 同右、一四四ページ

(41) ibid., p.71~72, 同右、一四四〜一四五ページ

(42) 渡植彦太郎『技術が労働をこわす』九三ページ

(43) 渡植、同右、一〇六ページ

(44) K. Polanyi, *The Livelihood of man*, p.73, 玉野井・栗本前掲訳、一四八ページ
(45) ibid., p.99, 同右、一九〇ページ
(46) ibid., p.98, 同右、一八八〜一八九ページ参照
(47) ibid., p.98~99, 同右、一八八〜一八九ページ
(48) 網野善彦（二〇〇五）『日本の歴史をよみなおす』筑摩書房参照
(49) K. Polanyi, *The Livelihood of man*, p.105, 玉野井・栗本前掲訳、二〇〇ページ
(50) ibid., p.106, 同右、二〇一ページ
(51) ibid., p.106, 同右、二〇一ページ
(52) ibid., p.106, 同右、二〇二ページ
(53) ibid., p.108, 同右、二〇四ページ
(54) ibid., p.120, 同右、二二六ページ
(55) ibid., p.118, 同右、二二二ページ
(56) ibid., p.118, 同右、二二三ページ
(57) ibid., p.61, 同右、一二七ページ
(58) ibid., p.73, 同右、一四八ページ
(59) ibid., p.73 and p.126, 同右、一四八〜一四九ページと二三三ページ
(60) ibid., p.73, 同右、一四九ページ
(61) ibid., p.126, 同右、二三三ページ
(62) ibid., p.74, 同右、一四九ページ
(63) ibid., p.74, 同右、一四九ページ
(64) ibid., p.74, 同右、一四九ページ
(65) ibid., p.74, 同右、一四九ページ
(66) ibid., p.74, 同右、一四九ページ
(67) ibid., p.74, 同右、一四九〜一五〇ページ
(68) ibid., p.94~95, 同右、一八〇〜一八一ページ
(69) ibid., p.74, 同右、一五〇ページ。なお玉野井・栗本訳では、personal freedomを「個人の自主性」としているが、原文に忠実に「個人の自由」とした。また、ポランニーの考えるアルカイックな社会の「国家」とは、必ずしも専制主義的官僚国家（防衛や階級規制の機関）ではなく、再分配のための社会装置であるという認識が強い。ポランニーの注目すべき国家観の一側面でもある（ibid., p.41,

同右、九七ページ参照)

(70) K. Polanyi, *The Great Transformation*, p.262, 野口・栖原前掲訳、四五九ページ

(71) K. Polanyi, *The Livelihood of man*, p.liv. 玉野井・栗本前掲訳、二八ページ

(72) M・エリアーデ『エリアーデ著作集』堀一郎監修、せりか書房参照

(73) 拙著『国際分業論と現代世界』第八章参照

(74) F・ブロックは、ポランニーは、「自然と人間の生命というものは、ほとんどいつでも聖なる面をもつものとして認識」していたと述べているが、この理解は率直に言って読み込み過ぎなのではないかと思われる。ブロックはその論拠を示していない(F. Block, Introduction, in "*The Great transformation*", p.xxv, 野口・栖原前掲訳、xxx ページ)

(75) K. Polanyi, *The Great Transformation*, p.257, 野口・栖原前掲訳、四五二ページ

(76) ibid., pp.257~258, 同右、四五二~四五四ページ。産業文明について、『大転換』でのポランニーの評価は、概ね肯定的であるが、その後は、産業文明の科学的野蛮と狂気を痛烈に批判する立場をとる。「すべてを無力化する分業、生活の標準化、生物に対する機械に優位、自発性に対する組織の優位」などを産業文明の本性であるとポランニーは指摘している(「時代遅れの市場動向」『経済の文明史』所収、三七ページ)

(77) ibid., p.259, 同右、四五五ページ

(78) ibid., p.263, 同右、四六〇ページ

(79) ibid., p.268, 同右、四六七ページ

(80) ibid., p.262, 同右、四五九ページ

(81) ibid., p.262, 同右、四五九ページ

(82) ibid., p.263, 同右、四六一ページ

(83) ibid., p.263, 同右、四六一ページ

(84) ibid., p.263, 同右、四六一ページ

(85) ibid., p.263, 同右、四六〇ページ

(86) ibid., p.262, 同右、四五九ページ

(87) ibid., p.264, 同右、四六二ページ

(88) ibid., p.265, 同右、四六二~四六三ページ

(89) ibid., pp.265~266, 同右、四六三~四六四ページ

(90) ibid., p.267, 同右、四六五ページ

(91) ibid., pp.267~268, 同右、四六六ページ

(92) ibid., p.268, 同右、四六六～四六七ページ
(93) ibid., p.268, 同右、四六七ページ
(94) ibid., p.268, 同右、四六七ページ。なお、引用文は新訳の通りではない
(95) ibid., p.268, 同右、四六七～四六八ページ。なお、引用文は新訳の通りではない。例えば、resignation（resign）は、新訳では「忍従」と訳されているが、旧訳の「諦念」を採用した
(96) K・ポランニー「ファシズムの本質」『経済の文明史』所収、一三一ページ
(97) 佐藤光（二〇〇六）『カール・ポランニーの社会哲学―『大転換』以降―』ミネルヴァ書房、二九七ページ。本書は、日本でのレベルの高いポランニー思想研究である。また、本書によって多くの示唆を得た
(98) 西田幾多郎（一九八七）「叡知的世界」「無の自覚的限定」『西田幾多郎哲学論集Ⅰ』上田閑照編、二四三～二四四ページ
(99) 柳宗悦「宗教的自由」「宗教と生活」（柳宗悦全集第一九巻）、「美の法門」（同一八巻）筑摩書房参照
(100) 本書第四章「日本文明の基層と柳宗悦の世界―手仕事における美と道徳と経済の調和」参照

第二章　石牟礼道子の精神世界と現代文明——人間・風土・神々の円環構造の文明論的意味

第一節　水俣病問題と現代文明

水俣病問題は、筆舌に尽くし難いほどの悲惨な被害状況が明るみになって半世紀以上がたってなお、いまだ解決に程遠い状況である。(1)加害企業である水俣チッソ（株）と被害者である水俣病患者の人達との責任と補償をめぐる政治的対立は、続いている。県や国の行政的責任、企業の行為を弁護するために働いた科学者達の責任の所在は、十分に解明されず不明確のままである。国際競争力の強化を盾にした企業の専制は衰えを知らず、国家の権力的構造は益々強化され、企業犯罪や官僚・政治家達の犯罪は甘受され続けている。そして数万人に及ぶ被害者の苦難の歴史と水俣病問題にかかわり続けている数多くの人々の献身的な努力は、忘れられ、風化しようとしているのではないか。

今からほぼ一一六年前の一九〇八（明治四一）年、日本窒素肥料株式会社（創業者、野口遵）として発足した、現社名チッソ（株）は、日本における電気化学工業の中心的存在として発展して来たが、水俣での肥料工場は、発足の翌年一九〇九年に完成している。(2)そして、すでに一九二六（大正一五）年に、チッソは、工場排水による漁業被害に対して水俣町漁業組合に見舞金一五〇〇円を支払っている。水俣病の公式発見とされる一九五六（昭和三一）年以前、戦時下の一九四四（昭和一九）年水俣月ノ浦付近で牡蠣の腐死が目立ち始め、その後、鯛、海老、鰯、蛸などの漁獲量が減り、それは海藻、貝類にまで広がる。猫が「猫おどり病」になって死ぬのが一九五三（昭和二八）

年。戦後八年、海には大きな異変が起こっていたのである。こうして魚貝類や人と共に暮らしていた猫が水俣病になっているのに—実は、自然の異変は極めて重要な警告の兆候あるのに、現代科学は、科学的でないことを理由にそれを無視することが多い。それはわれわれの生活を自然から切り離して見ていること、あるいは自然の存在を無視していることの証明である—、また年月が経ち、人そのものに途方もない被害が見られ続けたにも拘わらず、チッソ・行政・チッソを擁護する科学者の三位一体的無責任体制は続く、そして、「水俣病の原因はチッソ水俣工場の排液中のメチル水銀化合物である」とする政府統一見解が発表されたのは、ようやく一九六八（昭和四八）年のことである。海の大異変や猫の水俣病からほぼ二〇年、公式発見からしても一二年が無駄に過ぎていたのである。水俣病公式発見時の一九五〇年代後半、水俣工場は、繁栄のピークで、日本の高度経済成長の先頭を走っていた。水俣病患者の人達が地獄のような苦しみを負っている中、「儲けて儲けて笑いがとまらなかった」(3)。それを背景としたチッソの驕りと六〇年代になって本格的になった高度成長の日本は、残念なことに、水俣病患者の命の叫びを真剣に受け止める精神を持ち合わせていなかった。

水俣病患者の人達とその人達を支援する人々の闘いは、社会運動としての性格を色濃く持ちながら続いている。水俣病問題は、単なる公害反対運動でもなく、左翼的階級運動でもない。さらには、環境問題—その捉え方には様々な次元があるが—という視野の狭い領域に封印することも間違いである。

率直に言って、水俣病問題は現代文明のあり方に関わる裾野の広い社会問題である。そのことをわれわれに知らしめた一人の女性が水俣病問題の発生と時を同じくして登場する。石牟礼道子（一九二七〜二〇一八）という水俣出身の詩人、作家、思想家である。石牟礼道子の思想については、原田正純、渡辺京二、岩岡中正など多くの知識人、運動家、漁師の人々の奥深い研究や的をえたコメントが行われている(4)。本章は、そうした石牟礼道子論に屋下に屋を架す畏れのあることを省みず、石牟礼道子の精神世界の一つの断面を描くことを課題とする。それはまさしく九州のある小さな地域に密やかに生きる無名の民の思想の写しであり、現代文明の喉元に突きつけた鋭い刃でもあるからである。さらにまたそのことは、現代経済の在り方を問うだけでなく、人間の経済とは何かを示唆してくれるであろう。

石牟礼道子は、『常世の樹』「天の傘—沖縄」の中で、次のように語っているというより、語るという感覚に近い—。


「ヨーロッパ文明のひとつの帰結が現代アメリカであり、それをなぞって来た戦後日本の、圧倒的金権信仰の餌食になったのがほかならぬ水俣であった。人類愛とまでは云わない、せめてささやかな慎ましい生命をいとなむ他者への思いやりが、戦後の一地方で、完全に近いほど無くなったのはなぜか。

人類が文明を持ち始める時、いずれの種族も神を創造している事をわたしは大切に思うようになった。たぶんその時人は悪と罪を知ったであろうから。子羊の血を求める宗教ではなく、草木虫魚に至るまで往生を共にする原始仏教の小さな神々を思いみる。人の中のもっとも善美な魂と等身大に向き合い、宇宙に広がりを持つ永遠の神を。それは非権力的な神であらねばならず、全き意味において、生命系の源からわたしたちの個体を貫流して現われうる神でなければならない。

言葉を変えればそれは、実感の失われた知識によっては、絶対に見出すことのできぬ叡知を見出すことだった。そのような叡知を宿し続けていたものをまず、わたしは水俣の海に視、身のまわりの樹々と川と土にみつけ、言語に宿っているそれを、南島の歌謡群に見出した。はからずもそれは南九州の、つまりわたしの属する言語脈とゆき来の跡を示すものであった。そしてかの離島群は離島である故に、ヨーロッパから来た個人主義や合理主義とは相を異にする質の、わたしにとっては望ましい精神文化の紬ぎ出される、神殿の在り場所に思われた(5)」。


石牟礼にとっての生の営みの課題は、「ヨーロッパから来た個人主義や合理主義とは相を異にする質の、わたしにとっては望ましい精神文化の紬ぎ出される、神殿の在り場所」を発見することであった。玄妙なひびきと香りを漂わせている風の名をもつ、不知火の海は、まさに「人の中のもっとも善美な魂と等身大に向き合い、宇宙に広がりを持つ」、「非権力的」な「永遠の神々」を内に秘めた、時空間であった。つまりそれは、人と自然風土（海と風と土）と神々（空）とが、それぞれの存在を確認しつながりを持つことによって紬ぎ出される一つの円環的小宇宙・コスモスである。石牟礼道子の精神世界は、水俣という自然風土で生まれ、根付いた、民と共にある思想世界である。

第二節　人間存在への根源的問い

石牟礼は、人の中に「もっとも善美な魂」のあることを発見する。小さいけれど確かな存在、この上もなく美しい存在が水俣というコスモスの中に充満している。それは、石牟礼道子が水俣病患者を通して確信した人間の真姿であった。

石牟礼にとって、近代は「存在」の風化―「存在」の非存在化―と認識される―そのことは『この世が影を失うとき』というエッセイのなかで語られている[6]―。近代はその知の体系のなかにすでに科学という名で準備されていて、その科学という名の光―それはあくまでも近代という歴史のみにあてはまる光のこと―のみに依存しようとする世界が作り出された。「この世が影を失う」すなわち「影」を殺そうとする知の体系が近代の特徴であって、光の存在は認めるが、それが生み出した影の存在は認めない、抹殺しようとする。光というのは影という存在を本来的に含むもので、光だけの存在などありえないはずなのに、そうした思考の習慣が出来上り、光のみしか見ようとしない者には、影という存在は最初から無視する対象でしかなかったのである。まさに存在の非存在化であり風化そのものである。生の否定である。水俣はそういうものとして扱われたのである。石牟礼にとって、水俣という影なる存在を認めようとしないその光りは歪んだ虚構の光であって、いずれ風化の過程をたどり解体という運命を背負う存在となると思われたのである。つまり、水俣という風土世界を覆っているのは、虚構性に満ちた「光と影」であって、光そのものも否定の対象でしかないということに帰着する。影をも自分の分身と見る真に輝く光は、どこに見出しうるのか、石牟礼は水俣病問題を通して真実の光の在りかを確認したと思われる。影の中に身をおいて、虚構の光の中にでは決してなく、影の中にこそ真の光を見出す、そのことが水俣という小さな宇宙に生きる人間の存在の意味なのではないのか、影を生きる人間存在の内に光明が見え始めたのだと思う。「苦海浄土」という言説はそうした石牟礼の精神構造と固く結びついていると言える。

石牟礼は、熊本学園大学で二〇〇二（平成一四）年九月から二〇〇五（平成一七）年一月まで三六回にわたって開講された「水俣学講義」のなかで、「風土の神々」と題する講演を行っている（二〇〇四（平成一六）年一〇月一三日）。講演後、聴衆からの「苦海浄土」についての質問――「『苦海浄土』という本を書かれましたが、苦海浄土とはどのように考えたらいいでしょうか。苦海と浄土とは、反対の意味なのか、あなたはここにいるというふうに考えたらいいのか。どのように考えたらいいのでしょうか」――に、石牟礼は、いくらか押さえ気味ながら、次のように語っている。

「あまりにも、なんと言いますか、極限状態のようなところを歩き回っておりましたので、だけど、そういう方々が、絶望がなかなか希望にならない、どうにもならないんですね。でも、そういう方々こそが、普通の世界では浄土とはいかない、仏教臭くて。言葉に力がないんですけど、でも、あのような極限状態になって死んでいかれた方々が、見ておられたもう一つのこの世というか、あるいはあの世と言ったらいいんでしょうか。今度生まれ変わってくる時は、美しいところに生まれ変わりたいと思っておられましたので、非常に矛盾しますけれども、同義語、本当に苦界に落ちた人にしか、夢見ることができない世界を想定して、難しいですね、申し上げるの。イメージするの難しいみたいです。いまだに私も難しうございます。ご満足いただけないと思うんですけど」(7)。

苦海と浄土は、反対語では決してなく、同義語であるということが、質問者には伝わったと思われる。水俣病という極限状態の中で亡くなっていった人達が苦海の中に見た「もう一つのこの世」こそ「浄土」に他ならない。苦海と浄土は同じ次元に属する言説なのである。質問に対する石牟礼の応えは、実は、極限状態に生きる人々の精神世界だけに限定されない。それは、水俣という風土に生きる人々の精神でもあるということである。地獄を見た人々の精神の営みに止まらず、水俣の風土には「神々の気質をまだ残している」人々が確かに生きている、石牟礼は、そのことを自覚するのが大切だと、同じ講演の中で語っている。また、次のようにも言う。すなわち、「生きていくということのなかには、……命がけの瞬間とか、非常になだらかで牧歌的な瞬間とか、神話的と言ったらいいんでしょうか、神話的な時間がある」[8]と語るのである。苦海浄土というのはここでの神話的時間に連なる水俣の精神風土と通底している。苦海を浄土と見定める風土が水俣に供わっているというのが、石牟礼の基本認識である。

そこで、石牟礼が『苦海浄土』で描こうとする、人間像に眼を向けてみたい。

第一部「苦海浄土」第一章「椿の海」の冒頭に登場する、「山中九平少年」の描写は衝撃的である。次のように語られている。

「珍しく、少年は、家の外に出ていた。

彼はさっきから、おそろしく一心に、一連の「作業」をくり返していた。どうやらそれは「野球」のけいこらしくあったが、彼の動作があまりに厳粛で、声をかけることがためらわれ、わたくしはそこに突っ立ったままで、少年と呼吸をあわせていたのである。

九平少年は、両手で棒きれを持っていた。

彼の足と腰はいつも安定を欠き、立っているにしろ、かがもうとするにしろ、あの、へっぴり腰ないし、および腰、という外見上の姿をとっていた。そのような腰つきは、少年の年齢にははなはだ不相応で、その後姿、下半身をなにげなく見るとしたら、彼は老人にさえ見えかねないのである。少年の生まれつきや、意志に、その姿は相反していた。近寄ってみればその頸《くび》すじはこの年頃の少年がもっているあの匂わしさが漂っていて、青年期に入りかけている肩つきは、水俣病にさえかからねば、伸びざかりの漁村の少年に育っていたにちがいなかった。彼はちびた下駄をはいていた。下駄をはくということは、彼にとってひとかどの労働であることを私は知っていた。

下駄をはいた足を踏んばり、踏んばった両足とその腰へかけてあまりの真剣さのために、微かな痙攣さえはしっていたが、彼はそのままかがみこみ、そろそろと両腕の棒きれで地面をたたくようにして、ぐるりと体ながら弧をえがき、のびかけた坊主刈りの頭をかしげながらいざり歩き、今度は片手を地面におき片手で棒きれをのばす。棒の先で何かを探しているふうである。幾遍めかにがつっと音がして、棒きれが目ざす石ころにふれた。少年は目が見えないのである。

彼は用心深く棒きれを地面におくと、探りあてたその石ころを、しばらく愛撫するように、かがんだ膝の間で、その左手に握っているのだった。彼の右手は半分硬直していたから。拳大のその石ころは、彼の左手から少しはみ出し、それはまん丸い石ではなく、少しひょろ長い形をして、少年の不自由な左の掌によくなじみ、石の汗と、掌の汗がうっすらと滲み出ていた。—石は、少年が五年前、家の前の道路工事のときに拾いあてていらい愛用しているものであることを私は後になって知るのである。彼はいつもその石を、家の土間の隅に彼が掘った窪みにいれてしまっていた。ころげて遠方にゆかぬように—。半眼にまなこをとじて少しあおむき、自分の窪みをめざしていざり寄り、ふるえる指で探りあて、石をしまう少年の姿は切なく、石の中にこめられているゴトリとした重心を私は感じた。

やがて彼は、非常に年とった人間が腰をのばして起きあがるように中腰になったが、左の掌に握りしめていた石を、重々しく空へむかってほうり投げたのである。そして、彼のこれまでの全動作のなかではもっとも素早く、両腕で棒きれを横に振りはなった。腰ががくんとゆれたが、少年はころばなかった。石はあらぬ方にごろりと落ち、棒が振られたときは地面にあったので、それは、あたらなかったのである。
少年は静かに石の落ちた方に首をかしげ、彼のバットで、そろそろと地面をまた探し出す(9)」。

『苦海浄土』は、水俣病のドキュメントではなく、あくまでも小説である。文学である。だが、現実のほうがはるかに厳しい。表現には自ずと限界がある。全てを表現することなど不可能であるからである。それでも、石牟礼の文学には、現実ではないけれどもある種の迫力と現実にも勝る真実を伝える力が秘められている。九平少年が一人棒きれと石ころで野球のけいこをしている。ここでの描写は作者の創作であるが、九平少年へのやさしさと愛情がいっぱい詰まっている。描写が細かく豊かであることはいうまでもない。時間が止まっているかのような何の物音もしない静寂のなかで、黙々と展開される直向な少年の姿が、厳粛で切ない。

野球のけいこは、少年にとって、単なる遊びなどではなく、生きること、生きていることの存在証明のように見える。野球道具としての棒きれと石ころは、――われわれにとっては全く価値のないものであるが――人間としてのすべての俗的欲望を削ぎ落とされた、少年の生きかたと密接に繋がった分身的存在であると同時に、それを超越して少年のいのちそのもののように思える。さらに言えば、棒きれと石ころは、少年の生への希望を表現し、浄土への道を仕組んでいる、と。これは、筆者の勝手な解釈かもしれないが、「半眼にまなこをとじて少しあおむき、自分の窪みをめざしていざり寄り、ふるえる指で探りあてて、石をしまう少年の姿は切なく、石の中にこめられているゴトリとした重心を私は感じた」という語りには、石牟礼道子の少年に対する、切ないけれども、一緒に呼吸し寄り添う深い想いが伝わってくるような感覚を覚える。「石の中にこめられているゴトリとした重心」は、少年の、そしてまた石牟礼の、魂の重みでもある。

石牟礼道子の『苦海浄土』には、九平少年の例もそうだが、悲しく切ないけれども、人間として救いの可能性を発見しようとする姿勢が強く見られる。水俣病患者の人々と至って平凡で「人間の原像ともいうべき(10)」人々とを重ねようとしている。石牟礼は、水俣病患者の中に人間の原像を探り当てる。石牟礼の考える人間の原像とは、美しく優しい人間そしてある種の激しさを持つ人間のことである。そこには、人間存在への深い注視と問いがある。

石牟礼は、次のように語る。「人間、といってもいろいろございますが、人間というのは本来的にはやっぱり優しいものを、非常に優しいものを持っているはずなんです。会社側や行政当局や、権威や富を蓄えたりして偉くなっていくような階級の人たちが逆に、そういう人間が本来もっている優しさを剥落させてゆくのに比べて、そういう未曾有の受難史をくぐり抜けた側の人間たちが深いまなざしを持って、人間の復権すべき道すじを身をもって指し示している」[11]。水俣病に苦しんでいる人たちの方が「偉い」階級の人たちより優しい、それが人間の本来の姿だと言う。それは「人間の復権すべき道すじ」を、すなわち人間のありようを「身をもって指し示」そうとしているからである。

石牟礼は、杉本栄子という水俣病で亡くなった女性の生きかたに共鳴して、次のような感想を寄せている。「あらゆる倫理が崩壊し尽したかに見える現代で、栄子さんの生き方とその言葉は、人間という存在が神格をもって一段と高くよみがえるのを、視る心地がする」（季刊魂うつれ二〇〇八年四月）[12]。ここでの「人間という存在が神格をもって一段と高くよみがえる」、杉本栄子の生き方とはどのようなものだったのか。杉本は、自らも水俣病で、一九六九（昭和四四）年チッソの責任を追及するための第一次訴訟に参加、その訴訟に勝訴した一九七一（昭和四六）年に認定患者となる。その間、言葉や暴力によるいじめを受け、故なき差別に苦しむ。だが、差別をした人達も水俣病にかかり、死んでいく。最初、彼女の運動への取組み方は、かなり過激であったが、差別をしていた人達が「ごめんなさい」との言葉を残して死んでいった事を聞き、そのスタイルは変わる。杉本は水俣病の悲劇を伝える「語り部」になるのである。六年間に三〇〇回を超える活動をしたという。「他人を変えるには、自分が変わるしかない」という父の教えをもとに、彼女は「のさりの思想」にたどり着く。「のさり」とは水俣では、「贈り物」を意味すると言われる。「漁師にとって魚は「のさり」、親にとって子どもは「のさり」、病気も「のさり」である」[13]。怒りと怨みが通常であるのに、水俣病を贈り物と受け止め、感謝の対象と考える「のさりの思想」

は杉本にとって魂における覚醒の世界であるように思える。企業の言葉、権力の言葉、科学の言葉しか口にせず、「人の心に届く言葉」を持たない「偉い」階級の人達と杉本の心根の違いは、単純に善と悪という対比のレベルを超えて次元の違いを感じる。石牟礼は、杉本栄子のそうした「のさりの思想」に共鳴し、その精神を人の優しさ、美しさと語っているのである。

もう一人、石牟礼の精神に触れ、それに共鳴している運動家がいる。父親をはじめ家族の多くを水俣病で失った、漁師緒方正人である。緒方は、最初「石牟礼さんの説かれるところというのが、平たく言えばなんか呑気な世界に見えたのです。こちらは怒り心頭で、怨み骨髄なものですからなかなかそれを分かろうとしなかった」[14]と言う。しかし、運動の行き詰まりによって自己への直接的問いかけに向かう、そして怨みの世界から抜け出るのである。「水俣病の補償や認定を求める運動」をやめ、認定申請を取り下げ放棄するに至る。「もっと奥底に本当の責任所在としての人間の責任というものがあるのではないか」、「私も問われる側の一人である」という想いから、「ゼロ」地点に自らを置こうとするのである。その「ゼロ」とは何か。それは、この世に生を受けた人としての責任の所在を自覚的に追い求めることである。しかし、そのことは緒方にとって厳しく辛い試練であったはずである。緒方は、「水俣病患者であるか否かは問題ではない。ただ「人間である」という一線だけは絶対譲らない」と語る。緒方は、試(死)練を経て、人として再生するのである。こうした緒方の精神は、石牟礼の魂と響きあうものであった。

自然を大事に想い、自然を信頼し自らの生をあずけて、文字通り自然と共生して来た人達の、理不尽にも見たこともない、聞いたこともない水俣病にかかり、また水俣病を患って生まれてくる、そのことの精神的衝撃は、計り知れないほどであったと思われる。海の豊かな恵みに朝、昼、晩、何かにつけて祈り・感謝してきたのに、何故なのか、我々は何をしたのか、我々は何者なのか、人間とは何者か、などの想いが深く魂に刻まれたのではないか。水俣病問題は、杉本栄子、緒方正人など、精神の古層としての魂を呼び覚ますような人々を生み出した。それは、巨大な権力構造によって影の部分に追いやられ、切り捨てられた人々の、名も無き民の全てを捨てた、人間としての純粋な姿だと言えるかもしれない。石牟礼は、そこに人間の原像を見、優しく、美しいと表現したのである。

しかし、そこには優しさだけでなく、「チッソは許さない」という厳しさ、激しさ（激情）も同居している。緒方もそうだが、水俣月ノ浦の漁師、濱元二徳も激情家である。両親は水俣病で死亡、本人も一九五五（昭和三〇）年に水俣病になる、その一五年後の一九七〇（昭和四五）年に認定。三〇年間車椅子の生活に苦しみ、貧困と差別のなかでチッソを訴えることになる。そして、一九七三（昭和四八）年チッソを裁判所が断罪するのであるが、その際、濱元は率直にその心情を吐露している。「水俣はチッソの城下町といわれるが、漁師にとって海は大いなる母。母を殺したら子供は生きていけない。一工場のチッソが何で、あんたばかりが生きとられるのか。チッソが汚した母、海を殺したということへの怒りですたいね。これはチッソが買った海じゃない。公の海ですよ。一工場が殺してしもうた。あんたが償うのは当たり前。裁判の判決を勝ち得たとかじゃなくて、当たり前の生活をチッソは償わなければならない。裁判の判決の時、そう思ったんです[15]」。チッソは母なる海を水俣病にして殺した、そして海の子供をも殺した、これはまさに「海に済まない、申し訳ない」という海への熱き心情と愛情からくる怒りに他ならない。怒り故の厳しさであり、素朴な感情故の激情である。こうした濱元の激情は、「わが水俣の海を台無しにしたチッソを私は許さない」と断ずる石牟礼のそれと同じものである。

さらにもう一人の激情家、漁師川本輝夫の想いを忘れるわけにいかない。川本の父も水俣病で死亡、彼はチッソとの直接交渉によって解決をはかろうとする、自主交渉派のリーダーとして活躍。一九七一（昭和四六）年十二月、川本たち自主交渉派は、チッソ東京本社で座り込みを始め、そして社長の島田賢一ら幹部と相対する。川本のその時の社長とのやりとりは圧巻である。石牟礼もそこにいた。その一部を引用する。

「川本　はっきりしてもらわんと困る。社長、今日はな、わしは血書を書こうと思うてカミソリばもって来た。
社長　えっ。

川本　血書を書く、血書を。要求書の血書を。あんたがわしの小指を切んなっせ、ほら。
社長　それはごかんべんを。
川本　あんたの指もわしが切る。いっしょに。
社長　それはごかんべんを。
川本　あんたが切らんなら、わしが指切って書くよ。わしは今日ちゃんと用意して持って来たっだけん。ごかんべんじゃなか。あんた、わしの指切って。わしが書く。はい。その代わりあんたの指も切る、わしが。いっしょに。返書書いてもらう。おなじ苦しみならよかたい。おなじ苦しみを苦しもうじゃなかな、人間なら。
社長　それもごかんべんを。
川本　はい、切って。はい！はい！もう今日は帰らんとよ。わしどん、伊達や酔狂で東京まで来たんじゃないんですよ。まだ水俣のテントにゃ、年寄りの花村さんとか小道さんとかが、がんとしてがんばっとっとよ。年寄りのじいちゃんが老いの身をながらえて、テントで。その苦しみがわかるですか、あんたには。わかりますか。はい、切って。おなじ苦しみを痛もうじゃなかな[16]」。

やりとりはまだ続くが、これは最初の一部のみである。思いの丈をぶつける川本の気迫が伝わってくる。チッソの島田社長は「ごかんべんを」と口走るだけで何も言えない。情けなく哀れに見えてくる。渡辺京二は、自主交渉闘争について、次のように述べている。「それは川本輝夫さんをはじめとする新認定水俣病患者が、意識を包む闇の中から、自分自身をひきずり上げるようにして行きついた行動の形態であり、彼らが存在の深みから全身をうち顫わせるようにして発した「ことば」の具象態である。水俣病闘争は、水俣病に罹患した患者という、具体的存在規定を欠いた抽象的な集団によって担われた闘争では決してない。水俣病患者の主要部分は水俣漁村地区の漁民であり、あるいはそれの転化した流民型労働者であって、水俣病闘争はそのような水俣下層民の存在と意識の構造によって完全に規定されている。水俣の闘いを水俣だけに終わらせず、全国の公害闘争の象徴あるいは一環として、全国に拡げねばならない、などという主張がたわいもない空語であるのは、そのためである」[17]。川本が「おなじ苦しみを痛もうじゃなかな」と社長に迫った言葉は、まさに存在の深みから全身をうち顫わせるようにして発した「ことば」そのものである。川本の激情の矛先は、その存在と意識を阿修羅にして、存在のより処を、苦海にされたけれども、そこにしかないわれわれの「浄土」を、守ることのために向けられたものではなかったか。川本の長男愛一郎も「親父がやってきたことはまさしくリハビリテーション、水俣病患者が人間らしさを回復するためのことをやってきたような気がする」[18]と話している。川本の激しさは海への熱き優しさと同根である。

チッソ本社での交渉は深夜まで続き、社長の島田が倒れ担架で運ばれることになる。川本はその島田にすがるようにほとんど泣き声で語りかけ続けたという。石牟礼は、その時の川本輝夫の姿を、「まぼろしの舟のために」というエッセイの中で、深い情愛を込めて書き綴っている。そこには「七一年一二月二一日、チッソ本社社長室前にて水俣病被害民とともに」という付記が添えられている。

「彼は青ざめた社長を問いつめているうちに、ふいに、がんぜない哀切さの中にじぶんが落ちこんでゆくのをおぼえます。

彼は一瞬、生きつづけて仰臥している社長の首をかき抱こうとしました。

巨きな、ぽっかりとした目をあけっぱなし、おびえ困惑している社長の鼻孔の上に、はらはらと彼の熱い涙が落ちこぼれました。

「ああ、」

「オルガ……鬼か……」

死んだ父をそのようにして抱いた記憶を彼はとりもどす。げにもやさしきしぐさをもって、仰向けになった社長の上にかがみこみ、ひざまずいて顔を寄せ、泣きじゃくりながら自分にいいきかすようにいいました。

「オルが名前はな、輝夫ちゅうとぞ、な」

狂い死にし、ひとり死にした老漁夫が、その末子を愛でてつけてくれた輝く男の子という名を、その子に寄せた父の心を、社長の胸に手をふれたとき彼は思い出す。死にゆく父のあとを追うがんぜないひとり子のように、ひざで足ずりをして泣きじゃくる。

「オル家のオヤジはな、たったひとりで死んだぞ、たったひとりで……。畳もなかところで死んだぞ……。食わせる米もなかったぞ。オラあ……オラ、オヤジにひとさじ、米ば……食わせてやろうごたったぞ、のどもふさがっとったぞ……。

精神病院の保護室で死んだぞ。誰も、見とらんところで……牢屋んごたるところに閉じこめられて死んだぞ……あんたは、しあわせぞ、社長……わかるか……」

もはや、少年になってしまった川本輝夫の涙は、聖水のように社長の顔の上に注がれ、社長の首は生きのびる。少年の、死んだものたちのかなしみの深さを、その魂の血漿を吸って、逆に生かされる。

重役たちやご大層な会社医たちにもものものしく囲まれながら。このものたちもまた患者たちの愛怨をその生涯に植えつけられて生きねばならぬことにおいて、余命安らかならぬでありましょう。

港をへめぐる舟のまぼろしを見うるものたちはさいわいなるかな。

この舟に、現世の金をもって、天の水と天の魚が積まれんことを！」(19)。

敵も味方もない、担いきれないけれども死者たちの愛怨を魂に刻み込みながら、人間らしく生を共有しようという、川本の切なくも優しい心魂をよく伝えている。少年になった川本の涙が聖水に変わる、その涙には怨みもあるし、怒りもあるが、無垢な少年に戻ればそれは聖水のごとき存在として「天の水、天の魚」を積む源泉になるのである。ここには、苦海のなかで浄土に届こうとする川本の人間としての美しさが誇らしさをもって素晴らしく描かれている。

石牟礼が、水俣病患者や水俣の地に心魂を込めて寄り添って生きる民の内に見ているのは、紛れもなく「人間の原像」であった。石牟礼が、「手に盾のひとつもたぬものたち、剣ひとつ持たぬものたち、権力を持たぬものたち、全く荒野に生まれ落ちたまま、まるで魚の胎からでも生まれ落ちたままのようなものたちが、圧倒的強者に立ちむかうときの姿というものが、どんなに胸打つ姿であることか。しかも死にかけているものたちが。もっとも力弱きものたちが人間の偉大さを荷ってしまう一瞬を、わたしはかいま見ました。たぶん根源的な人間の命題のひとつがここには提出されました。未曾有の受難史の果に[20]」と語るのは、「力弱きものたち」の人間としての偉大さに胸打たれ、感涙する精神の表白である。人はすべて救われなければならない存在であるし、死者も含めてそうである。さらには「患者たちの愛怨をその生涯に植えつけられて生きねばならぬ」権力者たちまでも。石牟礼の「人間の原像」の中には「優しさの原理」とでも言うべきものがどこまでも貫かれている。

第三節　自然風土への憧憬

厳密に言えば、自然と風土とは意味が違う。自然は抽象的概念で人間の存在を含まないし、一方の風土は人間の存在を前提にして成り立つ概念で、しかも地域性を想起させる。しかし、現実には自然と風土とを切り離して語れない。風土とは、自然と人とが織りなす時空間のことであるが、ここでは自然と風土という二つの概念を重ねて自然風土という表現を使用する。自然だけではカバーしきれないし、風土だけでもカバーしきれないものがあるからである。風土には、その地域特有の自然とそれに規定される人間の気質があり、先人達が長い時間を費やして紡いできた精神の積み重ねがあり、そして創造の世界がある。

石牟礼の描く自然は、海と空のあいだに人がゆっくりと開放されて暮らしているという風景で、風土論的世界を思わせる。『苦海浄土』第二部第二章「神々の村」に次のような一節がある。

「切崖の上に、ふかぶかと光る冬の空がある。静かな恍惚が湧いてくる。一年に幾日かは、このような空の色の中にすっぽりと包まれる平静な時間がくる。わたしは渚を歩いている。

視力がむかしのように蘇えったら、いま少し海と空の色を、うつくしくみることができるであろうにとおもう。

展かれてゆく海と空のあいだに、魂が還ってゆくときだけ、束の間わたしは、失われてゆく視力について、葬送のおもいをおくる。しかしそれもほんの束の間だ。天が与えてくれる深い慰藉と透視力の中にわたしはもどる。はじめて野天に転がされた赤んぼの頃のように、自分の空と自分の海を感じ、落ちついた青々とした光芒の中で、無限のなかを出はいりする。

たしかに生命の系の中で、わたしは醒めていた。あるいはそれは、先取りしてしまっている死の中であるかもしれなかった[21]」。

「ふかぶかと光る冬の空」だが、その中にすっぽりと包まれると、「恍惚」となるような静かな時が訪れる。そうなると海も空も他人ではなく、「自分の空と自分の海」になってしまう。自分と空と海との間には何も隔てるものはなく、「落ちついた青々とした光芒の中で」、「無限の」、死をも包み込んだ「生命の系」のなかを出入りする心地になるのである。石牟礼と自然とは風土化している。

このように石牟礼の自然描写は、美しく、自然風土への限りない憧憬が読み取れる。「自然を表現するにはやはり極端に言えば、この世にあらざるように美しく書きあらわさなければならない[22]」と語るが、描かれているのは、想像でもなくまた意図的創作でもなく、素直な感性にもとづくもののように見える。筆者は、石牟礼作品を郷里の小さな湾に囲まれた海浜の風景と重ねて読ませてもらった。薩摩半島の西南端、坊ノ津であるが、小さな規模のリアスの海に囲まれた漁師のまちである。水俣も筆者の郷里と同じく、南九州文化圏、それも海と共に生きる文化圏に属している。南の空や海は、台風などで荒れた海に変貌することはあるが、北の日本海のように外海で人を寄せ付けないといった存在ではない。むしろ内海特有のその中に包まれたい、浸っていたいといった感覚になるような自然である。季節の暖かくなる春には、「恍惚」として微睡むような風景がおとずれる。『椿の海の記』の冒頭は、「春と夏のあいだ」の季節の描写から始まる。春でもない、夏でもない、また単純に晩春―本文にはその名が出てくるが―でもない、初夏というわけでもない、不知火の海と空にひろがるある特別な季節である。

「春の花々があらかた散り敷いてしまうと、大地の深い匂いがむせてくる。海の香りとそれはせめぎあい、不知火海沿岸は朝あけの靄がたつ。朝陽が、そのような靄をこうこうと染めあげながらのぼり出すと、光の奥からやさしい海があらわれる。

大崎ヶ鼻という岬の磯にむかってわたしは降りていた。やまももの木の根元や、高い歯朶の間から、よく肥えたわらびが伸びている。クサギ菜の芽や、タラの芽が光っている。ゆけどもゆけどもやわらかい紅色の、萌え出たばかりの樟の林の芳香が、朝のかげろうをつくり出す。

晩春の鳥の声がきこえてくる。磯が近くなって、岩肌をあらわしてくるけもの道の草丈がぐんとひくくなり、新芽を出しつくしたつわ蕗の丸い葉が、岩層に散らばる模様のように広がって、潮のしぶきがかかりそうな岩の上まで降りると、磯椿がまだ咲きのこっている。鳥は椿に来ていて、目白たちが多かった。ここらの椿は、もう真冬からさきはじめ、そのような岩盤の層をめぐらせている岬という岬をつないで、山つつじの開花までの時期を咲き連なりながら、海の縁を点綴する。そのような岬の影が、朝の海にさしていた[23]」。

石牟礼は、自然風景を単純に描写するのではなく、その風景の中に石牟礼本人を溶け込ませて描いているように感じられる。「大地の深い匂い」と「不知火の海の香り」と「朝やけの靄」が朝陽に映えて、「やさしい海」が演出される。それぞれが生命の源であるかのように、自らの使命を演じている。「やまももの木」、「高い歯孕」、「樟の林」などの生命を持ったそれぞれがいのちを繋いで「朝のかげろう」に変化する、あざやかな緑の羽根をためらいがちに広げて鳴く目白、つわ蕗の丸い葉、磯椿などの春陽をたっぷりと浴びたものたちの息吹きが「朝のかげろう」の中から聞こえてくる。人はその中に吸い込まれ、いのちをもらう。そしてそこには目に見えないが確かな神々が住んでいるのである。まさに水俣の風土は、「自然と生類との血族血縁によって」「緑濃い精気を放つ」時空間であると同時に、石牟礼にとって「ここを逃れ去ることかなわぬという意味において、……愛憎ただならぬ占有空間である」。あるいは「血族婚姻的情念」(24)の世界でもある。それは水俣の人たちが不知火の海と空のあいだで紬ぎ合う原基的風土であり、自然風土だけではなく、歴史的風土、精神的・文化的風土をもふくむ。(25)石牟礼の語る「水俣の風土」はそうしたものとして認識されているように思われる。前述の水俣における「人間の原像」は水俣の風土に生まれそれと一体化したものである。

石牟礼道子の「水俣の風土」のキーワードは、海、それも不知火海という特殊な海である。日本列島は、時に竜(神)の姿に喩えられる—北海道は頭、本州は胴体、そして九州はしっぽ—ことがあるが、九州という島はよく見れば、人体に見えなくはない。有明海と不知火海という二つの内海を抱えた姿に見える。有明海は母の懐に抱かれた豊かの海、不知火海は何か新しいものを生み出す子宮の海である。そして阿蘇、雲仙、霧島、桜島は強力な生きるエネルギーを与え続けている、ある意味では九州の「聖なる山々」で島全体が守られている。九州はまことに生きた風土の中に包まれている。石牟礼も不知火海は「子宮」のような存在だと語っているが、不知火という海をそのようなものとして見据えてみれば、水俣の風土は、子宮なる海によって育くまれた命の時空間である。不知火海は、背後の九州中央山地や球磨川、水俣川、米ノ津川などの河川に栄養をもらい、天草という神の島に守護されて、多様ないのちが循環する、文字通りの聖なる「子宮」なのである。そのように考えれば、石牟礼の語る水俣の風土というのは、石牟礼の描写にあるように、やわらかく包み込まれているような、溶け込んでいるような感覚の自然風土、歴史風土、精神風土なのである。

ところで、風土としての海と土地は、同じ自然風土でも区別して認識すべき側面があるように思われる。一般的に見て、土地は水もふくめて人による管理がある程度可能だし、必要とされるが、海は人の管理の範囲を超えている。人は生活空間としての海に全面的に従わざるを得ない。少しも抗えないのである。「板子一枚下は地獄」の言葉通りである。農業では、土の劣化を食い止め土をつくること、水を管理することが大切である。共に自然を相手の生業であるから、共通するところはあるが、漁業は農業に比べて自然への従属度が高い。海に従う、風に従うのが漁師である。

安室知の研究によれば、生業論の立場から見て、漁労文化の特徴は六点に集約されると言う(26)。しかし、ここでは、本章の文脈にそって重要と思われる三点だけを指摘したい——ただし安室の見解と異なるところがある——。第一は、漁業は海の資源への依存度が高いことである。このことは先に触れたところである。依存度が高いことに加え、海と風と魚の移動を管理できないため、海の資源利用には、「無主・総有の思想」が存在する。第二は、漁村には生業技術が多様であることである。漁労技術や漁法とは別に、稲作、畑作、狩猟、海藻や薪木の採集、海運、海産物の販売などが生業のなかに含まれる。もちろん、この点は農業も同じであって漁業だけに特有のものとは言えない。生業と副業との組み合わせは、それぞれ地域性もあるし、漁業と農業では程度の違いと言えるかもしれない。そして、第三は、農村は決して閉鎖された社会ではないが、漁村はそれに比べて、交易の経済が広く盛んであることである。ここでの交易経済は近代の経済原理とは異なるので、慎重な注意が必要であるが、少なくとも漁村は広く外との交流が盛んであったことは忘れてはならない。海の生活圏・風土圏は、以上の通り、海への依存度がたかく、多様な生業を持ち、そして外との交易をもつ開かれた社会である。そのなかで注目すべきなのは、海という自然への依存度が高く、全ては生きとし生けるものに属するとする、無主・総有の思想——農村でも、入会地あるいは入会権のようなケースがあるが、事情が異なる——が存在することである。そのことも一つの理由だが、漁村は、おおきな交易港を別にして、農村に比べ、富の蓄積は大きくない。

漁業における以上のような一般的状況をそのまま水俣の風土にあてはめることは出来ないが、かなり共通する側面も多い。「子宮」のような豊かな海に育まれた水俣は、漁村としてまた海の民として生きるには最適な風土と言えるかもしれない。

有明の海も不知火の海も、そして九州の海は、多かれ少なかれ琉球弧の延長線上にあり、南の海とのつながりが深い。南九州人は、のどかで開放的、そして気風が温かい。江口司は、『不知火海と琉球弧』のなかで、不知火海を「のさりの海」と表現している。江口は、水俣茂道の漁師、杉本実夫妻のイワシ漁に同行し、漁の様子を次のように述べている、「備え付けのバケツ一杯の漁獲量だった。すると栄子さんが私に「今日はこれで終わり、帰ります」と告げる。あっけにとられている私に「イワシが沖へ帰っていった。追ったらいかん。私たちゃ今日捕れただけでよか。のさった(授かった)しこよ。のさりの海だけん」と微笑んだ[27]」。水俣の漁師の海への思いが伝わってくる語りである。前に触れた、「のさりの思想」は水俣の風土的思想になっているのである。

この「のさりの思想」は、今日の経済競争原理の対極にあって、天も空も海も全て人間だけのものではないとする、無主・総有の原理に基づく風土論的経済原理である。「のさり」が贈与のことであるならば、水俣の漁師のくらしは、自然からの贈与(天与のもの)によっている、そして他の人と「のさりの精神」で結びつく。人間の経済の原理というものは、原基的には、与の原理・与の精神のつながりを基本とする。「のさりの思想」は、その意味で水俣の風土に生まれ、根付いた人間的・社会的原理と言える。水俣病はそうした風土の原理を根底から踏みにじったのである。我々は、石牟礼が不知火の、水俣の風土を犯した水俣病を許さないと語るその精神を無にしてはならない。そして、石牟礼の思想に「のさりの思想」が根深く住みついていることを忘れてはならない。それは次のような言説の中に見ることが出来る。

「日本民話の典型のひとつに、貧しい善人が、自分よりも哀れな乞食に施しをしたら、その夜、鈴のついた杖を振る音が近づいて来て戸口の前でとまり、何やら重量のある物音がどさりとしたと思ったら、小判の出る小槌だの、米の出る袋だのが置いてあった、貧者はその善根によって富貴になったというのがある。それはしかし、わたしにはしっくりこない。自他ともに救われぬ悶え神というのが、たたずんでいるのが本当という気がする」[28]。

日本民話の一つのスタイルに、施しに対してそれ以上の見返りがあるというのがある。「鶴の恩返し」や「笠地蔵」などがそうである。一般的には、GIVE があって TAKE があるが、TAKE のために GIVE があるという関係として読むことも出来る。ここには、商品交換に関する公平性とか平等性とかの近代的経済知が挿入されていると認識すれば、石牟礼の言うように、やはり「しっくりこない」し、違和感が残る。しかし、後の七章、八章で扱うように、民話の世界における富は、基本的に天与のもので、近代的な経済的富とは異質である。本質的にそれは純粋贈与的性格のものである。石牟礼に民話の世界へのいささかの誤解があるが、ここでは指摘だけに留め、石牟礼が、「のさりの思想」を対価を求めない純粋贈与あるいは絶対贈与として認識しているのは間違いない。そして、石牟礼は、水俣病患者への支援者の無償の働きを現代社会における「のさりの思想」によるものとして、感慨を込めて、次のように語っている。

「世の中には、無償のことをだまって、終始一貫、やりおおせる人間たちが、少なからずいるということを知りました。当の患者さんたちにさえ、名前も知られず、顔も知られず、やっている事柄さえ知られずに、いや知らせずに、それこそ、三度のメシを一度にして、ただでさえ貧しい家産を傾けて生命をけずり、ことを成就させるために何年も何年も、にがい苦悩を語ることなく黙々と献身しつづけた多くの人びとと共にわたしは暮しました。ただ瞠目し、居ずまいを正し、こうべを垂れて過ごして来ました。この知られざる献身はいまにつづき、おそらく患者たちの最後の代まであることでしょう。このようなひとびとの在ることはわたしにとっての荊冠でもあり、未知なるなにかであり、実在そのものでした。そのいちいちを被害民たちは知らずとも、ここに記し、終生胸にきざみ、ゆくときの花輪にいたします。もうあの黒い死旗など、要らなくなりました。

祈るべき天とおもえど天の病む[29]」。

人間的倫理や道徳が消え失せているかのように見える、現代社会に確かに残る「のさり」の風土への、石牟礼の揺るぎない信頼と自信が窺える。石牟礼の見出したものとは、「黒い死旗など」では決してなく、浄土への聖なる「花輪」であった。それは、生の世界と浄土の世界とをつなぐかけがえのない「のさり」でもある。

第四節　神々への憧憬

水俣の風土には、多くの神々が同居している。石牟礼の精神世界に、ある種の聖なる時空間が映し出され、一つの造形が形作られているように見える。それは水俣の風土の写しでもあるからだ。日本に限らず、それぞれの地域には必ず聖なる時空間が存在するが、それは水俣の風土とて例外ではない。

石牟礼は、「わたしの思う神とは、ひとつの観念」だと語るが、実は、それは「上古の時代だけでなく、ついこの三、四十年ぐらい前まで、わたしのまわりに確実に遺存していた自然人」か、あるいは「自然神[30]」のことのように思われる。具体的にはそれはどういうことなのか。次のように語る。

「人の悲しみを自分の悲しみとして悶える人間、ことにそのような老女のことをわたしの地方では〈悶え神〉というが、同じく人の喜びをわが喜びとする人間のことを〈喜び神さま〉とも称していた。村の共同体でのことほぎ事があると、いちはやくその気分を感じてうたい出し、舞い踊りする女性は今もいるので、その人は〈唄神さま〉とか〈踊り神さま〉といわれる。

そのような神名を与えられるのは、どういうものか女性に多い。〈喧嘩神〉といわれる人もいて敬遠もされ、畏敬される。おおむねそれは男神である。けれどもその中にさえ女性もいるのである。

悶え神という言い方でもわかるように、そのように称せられるものたちは、自分いちにんや、人間のみのことならず、牛・馬・犬・猫・狐・狸の世界や、目に見えぬ精霊たちの世界のこと、天変地異、つまりはこの世の無常の一切について、悶え悲しむばかりの神として在る資質をそのようにいう」(31)。

悶え神さま、喜び神さま、唄神さま、踊り神さまなどといわれる女神、喧嘩神といわれる男神は、いわば自然人の変化した姿であり、それは人間の世界のみのことではなく、動物の世界とて同じである。それはまた「目に見えぬ精霊たちの世界」とも繋がりを持つ。風土の中の神々、それらは自然人であったり、自然神であったり、また精霊たちであったりする。共に、同列に位置付けられる関係性の中にあり、相互に寄り添い交わる関係である。無限にある悲しみと束の間の喜びに、「無力」だがいつでも「加勢する神々」なのである。「山々の頂きや丘の蔭や、海の中からあらわれて、神々は人に交わり、海辺の小さな村々から都市へむかってゆき交う道と舟があった。丘も山も海も神格を与えられた名前をもち、それは後世にむかって」残されたのである。われわれのくらしの場である風土は、そうした神格化された自然のものたちに「囲繞されているからこそ、太陽と共に、空と共にそして天と共にあるのである。太陽も空も私たちのうえで生きているし、「ものみなの、いのちの母胎に向きあって生きて」いる。不知火の海はそれと同じ仕組みで、魚も、貝も、海藻も、そして海の民も包み育てているのである(32)。それは創世記の神秘を引き継いだものなのである。水俣病はその犯してはならない神秘をある者たちの一時的な欲望のために殺したが、それでも「のさり」の心を持ち続けた患者たちは、殺人者たちに対して「あわれみ」の心魂を忘れなかった。その人たちのことを、石牟礼は「無名の聖者群」と称しているが、天は、それら無名の神々と「聖者群」との交わりを見て「呻吟」しているのだと考える。そうして、石牟礼は、「汝いまだ、万物の死と生の、巨いなる母でありうるや、汝いまだ滅亡と発祥の創世記を司る力そのものでありうるや。衰亡する世紀をそのまま抱こうとして、文明が産した毒を甘受しつづける海にむけて祈る」。そしてさらに「無防禦なるものの神性に、私を近づけよ」と天に願うのである(33)。

石牟礼が、詩や小説やエッセイで語ろうとするものは、神性に近づくための天との対話を意味していると理解出来る。石牟礼の思考は、C・レヴィ＝ストロースの言う「感覚的世界からとりだされたイメージによって展開」される、「神話的思考」に近い。例えば、光をはじめ「色彩、手ざわり、味わい、臭い、音と響きといった感覚でとらえられる質を用いた論理体系」である[34]。

石牟礼の場合、その神話的思考は、円環的構造をもって提出される。人は、天と海の間にあって、母なる海とそれを包み込む神々の天に祈る、そしてそこに抱かれることによって人は聖化され神性を取り戻すのである。この感覚は、宮沢賢治（一八九六～一九三三）が『銀河鉄道の夜』で描こうとした、銀河の中で浄化され聖化され祭りに参加するジョバンニの姿と重なる。天と海と人とは、一つの循環系の中にあり、円環を成している。人は水俣という共同体的風土の中に浄土を見出し、その円環の中に生きるのである。

神とは、「人の中のもっとも善美な魂と等身大に向き合い、宇宙的広がりを持つ永遠の神」のことである。宗教は時に権力的、暴力的になる、神とはそうした権力的・暴力的宗教によって認められるような存在ではなくて、「生命系の源からわたしたちの個体を貫流して現われうる神でなければならない[35]」。しかも貫流することで、魂の浄化が実現しなければならない。魂の浄化は、生者だけに限らず、死者にとっても同じである。

実は、石牟礼道子が初めて手がけた、『新作能不知火[36]』は、魂の浄化による生きとし生けるものの救いがテーマである。それは、永遠の神による「天地の理」の中に全てのものの魂の浄化と再生を願う、石牟礼の祈りの物語である。

舞台に登場するのは、次の通りである。

役名
不知火《シラヌイ》（シテ）　海霊《ウナダマ》の宮の斎女《サイジョ》、竜神の姫
隠亡《オンボウ》の尉《ジョウ》（ワキ）　じつは末世《マッセ》に顕《アラ》はれる菩薩《ボサツ》

竜神（ツレ）
常若《トコワカ》（ワキツレ）　竜神の王子《オウジ》
虁《キ》（アイ）　古代中国の楽祖《ガクソ》、じつは木石《ボクセキ》の怪《カイ》

シテ（主役）の不知火とワキツレ（助演的な役）の常若は、竜神（ツレ）を父親とする姉と弟である。不知火の相手役、隠亡の尉は末法の世の菩薩として「天の宣旨」をシテの不知火に授ける役である。父竜神は紫尾山の主、母は海霊のすむ海霊の宮の主である。この竜神親子は、生命界を護る神族としての使命を担っている。

紫尾の湖の水脈をくぐり抜けて肥後薩摩堺の海底に泉が湧きいでている、そこに海霊の宮がある。海霊とは、生類の祖のことであり、その宮のあたりは、生きとし生けるものが清らかにすまう聖なる場所、仙境である。海霊の宮は、豊かに魚の湧くといわれる不知火の海の神々の里である。それは永遠の神の世界、天と繋がっている。ワキである隠亡の尉は、夢の中で「天の宣旨」を授かる、「終の世がせまる」と。そしてそれが現実となる。ヒトが創った様々な毒が産土の河を穢す。生類の世はじまって以来の一大変事でまことに救い難い有様である。それだけではない、ヒトは、その魂を抜き取られ、生きながらにしてうつろな亡骸と化している。まさに不知火の海は兇兆《キョウチョウ》の海に成り果てたのである。

そうした「終の世」を嘆き、竜神は末世の救世おん菩薩にたのんで、不知火と常若の姉・弟に神の秘命《ヒメイ》を授けてもらうのである。その秘命とは、「毒海を浚《サラ》え」て浄化することである。姉は海底で、弟は陸で、それぞれの心魂を燃やして命の業を施すのである。命の業、すなわち浄化の業の施しによって、姉と弟は、霊力を喪うほどに、また生類を養う力が衰えるほどに、使命を果たし命脈は尽きる。

だが、末世の菩薩は、姉は海から、弟は陸から、反魂香《ハンゴンコウ》の香りにのせて、終の島恋路ガ浜に二人を呼び寄せる。反魂香の香りによって二人の魂は呼び覚まされ、上品の位にすえられる。姉と弟は、それぞれ高い霊層と霊力を与えられて再生するのである。しかも二人は妹背の仲になり、海霊の宮に戻っていく。その後も二人は、生類の

住むこの世を回生させる勤行を続けるのである。

隠亡の尉は、もろこしの楽祖、夔を恋路ガ浜に呼び、歌舞音曲によって魂の浄化を愛でるのである。雨は神雨《ジンウ》になり、磯の石は妙音を発し、水俣の亡き猫たちは神猫《シンビョウ》になり、胡蝶になって舞いを舞う。歓びの舞いである。能はここで終わる。『新作能不知火』は、人の罪業の罪深さとその浄化と救いの過程を、水俣病という未曾有の出来事を借りて語られる、幻想的・神秘的な能の舞いである。能は本来そうした性格を持つが、この能に登場する姉と弟は、半ば神、半ば人間という存在として設定されているように思われる。そのような形で神と人とをつなげるという石牟礼の意図が窺える。その意味では、ここにも石牟礼の描く、天と海と人とが紬ぎ合う円環的仕組みが見て取れる。能は、石牟礼の神話的思考に彩られた精神世界をかたどるのにまことに適切な装置を提供したと言えるだろう。

第五節　次なる文明への架橋

私達は、石牟礼の精神世界を天と海と人とが共時的に織りなす円環構造の世界として認識し得る。その世界が根源的で深いがゆえに、それは水俣という小宇宙の地に限定される精神のあり方を超えているとも言える。石牟礼の作品の多くが、ある種の普遍性をもって受け入れられるのはそうした内容を確実に持っているからである。したがって、ここでの問題は、石牟礼道子の精神世界の今日的意味を問うことである。

石牟礼の思想は、近代的知のどこに位置付けられるか、検討されるべき重要な課題であるが[37]、しかし、それは近代的知の枠をはみ出しており、宮沢賢治などに連なる、感覚的・情念的な精神世界を映し出している思想の系列に位置付けられるものと言える。石牟礼の思想に近代的知への強い批判があることは、これまでの議論でも明らかであるが、近代が生み出した知の体系からはいい意味でのズレがあるようにみえる。つまり私達人間が長い歴史を通して育て保持して来た共同体的風土論的世界の延長線上に位置づけられるのではないか[38]。もちろん近代的知の枠組みをどのように設定するかによってその捉え方も異なるし、また、近代という精神の影響を全く受けていないとは言えず、かなり難解な問題を含んでいることも事実である。とりあえず、ここでは石牟礼の思想を風土論的思想の系列に位置付けたい。

さて、石牟礼の描こうとする風土的世界は、神話的知の世界に属する。それは、現代社会では、経済的・科学的発展を阻害するものとして、また歴史における遺物的存在として排除されて来た。近・現代を通してそれは光を脅かすものとして、影の奥底に追いやられ破壊や排除の対象と見なされて来た。光と影、新と旧、合理と非合理、科学と非科学、文明と野蛮、発展と未開という近代的知が最も得意とする、二項対立的思考の裏面に追いやって来た。こうした近代的知の勝利は確実のように見えたが、市場の暴走、科学の暴走、人間性の喪失など多くの欠陥を露呈しその行き詰まりは明らかである。水俣病は、現代の経済知・科学技術知の過ちを示す典型的なケースであった。水俣病問題は、そうした経済知・科学技術知の限界と誤りを明らかにすることによって、裏面に追いやられた里海の思想、神話的思想を蘇えらせた。それは石牟礼道子によって再生した。水俣の風土とともに生きつづけてきた精神は、今、現代文明における光の改造あるいはその退出を迫っている。すなわちこうした風土論的思想は、高度成長期は経済的繁栄の中に埋没しその存在の意味を喪失したが、右に触れたような問題が露呈し、現代文明を支える文明要素に破綻が見えてくるに伴って、文明論的課題に新たな役割を持ち始めているのである。

二〇一一年三月十一日の東日本大震災とそれに伴って起こった東京電力福島第一原子力発電所（原発）のレベル七に達する巨大事故は、日本に文明論的課題を突きつけた。特に原発事故は水俣病問題と同じ暴力的な構図を露呈したのである。原子力の平和的利用という美名のもとで始まった原発の開発は、現在、原発大国アメリカ、仏、日本で二〇〇基をこえる。核兵器と原発は、創ってはいけなかったもの、後世代に残してはならないものの筆頭だが、特に日本のような天災の多い自然環境を考えればそうである。現代技術は巨大化し、私達がコントロールするのは殆んど不可能である。現代技術は、質においても規模の点でも極めて暴力的である。暴走をくいとめることは出来ない。シューマッハーの“Small is Beautiful”の思想はますますその正しさを証明しつつある。東京電力、国の原発推進の権力的体質、原発推進を積極的に担ってきた科学者たち、これら三者の三位一体的権力構造は、水俣病問題と同じである。土と海を死に至らしめ、住民のくらしの場を奪った、そうした権力システムが経済知・科学技術知の名において罷り通った時代は終焉し、その知の体系は崩壊の瀬戸際に立たされているのである。多くの人が現代科学の慢心と驕りの虚構的内実に気付き始めている。石牟礼道子の思想が輝く時が来ている。戦後鈴木大拙が「霊性的日本の建設」を提唱したことを忘れてはならない。それと同じように、現代末法の世の救世菩薩のように、現代文明の救済、光の改造などまさしく文明論的改造を迫っているのが、石牟礼思想のテーマの一つである。つまり、神話的思考の世界である、健全な風土的地域生活圏を社会の不可欠な一部として包み込む社会・国家システムや世界システムの構築が私達の文明論的課題なのである。

石牟礼は、『苦海浄土』の中で「水俣病は文明と、人間の原存在の意味への問いである[39]」と語っていた。石牟礼は、表現しがたい苦痛と不安と絶望の中の水俣病患者の家族が何も語ろうとしない深い沈黙の意味を、「存在の根源」に発するものだと気付き悟った。彼女の問いは文明への問いだったのである。その問いへの応えの一つが、「天地の理」を知る「文化の最基層たる存在」、名もなき民とその民の持つ叡知である。石牟礼は、次のように語っている。

「空と海の間に島があり、島の上に人間が立つ。天地の理という言葉がある。
文字のない時代から五体五官に理の意味を体得していた人間がいなければそういう言葉は生まれない。天と海と地から来る叡知を体に具現する人間たちは、一見、文明から離れた場所に居るものだ。じつはそのような者たちこそ文化の最基層たる存在で、その総体を見れる者であり、伝統というものの実質なのである[40]」。

民の持つ「天地の理」という叡知を『新作能不知火』の中の反魂香的役割を担う文明論的知に昇華させるため

には、いのちの匂いに直接触れることである。そうだとすれば、いのちの産業である、農林水産業の本来在るべき姿への再生が不可欠である。もちろん、現在、農林水産業の再生のための社会環境は、極めて厳しい。まず、先進国で農林水産業従事者が極端に少ないこと—例えば、農林水産基本データ（二〇二四年五月）によれば、日本で、二〇二〇年代（令和二年以降）になり一三〇万人台に過ぎない（基幹的農業従事者は二〇二三（令和五）年一一六・四万人、林業従事者は二〇二〇（令和二）年四・四万人、漁業従事者は二〇二二（令和四）年一二・三万人である）、しかも年々減少している。また二〇二二（令和四）年で農林水産業の国内総生産（ＧＤＰ）約五六〇兆円に占める割合はわずか一パーセント五・七兆円に過ぎない—、市場システムの競争原理に翻弄されていること、近代科学技術に支配されていることなどである。再生のために最も重要なのは、農林水産業を経済原理の中にではなく、人間的社会的原理の中に位置付けなおすことである。そうした基本認識のもとで、農林水産業は、風土論的世界と密接につながり、自然を護り人のいのちと健康を護る、基幹的生業であること、そして文化創造の基盤であることなど自覚的に意識して、経済競争原理から脱し、なるべく近代技術に従属せず、農林水産業に従事する人口を増やすことである。もちろん、そのための社会制度の整備を決して忘れてはならない。世界人口はすでに八〇億人を超えその食の確保の危機的状況が予測されるだけでなく、環境問題の深刻さや世界における暴力と破壊と分断を伴った政治的・経済的・軍事的混乱・危機という現実に直面していることを考慮するならば、農林水産業の立て直しは社会再生のための喫緊の重要な課題でなくてはならない。

　農林水産業のそうした再生のための基本的な枠組みの構築には、それぞれの地域風土に「文化の最基層たる存在」として生きている人たちの精神を、つまりは石牟礼の精神世界を生かすことが重要である。石牟礼が描いた「天と海（地）と人との円環構造」のもとで、「天地の理」を体に具現した人たちの精神が、現代文明人の心魂を浄化する、反魂香的役割を果たすことになると思われる。そうなれば、石牟礼道子の精神世界は、現代文明の誤りと行き詰まりを明らかにし、次なる文明への架橋となるだろう。

（1）東島大（二〇一〇）『なぜ水俣病は解決できないのか』弦書房参照。巻末の「基本用語と年表で読む水俣病事件史」は有益である
（2）深井純一（一九九九）『水俣病の政治経済学―産業史的背景と行政責任―』勁草書房、巻末の年表参照
（3）西村肇、岡本達明（二〇〇一）『水俣病の科学』日本評論社、三五ページ
（4）石牟礼道子編（二〇〇四）『不知火　石牟礼道子のコスモロジー』藤原書店。岩岡中正編（二〇〇六）『石牟礼道子の世界』弦書房など
（5）石牟礼道子全集（二〇〇四～二〇一四）藤原書店（以下全集と略）、第六巻、九三～九四ページ
（6）全集第四巻、二六六ページ
（7）原田正純編著（二〇〇七）『水俣学講義第三集』日本評論社、三三ページ。これは、水俣病問題に直接的にあるいは間接的に関わった学者や知識人、水俣病患者も含む貴重な講演の記録集である
（8）同右、三三ページ
（9）全集第二巻、一二～一三ページ
（10）全集第四巻、四三八ページ
（11）全集第五巻、四五九ページ。
（12）東島大前掲書、四六ページ
（13）同右、四五～四六ページ。なお、本文中の杉本栄子の叙述は同書による。
（14）岩岡中正前掲書、五四ページ
（15）東島大前掲書、八二ページ
（16）石牟礼道子編（一九七二）『水俣病闘争わが死民』現代評論社、二六八～二六九ページ。これは、同書収録の渡辺京二「私説自主交渉闘争」からの引用である
（17）同右、二五三ページ
（18）東島大前掲書、八〇ページ
（19）全集第五巻、四一六～四一七ページ
（20）石牟礼道子編『不知火』、九八ページ
（21）全集第二巻、三一〇ページ
（22）全集第三巻、五〇三ページ
（23）全集第四巻、一一～一二ページ

(24) 石牟礼道子編『不知火』、一〇八〜一〇九ページ
(25) 和辻哲郎全集第八巻『風土』参照
(26) 安室知・小島孝夫・野地恒有共著（二〇〇八）『日本の民俗1海と里』吉川弘文館、八〜一二ページ参照
(27) 江口司（二〇〇六）『不知火海と琉球弧』弦書房、八四〜八五ページ
(28) 石牟礼道子編『不知火』、一三一〜一三二ページ
(29) 同右、一〇〇ページ
(30) 同右、一三〇ページ
(31) 同右、一三〇〜一三一ページ
(32) 同右、九六〜九七ページ
(33) 全集第四巻、四七二〜四七三ページ
(34) C・レヴィ＝ストロース、川田順造・渡辺公三訳（二〇〇五）『レヴィ＝ストロース講義現代世界と人類学』平凡社、一一九ページ
(35) 全集第六巻、九四ページ
(36) 石牟礼道子編『不知火』、七四〜八九ページ
(37) 岩岡中正前掲書「石牟礼道子と現代」参照
(38) 内山節（二〇一〇）『共同体の基礎理論』農文協参照
(39) 全集第二巻、一八二ページ
(40) 全集第六巻、八七ページ

第三章　東日本大震災・原発事故と文明論的課題——生と死の社会経済学

第一節　社会の崩壊

社会の崩壊という現象は、人の自然との関係や人と人との関係が危機的な状況に陥ることであり、生きる存在としての人間—自然的存在としての人間、歴史的存在としての人間、社会的・文化的存在としての人間、宗教的な存在としての人間—の危機を指している。そこでは、人間は極度の不安に襲われ、安心、信頼はゆらぎ、不安定な精神状態が支配するだけである。二〇一一年三月一一日、東北地方を中心に広く東日本を襲ったM九・〇の東日本大震災・巨大津波と東京電力福島第一原子力発電所のレベル七（メルトダウン）の大事故は、被災した人達だけではなく、日本全体に社会の崩壊に等しい状況を実感せしめた。信じられない情景がTVに流れ、私達はその自然の脅威に息をのみ、言葉を失った。地震の起こった翌十二日の新聞（日本経済新聞）は、一面で「東日本で巨大地震」という特大の見出しを使い、「東北M八・八（のちに九・〇に訂正）国内最大」と伝え、そして夕刊では「津波被害甚大、陸前高田など「ほぼ壊滅」」という活字が事態の凄さを報じた。地震と巨大津波による東日本の被害状況が徐々に明らかになるにつれて、その被害の甚大さに日本全体が、そして海外の人達が驚愕した。死者・不明者は二万人近くになったし、数十万人の人々が生きる場を失ったからである。それに、あってはならない原発の事故が加わった。自然の脅威に加えて、そこで見られたのは、まさしく文明の暴力と呼ぶべき悲惨な状況であった。「絶対安全」を強調してきた東京電力と政府・科学者達は、当初からメルトダウンの事実を公表せず、今日に至るまで正確な事実を覆い隠している。事態の深刻さを伝えていないのである。それでもメルトダウンに至る事故の経過や水素爆発、途方もない放射性物質の放出は、生と死の脅威を極度に高めることになった。

大地震・大津波と原発事故が明らかにした事態の本質的問題は何か。私達はそのことを追求しなければならない。震災後十数年を経てなお、復興・再生の道筋は、かなりの混乱に満ちているように思われる。私達が直面している根本的な苦難とは何で、それは如何にして克服可能であるかが真剣に問われなければならない。震災後の東北の混乱は、現代社会の混迷の結果でもある。したがって、それは私達が戦後築いてきた社会経済システムを根本的に問う、ある意味で文明論的課題である。

震災からほぼ一年が経った、二〇一二年三月、岩波書店から『三・一一を心に刻んで』という書物が出版された。現在、一線で活躍している識者の三・一一論であるが、その中で管啓次郎と田島征三の言葉を引用させてもらいたい。

「人と土地との関係について漠然と考えてきた。人はある土地に物質的・審美的・霊的に、事実として所属し、またその所属を何度でも誓いなおす。それが、「土地の人々」の在り方だった。ところが物質の大規模流通と人々の移動が一般化した社会では、人は自分がどんな物質により構成されているかを知らず、自分が暮らす土地の美しさを見抜くことができず、自分と自分に至るすべての死者たちとの関係をよく考えることがない。それで浮ついた心でふらふら生きている。それは頽廃。近代以後の市場社会が生んだ頽廃だ。

三月一一日以降の状況は、上陸してきた海がもたらした容赦ない破壊と、巨大技術の愚劣な大失敗により、われわれの社会を深く傷つけ、根源的な方向転換を迫っている。進むべき未来は見えないが、たしかなのは土地や水系との関係を考えなおし、つねに土地の近くにいる持続可能な生き方を探らなくてはならないということだろう。すべての社会的選択に際して、今後の七世代を考慮に入れ、過去の七世代に問うことが必要だ[1]」。

「ぼくらの国は、多くの場所や人を捨てた。不便な場所へ通じる国鉄の線路は外され、そのような場所に廃棄物処理場や老人や障害者の施設や「原発」がやって来た。捨てられた場所が棄て場所になっていった。大災害が起こった直後、あの仙台市若林区の海岸に二〇〇体の遺体が打ち上げられているというニュースが伝えられた。ぼくら自身が人間を捨てた！

ぼくは廃船の浜辺に横たわる二〇〇人の遺体を想った時、そんな錯覚に迷い込んでしまった。

とんでもない空想をしている時、原発が爆発した。

捨てられようとした場所が、なりふり構わずしがみついた生物。そいつが襲いかかってきたのだ。推進した者も反対した者も黙らされた者も、自ら自分たちの村を捨てなければならない。どんなにどんなにつらいことだろう。

今、日本中が若林区の浜辺へも、原発の村へも心を集めている。

どんなに時が流れようと、ぼくらの記憶の部屋から、これらの場所や人を捨てさせることがあってはならないと、ぼくは心に刻んでいる(2)」。

詩人でもある管も絵本作家としての田島も、震災と原発への不条理とも言える想いは同じであるように見える。二人が語る三・一一論の核心は、私達が大地（自然）との関係の正当なあり方を忘れ、市場社会の原理に心身共に埋没し、人として大切なものを捨て精神的頽廃を積み重ねて来た、その結果、国全体として生と死に対して正当に向き合うことができていない、ということである。私達が戦後追い求めてきた経済発展・社会発展の行跡は、人を捨て、大地（自然）を捨てて文明論的に見て極めて歪んだもので「根源的方向転換」が必要であることを明言しているのである。根なし草の社会からの脱出である。

二人の問題提起は、筆者の言葉で言えば、生と死の問題ということになる。すなわち、歴史や風土に根ざしたくらしや地域的コミュニティを再生し、生きることの問題性を見つめ、それと深く結びついた形での死の問題、死者との関係＝死と向き合うことの問題性を文明論の根本問題として再考することである。

この章は、以上のような問題性の中から経済学のあり方を問うための一つの試論である。

第二節　大震災・原発事故と生の問題

二・一　近代工業と市場競争原理と「生」

私達は、今日巨大な経済システムの中に生きている。グローバル経済というシステムである。グローバル経済の仕組みの基本は、国際分業のシステムであるという点である。[3] 先進国のみならず、台頭著しい新興諸国も熾烈な国際競争に勝ち抜くために、生産性や経済効率を重視した世界規模の分業網を構築し、世界の経済を動かしている。その主体は、多国籍企業、金融資本、ファンド、国家から成る複合体である。資本＝国家の専制的支配による経済システムである。日々それは我々に欲望を植付け、発展の幻想を振り撒いている。被災した東北もその分業網の一部に組み入れられているのである。自動車産業、IT関連産業、印刷関連の産業、そして先端的な商品を生産する産業などの世界的な分業構造の一部をなしている。分業は商品（部品）チェーンによって一つのシステムとして成立しているので、その一部が破壊されれば、生産の全体システムに深刻な影響を与えることとなる。大震災と巨大津波による分業システムの分断は、東北の経済がそうしたグローバルな分業システムの一部＝部品供給基地であることを証明した。私達は、この点を東北経済の特質として指摘しなければならない。このことによる問題点は、資本＝国家の目指す東北の復興・再生の問題はそうした部品供給基地としての復興・再生であるということ、そして、グローバルな市場競争原理の中に再度組み入れるということである。

日本経済新聞（二〇一一年一二月三〇日）によれば、すでにこうした先端産品の復興は農林水産業に比べて急速であった。例えば、宮城ニコンプレシジョン（液晶製造装置用中核部品）は震災直後の三月中に生産再開、宮城のセントラル自動車宮城工場（小型乗用車）は四月に生産再開、宮城のＤＩＣ鹿島工場（液晶カラーフィルター用顔料）は五月に完全復旧、福島の日産自動車いわき工場（エンジン）は五月に完全復旧、福島の信越半導体白河工場（半導体シリコンウエハー）は六月に完全復旧、宮城のプライムアースＥＶエナジー（ハイブリッド車用蓄電池）は六月に生産再開、茨城のＪＸ日鉱日石金属磯原工場（液晶電極材料）は七月に完全復旧、宮城の日本製紙石巻工場（印刷用紙）は九月に生産再開、茨城のルネサスエレクトロニクス那珂工場（マイコン）は九月に震災前の生産水準に回復、青森の三菱製紙八戸工場（印刷用紙）は十一月に完全復旧、岩手の太平洋セメント大船渡工場は十一月に生産再開、そして宮城のキリンビール仙台工場は十一月に出荷再開となっている。こうした東北経済を牽引している有力な企業の生産再開や完全復旧は、東北経済の「根源的な方向転換」に連動しない可能性が高い。再度、部品供給基地としてグローバル経済の熾烈な競争原理の中で極めて従属的な位置に組み入れられることを意味しているからである。従属する経済は常にそうであるが、世界の競走条件に振り回され不安定な経済状況を強制されていると言えるであろう。従属する経済とは言い難い。それに加えて、筆者が懸念するのは、グローバル経済の論理は、その地域の歴史や風土、地域コミュニティの生活やくらしを殆ど無視するという点である。グローバリズムという経済の強力な論理は人間を市場的人間にし、私達の「生きること」を疎外する。私達の本来のくらしや生は歴史や風土と密接に結びついていることを考えれば、こうした経済のあり方は、東北の新しい共助・共立への方向転換を導出する役割を待たないであろう。

東北の経済が抱えるもう一つの問題は、食糧供給基地としての側面である。東北における経済の核はむしろこの側面にあると言えるであろう。グローバル経済がすみずみまで浸透している今日の経済システムのもとでは、東北の農林水産業も市場原理にコントロールされている。震災と津波と原発事故で改めて明らかになったのは、農林水産業に生活をゆだねている人達が多くいるという事実である。震災による市場的分断は、東北のくらしと生の問題が深刻なものであることを証明した。市場の競争に晒される食糧供給基地としての東北は、やはりそこに内外の市場変動の影響を直接に受けるという不安定な構造を強いられる。市場従属の根本的な脆弱さである。食糧生産地でありながら、今回の震災によって救援物資は東北以外に頼らざるを得ない部分があったことは否定できない。したがって東北の再生のためには、安定して、安心できる農林水産業の確立が不可欠である。

農林水産業を市場競争原理にゆだねることは、根本的に誤っている。経済学者の多くは、農林水産業を自由貿易原理の枠組み（WTO、FTA、TPPなど）の中に組み入れ競争に晒すことで生産性をあげ、世界競争に耐えられる産業に育てあげるべきだと主張するが、農業は本来そうした産業ではない。農業は工業とは本質的に異なり、市場を通して成長する性格を持っていない。農業は地域・風土に根づいて存立する産業であって、本来利益を求めて成長する産業ではないのである。(4) 農業に与えられた最も重要な役割は、食を通して生命を守り・育てることである。大地（自然）とともにそこに暮らす人々の生にかかわることが、農業をはじめとする第一次産業の果たすべき役割である。重農主義の思想を受け継いで新しい経済学の体系を築いた、A・スミスは、「社会の進歩の自然的順序」を指摘し、農業を社会発展の基盤に位置づけたが、その意味付けは限定的でしかなかった。すなわち、スミスは分業と市場を発展の力として認識し自由貿易原理に沿う工業社会を構想したことで、かれの農業論は本来の在り方から乖離することになる。農業は工業と市場の論理に組み入れられるのである。経済学は、古典派以来社会における農業の本来的な位置と役割の問題において正当な議論を避けて来たように思われる。農業は工業の論理や市場の原理から出来るだけ遠ざけるべき存在なのである。社会や産業における農業（農林水産業）の中心性はこれからの社会の在り方・再生を構想するとき重要な課題の一つでなければならない。

日本の農林水産業は、東北も含めてそうした役割を果たしてきたとは言いきれないけれども、私達が真剣に生の問題、生きることの意味を問い直すためには、農林水産業の新たなる再生を考える以外に方法はない。社会の文明論的方向転換を支える基幹産業としての第一次産業の再生である。「生」を、「生きること」を経済構造の問題として語るには、それ以外のことはありえない。私達は、IT産業、情報産業、自動車産業によって「生」を支えられているわけではない。すでに述べたように、東北の経済はグローバル経済の一分肢である部品供給基地として急速な旧来型復興の流れが出来上がっているけれども、そうした状況の中でも、東北が歴史と風土、地域コミュニティと結びついた第一次産業を構築していくことは、東北の「生きること」を尊重する新しい社会の基盤となるのではないか。それは、人間存在の意味と目的を具体化するための第一次産業の社会的制度化のことである。

震災を通して、海外からも驚異の眼で見られた、助け合いのための共同性・相互扶助的精神が健在であることが証明された。復興のための多数のボランティアも生まれたし、利他性の精神は東北の人々の特性として銘記すべきことである。利他性の精神はその精神が健在である限り、もちろん疲弊し希望を失った弱者に対する政治的・経済的権力のバッシングとそれによる専制的再編いわゆるショック・ドクトリン(5)の問題は今回の東北にも確実に見られるけれども、市場競争原理に代替しうる互酬的相互関係を育む社会的絆となると思われる。それが多くの人々に「生きること」の意味を実感させるのである。

そのためには、農業をはじめとする第一次産業を社会基盤の基幹産業と位置づけ、市場的競争から防衛する社会制度の改革が是非必要である。利益優先の産業ではなく、生命をささえること、自然との関係を健全に保つことなど社会に多様な貢献をする産業に育てるという発想である。金子勝は、「コミュニティをベースにした復興方式」、「コミュニティをまるごと支援するやり方」を提唱し、次のように述べている。「たとえば、三陸の漁業だったら、個々人が借金をして船買っていくのを低利融資したり補助金を出したりして支援するだけでなく、漁業権を持つ者が集まって法人ないし共同事業体を作り、国がそこに出資、大規模な船舶や漁業施設に投資して購入する方式を認めていくのだ。その際、個々の漁業者はそこの社員となっていくような形式である。あるいは、農業だったら同じように法人や共同事業体あるいは協同組合を作り、農地を集約して機械などに投資し、個々の農業者はその法人の社員になっていく方式を認める。もちろん、こうした方式は、法人や共同事業体に加わる一人ひとりの参加と意思決定を尊重することによって、今後は生活圏にコミュニティを再建していく道に繋がっていくだろう」(6)。こうした共同事業体型、協同組合型を枠組みとしながら、そこに参加する人達の生活・くらしを安定的なものに作り換えていく創意工夫が、そしてまた医療、福祉、教育などとの健全な連携が重要である。そうした幅広い社会との関係性を保持しながら、共助・共立の社会基地としての第一次産業の再生計画になるようにすることである。

二・二　農林水産業と文化の問題

人は文化なしには生きていけない。文化とは歴史・伝統であり、風土の問題であり、大地（自然）を抜きにして語れない。助け合い、譲り合いといった互酬的人間関係は、経済原理の根本であると同時に、文化の問題である。文化としての経済を語るには、日本の場合、農林水産業との関係を無視することはできない。日本の文化、東北の文化を、守り育てていくには、東北の農林水産業の再構築が不可欠なのである。

残念なことに、戦後生まれの経済発展のモデルは―もちろんその歴史的ルーツは産業革命にまでさかのぼるが―農林水産業の育む文化の問題をほとんど無視してきた。文化を歴史・風土的なものとして認識しなかったのである。経済学はそれを追認しているのであるが、それは、第一次産業を純粋に経済の問題として認識しているからである。経済学は、近代工業の発展と共に、またその拡大発展のための市場の確保という視点から、理論を構築してきた。そのために、経済学は、工業の理論、市場競争の原理を主軸にした理論体系になっている。この発想は今日の主流派経済学においても、また現実のグローバリズムにおいても変わりはない。近代資本主義が生み出した文化とは何か、今日の世界の状況が如実に語っているように、それは「欲望の文化」ではなかったか。倫理なき文化、道徳なき文化の色彩が強いというのが現実ではないのか。歴史や風土によって育まれてきた文化とはその質において大きく異なる。市場競争と拡大志向の資本主義的精神は、「欲望の文化」を世界的規模にまで広げつつあり、地域の文化はそれに反比例して縮小化傾向を強いられる。規制なき自由、歯止めなき拡大、それが資本主義の成熟と共に生み出された文化なのである。社会が行き詰るとよくひき合いに出されるのにJ・A・シュンペーター（一八八三〜一九五〇）の「創造的破壊」の理論がある。破壊することによって何を創造するのか、それは基本的にはイノベーションの革新と新しい経済構造の創出である。この理論の輪郭は経済的繁栄を持続させるための「破壊」と「創造」であり、新たな社会原理を創造するものとは考えられていない。問題とされるのは経済的繁栄と共に進行する不平等や格差や道徳的・精神的な社会的頽廃である。シュンペーターにはその社会的頽廃が資本主義を別なものに、つまり、管理型資本主義（社会主義）へと変化せしめるということが含意されており、その意味では、「創造的破壊」論の社会的限界が予め用意されていたとも言える。シュンペーターの資本主義繁栄の言説は、創造的破壊を繰り返して来た現代文明の隘路にはまり込んでいるという解釈も成り立つ。

資本主義が生み出した文化は、欲望の直線的拡大のための文化であり、地域の風土や「生きること」との親和性を持たない。経済合理性の論理にからめとられた文化だからである。少なくとも友愛の文化ではないことは確かである。

日本の文化とはどのようなものなのか。この問題は、これまでも多くの論者が挑んできた極めて難解なテーマで深入りする意思はないが、ここで指摘しておきたいのは、日本の文化は三つの源流を持つということである。農耕文化が中心に語られる場合が多いが、その農の文化に海の文化と山の文化が加わり、融合して進展してきたということがある。日本の文化は、三つの文化の融合という視点である。農の風景、海の風景、山の風景に彩られるのが日本の風土であり、それらは相互に関係し合っている。日本の文化はそうしたものとして形作られている。日本の共同体・地域コミュニティには、クローズドシステムだけでなく、必ずオープンシステムも用意されている。オープンシステムは、海の文化の特徴とも言えるし、他の文化との積極的な交流がそこにはある。日本の文化は、歴史と伝統によって育まれた風土文化なのである。資本主義によって新しく形成された文化ではないのである。人々の生業としての農業と林業、漁業の長い歴史的関係性の中に創造された複合的文化である。その意味で農業だけが重要なのではない。林業・漁業と一体のものとして捉えなくてはならない。東北とて例外ではない。ここで想起されるのが、「森は海の恋人」運動で知られる、畠山重篤の思想である。畠山は宮城県気仙沼湾で牡蠣の養殖――『リアスの海辺から―森は海の恋人―』に詳しい―を生業としながら、豊かな森林（山）は豊かな海をつくるし、川も豊かになる、森・川・海はそれぞれの生命をつなぐ一つの生態系を形作ることを植林活動と牡蠣養殖を通じて立証しているのである。ここにある思想は、農業も林業も水産業も共に生命を育む関係にあり、相互に支え合った一つのシステムだということである。東北の第一次産業の復興・再生は、畠山のこうした思想にもとづいたものでなくてはならないだろう。畠山は、「海と共に生きる―よみがえる海の生き物・復興へのメッセージ」と題するUNFFフォレストヒーロー受賞記念講演会で次のように語っている。「東日本大震災による大津波の直後、気仙沼沿岸からは生物がほとんど姿を消してしまいました。二十数年をかけ豊かな海を育ててきた私にとっては大変ショックで、海は死んだものと一時は思いました。しかし、しばらくして調査すると、カキじいさんの好物である珪藻類が大量に発生しており、魚もあふれんばかりに戻っていました。もちろん津波により、海が一度大掃除され、海底から養分が上がったこともあるでしょう。しかし私は背景の森がしっかりしていたことが海の復活を助けたと思っています」(日本経済新聞、二〇一二年四月二九日)。畠山の植林活動＝森の育成は、豊かな生態系を守り、育てていくという文字通りの環境保全活動であるが、それと同時に「生きること」の意味を考える文化活動でもある。それは豊かな生態系の中に我が身を置くことで、生命のつながり・尊さ、生命を支え合うことの大切さ、生命への感謝、謙虚な心など精神文化形成の土壌を提供するからである。東北に復興の視点として求められるのは、こうした生命と結びついた風土文化の再生である。そして東北の各地に残る、民俗行事や祭りや宗教儀礼などは、風土的文化が創り出した「生きること」を認識するための重要な社会的装置である。

二・三　原発事故と「生」

核の平和利用という美名のもとに建設された原子力発電所は、まさしく「生」「生きること」を否定する文明の凶器・狂器である。福島の原発事故は、あますことなくそのことを証明した。それは極めて直接的であった。アメリカのスリーマイル島(一九七九年)で、ソ連(当時)のチェルノブイリ(一九八六年)で、そのことを痛感させられたはずなのに、私達の文明は原発を建設し続けている。IAEAによれば、二〇一〇年時点で、アメリカ(一〇四基)、フランス(五八基)、日本(五四基)、ロシア(三二基)、韓国(二一基)、イギリス(一八基)、インド(一九基）、カナダ（一八基）、ドイツ（一七基）、ウクライナ（一五基）、中国（一三基）、これら十一ヶ国で三七〇基に達する。そして原発建設を準備している国は数多い。原発は、核兵器と同じく、人類が絶対にもってはならなかったものの筆頭だが、現代文明の落し子でもあるということである。各国はどうして競って原発を持とうとしているのか。ある意味で、その理由は簡単である。政治的・軍事的・経済的な理由があるからである。それが人類にとって最悪で危険な科学技術装置であろうともである。

第一は、核エネルギーの経済的利用である。戦争で開発された兵器技術が経済的に利用されるケースは数多くある—例えば、化学兵器の農業技術への応用である農薬—が、原発も例外ではない。莫大なエネルギーを持つ核物質をエネルギー源として利用することが経済発展と結びついて発想されるのは決して不思議なことではない。当初は未熟でも、科学技術は進歩するという科学技術信仰がある限り、その思考はとどめようがない。二度の石油ショック（一九七三年、一九七九年）があり、石油依存の高止まりと中東石油依存という国際政治経済の状況も手伝って、原子力発電は有力な石油代替エネルギーとしての市民権を得て容認されたのである。社会が経済発展、経済成長を求める限り、原発は絶対必要不可欠なエネルギーだというわけである。経済的繁栄を望むのであれば、原発は欠かせない、という経済の論理こそが最も国民を説得しやすい理屈であったことは間違いない。実はその中に原発推進の罠が仕掛けられていたのである。

第二は、政治的・軍事的な理由である。現在の世界に核兵器保有国は、核不拡散の声が強いにも拘らず、アメリカ、ロシア、中国の大国だけでなく、イギリス、フランス、インド、パキスタン、イスラエル、北朝鮮で、それにイランが加わろうとしている。核抑止力の論理が残るのであれば、核兵器の廃絶は望みえないし、今の世界政治に軍備増強の思想が消えることはない。世界政治のパワーポリティクスは、核兵器強化の競争—B・オバマ（第四四代アメリカ大統領）の核のない世界の考え方はパワーバランスを保持したまま核兵器をいかに減らすかということにすぎない—がなくならない限り、原発の必要性は低下しない。それは、原発は原爆の原料であるプルトニウムをつくり出す、核兵器開発のための装置だからであり、原発を持つことは核兵器開発の可能性を準備しておくことに他ならないからである。そうした国際政治の世界で覇権を争う必要性において、核兵器と原発とは、コインの表裏の関係として推移してきたのである。表裏の関係としての核兵器と原発は、日本の政治においても例外なく機能していると言ってよい。つまり、日本における原発保持は、潜在的な核兵器保有国としての位置を確保しておくことに繋がるからである。一九九〇年代初めの使用済み核燃料の再処理、高速増殖炉やウラン濃縮施設の建設による核燃料サイクルの形成（青森県の下北半島の六ヶ所村に建設）は核兵器生産へのさらなる前進を意味する。憲法改正や集団的自衛権の問題、中国や北朝鮮の軍備増強に対応して核兵器を保持すべきかどうかなどの議論は、日本の核兵器と原発との密接な関係と核燃料サイクルの形成を前提にして提出されているのである。山本義隆の言葉を借りれば、「原発開発はエネルギー政策を超えた、外交政策、安全保障政策の一環でもあった」ということになる。そして「日本は、何基もの原発を稼働させることで原爆の材料となるプルトニウムを作り続け、すでにかなりの量を蓄積し、ウラン濃縮技術を所有し、あまつさえ人工衛星打ち上げに何度も成功している。つまり、その気になれば何発もの核弾頭とその運搬手段としての長距離弾道ミサイルを比較的速やかに作り出すことができるということである」(7)。このように考えると、日本の原発は、日本の国際政治的・軍事的な枠組みの中でプルトニウム生産基地として位置づけられていると言える。

第三は、以上のことに関連して、エネルギー政策、外交・安全保障政策と密接に結びついた、原発推進のための強力な経済基盤を構築することである。国策としての原発政策と言われるもので、確実に利益を確保できる利益誘導型経営システムの確立である。何千億もの巨額の建設費を必要とする原発は、交付金をはじめとするお金が流れ込む仕組みが出来上がり、原発のメーカー、ゼネコン、鉄鋼など建設にかかわる企業の集団が出来上がる。政・官・財が三位一体となった利権集団が原発建設と経営にかかわるのである。電気料金は、電力の需給関係できまるのではなく、政治価格・独占価格でその中に利益が予め含まれている。原発は必ず利益が確保されるシステムとして建設されたのである。今回の福島の事故でも明らかになったように、政・官・財に科学技術の専門家が加わる。原子物理学を担う科学者が、御用学者としてその利権集団に入り込んでいる。醜いとしか言いようのない現実を我々は見せつけられたのである。こうした金権的・利権的集団の形成は、制度化が進むと、ますますその性格を権力的に露骨に遂行しようとする。東京電力の今回の事故をめぐる動きは、まさしくそうした性格を露呈したと言える。

以上見てきたような原発建設推進の政治的・経済的事情は、国家と電力会社に「原発は絶対安全」という看板を掲げる必要性を強制したのである。「絶対安全」という旗印は原発推進の金言だったということになる。原発が「生」を否定する文明の凶器だったにも拘らずである。

福島第一原発の事故は、福島に住む人々だけでなく、日本全体にその実体を晒した。途方もない愚劣極まりない暴力装置として私達に襲いかかったのである。

すでに多くの論者が指摘しているように、原発は、自然の生き物や私達とは共存できない存在であるということは明らかである。事故の現実がそのことを証明している。原発事故で、住む場、生活の場を失って避難を余儀なくされた人は、事故後一年余りが経った時点で一六万人を超えている（日本経済新聞、二〇一二年五月一日）。二〇キロ圏内の「警戒区域」、その圏外で年間の被爆線量が二〇ミリシーベルトを超える計画的非難区域といった、放射線量の多寡による区域の選別にどれほどの意味があるかはわからないが、膨大な量が放出された放射能の汚染の地域は予測できない程の広域にわたることは確実である。山・野・川そして海を汚染し続ける、予測もコントロールも不可能な取り返しのつかない犯罪的所業であることは間違いない。それでもなお再稼働への動きや原発必要論は後を絶たない。すでにこれまでに多くの論者が指摘したことではあるけれども、なぜ原発が必要なのかについて三つの疑問を述べておきたい。それらは、私達に原発はいらない論拠とも関連しているからである。

必要論に対する第一の疑問は、原発は原爆と同じ原理を応用したもので常に放射性物質を生成する。自然に存在する放射線物質とは異質なもので、私達の肉体だけでなく生態系に根本的に有害である。しかもその被害の時間は数万年におよび、私達の生命の時間をはるかに超え、排出される放射能の処理は殆ど不可能であると同時に管理責任を何世代にまで負わせることとなる。また廃炉の工程は建設の時点で予め準備されてしかるべきだが、無謀にも殆どそのような意識はなかったようである。廃炉にする工程は現実に安全な技術的処理に大きな困難を伴い安全な環境に戻すのに数一〇年を要すると言われる。現時点（二〇二四年）で、その工程は遅々として進まず、不確実性の連続である。特に、八〇〇トンをこえるとされるデブリの安全な処理は、超難題である。

二〇一二年二月、岩手、宮城、福島の被災した小・中学生三三人が撮影した身近な風景写真集『三／一一キッズフォトジャーナル』（講談社）が出版された。その中で、「ぼくたちがいま世界中の人に伝えたいこと」を綴っている。福島県伊達市の小学校六年生の児童が次のように語っている。

「それは、大量の放射能が僕たちの大好きな霊山町にもふりそそいだことです。
あの日以来、ぼくたちの生活は変わりました。外に出るときは、どんなに暑くてもマスクをして、ぼうしをかぶり、長そで、長ズボンを着なくてはいけませんでした。
本来は震災の前のように、外で思いっきりソフトボールをしたいし、自転車に乗って友達と遊びたいです。おばあちゃんの畑も放射能でよごされてしまい、大人はその畑の野菜を食べているけど、ぼくたちは内部被曝がこわくて食べないようにしました。
どうしたら、ぼくの住む町から、放射能をなくせるのか教えてほしいです。ぼくの大好きな元の霊山にもどってほしいです(8)」。

同じ伊達市の小学校五年生の児童は次のように語っている。

「放しゃのうという物……。ぼくは放しゃのうのせいで外で遊べなくなる、ぼくの家は、特定ひなんかんしょう地点というのに選ばれてしまった。そして今は、転校してちがう学校にいる。
何で原発というきけんな物を、福島でつかう電気でないのに福島に建てたのか。二学期がはじまる前になると、あたりの家の人はひなんしていき、ぼくの家だけが残った。ぼくの家も一〇月にひなんすることになり、転校することになった。

転校する時は、とても悲しく、つらかった。だが逆に転校してよかったと思うこともあった。それは、友達が増えたことだった。友達が増えてうれしかった。

ぼくは、これから先、日本や世界中から、原発がなくなることを願っている」[9]。


子供達の素朴ともいえる疑問や悲しみ、つらさ、くやしさ、そして願いに、私達はまともに応えることができるだろうか。この子供達は成長して社会を担う立派な力となってくれる。そうした子供達に真正面から誠実に付き合うためには、原発ゼロは極めて常識的な答えである。私達はその責任を負っているのである。

第二の疑問は、地震列島日本の自然条件である。このことを真正面から受け入れれば、原発は危険で不要なものと判断すべきである。日本列島は、歴史的にみて過去巨大地震に襲われ、巨大津波の記録も残され様々な形でその被害の状況も伝えられている。巨大な地球エネルギーで複雑な動きをしている四つのプレート上に位置する日本列島は、すでに新しい地殻変動の活動期に入っていることが指摘されている。日本の太平洋側に横たわる東海、東南海、南海という広大な地震の震源域の今後の動きは、私達の想像をはるかにこえるものである。地震の正確な予知はいまだ不可能であるけれども、巨大地震は確実に起こるのである。それは否定できない。そうだとすれば、原発の建設に地震の問題は無視できない。現実に、震源地域内にあるといわれる静岡の中部電力浜岡原発、断層破砕帯や活断層の存在が懸念される東京電力柏崎・刈羽原発、地層的な問題が指摘される九州電力川内原発などは、それぞれ若干の相違はあっても、地震との関係が大きな争点になったし、また福井県の日本原子力発電敦賀原発一・二号機の直下に破砕帯の存在が明らかになっている（日本経済新聞、二〇一二年四月三〇日）。こうした避けることのできない、日本列島の地殻の自然的破壊による脅威は、常識的にみて原発は建設してはならない立派な根拠になる。

日本列島の抱えるこうした特別な事情は、原発建設・運転のプランの中から強権的に無視された。原発不要論よりも原発必要論が体制化していく政治経済的な理由については、おおまかな言及をしたが、もう少しその構造の問題点を深めておきたい。三点ある。

第一は、戦後日本の支配権力の体質の問題である。原発に関連して言えば、事故を起こした福島第一原発は、初期の商業用原発で運転を開始した当初から故障の多い原発として知られ、冷却水漏れなどの事故もあり「被曝者製造炉」と揶揄されたこともある。[10] チェルノブイリ原発事故の取り返しのつかないほどの深刻さを知りながら、それすらも無視してしまう傲慢さが、この国の原発推進の体制の中に深く根を張っていたという事実である。政・官・財、そして科学的根拠を示すことを役割とする専門家集団がそれに加わる、原発推進の一体的体制は、他のところですでに指摘したように、[11] 戦後高度成長期の最大の悲劇である、いまだに解決したとは到底いえない、水俣病問題をひき起こし水俣病患者を圧殺してきた人間不在・人間無視・いのち無視のおぞましい精神しか持ち合わせていない冷酷な権力体・モンスターの再現のように見える。戦後日本の社会システムは、そうした変わることのない権力構造をそのスタートから今日に至るまで温存してきたのだと思える。

第二は、第一の問題と関連した国家の役割の問題である。原発事故の様々な処理の仕方について、国家は明らかに加害者である東京電力の立場に立って行動した。被害者住民の国家との信頼関係は薄らぎ、不信を増幅することになった。TVを通して発せられる情報は恣意的で意図的な加工が施され、信用できるものとは到底考えられず、伝達の方法にも問題が多かった。また放送メディアも与えられた情報を十分に吟味・検討することなく報道するケースが見られたのである。情報に嘘がある、これほど怖いものはない。土と結びついたくらしが奪われた住民にとって、原発事故に関わった国家の行動は、不可解で決して信じられるものではなかった。千葉悦子・松野光伸著『飯舘村は負けない──土と人の未来のために──』[12] は、原発事故に遭遇し避難指示を受けた飯舘村の住民の苦悩、悔しさ、不信と怒り、不安、そしてある種の諦め、その実情をルポし、その過酷な状況の中から希望を見いだそうとしている飯舘村の人達の姿を描きだそうとしている。国と住民の意識の落差に驚くばかりだが、私達はその「負けない」精神と勇気に感動する。国家の役割が正当に果たされているかどうかは、緊急かつ危機的な状況に直面した時に判断できる場合が多いが、原発事故はその典型的なケースであった。国の表の顔と裏の顔がさらけ出され国の姿がよく見えるからである。加害者たる東京電力を電力の安全供給という社会的責任を果たすという大義名分のもとに、まる抱えで保護するが、一方の、避難を余儀なくされた一六万人を超える生命の危険にさらされた人々については、緊急を要する事態なのに、心のかよう措置が出来ない、その両者への対応の落差に国民は不信を募らせるばかりである。国は国民のいのちと財産を守るという最も基本的な役割を果たせなかった。国有化された東京電力は、自らが保有する原発は廃炉にするべきである。また、原発輸出を積極的に進めるなど事故を起こした国のやるべきことではなく全く国の恥である。

それともう一つは、事故処理に動員された多くの人達（原発労働者）の実態についてである。過酷な状況の中で命がけで頑張っている労働者の勇気ある行為に美辞麗句は並べるが、彼等の劣悪な労働環境や待遇の問題、そして幾層にも重なる下請けの搾取構造の問題は、ほとんど無視され改善しようとする意図もない。国の無責任さに腹立たしい思いである。

そして最後の第三の疑問は、日本は世界で唯一の被爆国でありながら、なぜ原発の建設に熱心なのかという問題である。核アレルギーは原発問題には生かされなかったのである。大澤真幸は、近著の中で、核アレルギーが逆に原子力に魅せられたのだと説明している。広島や長崎の被爆者の中には原子力の平和利用に賛成する人が多いという事実を挙げると同時に、次のように述べている。「核の恐怖と核の魅力がどのように繋がり、どうして前者が後者へと反転するのか？その論理は、容易に推測できる。日本人は、敗戦したときアメリカの科学・技術に圧倒された、という感覚を持ったに違いない。日米のこの点での差異を最も強く印象づけたのが、言うまでもなく原爆である。こうして打ちのめされた自尊心を回復するためには、日本としてはどうしたらよいのか。科学・技術の象徴であるところの原子力を味方につけ、我が物としそれを自由に使いこなすことこそ、敗戦によって失われた自尊心を取り戻す、最も確実な方法であろう」[13]。大澤が言うような戦後日本の科学技術への憧れは、アメリカ経済へのキャッチ・アップを目指した高度成長期への移行という大きな政治・経済の潮流と重なる。石炭から石油へ、そして原子力へとエネルギーの動きが加速するのと同時である。経済大国第二位へと登りつめた戦後日本の精神を支配したのは紛れもなく経済的に繁栄するという国家像であった。加速度的に拡大を続けた日本経済は、いわば必然であるかのように、原発を受け入れたのである。水俣病など公害問題もその歯止めにはならなかったし、東京などの大都市集中の過密と地方の過疎の問題も、その負の側面を注視するのではなく、むしろ成長神話の精神に従う経済的繁栄を志向する道を準備することとなる。原発は過疎地にとっては経済的繁栄を実現してくれる救世主に見えてしまったのである。核アレルギーは、経済の論理の中にうまく吸収され原発不要の力にはならなかったと言ってよいであろう。

しかしながら、私達は、経済的繁栄を求めて市場競争原理に従属する方向を拒否し、そして原発や巨大技術の暴力性や反自然的性格を暴露して、環境風土・地域文化を大切に保持し、育てて行こうとする人たちの存在を忘れてはならない。「飯舘村は負けない」に象徴される住民の忍耐と「生きる力」は、「生きること、生きることの意味」を問いつつ、東北の復興・再生のエネルギーになるであろう。人間として「生きること」を狭い市場経済の枠内に押し込めて、「生きること」を疎外し否定した社会システムへの拒否反応は、今後様々な形で出て来るであろう。その基本は、共助・共立の精神とそれに基づく社会システムの確立でなければならない。

第三節　死と死者への想い――死のもつ問題性

震災・大津波の襲来と原発の事故は、「生きること」の問題を提起しただけではなく、死についても重大な問題を提起したように思われる。それは二つある。一つは、農林水産業を営む人たちにとっての自然の死、もう一つは、地震・津波による肉親・知人の死と原発事故の死への脅威である。

茫然自失、無明の風景、それまで確かに生を繋いで来た場所や空間が一瞬にして無くなる。一生に一度も体験したことのないような状況の中に突然置かれる。今あった家がない、道路がない、建物もない、港もない、大型バスまで流され、ないはずの船がそこにある、一変した風景が目の前に広がっている、そしているべき人がいない、どこへ行ったか、涙も出ない、元の風景をとどめない津波の災禍は、茫然自失、無明の風景に見えたに違いない。被災した人達だけでなく、日本人全体がそのような状況に言葉を失ったのである。

三・一　自然の死――生の中の死

巨大津波の直撃によって、東北の水産業と農業は立ち直れない程の被害を受けた。津波の被害を受けた経験のある三陸の漁港では、かなり堅固な防波堤を準備したところもあり、陸前高田市には見事な松林もあった。しかし、そうした備えを殆ど台無しにするような津波が襲ったのである。これは、農業と水産業にとっては、その生存基盤の喪失を意味した。農地は海水が流入し、大量の瓦礫に占拠され、原形をとどめないほどに荒廃した。港は地盤沈下に見舞われ、港としての機能を果せず、大量の船も流出する。いわば手足をもがれた状態に陥ったのである。私達はまさに自然の死を目前にしたのである。

しかし、これは一時的な死であって、永遠の死ではない。しかも自然の死というのは、私達人間の側からの視点であって、地震や津波はあくまでも地球の地殻変動の現象の一つにすぎず、死を意味するようなことではない。繰り返される自然の営みの一部である。実は、土地と共に、海と共に生を営む人達にとって、「自然の死」という想いはない。土地や海から離れて生活する者の勝手な見方なのかもしれない。前述した、畠山重篤の「それでも自然を信ずる、自然は生きている」との言は、私達人間の一方的な自然観を修正してくれる。地震・津波は自然の生命循環にとっては、環境の一時的な変化でしかなく、生命の繋がりが途絶えるわけではない。

ここで前にも引用させてもらった、『三／一一キッズフォトジャーナル』の中から、気仙沼市立鹿折中学校三年生、佐藤翔太君の「一〇年後の僕へ」と題した文章を次に掲げる。

「東日本大震災から一〇年が経った気仙沼は、どうなっているのでしょう。復興して前の気仙沼に戻って、いや、それ以上に活気を取り戻していると思います。

三月一一日、いつもの、普通の日だったはずが、地獄の日となりました。学校から見た風景は、燃えさかる鹿折の町でした。それからは、毎日が地獄でした。水は出ない、電気もない……。生きるのに精一杯でした。

僕は住み慣れた町が、がれきの町になっているのがいやでした。「一日も早く、復興したい」と思っていましたが、何をすればいいのかわかりません。大人はまだ、復興のことを本気で考えていませんでした。

そんななかで一番印象に残っている場面があります。それは、「ふだんから、僕たちを引っ張っている大人が、泣いている」ところです。けれどある日、お父さんが「次の店をどうしようか」と考えているのを見て、「大人がみんな落ち込んでいるわけじゃない」とわかり、勇気づけられました。

大人が復興を目指して行動するようになってから、気仙沼は一気に復興していきました。この姿を見て「大人の力はやはりすごく、また団結すると何でもできる」というのがわかり、すごく嬉しかったです。

今回の震災で失ったものは多いですが、大切なものを見直すことができ、また、学ぶことが多かったのも事実です。僕はお父さんの背中を見て、いろいろなことを学びながら育っていくと思います。

学んだことを活かして、世のため、人のために働いてください。頑張れ、一〇年後の佐藤翔太！[14]」。

地獄の日、三月一一日、ある種の絶望の想いにとらわれた一人の少年の精神は空虚という言葉でも表現できない、特殊なものであったに違いない。手をつけるべき何かがわからない、大人も同じだ、「大人が泣いている」、そうした状況の中、少年は一つの光を見た。それは父親の一言、そして「大人の力」のすごさ、団結することの大切さを少年は見た。そして、前以上に活気あふれた気仙沼の一〇年後を想像し、「世のため、人のために働いている」自分を見ている。ここには、自然の営みや恐怖を語る言葉は一切出てこないが、父を信じる、大人を信じる、助け合うことの大切さを知ることは、自然を信じることと同義であるということを想起させるような少年の精神の純粋さが読み取れる気がする。自然に身をゆだねる、大人を信じることで、大切なものとは何かを学び、覚る少年の姿がある。そして活気を取り戻している気仙沼が見える。自分を育ててくれている風土への自信がある。私達はそこに希望を見るのである。

自然の死と思えたものが、実はそうではなかった。信じられるものが身近にある、そこから復興と再生の芽がみえてきたのである。被災した人達の自然を見つめる眼は鋭く、純粋さを失っていない様子が様々な形で伝えられている。いつも当たり前のように思っていることに眼を向け、そして感動する。津波に流されそうになった桜がきれいな花を咲かせた、コンクリートの割れ目から芽を出し花を咲かせている、名前は知らないが、そうした草花の生きている様に力を感じる。そして、評判になった陸前高田市の「一本松」に我が身を重ね、生きていることのすばらしさに希望と勇気を実感するのである。

三・二　人の手になる自然の死

死は生の中にある、逆に生は死の中にある。生を認めることは死を認めることであり、また死を認めることは生を認めることでもある。生と死はひとつながりの関係にある。

その生と死のつながりを破壊したのが、原発の事故である。原発は、生命系としての自然を死に至らしめた。自然の死は生の否定に他ならない。前述した生の営みの中の死であった一時的な自然の死とは異なる。再生をも否定した自然への意味のない仕打ちである。放射能汚染が持続する時間的な長さについては殆ど計算不能なところがあり、少なくとも私達の生活時間・生の時間の範囲を超えている。福島第一原発の二〇㎞圏内、三〇〜五〇㎞圏内、あるいはもっと広い圏内で、人間が自然を死に至らしめたのである。そこで人は生きていけない。鳥や魚、多くの生き物も生きていけない。森や林、多くの植物も傷つけられた。生命系全体が傷んだのである。原発は、「生」そのものをぞんざいに扱うことによって死を招いたのである。

原発事故が招いた状況は、小出裕章の言を借りれば次のようになる。

「福島第一原発から放出された放射性物質は、県境を超えて日本中に広がっています。国境さえも軽々と越えて、世界中に広がっています。

この汚染から逃れられる場所は、もはや地球上にはないのです。

私たちは被曝を受け入れるしかありません。

三・一一を境に、私たちの世界はそんな世界に変わってしまった。だから、私たちは、今までとは違う世界で生きるしかない。汚染の中で生きていく覚悟をしなければなりません[15]」。

現実の「原発による死」を受け止めること以外に、私達に選択の方法はないというのである。そうだとすれば、問題は大きく二つあるような気がする。まず第一は、国や行政や電力会社の問題である。原発をすべて停止し、放射性物質の放出を止めること。放射能汚染の状況を正確に伝え、被曝を最少にするように日常の生活の中で努力をすることが最大限必要である。原発の事故後、原発作業員が六人亡くなった。国連の放射能影響科学委員会（事務局ウィーン）は、復旧作業員の死は放射能と関係がなかった、東京電力も被曝の結果ではない、としている（日本経済新聞、二〇一二年五月二四日）。東京電力の姿勢は予想通りとして、権威ある機関がこのような状態なので、どこまで私達の防衛手段が有効かはわからないが、絶えず正確な汚染情報を手に入れる必要がある。もちろん、福島県やその周辺の人達の生活は国全体で支えることが重要である。

第二は、「自然の死」への今後の対応である。それはつまりは死の場を「生きる場」としていかに再生させるかの問題である。私達は、生物科学的な知見を結集して自然の再生能力を最大限生かす努力をすることである。居住地における放射能低減を目的とした除染などを含めた技術的な取り組み――除染は言葉として欺瞞的で万能ではなく放射能を拡散させる効果もあり、厳格な管理が必要である――は一時的局所的意味に留まるものに過ぎず、それよりも地域に住む住民の姿勢である。それは自然（土地）への思い入れや執着などである。漁民の人達の海への思いと変わらない姿勢である。例えば、飯舘村では、大多数が小規模の経営農家、あるいは畜産農家で土地と結びついたくらしが原発事故によって奪われた。その状況は筆舌に尽くしがたい。当然、廃業を決心した農家・畜産農家は多い。前掲『飯舘村は負けない』は、そうした中で放射能の危険性・恐怖と闘いながら飯舘村にとどまり農の生活を続けていく決心の女性を紹介している。それを引用させてもらいたい。

「度重なる戦争、原爆投下、ホロコースト、環境破壊、水俣病事件、そして原発事故……。この一〇〇年余り、人間の仕業による悲惨な出来事が起こり続けてもなお、世界はまだこんなにも美しいのです。自然はもちろんのこと、人が生み出したものにも、人の心にも美しさが満ちているのです。原発事故のフクシマを生きてきた一〇ヶ月間で私がたどり着いたのは、その実感でした。

にもかかわらず世界がこんなにも美しいのはどうしたことなんだろうと考えたとき、天はまだ私たちを見捨てていないのだと、私たちは奇跡のような世界に生かされているのだと、畏れの気持ちとともに思い至りました。同時に、これ以上破壊したら私たちは滅びるかもしれないと思いました。しかも、多くの他のいのちを道連れにして。そのことを天はこの原発事故を通じて伝えているに違いないと思えてなりません。天は私たちに最後のチャンスを与えてくれているのだと思います。私は、この福島で、天からの問いに答え続けていきたいと思っています。

チェルノブイリも阪神大震災も他人ごとだったんですが、今回は内側にいられてよかった。本当に自分のこととして受け止められる。人生のなかで得がたい経験をしていると思います。魂に刻み込みたい。

原発事故は人災だけど、人生ってこういうとんでもないことが降ってくる。人災だけど天災、自分に与えられた運命と思って向き合っていきたい[16]」。

『飯舘村は負けない』の著者達は、この女性の「人間と自然の関係についての深い問い、人間の犯してきた罪の深さ、ここで生きようとする覚悟―それらは、筆者の胸にズシンと迫るものがあった」[17]とコメントしている。まさにその通りで、自然に申し訳ない、自然と共に生きる、自然を信じきろうとする想いが胸を打つ。原発事故による「死の世界」を「生の世界」に変えうるのは、自然の中に身を置き、自然の再生能力にかけるくらしである。それは実はこれまでの日本人が繰り返し実践してきた、自然と人間との確かなつき合い方である。それはまた、多くの困難を乗越えてきた確実な方法で、厳しいけれどもそれ以外の選択肢はない。

三・三　死者と生者との関係性――生者は死者とどう向き合うか、そのための社会環境とは

死は極めてありふれた日常的現象であるが、死者の世界は生者にとって未知の世界である。科学的知や学問的知で語れる部分は少なく、むしろ未知の部分の方が多い。知の世界と死の世界との間には、超えることの出来ないギャップがある。死者の想いと生者の想いとのギャップを埋めることは、私達人間にとって死の事実が重たいが故に永遠の課題でもある。私達は、そのギャップを埋めるシステムや装置として宗教的な世界を構築して来たと言える。素朴な祈り、神・仏への祈り、儀礼・儀式、あるいは人間以外の動・植物に託した祈りなどによって死者の想いに近づきそして死者の魂の安らぎと霊的救いを願うのである。それでもギャップが完全に埋められるとは限らず、必ず苦悩が残る。残るが故に人は様々な手段を講じようとする。それが生者の死者への想いというものである。

死（者）に如何に向き合うか、という問題設定の前に、V・ジャンケレヴィッチ（一九〇三〜一九八五）による死の類型化に触れておきたい[18]。彼は、自己の死を一人称の死とし、肉親などの身近な人の死を二人称の死、そして見知らぬ者・他の死は三人称の死とする。それは、生者を中心軸にして、その回りにいる人間の死への距離が二人称の死、三人称の死として認識されるという構図である。先に一般的に述べた死者と生者のギャップの問題は、生者の側の死の認識（二人称の死、三人称の死）にかかわっている。

さて、震災・巨大津波の最大の被害者は、一万九〇〇〇人余に達する死者・不明者である。震災には、一人称

の死だけでなく、生者からする二人称の死、三人称の死が同時に起こったということが重要な問題である。

震災による一人称の死は、日常の死とは異なる。多くの死は突然やって来て、死を認識する時間が与えられなかった可能性が高い。それがあったとしても、肉体的な苦痛や寒さだけでなく、極限的な死への恐怖があったに違いない。突然やって来た災厄は死の恐怖を増幅し、与えられたはずの生の時間を全うできなかった死者のつらさ、悔しさ、無念さは私達の想像を超えている。その死は言語化できない程のものである。知の次元ではカバーできない。

死者の鎮魂・霊的な救いを願うのは生者の死者への切なる想いである。肉親を亡くした生者の想いは、二人称の死として類型化されるが、その中には生前かかわった友達・知人も加わるかもしれない。そうした人達の死への想いは、その死が予期せぬ死であるだけに、震災後の混乱した状況の中で極めて不安定で整理のつかない精神状態に陥ったものと思われる。それだけに死者への慕る想いは深い。例えば、津波で亡くなった漁師の家族が、漁師の魂が宿る模型の船を作ってもらい、それを神棚にお供えすることによって供養する。あるいは海に浮かべてお神酒をあげるなど死者への供養の仕方は様々である（日本経済新聞、二〇一二年五月八日）。さらにまたいまだ行方のわからない死者をかかえる家族にとっては、生きているはずの人がいないという空白の生活が続き、死を死と認めがたく、二人称の死は、恐らく一人称の死に等しいのではないか。その死が親なのか妻なのか、子供なのかによって若干の違いはあるかもしれないが、死を現実のものとして受け入れるには長い時間を必要とする。そして「頑張って下さい」とか「大変ですね」といった慰めの言葉が殆ど無意味であるような精神の状態、寂寥感と孤独感に支配される。そのような精神状態からの脱出は、ある種の死者との別れの演出それも単なる形式的なものではなく、死者の魂に触れる実践、死者の霊的救いを確認できるような宗教的実践が欠かせない。宗教の役割はやはり大きい。それによって一人称の死に近い死は二人称の死に回帰し、生者の想いはある程度の安定性を取り戻す。盛んに心のケアの必要が叫ばれたのはそのためである。

大震災による死者は、日本人全体にとって三人称の死といわれるような認識の対象ではない。通常、三人称の死は、私達多くのものにとって、その死に何らかの関心を示してもあくまでも他人の死である場合が多い。しかし今回の一万九〇〇〇人に及ぶ死は、私達日本人の多くに二人称的死に近い認識を植えつけたように思える。他人事でない死がＴＶを通してではあれ、眼の前で展開され、私達も同様に戦慄したのである。震災・津波による死は類型的には三人称の死だが、まさに国民的犠牲とでも呼ぶべき現象であった。というのは、一つは、戦争や原爆による死と重なる感覚があり、また自分達も近い将来同じような自然災害や巨大地震に直面するかもしれないという恐怖と安全対策への貴重な教訓になったからである。それは残された者への重要な警告でもある。私達は死者によって救われているのである。そうした死者への想いが重要である。そして、もう一つは、日本人の共同体的意識の発露である。戦後の日本人が喪失したと言われる最大のものは、利他的な精神である。道徳的・倫理的精神の欠如である。そうした中で、共助・共立の精神は、東北の多くの犠牲者の想いと共に復活したものと思われる。共同性の意識が呼び戻されたと言ってよい。それはまた意識的ではないかもしれないが、宗教性の確かな発露でもある。

震災による犠牲者――一年後の時点でも慣れない避難生活や精神的苦痛による関連死が相継ぎ、復興庁によると二〇一二年四月末で一六〇〇人を超える――は、二万人を超えた。死者の想いに容易に近づけないという問題はともかく、多くの死に直面した生者の精神の安寧はいまだ不十分である。しかし幸いなことに今まで触れてきたように、日本人に共同体意識それも宗教的利他性の精神が復活してきているように思われる。

そうした動きの一つが、二〇一二年四月二八日の日本経済新聞の文化欄に紹介された、宗教学者と僧侶や牧師などの宗教実践者との連携や交流である。それは死者と生者とを繋げる、実践的宗教の試みである。死者と生者の救いに繋がる実践的宗教学である。死者の霊的救いを求めるだけでなく、生者の側の宗教的精神の高まりと安寧を願う実践宗教である。新聞では、東北大学の「実践宗教学寄付講座」、高野山大学の「ジャパン・ディザスター・グリーフ・サポート・プロジェクト（ＪＤＧＳ）」、東京大学の「宗教者災害支援連絡会」、大阪大学の「宗教者災害救援ネットワーク」、京都大学の「東日本大震災プロジェクト」などが紹介されている。こうした宗教にかかわる研究の実践的動きは、極めて貴重でさらに宗教的覚醒を導く契機になるであろう。
しかしながら、第一節で述べたように、日本の社会経済システムはそれとは逆の方向を向いて、生と死の問題を無視している。宗教的意識を高め、お互いに助け合い、共立する社会の実現には、市場競争原理によらない風土産業、いのちの産業である農林水産業を、再度日本の経済システムの基幹産業として位置づけ直す必要がある。経済環境の変革が不可欠である。極めて単純な発想だが、これがこの小論の一応の結論である。

第四節　生と死を繋ぐもの――霊性的自覚と共助・共立の精神

戦後まもなく(昭和二一年〜二二年)、『霊性的日本の建設』、『日本の霊性化』を出版した鈴木大拙は、戦後日本の健全な行方を「霊性的自覚」というキーワードに込めた。大拙は、戦後日本がアメリカに占領され、アメリカの文化と科学技術の奴隷になるのを恐れた。その大拙の心配は、現実のものになり、霊性的自覚に関する言説は宗教学の学問的研究の領域に閉じ込められ、実践的意味を喪失してきたのではないか。宗教が確かな実践性をもつためには、大拙の「霊性的自覚」の言説を見直す必要があるように思う。大拙は、霊性的自覚あるいは霊性的自由が社会建設のためのキーワードである所以を次のように述べている。

「経済の理論とか、生産の理論とか、政治の原則とか、道義の昂揚とか云ふものは、何れも結構で、それがなくてはなりませぬ。併しこれは何れも外面的・統制的・抑圧的傾向をもつて居るので、内心からの自主性をもつた精神的推進力がないと、どこかにぎこちなさを感ずるものです。人間は、建設と破壊、自由と抑圧、自利と利他、愛と憎など云ふ相容れざる両極性を持って居るので、一方でただ他方を操つていくことばかりを考へてはならない。両極性の相克は之を超越した原理を把握することにのみよりて解決するのであります。霊性的自由と云ふところまで向上する必要があります。これは個人だけの問題ではなくて、世界平和の新機構を実現するには欠けてはならぬものです。否、後者は実に霊性的自由の上で始めて最も健全なる発達を遂げ得るものと、自分は確信致します。幾ら消極的に、積極的に、戦争形而下面から止める、止めろと云つても、本当の意味における世界主義・平和主義・人間性主義は実現致さないでせう。それから一歩進んだと思はれる道徳的方面が協調せられても、それでも本当の人間の幸福は増幅しないと、自分は考へます。それは何故かと云へば、人間性は知性的・理性的・意性的で、その全部を尽くしたものでないからです。つまり道徳からはどうしても宗教は出て来ない、まして政治・経済・法律・科学など云ふものからは宗教は出て来ないのです。霊性的自由が了解せられない限り、宗教は人生と没交渉なものと考へられるでせう。が、個人の生活も集団的生活も、悉くその基礎を宗教の上、霊性的自由の上に置いて居るのであります[19]」。

鈴木大拙の「霊性的自覚」—引用文では霊性的自由だが霊性的自覚を使用する—は、宗教の核心とでも言うべき、最も重要なキーワードの一つと言ってよい。霊性は精神の上位概念で、宗教的意識・精神は、その霊性の経験によって実体化するもので、精神の主体・自己の正体として霊性が存在するのである。したがって、私達人間の精神が霊性を認識・経験しようとする行為が宗教で、霊性的経験なくして宗教的意識は存在しえない[20]。道徳とて同じである。宗教的基礎がないと道徳もいつかは崩れてしまう。つまり、霊性的自覚なくして道徳も、政治も、経済も、科学もその本来の機能や役割を果しえないのである。

宗教の核心たる霊性は、そのような意味で普遍的なものであるが、それぞれの民族によってその顕れ方は異なる。大拙によれば日本的霊性の形成は、鎌倉時代にさかのぼり、法然と親鸞を経て、「大地の上に大地と共に生きる」人々の「大地的霊性」との接触によって確立されるとする。「大地に親しみをもつ人々、生活の事実に即して動く人々[21]」の生の営みから「生の真実そのもの」つまり霊性が経験される。別な言い方をすれば、霊性は風土を通して顕現し、その具体性が認識されるのである。

鈴木大拙の霊性論には、様々な知のレベルのものが混在し批判されるべき点もあるが、ここでは風土性に即して存在する霊性的自覚の重要性を確認することが大事である。

自然（大地）の霊性―風土的霊性と言ってもよい―に触れることで人間に霊性的自覚が芽生え自然との固い絆が醸成される、というのが鈴木大拙の認識なのである。植物や動物の自然との絶対的信頼の関係が人間にも大きな意味を持っているとして、次のように述べる。

「草や木は絶対に大地を信頼する。種子の下されたところでは、芽を出すことを忘れぬ。何かのわけで、水気がなくなるか、肥料が足りなくなれば枯れて行く。絶対に大地を信頼する彼等は、また何かの因縁が備はると、むくむくと土をもり上げる。芽が出ると云つて感謝もしなければ、枯れたと云つて小言も云はぬ。「天、何かを云はんや」で、草木は黙々として絶対信頼の生活を続けて行く。動物もまたさうである。昆虫類や寄生虫などの生活を見ると中々人間に対して示唆に富むものを供給してくれる。彼等の或るものは、紆余曲折の経路を通つて漸く一人前になるかと思ふと、そこにで却て思はぬ障礙に出会つて死んでしまふこともある。然るに彼等は「天、何かを云はんや」で、ずつと死んで行く。本能の生活は至るところに絶対信頼の生活をして居る。但しそれが人間になると本能にひびがはひると云つて可いやうなものがある。人間は反省する、反省して謀叛する。それが悩みである、否定である。祈りはそれから出る。祈りは人間に許された特権である。ここに人間としての真価がある。安易な信頼は人間にとりては禁物である。絶対の信頼は霊性的自覚の上においてのみ成立する[22]」。

植物や動物の本能的生活は、大地の絶対的信頼の上に成り立つ、そしてその生も死も自然への絶対的信頼の中での淡々とした営みである。そうした動・植物の生・死の営みは本能のものだが、人間の場合には祈りと霊性的自覚によって自然との絆が堅固なものになる。絶対的信頼が霊性的自覚によってもたらされるのである。こうした、鈴木大拙の「霊性的自覚」に関する言説は、主に大地に関わる農の世界を想定しているように思われるが、山や海、川などの自然と向き合う人達にも当てはまる。農業だけでなく広く林業や漁業にも適用できるのである。

震災後の東北が自然との絶対的絆を根本にして再生をはかるのを基本とするのであれば、以上のような鈴木大拙の言説は極めて重要な問題を提起していると思う。東北が震災・津波そして原発事故によって被った生と死の関係性は、霊性的自覚による自然との絶対的信頼のもとで一つのものとして繋がり、その土俵である風土的産業・農林水産業の再生で完成に近づくのである。そのプロセスの中で、市場競争原理とは異なる、譲り助け合いの精神も醸成されることになる。心を一つにする共助・共立の精神は、東北再生のための重要な要素となる。

ここで最後に岩手県宮古市立赤前小学校五年、大久保直翔君の「ぼくのふるさと」と題する詩をどうしても引用したい。

「赤前は、みんなのふるさと。
赤前は、いろいろなれきしがある。
赤前は、神がいる。
赤前は、みんなと力を合わせている。
だから、赤前に津波がきても、
みんなの心をひとつにすれば、
きっと、きれいなきれいな、
赤前になるとしんじている。
こんかいのつなみは、
れきしにのこるだろう。
でも、つなみがこわくないと思ったら
いつかつなみがきてもにげれない。

でもつなみがきてもあきらめないこと！
でもなにがあってもあきらめない。
ぜったいぜったいさがしもとめる。
むりだと思ってもあきらめない。
あきらめない。
心をひとつに赤前をきれいにする。
赤前!!」(23)

私達は小学五年生の子供に教えられている。何が大切かを。〈赤前にはみんながいる、そして歴史がある。そして赤前には、信じるに足る、よりどころとする神（自然）がいる。だから、みんなが力を合わせ、心を一つにすれば、赤前はきれいに復活する。赤前にいる神様がそのようにしてくれるのである〉。この子供には、すでに鈴木大拙のいう霊性的自覚が植えつけられていて、何が復興・再生のための要であるかがわかっている。私達はこうした子供の存在を心強く思うし、東北の再生に希望をもつことができる。

第五節　文明と風土的文化の二重運動

K・ポランニーは、近代市場社会の動態を市場の運動と社会の市場からの防衛運動との二重運動として認識した。そして市場の虚構性を暴露した。このポランニーの二重運動論に倣えば、現代社会は市場（グローバリズム）という文明装置と地域の風土的文化との二重運動として捉えなおすことも出来る。東北をも巻き込んでいた二重運動の波は、原発事故という現代文明の暴力装置の愚劣極まりない大失敗も手伝って、風土的文化の積極的役割に対する再評価が加速することになるだろう。

今日、文明論的課題として、原子力エネルギーから脱却して自然エネルギーへの転換を果たすこと、コントロール不可能な巨大科学技術依存から脱して地域に密接した多角的で小さな技術の応用、国家・政治システムの見直し、例えば、国家の本来的役割は何かなど、現実的な問題が沢山横たわっている。これらのことは、震災後になって初めて出てきた課題ではないが、震災・原発事故によって改めて多くの人達が気づき、真剣に考え始めようとしている。しかしこれらの重要課題を経済主義的に、市場経済の論理で克服しようとするのは、時代の要請・精神にそぐわない。世界的競争に勝ち残るために、日夜その方策に神経を擦り減らし、精神的ストレスに落ち込むビジネスマンの生活は、利他的精神に想いをめぐらす余裕はない。環境問題、貧困問題、健康の問題、福祉も教育も、すべてはビジネスチャンスだとする発想は、これまでの経済主義的論理の枠から抜け出ていない。世界の人口八〇億人のうちピラミッドの底辺（ＢＯＰ）といわれる四〇億人の貧困層をビジネスの対象にしようとする発想も同じである。利他主義を看板とし、利益にこだわらないソーシャルビジネスも、規模の経済を追求し始めると、貧困ビジネスに転落するあやうさがあるが、あくまでも、スケールメリットを求めず、他者の利益に資する社会的責務を果たそうとするその原点を貫くことが重要である。それはまた、その地域に暮らす人々の風土的文化を保持し、育むことになると考えられる。ＥＵの危機をはじめ、経済主義的グローバリズムの破綻は、眼を覆うばかりで、このような価値観の転換を要請している。

私達にとって重要な時代の要請とは、先に紹介した、小学校五年生の大久保君の精神を受け入れ、育む社会の新たな仕組みの構築である。それは、大久保君の精神を活かすことの出来る、風土的産業―農林水産業―、風土的文化の再生であり、生と死の問題を温かく包み込んでくれる社会文化の構築である。[24] 鈴木大拙に倣って言えば、共助・共立の精神を育む霊性的自覚の世界の構築である。東北にはすでに、宮沢賢治や棟方志功などの一級の風土的文化人が居り、彼等が切り開いた霊性的自覚の世界は私達にとっての道標である。東日本大震災・原発事故からの復興・再生という課題に直面して、私達はこのような視点を文明原理の不可欠な要素として考慮すべきものと思う。

（1）岩波書店編集部編（二〇一二）『三・一一を心に刻んで』岩波書店、三四～三五ページ
（2）同右、一一ページ
（3）拙著（二〇〇六）『国際分業論と現代世界』ミネルヴァ書房
（4）同右参照。また、守田志郎（一九七一）『農業は農業である』農山漁村文化協会、参照
（5）Klein, N. (2007) *The Shock Doctrine: The Rise of Disaster Capitalism*, Henry Holt and Company, Inc. 幾島幸子・村上由見子訳（二〇一一）『ショック・ドクトリン』岩波書店
（6）内橋克人編（二〇一一）、金子勝「後悔する復旧ではなく新しい復興計画を」『大震災の中で―私たちは何をすべきか―』岩波書店、二三三～二三四ページ
（7）山本義隆（二〇一一）『福島の原発事故をめぐって』みすず書房、二三ページ
（8）三・一一 Kids Photo Journal 編（二〇一二）『三・一一キッズフォトジャーナル―岩手・宮城・福島の小中学生三三人が撮影した「希望」―』講談社、五五ページ
（9）同右、五四ページ
（10）高木仁三郎・水戸巌（一九八七）、反原発記者会著『われらチェルノブイリの虜囚』三一書房、二一一ページ
（11）本書第二章『石牟礼道子の精神世界と現代文明―人間・風土・神々の円環構造の文明論的意味』参照
（12）千葉悦子・松野光伸著（二〇一二）『飯舘村は負けない―土と人の未来のために―』岩波書店、これ以外に、例えば、外岡秀俊（二〇一二）『三・一一複合被災』岩波書店、広河隆一（二〇一一）『福島原発と人びと』岩波書店など参照
（13）大澤真幸（二〇一二）『夢よりも深い覚醒へ―三・一一後の哲学』岩波書店、八四ページ
（14）前掲三・一一 Kids Photo Journal 編、八七ページ
（15）小出裕章（二〇一一）『小出裕章が答える原発と放射能』河出書房新社、一五二ページ
（16）前掲『飯舘村は負けない』一七〇～一七一ページ
（17）同右、一七一～一七二ページ
（18）V・ジャンケレヴィッチ、中澤紀雄訳（一九七八）『死』みすず書房。また、中村生雄編著（二〇〇六）『思想の身体　死の巻』春秋社参照
（19）鈴木大拙全集、第八巻（一九九九）、二四四ページ
（20）同右、二四ページ
（21）鈴木大拙全集、第九巻（一九九九）、一九九ページ
（22）同右、一八六～一八七ページ。
（23）前掲三・一一 Kids Photo Journal 編、六九ページ
（24）内山節（二〇一一）『文明の災禍』新潮社参照、本章は、同書に多くの示唆を得た。記して感謝したい

第二部　柳宗悦の経済思想

——用の経済学

第四章　日本文明の基層と柳宗悦の世界——手仕事における美と道徳と経済の調和

第一節　現代文明の歴史的特殊性

現代文明は、科学技術の急速な発展と市場システムの急激な拡大によって特徴づけられ、その結果として地球文明になった。それは、地球をおおうほどの規模と範囲において、人類史上類を見ない文明であるが、文明のあり方の問題として考えたとき、人類が目標とする文明であったかどうか、大きな疑問である。それは、すでに人類は地球を破壊するほどの膨大な量の核兵器も持ち、地球規模で自然を際限もなく破壊し続けていることからも自明なのであるが、改めて、我々は近代文明とは何か、現代文明とは何かを問うて見る必要がある。

近代文明の特徴は、なによりもそれが、ヨーロッパ発の経済原理によって社会編成された特殊地域的で特殊歴史的な文明である、ということである。それにも拘わらず、それが世界的文明になっていることに異常さがある。その起源をどこに、またどの時代に求めるのかは、諸説あるが、いわゆる大航海時代の始まる一五世紀のヨーロッパに近代的な膨張主義の芽が育ち、キリスト教の拡大とヨーロッパ社会の非ヨーロッパ世界への拡大が急速に進み、世界は一つに結びつけられる。ヨーロッパ中心の世界の誕生である。ヨーロッパは、主に、アフリカ大陸、南北アメリカ大陸を蓋う大西洋経済圏を軸にした植民地主義や奴隷貿易によって、世界の富を貪欲に吸収しそしてアジア全体を自らの市場に組み入れながら、近代ヨーロッパ資本主義世界を築くのである。近代文明は、非ヨーロッパ世界の固有の文化を破壊し、富の世界的な偏在を構造化しながら、社会を経済主義的に、唯物論的に編成して成り立つ、世界史上極めて特異な文明の形態になるのである。しかも、それは科学技術の発展と結びついた機械・工業文明を伴い、経済の拡大は、今日われわれが経験しているグローバル・エコノミーになる宿命を最初から担っていたのである。それは市場を媒介にして、富の拡大を原理とする経済を社会の核として持っていたからである。地域を単位とした生活原理は国の経済原理・世界の経済原理に転換し、産業基盤としての農・林・漁業・遊牧業は工業に転換し、物の見方・考え方は人間中心・ヨーロッパ中心に転換し、そして物事は即物的・俗物的に展開するようになってしまった。商業主義と個人主義の台頭である。

こうしたシステムが、日本では一九世紀半ばになって、荒波のごとく押し寄せるのである。近代文明による日本文明崩壊の始まりである。

ここで、日本文明の崩壊という言葉を使用するのは、日本の近代化について、それを望ましい変化と位置づけているからではない。歪められた変化という認識である。多くの論者は、近代化の現象を肯定的に受け入れている場合が多い。勿論、近代化の認識の方法は、論者によってさまざまではあるが、それは、やはりヨーロッパ発で、近代資本主義システムによる民主主義の制度、あるいはまた、自由、平等、博愛に象徴されるフランス革命の近代思想に依拠している。そして、その中で最も重要視されるのが、経済の発展、市場経済への肯定的認識である。従って、社会の発展が市場・貨幣経済の発展の程度によって認識されることになり、日本の近代化も、そうした近代主義的市場経済の発展を尺度にして判定されるのである。例えば、近世の江戸において、貨幣経済の発展はかなりのものであったことは確かであるが、そのことが、すでに近代化の基礎（日本型近代化）を形作り、それが明治以降の近代化に結びついたと見るのである。すなわち、すでに日本でも近世において近代化が進行していたのであり、明治の近代化は、それの延長線上で認識されることとなるのである。そこでは、明治以前の日本における経済発展の質は殆ど無視される。そこでの市場とは何かは問われず、近代の市場認識をそのまま正当な認識としてあてはめる方法が採用されているのである。そこに商品があり、貨幣があっても、必ずしも近代の市場と同質のものがあるとは限らない。そこには、今日の市場・競争原理とは異なる原理が作用していたとも考えられるのである。この問題は、歴史における連続、非連続の問題でもあり、難しい論点を含んでいるが、ここでは、日本の明治以降における近代化の過程を、文明論の視点から、日本における社会編成の方法の根本的な転換として認識したいのである。明治以降の近代化を日本の歴史における文明的な転換ととらえ、それを経済（市場システム）による社会編成の時代の始まりと認識する。逆に言えば、それは近世の江戸時代までに展開された日本文明の崩壊の始まりである。その意味では、渡辺京二が『逝きし世の面影』で「一回かぎりの有機的な個性としての文明は滅んだ」として、次のように述べているのは、今日の日本の様々な病的な社会現象を見るかぎり、かなり的を射た日本文明に対する認識ではないかと考えられる。「日本近代が古い日本の制度や文物のいわば蛮勇を振った清算の上に建設されたことは、あらためて注意するまでもない陳腐な常識であるだろう。だが、その清算がひとつのユニークな文明の滅亡を意味したことは、その様々な含意もあわせて十分に自覚されているとはいえない。十分どころか、われわれはまだ近代以前の文明はただ変貌しただけで、おなじ日本という文明が時代の装いを替えて今日も続いていると信じているのではなかろうか。つまりすべては日本文化という持続する実体の変容過程にすぎないと、おめでたくも錯覚して来たのではあるまいか[1]」。

渡辺は、「歴史的個性としての生活総体のありよう」を文明と呼び、そうした意味での日本文明は滅びたとしている。本書も渡辺の日本文明滅亡説に同意したい。しかも文明と文化とは不可分の関係にあり、表裏の関係にあるものと認識すべきものである。その意味で日本文明の崩壊は日本文化の崩壊とも密接に結びついている。明治に始まった日本の近代文明化の現在までの過程は、日本文明の崩壊と同時に、日本の文化においても重大な変質を経験したものと認識すべきではないかと考えられるのである。渡辺の著書は、歴史的個性・有機的個性としての生活総体である日本文明・文化の在り様を取り扱っており、幕末から明治にかけて来日した多くの外国人の記録をもとに、貧しいけれども礼節に富む自由で明るい日本人の姿をみごとに描き出している。

日本文明の崩壊あるいは滅亡をいう場合、その判断の基準なり根拠は何か。つまり、文明に値しない文明になり下がったとする根拠は何だろうか。

経済を軸にして成り立ち、経済主義的に編成されたわれわれの社会の抱える地球規模の諸問題は、近代文明の、そして日本文明の正当な文明の在り方から見れば、文明としての名に値するかどうかを判断するりっぱな尺度になるけれども、もう少し文明的内実あるいは文化的内実に照らして理解する必要がある。そこで、私達は、内山節が「どんな時代でも人間が生きていくうえで必要なもの」として指摘している五項目を参考にしたいと思う。その第一は「いつの時代でも人間たちは自然の恵みを受けながら暮らしていた」、第二は「いつの時代にも農業を中心とする一次産業が存在していた」、第三は「内容は変わっても、手仕事の世界はいつでも成立してきた」、第四は「いつの時代にも暮らしをつくる労働は存在していた」、そして第五は「いつの時代でも、人間はなんらかの共同性をもちながら生きてきた」、というものである。(2)

内山が挙げているこれらの五項目は、社会の構造や編成について語ったものではないけれども、文明の進歩・発展の質を問題にするとき、極めて本質的な要素と言ってもよい。そこには、人間が存在し、社会性があり、文明が備えていなければならない諸要素が指摘されているからである。私達はこの五項目に加えてもう一つ第六項目として「健全な道徳的・宗教的精神文化が存在すること」を挙げたい。精神文化の存在は、前項五項目を根底で支える人間の主体的要素である。この項目は第五の項目の中に含まれるともいえるが、人間の積極的な社会への関りが不可欠な要素であるかぎり独立した項目として指摘すべきであると考える。これら六項目の要素を基準にして、現代社会の文明度を計るとすればどのようになるだろうか。それは言うまでもなく、文明度ゼロということになるだろう。私達の近代文明は自然の恵みに背を向け、逆に自然から遠ざかろうとしている。農業を中心とする一次産業の重要性から眼をそらし、それらを社会の中に正当に位置づけること（農業の社会的中心性）を拒否している。手仕事の世界を成り立たなくしてしまい、物をつくることの意味を見失ってしまっている。このことと関係して、働くことの意味が不明確になり、そして、人間の共同性・協同性がなくなり、人間関係が極めて希薄になっているのである。また、道徳的・宗教的精神の存在は今日の経済活動に皆無である。

今日のグローバルな経済は、如何にお金を増やすかを工学的に分析して実行する金融工学の世界に毒され、その破綻が白日のもとに曝されてしまった—例えば、リーマン・ショック—が、そのグローバルな金融システムに問題があるとしても、そのシステムはそれを支えている人間がつくりだしたものでもあったことを忘れてはならない。この破綻した経済システムが、形態を変えてまた再び甦るとすれば恐怖の何ものでもないけれども、これも、近代資本主義文明の延長上の産物であることは間違いない。いずれにしても、先の六項目に照らして見る限り、現代文明の文明度は限りなくゼロに近いことは確実である。

さて、本章は現代文明の文明度をチェックすることが目的ではない。宗教哲学者・民芸運動家として知られる、柳宗悦（一八八九〜一九六一）の思想あるいは、柳が描こうとした日本文化の諸相について、検討を加えることが目的である。柳がわれわれに提示しようとした、その思想から、何がわれわれに見えてくるのかが極めて興味ある問題なのである。柳宗悦は、近代化の過程の中に、日本が忘れかけ、そして失いかけている、日本文明の基層をさぐりそれを再生する道を指し示そうとしたのであり、柳の思想に、前述した六項目の全てが極めて明確な形で具有されているのを見るからである。柳の描く民芸論あるいは手仕事の世界は、極めて優れた日本文明論であり、日本文化論と言っていいのである。本章は、それを経済学の立場から検証したいと考えている。

柳宗悦に、経済学に関連した、まとまった言説が存在するわけではない。しかし、柳が語った多くの著作の中に、経済学の立場から汲み取るべき言説は少なくない。例えば、経済学に直接関係して、柳が語ったものが残っている。社会思想史・経済思想史家として知られる、大熊信行（一八九三〜一九七七）著『社会思想家としてのラスキンとモリス』（新潮社、一九二七年、二〇〇四年論創社から復刊）への書評がそれである。J・ラスキン（一八一九〜一九〇〇）は、一九世紀イギリスの芸術批評家・社会思想家として知られ、また社会改良家として、その著『この最後のものにも』は、多くの思想家に大きな影響を与えた経済学の書でもある。そして、W・モリス（一八三四〜一八九六）は同じくイギリスの詩人、小説家、工芸美術家、そして社会改革家として知られる。デザイン家でもある。ラスキンとモリスは、柳と同じように美術や工芸に関して深い造詣を持ち、柳にとってはヨーロッパでの工芸の何たるかを知る先覚者であった。柳は、モリスについて、「近代の工芸史に特筆すべき作家」だと言い、「彼の意図は、凡ての工芸を美術に高めることにあった。彼は彼の時代の工芸が如何に中世紀のそれに比べて見劣りがするかを嘆いた。そうして彼は失われたる美を取り戻そうとした。それは工芸を美術に高める道よりないと考えた。彼は当時の工芸家たちの及びのつかない仕事を成し遂げた。彼の才能は疑うべくもなかった。ケルムスコットの彼の故家や彼が眠る墓は今後も訪う人々が絶えないことであろう。私もその順礼者の一人であった(3)」と述べている。モリスについては、柳の民芸思想から見て、批判すべき点が多々あるとはいえ、高い評価を与えていた思想家であった。

民芸思想家としての柳にとって、身近かな存在であった「ラスキンとモリス」に関する著書は、恐らく無視できない、是非読んでみたいものであったにちがいない。事実、柳は「多くの悦びと尊敬をもって」読み終えたと述べている(4)。そして、大熊の著書についての評論は次の通りである。

「ラスキンおよびモリスに関する正しい著書は常に歓迎せらるべきものと私は思う。美と道徳と経済との関係について、彼等はその豊かな直観と反省とから一つの目標と捕えた。学としての経済学がその当時より遥か進んだに拘わらず、彼等が体得したその目標については今なお彼等以上にそれを見つめ得た者はなく、また彼等の如くそこに浸り得た者もない。私の考えでは目下の経済学的社会思想に一番缺けているものは善と美とに関する理解であると思う。経済学的世界の健全な確立は道徳的ならびに美的基礎を伴う事なくしては、全く不可能だといい切らねばならない。そういう根底を缺く経済組織には、どこかに病気が宿る。もし経済への考察が、善と美とに對する考察を除去するなら、経済への正しい考察もあり得なくなるであろう。このような弊に陥りがちな今日、その缺如する反面を最も豊かに補ってくれる者はラスキン、モリスではあるまいか。近い将来彼らが優れた先駆者として一層深く認知される時は来るであろう。彼等の価値は当然今日よりも一般視されねばならぬ(5)」。

柳宗悦は、経済学は「美と道徳と経済との関係(6)」を考察の対象にすべきこと、それなくして経済学の正しい健全な確立はありえないことを語る。柳にとって、経済学はやはり道徳的、美的基礎を備えるべきものであったといえる。その内容を検討しよう。

第二節　美と経済の調和

内山氏が提示した五項目の社会における文明的要素は、柳宗悦が描いた手仕事の日本の姿とぴったりと重なっている。柳によって戦時中に執筆され、敗戦直後（昭和二一年一月）に出版された『手仕事の日本』（全集第一一巻、筑摩書房、一九八一年）は、「昭和一五年前後の日本の手仕事の現状を述べたもの(7)」であるが、日本の手仕事の世界が、近代化の大きなエネルギーの作用する中で、発掘・調査され、その現実的姿が、柳の眼を通して書かれている。書かれているという表現より、描かれているという表現が適切であるほど、その描き方は、写実的、立体的で哲学的である。柳思想の真髄は手仕事の世界を美の世界として描写したことにある。ここでは、手仕事の世界が農業を中心とした一次産業に支えられていたことを前提にして、文明的要素のうち、自然の恵み、労働（仕事）、そして共同性・協同性の問題をそれぞれ柳はどのように描いたかを、美の問題と関連して検討したい。

二・一　自然風土と手仕事の世界

柳は、まず日本の自然風土の豊かさに言及している。日本は寒帯、温帯、亜熱帯を備えた様々な風土を持つ国である。日本の全ての地域に見られる固有の自然風土の豊かさは、日本における手仕事の豊かさに他ならない。「気候風土を離れて、品物は生まれては来ないから(8)」である。例えば、「南の方では焼物が美しく肩を並べていたり、北の方では蓑だとか藁沓だとかが大変綺麗に編んであったりする」、そして「離れ島の八丈には、黄色い立派な織物が描いてあったりする(9)」。

日本各地に美しい健全な品物が見出されるのは自然と歴史のためだと柳は言う。柳はその品物の中に見出される二つの基礎のうち、まず何よりも自然の問題を注視する。私達は、柳の思想に、そして手仕事の世界に自然の問題は不可欠な要素として組み込まれているのを知るのである。日本人は四季折々の美しい風景やその中に溶け込む花鳥風月や一木一草の美しさに眼をとめてきた。その美しさは、日本に「木の文化」を生み出した。楓や杉の柔らかさ、堅い木の欅、栗、楢は自然からの贈物で、日本人は「木の味に心を寄せる国民」である。削り、磨きをかける手仕事は「自然の美しさを讃え」、そして「自然の恵みを記録する」ことなのである。自然への尊敬は終なき自然の美しさを得心することであり、そのことによって、素朴な驚きは、「理に適った驚き[10]」へと変わり、自然のもつ真理に限りなく近づき得るのである。それが、美の感覚というものであろう。

もちろん、木の文化のみが日本の文化を特徴づけているわけではない。農村、山村、漁村から生まれた日本文化の特徴は、農の民、山の民、海の民が相互に織りなす複合性の高い豊かな文化だと思われる。それというのも、それぞれが他の者に従属せず自らの固有さを保持しながら交わり、他の特性を受け入れるという交わり方の本質が意識されているからに他ならない。従って、明治以降の近代化、つまりヨーロッパのもの、機械生産になるものが多く受け入れられるにつれて、日本の固有の美しいものが惜気もなく棄てられていくのであるが、しかしその中でも「正直な仕事」があり、「正しい品物」が、この当時残されていた。例えば、柳は関東の栃木県の「結城紬」について次のように述べている。「糸も手紡で、染めも正藍を用い、昔風な地機で織ります。土地の人はこのやり方だけが生む織物の佳さをよく識り、道を守って仕事を崩しません。」そのため「味いの極めて深い品でありまして、今日の日本の織物の中でも最も正しい又立派な仕事の一つと云えます[11]」。それから、もう一つ、「本来の染と織とを守るものは一流の品物と讃えてよい」と柳が指摘する八丈島の「黄八丈」である。「黄八丈の特色は黄と褐と黒との三色より用いない縞物だということであります。染の材料は何れも島の草木でありますし、「晴天四十日」などと申して、それほど念入に日数をかけて染めますから、大変に堅牢であります。用いる絹糸も元来は島のものでありました。縞柄のとり方にも自ら道がありますが、共に平織も綾織も見られます。分厚い綾織でその名を成したのは「八反」であります。「八反」の名は普通の織物八反分に等しい手間がかかるのに依るといいます。織に奥行があってとても立派であります。昔を守る者は今も地機を用い続けます。何れも正しい道を踏む織でありまして、どんな時代が来ても、変わらぬ美しさを示すでありましょう[12]」。

織物はそれにたずさわる人達の、伝統や歴史への想いの力強さは言うまでもなく、その土地にある自然の恵みの成果である。自然は人を育み、品物の伝統を保つ。柳宗悦の『手仕事の日本』で紹介されている手仕事の品物は、東北から沖縄までほぼ二〇〇ヶ所にも及ぶ地域の産物だが、それは二〇年の調査の成果で、柳の手仕事の品物にかける情熱の凄さを感じさせる。そしてその中で、東北は「手仕事の国と呼んでよい」というほど品物も多く、訪れた場所も最も多い。「手仕事の国」東北と呼ぶ原因を柳は三つほど挙げている。それらは東北の地理的条件と自然に関係している。第一は、中央から遠いという地理的な条件のために郷土固有のものがくらしを支えるということ。第二は、気候風土に合った生活の様式で「雪に堪える身形や持物」を必要とするということ、それによって実用に堪え得る品物を念入りに作る手仕事の世界を必要とし、技を練える。したがって、仕事に「実着なものが多い」。そして、第三は、雪の季節が長いこと。雪に閉ざされた長い時間を手仕事についやす。そのため雪が作る自然風土と手仕事が必然的に結びつくのである。これらの原因は、やはり自然風土を語らずして手仕事を語れないことを証明している。福島県は、養蚕業、製糸業あるいは会津塗、絵ロウソク、そして和紙を産する。雪踏や雪沓、曲木の樏もある。山形県には、「米沢を中心とした置賜の文化」「山形を中心とした村山の文化」「鶴岡や酒田を中心とした庄内の文化[12]」が栄える。それらは、もちろん歴史の遺産であると同時に自然風土が育んだ郷土の文化である。その中に、手仕事の美が創造されているのである。

　手仕事における自然とは何かという問題設定は、柳の自然観を検討するとき極めて重要な位置を占めていることがわかる。日本文化を特徴づける手仕事の世界は、まず柳の自然観によって活き返ったと言ってよい。柳思想から見えてくるものは、自然とは生きた自然であり、心をよせる自然であるということ、われわれに贈物を提供してくれる存在であるということである。それなくしては、手仕事の世界は成り立ちえないし、常に感謝をもって接し、受けとめなければならない存在なのである。柳が『手仕事の日本』あるいは『民芸紀行』などの著書で描こうとした手仕事の世界、手の国日本の姿は、何よりもその自然の豊かさであるように見える。その自然の豊かさに心を寄せ、それを無意識のうちに記録にとどめる営みこそが手仕事である、というのが柳思想の自然への接近方法である。自然を生きた自然として受けとめる、あるいは生きた自然として活かす、それが柳の描く手仕事の世界であったと言ってよい。そこには、自然に対立する意識・想念は全く見当たらない。自然への尊厳が美の源泉となる。自然への道徳が自然を活かすのである。

二・二　労働と手仕事の世界

働くこと、それは人間の営みの中でも生きることと同義である。働くことを否定する文明は滅びる運命を背負う。金融資本主義とも呼ばれる現代経済は、働くことを蔑み、マネーゲームで利得を得ることに専心した文明度の極めて低い経済システムである。働くことで経済的価値が生まれるとした古典派経済学以来の経済学は、労働は苦痛であるという労働苦痛説に立ち、機械の導入による労働の節約を是とし、そして労働からの解放を目標にしてきた。労働への軽視は、労働の正当な評価を妨げ、したがって、経済学はいまだ労働を人間の生きる営みの中に正当に位置づけるという重要な課題に成功していないのである。

柳は、そうした経済学の労働苦痛説に対して労働快楽説を支持する。柳は、『労働と美』という論文の中で、機械生産において労働が苦痛を伴うことの理由をいくつか挙げている。労働が強制の形で行われること、人間の自由を許さないこと、人間が機械に従属し手仕事に面白さが欠けること、そして、単調な反復で何ら創造性を伴わないことなどを指摘し、したがって、「仕事から人間味を奪ってしまい、苦痛に沈み、いやいやながら働くことになってくる」(14)と述べている。それとは対照的に、手仕事の世界には快楽がある。喜びがある。手仕事も歴史上強制を伴う場合が見られたが、そこには「創造性が許され、従って人間的な世界に住むことが出来る」(15)。そして、自由が保証されると言う。さらに、柳は次のように述べているのである。「この自由が時には喜悦を伴ったり、誇りを抱かせたり、責任を感じさせたりするのである。これがまた強制を忘れしめる力をしばしば現すに至るのである。それに手仕事の場合は、創作が自由に許される場合があるため進んで仕事に愉悦を感じさせ、時間をすら忘れて夢中で働くに至ることさえ起こるのである。恐らく労働を歓喜と結ばしめる最も大きな力は、人間的な自由が許されるそのことに関係があろう。それ故手仕事の方には、ずっと美しい品、温かい品が多く現れてくる」[16]。
仕事そのものに、労働することそのことに、人間的な自由が許されるかが最も基本的であると柳は言っている。そのことの意味を問うことによって柳思想の核心が理解できるのであるが、その人間的な自由とは、柳によれば宗教的・道徳的な自由を意味している。すなわち、手仕事の世界に「自己」あるいは「自己心」からの自由という宗教的・道徳的自由によるものの見方、考え方があってこそ本来の人間性が発揮できるのである。それでなければ手仕事といえども、機械生産を超えることは出来ないのである。

ところで、柳の、美との関係における機械生産あるいは機械工芸の評価について触れておこう。彼は、後述する通り、必ずしも機械生産を全面的に否定せず、機械生産の積極的な社会的役割を認めるのであるが、まず機械生産のもっている様々な矛盾、限界について五点あげる。これらの指摘は手仕事との関連で重要である。

（一）　商業主義と結びついた機械生産では生産されるものの質や美は無視される。機械は企業家たちの個人的利益・欲望のための手段になる。

（二）　機巧は数理に決定されるため一定の方向に一定の力をもって一定の速さで動き、生産されるものから創造性を奪う。柳は次のように表現している。「もともと人の手は自然の造化であるが、機械は人間の産物である。手は精神に繋がるが、機械はただの物体に過ぎない。決定的運命に置かれているのはそのためといえる。手は活きているが、機械は活きていない。順応性を欠き創造性を有たないのはその宿命である」[17]。

（三）　機械工場では、人間の労働は機械を補佐するという、人間は機械との関係で、従の位置に陥る。機械が人間を使うので、生産されるものと生産にたずさわる者との間に直接的な有機的関係が損なわれる。労働に悦びがなく、責任のある生産物になり難い。「機械製品に職人気質を見ることは少ない。卓越したものを作ろうとする道徳的意向や美的感覚を働かす余地が乏しい。彼が作るのではなく機巧が凡てを決定してしまうからである。機械製品にとかく美が乏しいのはこれらのことにも起因する」[18]。

（四）機械は科学的原理に沿って使用される。この原理は普遍的に働くため、地方性を奪ってしまう。つまり「土地の自然や習慣や伝統とは関係なく発展する。」地方性を欠くことは国民性の喪失を意味する。

（五）機械生産は、利を求めて大量の資本を投じ、激しい競争をする。それは数量と価格の競争で生産過剰に結果する。そのため製品の粗悪に導く。

柳は、以上五つの機械生産の限界や問題点を指摘しつつ、機械生産の正しい発展を希求する。正しい発展は、機械への正当な認識にもとづいて達成されると言う。それは機械主義の限界に対する「謙虚な承認」である。つまり、機械主義に陥らない機械の力への過信をなくすることである。機械の力とは、量にかかわる側面であって、質にかかわる側面でないこと、そして人智に敬念をもち、その限界を知ることである。柳は、機械への過度で不当な信頼に警告をしているのである。さらに柳は、機械生産の正当な役割を果たすための方向にまで言及している。すなわち個人主義、商業主義からの離脱と協存を旨とする産業組合のような新たな生産組織に編成替えすること、そして機巧に対して正しき価値認識を持つこと、設計者や意匠家がいい品物を創造しようとする意識と使命感をもち、「機巧の性質材料の適不適についての判断」力と「美への正しい直感の所有者であることが必要である」と柳は言う。すなわち「機械製品は須らく機械から来る独自の美を補うべきではないか。手工がよく示し得ない美を表現すべきではないか。機械があってこそ現し得る美がなければならない。機械は機械に適した美を補うべきであって、いたずらに手工の美を追うが如き無理をなくさねばならない。もしこのことが正当に認識せられたら、機械製品はもっと本然の美を示すであろう。」と述べ、機械生産に固有の役割と美の世界に言及している。そして次のように締めくくっている。「おそらく機械生産の将来の目途は機能性の上に置かれねばならない。単純なものが機械生産に適合するのは、機械そのものの性質からも品物の機能を充分に発揚させる上からも合理的な道だと考えられる。それ故問題は機能の意義にかかるのであろう。ここでも如何に実用性が工芸の中心となり、かつまた造形美の基礎になるかが考えられる。今日までの機械製品の欠点はむしろ機能への理解と誠実とが貧弱であったことに起因する。このようなことを容易にする組織こそ機械を正当に発展せしめる力をなろう。組織が貧しくば機械は多くの罪を犯すであろう[19]」。

柳は、機械製の品物と手仕事による品物との適正な補完的関係を構想し、そこでの共に美と結びついた健全な生産システムについて語っているのである。しかし、機械生産に対する柳の期待は、殆ど裏切られたと言ってよい。機械生産は商業主義からも個人主義からも脱することができず、また手仕事に相当するような何らかの新たな文化的・道徳的価値意識も創出できず、さらにまた、協同性を伴う新たな組織とも縁遠い存在であり続けている。量的世界に利を求める機械生産は生活の質を無視した、際限のない消費欲望を作り出すことに専心して来たと言える。柳の思想は残念ながら、社会の声にならず、機械は手仕事の世界を崩壊に導いた。柳の見方・思想は機械生産の本質に迫っておりそれへの誤った偏見があったわけではないが、手仕事の世界の崩壊過程で、特に戦後の高度成長の過程で、日本経済のなかで農業を中心とする一次産業の役割が急速に低下し、近代技術の想像をはるかに超えた速さと力が働いたことは疑いない。今から考えれば、そうした科学技術の発展の本質と方向性への柳の理解が不十分であったとも批判できようが、それよりも近代の技術をいかにして受け継いでいくのか、機械と手工との対立的関係を解消しうる途は、如何なる形で可能なのか、そして手工業の世界を残していくための機械生産のあり方などへの言説は、今日でも十分に活かしうる視点を持っていると思う。自然的なものと人間的なものを取り戻す機械生産にこそ正当性を認めた柳の思想は死んでいない。もちろん、それはいまだ実現しておらず、極めて困難な問題ではあるが、それが如何なる社会的条件のもとで可能であるかは今後重大な論点に成り得るであろう。機械生産が量的・営利的世界から如何に遠ざかれるかは重要な課題と言える。

柳思想における労働観は、手仕事の世界と無関係に語れない。繰り返しになるが、労働に感謝があり、信なる心が必要であることを強調する。「自由を許すものは手の技のみではなく、自らの心それ自身の自由さが、仕事の苦楽を決定する大きな因となる…。如何なる仕事にも宗教とか道徳とかが必要なのは、この心の自由を可能にするからである。この精神的な力があると必然に仕事は誠実になり、勤勉になるから、作る品物にも美しさの要素が加わってくるのは必定である」[20]。これは、機械生産にもあてはまり、「心の自由」が機械生産にこそ要求される問題であろうが、手仕事の世界の労働が、そうした理念を容易にしうることは確実である。その意味で、手仕事の世界に労働の本来的性格を見出したのは、柳思想の新発見と言えるし、経済学にとっても極めて重要な視点を提供してくれる。「労働の道徳」[21]という表現に表象される如く、本来の労働は道徳的意味を含んだものであり、したがって、感謝、誠実、責任など人間的なものと密接な関係を結んでいる。労働は、経済学が教えるような経済的価値に主軸を置いていないのである。柳の思想は、労働価値説が一面的で不十分であることを教えている。

さらに、柳に「労働の本有の働き」という視点があることを指摘しなければならない。「労働と美との関係は本来は不二なのである」[22]と言うのである。すなわち、労働には美を生み出す力があり、美は労働を離れて存在しない。手仕事の中に、それが見出されるのである。柳は、栃木県の益子焼での絵土瓶を描く皆川マスという老女の例をあげ、そこで表現される美の源は六五年にも及ぶ「反復する労働・繰り返しの技」であって、そうした単調な労働の繰り返しを美との関係において、不二である、と述べているのである。それは、労働の道徳をも超越したある種の宗教的自由や精神的力を指しているとも言える。こうした柳の労働観は、道徳的意味を含む労働観をさらに深めたものである。

二・三　共同性と手仕事の世界

共同性は協同性でもある。経済的分業あるいは市場的分業では人と人との関係が希薄化する傾向をもつので、共同性・協同性の持つ意味は、かなり重い。資本と市場の拡大が生み出す分業と手仕事における分業とは質において異なっていると言ってよい。市場論的分業は、機械による労働の分割であって、人と人とを結びつける役割を果たしていない。それとは対照的に手仕事の世界における分業は統一を前提にした労働の分割で、本来の目的は、労働を連結させること、労働の有機的連鎖である。

労働の有機的連結・連鎖は、協同性の世界を強化する。協同性の世界は、責任を果たす悦びをもち、労働の道徳を高める。労働の道徳は、技能を練ることを怠らず、自然の十分な酬いを保証する土壌となる。その結果、作られたものに道徳性が生まれ、美が確実となる。柳が「労働が正しい組織を必要とする[23]」と言っているのは、まさに協同性を発揮する労働の正しい連結である。そして、柳は次のように述べるのである。「仕事は一人ではない。作品は一種ではない。工作はいつも多辺である。これらの事情は自ら協力を求め、進んでは組織を必要にさせる。個人の美術は一面の道を選ぶが、工人たちの工芸は多面な道を進む。作る者は大勢である。その間に協力がなかったら力弱いものに陥るであろう。作り方は分業に入る。これが集って成品が出来る。分業は合業の基礎ともいえる。互いに提携せずば調和を失うであろう。工芸の仕事は協団を求める。工人が各々働くというよりも組織が働くようにせねばならない。この組織が協調に根ざしまた理性に適うものであることは常に緊要である。それは組織に生命と与える[24]」。

柳は、分業は合業だと言っている。協同性・共同性は、協調に根ざした、労働の連結によって創出される。したがって、労働の有機的で統一的連結が組織の本来の姿であり、その意味で「工芸は綜合工芸」に進む。綜合工芸とは「親方と弟子との間の仕事の伝授や奉公」とも違うし、家庭工芸でもない。中世記のギルドに典型的であるような「多くの工人たちが結んだ組合」を指し、仕事における「権威ある統一」をいうのである。仕事の調和を通して、工人たちの生活の調和も保持される。したがって、そこには三つの功徳、①相互補助の実があがること、②利益の合理的配合とそれによる貧富の格差の減少、③各部門の綜合的連絡の形成と有機的統一が確立されるのである[25]。

こうした協同性・共同性によって統一された組織は、密接に美にかかわる。それは、協力による美、組織による美であり、そして統一による美である。そうした美こそ社会的意義をもち、「社会美[26]」となる。「社会美」は手仕事の美の社会性を意味する。極めて重要な到達点であると同時に、それは地域性さらには国民性を持つこととも符号する。社会美になるためには、地域性や国民性と連結するものではなくてはならない。その点で、手仕事に地域性と国民性は不可欠の要素と言ってよい。それはまた、地域の共同性、国民の共同性にまで繋がるものである。

前述したように、日本の工芸は、地方・地域を離れては存在しない。工芸が自然風土の所産である限り、地域性から離れることは不可能であるからである。柳は日本の手仕事を、郷土工芸、農村工芸であるとも言い、淳朴な心や誠実な仕事が信頼を引き受ける基礎となり、そこで表現されるのは、まさに「着実の徳[27]」なのである。地域の自然風土、伝統や歴史に育まれて、地域的特性をもった多くの固有な地方工芸の発達は国民工芸を健全で確実なものにする。「特に日本のような激しく外来の文化を受け容れた国において、地方の存在は重大な意義と使命とを有」ち、地方工芸の存在は、まさしく国民にとって「貴重な財産」だからである。柳は「地方の独自の工芸の全体をこそ、国家の工芸[28]」だと呼び、次のように述べる。「手工芸の正当な発展は地方工芸を閑却しては不可能である。そこには都市において消滅した幾多の貴重な伝統が残されているのである。材料の上からも手法や技術の上からも、またそれらのものが如何にして作られるかの精神的基礎の上からも、その価値を等閑に付すことは出来ない。そこには一国の自然と歴史とが分厚く盛られているのである[29]」と。

手仕事の世界は、合業という工人達の協同性・共同性を基礎にして、地域や国家の共同性へ連結する、いわば共同性の階梯的連結として理解できる。

近代以降の日本の中央集権的な政治的・経済的社会編成の過程は、こうした共同性の階梯的連結の日本的構成を崩壊させ、国際的な特に欧米的なものとの連繫に強力に力を尽くしてきた。国家の形成を余りにも国際的条件に対応させようとし、地方を軽視してきたのではないか。日本の歴史の中で、明治以降、一〇〇年も経たない短い時間に、日清、日露、第一次世界大戦、第二次世界大戦という四度もの外国との戦争は近代日本の国家の基礎づくりに大きな欠陥があったためではないかとも考えられる。日本の国家の基礎にあるべきはずの実体が存在しなかったのである。地方を重視すること、地方に存在する文化を国家づくりに役立てることは、グローバル化の急速な進展の中で、再度真剣に考えるべき課題である。柳が描いた手仕事の世界はそうした問題にも重要な示唆を与えてくれる。

第三節　道徳と手仕事の世界

われわれは、内山が指摘する、五項目の文明的要素に加えて、第六項目として、健全な道徳的・宗教的精神文化の存在ということをすでに述べた。前節において指摘しているように、柳思想に道徳問題は不可欠である。自然に対しても、労働に対しても、そしてまた社会の共同性についても、道徳の問題は最も重要な要素として付合している。美は、柳にとって道徳の美であり、その道徳のうえに成り立つ経済の営みが美と調和する経済社会を創出するのである。自然と歴史・伝統、そして生活（人間）との綜和[30]が手仕事の世界に生かされ、そこに美と経済の調和が演出されるのである。

さて、柳思想にとって、道徳の問題とは如何なるものか、もう少し経済学との関連で考えてみたい。経済学に道徳論がなくてはならないと言った柳の真意に接近してみたい。

柳には「美と経済との問題が最も興味深い一つの文化問題であることを読者に示唆することができれば幸である」として書かれた論文がある。『美と経済』と題する論文である。そこで意図されているのは、経済学と美学とに接点を求め、一致する方法を論究することである。第一は、両者共に、「物」を扱うこと、物がなければ、両者ともに成り立たない。もちろん、それぞれ物を見る価値基準は異なるが、「人工的製品」こそ、両者に共通の対象である。第二は、生活に即した芸術の分野を考えれば、経済学との接点が生まれる。それは、絵画や彫刻などの純正芸術ではなくて、工芸・建築などの実用芸術においてである。実用芸術、あるいは実用工芸が一般経済と深くかかわり、それは経済学の対象となると同時に、美と経済との関連が現実のものになる。「美と経済との問題は、民芸と経済との問題に還元される」[31]のである。それは別な言い方をすれば、経済的理念と美的理念との一致する次元が、その問題設定のポイントになる。柳は、それについて次のように述べている。

「美と経済との一致を企図する限りは、用が美しさの基礎となり、多が美しさの約束となり、廉が又美しさの保障とならねばならない。或は逆に、美しさが用を必要とし、多を要求し、廉を喚求するということが証明されねばならない。もしこれが互に反発し排斥するものであるなら、美的要求と経済的要求とは一致する点を失うであろう。なぜならその不一致によって経済的要求は美を破壊し、美的要求は経済を無視するに至るからである。そうして是等の反発はやがて文化の矛盾を露出し、その低下をもたらすであろう。私達は人類の幸福のためにこの問題に解決を与えねばならない」[32]と。ここで言及される美とは、個人的芸術や美術が意味する美ではなく、民衆による美、日常の美のことであり、いわば経済的営み（くらし）の中の美と言ってもよい。だからこそ、美と経済とは結び、経済学が美学と結合するのである。

美と経済との不一致は、美の側の「真に美しいものを作っていないという誤謬」と経済が「正当な経済に立っていないという矛盾」[33]に原因がある。正当な経済に立っていない矛盾とは、柳によれば三つある。第一は、物は効用価値を求めて生産されるはずなのに、用を無視している。用を無視した品に美は存在しない。第二は、経済は多くの生産量を要求する。しかし生産の多寡は営利の観念の特性になり、正当な意味の生産につながらない。つまり、量の問題は質の問題に結びつかず、質を伴わない量の問題に終始する。したがって、第三に、低廉であることと質の低下とが同義に陥る、質が悪く用に問題があるとすれば、低廉であることに意味はない。美の側についても、柳は、(1)天才が少ないこと、(2)個人の力の限界、そして(3)用途を無視する誤り、を指摘する。それぞれ両者が、正しい方向に歩み寄るための分析の対象が「用と美」、「多と美」、「廉と美」である。徳（道徳）が重要な意味を持つことが強調される三つの問題についてそれぞれ検討しよう。

三・一　用と美と徳

経済の世界も美の世界も、共に用を二義的にする。前者は利が一義的であり、後者は美が一義的であるからである。柳の主張はこれとは逆に経済の世界も美の世界も共に、用（経済では使用価値）を一義としなければならないということである。「もしも企業家達が何より用に忠実であったら、素晴らしい結果を示すであろう。もしも美術家達が用に忠誠であったら、ずっと確実な作品を生むであろう。それ故美と経済とを結合させる力は用にあると云える。即ち工芸が工芸本来の性質に立つなら、企業的生産と芸術的作品とは素晴らしい結合を示すであろう[34]」。柳はそれが民芸において達成されるのを示すのである。民芸において、用が美と結合し、美が用に結合するのである。しかし、柳の思想の本質は、用と美とが二元的に分離しているのではなく、「用から美が発し、美が用を招く」とする「用美相即の一元的な見方[35]」である。

では、その「用美相即の一元的見方」あるいは「用美不二の原理」とはどのようなものであろうか。それは、用の正しい意味とは何かに応えることによって語られる。柳の言うところを聞こう。「一般に用というと只物的な用途をのみ考える傾きが多い。しかし物は心と離れて存在しているわけではない。かかる区分は方便的な概念に過ぎない。物に関りなき心はなく、心に係りなき物もない。物心一如と見る方が更に正しい見方である。用に適うということは、人間の物的要求にも適い、また心的要求にも適う意がなければならない。単独に「物的なもの」は存在しない。吾々はものを只用いるのではなく、見つつ用い、悦びつつ用いる。それが生活への用を果たせば果たすほど、心的にも満足が加わる。否、心にも適う時、その用は益々その機能を増すとも云えよう。心に適わない時、それは用を減ずるであろう。用は物に仕え心に仕える。「使い心地」という言葉はよく這般の消息を語るものといえよう。かかる時にのみ用が完うせられるのである。ここに用が美を生み、美が用と招くその基盤が見出される[36]」。

民芸における物と心の一致、物心一如の原理こそ柳思想の要諦である。用と美を不二の関係、相即相入、相即不離の関係において見る見方がこれまでの二項対立的見方とは決定的に異なるのである。物を心に側して見、心を物に側してとらえる見方は経済学においてほとんど考えられてこなかったものである。このことの意味については、後述するとして、柳の言う用から生ずる社会性、道徳性の問題に触れておこう。これは、用美不二の原理の一面でもある。用は常に道徳性と結ぶというのが柳の主張である。用は単純性、簡潔性を要求する、その簡潔さこそ美の要素と一致するのである。工芸の美は、また個性の表現である美術の美とは異なり、非個人性をもつが故に生まれる美である。というのも、用は個性を条件とせず、非個性こそ相応しいからである。用が人間生活への奉仕であることを考えれば、個性を発揮することはその目的に沿わず、非個性こそが重要である。奉仕の責務と結びつくのは、非個性であり、従順の徳なのである。ここでも柳は、用が社会性、道徳性と深く結びついていることを強調し、用の美は、結局、社会美になるとしているのである[37]。

三・二　多と美と徳

柳思想の真髄は、用美不二の原理の発見であるが、物が社会性や道徳性を持つためには、そこに「多の功徳」ということが重要である。工芸の多は、機械生産の多とは本質的に異なり、手仕事である限り自ずから数は限定され数や価格を競うほどのものではない。単に、多であることが善や正につながるものではないが、佳きもの、必要なものの量的豊かさは、有難く、感謝すべきことである。また、工芸における多産は、技を練磨し、円熟さを生み出す条件であり、早さ、確かさ、そして美しさを伴うこととなる。そこには、無心が宿る。つまり、工芸に「多の功徳」が伴うのである[38]。美しいものは多ければ多いほど徳も多い。工芸における多と美と徳の正しい結合である。

三・三　廉と美と徳

物が低廉であることは、経済にとって極めて重要なことである。しかし、低廉であることと品において劣ることとは同列ではなく、それは高価であることを意味する。逆に高価で、質の高いものは、経済的品物としては社会性をもたない。それは、富裕層のものであり、貧しいものにとっては殆ど縁の薄いものである。しかも、高価なものが、必ず美にかかわるかというとそうではなく、「装飾の過剰に陥り易く」、「繊弱に流される[39]」という顕著な弱点を呈する。したがって、高価であることが、社会性を発揮するとは限らないのである。

柳は、ここで、「質素の徳」ということを強調する。次のように述べている。「経済的理念として廉価を道徳的理念に置換えるとするなら、これを「質素の徳」と考えることが出来よう。低廉なものは冗費を許さない。あらゆる無駄は切り棄てられねばならない。形色紋様など凡て単純化される。このことは品物を簡素の美に誘う。それは用の目的にも合致する。単純であってこそ使い易い。それは何も消極的な逃避ではなく、質素という積極的な徳性となって現れてくる。質素は謙虚の徳であるが、これは否定的な徳ではない。これこそ生活の常道、正道と呼ぶべきではないか。質素は美徳である。質素は節度に活きることである。奢侈にも吝嗇にもこのような節度はない。簡素は「中」の徳と呼んでもよい。これに優る美があろうか。その深さは中観、中嗇、中徳の教えにおいて早くから説かれた。美は質素なもの単純なものにおいて、その光をいや増すのである。私達はここで、低廉と美とが如何に一致し得るか、また低廉が如何に必然に美を招くかの秘儀を学ぶ。廉と美とが一致し難いように思うのは、人間の利欲や不明が、その可能を妨げているに過ぎない[40]」。

安くて、質のよいもの、美しいものを提供しうる社会こそ、経済的にも健全な社会である。社会に「質素の徳」が栄えることが、社会が謙虚になり、美徳や節度を生み出す基礎となる。廉と美がそのようにして一致を見るのである。

以上、「用と美」「多と美」そして「廉と美」についてそれぞれ見てきたように、柳思想に一貫しているのは、経済的理念と道徳的理念の一致ということである。両者が一致するところに美が必然の結果として現れるのである。美はまさしく道徳の美であると表現してよい。柳宗悦の発見したものとは、手仕事の世界における美を通して導き出した民衆の、日常のくらしの中の文化の問題であった。民衆が育んだ自然と歴史と生活の総和、そこに通底し、生きて活力のある動態的知の体系、それこそが柳の言う、日本文化の出発点であり基盤であった。手仕事の世界が柳にそれを提供したのである。

第四節　文化としての経済と柳の宗教哲学

柳の道徳論は広義の道徳論である。そこには、必ず宗教的観点が色濃く反映している。したがって、道徳についての言説は、宗教的意味をも含んだものと考えてよい。本章でふれた自然の問題、労働の問題、共同性の問題、さらには、用と美、多と美、廉と美、などの諸問題は、経済学の立場から考えても極めて重要な視点を提供していることは間違いない。主流とされている今日の経済学を市場論的経済学あるいは量（交換価値）を重視する経済価値論的経済学と呼ぶとすれば、柳のそれは、非市場論的経済学あるいは質（使用価値）を重視する文化価値論的経済学と呼べる。道徳価値論的経済学と呼んでもいいかもしれない。その対象は、文化としての経済である。経済学的にいえば、使用価値（効用）の世界が展開されているのである。それは狭義ではなく、あくまでも広義の使用価値の世界である。しかも、それは、道徳から宗教にまで及ぶ、極めて深い洞察力に富んでいる。柳の視点は、彼の宗教哲学的洞察によって基礎づけられている。例えば、「用美不二の原理」「物心一如」は、そのよき例である。

市場論的経済学は、物は物にしかすぎない、経済価値をもった、極めて即物的存在にしかすぎない。そこでは文化的・道徳的価値など考慮されることはほとんどないのである。

柳の物への視点では、まず物への直観ということが主張される。それは知から始まる行為ではなく、見ることから出発する。柳の思想は知から始まる体系ではなく、直観から始まる体系と言える。物への理解は、見ることに始まり、知はその後に続く。特に美への接近についてそうなのである。というのは、美とは一種の神秘の現象だからである。そこに物の本質があるともいえるからである。そうだとすれば、「本質的なものによく触れ得るのは直観であって理知ではない。[41]」したがって、「見ずして知る者は神秘を知らない[42]」。直感が優先することで物の本質に近づけるのである。また柳は、「見ること」と「知ること」とは、「もの」と「こと」との関係でもあると言う。「もの」は具体界に関わり、「見ること」の対象であり、一方「こと」は、「知ること」の対象であり、抽象的分野の問題である。

したがって、知から出発することは、見ることを拘束する。その拘束から解放されることが自由であり、「見ること」とは「もの自身をして自由に語らしめることである(43)」と言う。柳にとって、直観とは、禅宗でいう「一物不将来」（一物をも将《も》ち来さない状態）であり、物とは神秘を宿す生きた存在である。物が生命を写しているのである。柳は『蒐集物語』の中で、次のように語っている。美の浄土相は「本来人間が住むべき幸福な平和な場所なのである。私が物を求めたり集めたりするのは、この浄土相を自分でも見、人にも見て貰う幸福を得たいためである。物を持つのは仰ぐべき仏を迎えることで、日々の暮らしはその仏を讃美し景仰し供養し礼拝することなのである。こういう意味では、私の暮らしは日々仏を仰ぐ坊さんの暮らしに近く、念々称名する信徒の心にも通じるとも言える。私には物《ぶつ》と仏《ぶつ》、文字は変わるが、同じ意味合いがあるのである。その物が美しい限りは(44)」。「心は物の裏付けがあってますます確かな心となり、物も心の裏付けがあって、いよいよ物たるのであって、これを厳しく二つに分けて考えるのは自然だとはいえぬ。物の中にも心を見ないのは、物を見る眼の衰えを語るに過ぎない。唯物主義に陥ると、とかくそうなる。同じように心のみを認めて、物をさげすむのは心への見方の病に由ろう。私は寧ろ心の具象としての物を大切に見たい。物に心が現れぬようなら、弱い心、片よった心の所為に過ぎぬ。それ故「仏」というような心の言葉を、形のある「物」に即して見つめたい。物に仏の現れを見ないとか、仏に物の命《いのち》を見ないとか言うのはおかしい。美しいものは仏に活きていることの証拠ではないか。」物と仏とは重なり、物は仏の現れであり、仏に生きると語る。続けて次のように言う。「私の考えでは、美しい物とは、成仏した物という意味がある。成仏は救われたもの、目覚めたものを意味し、道元禅師の言葉を借りれば、美しいものは「仏が行ぜられた図」だと言ってよい(45)」。

物心一如の意味は、ほぼ以上の言説で理解できる。物に仏が宿る、物と仏とは同義であると柳は強く語る。物に仏性を見る、その見方は、唯物論的経済学のとうてい成せる業ではない。質において物を見る、そのパラダイムこそが重要であると言える。柳の思想をさらに深く探究するには、「不二」の宗教的・哲学的意味の検討が不可欠であるが、それについては、本書第四部第九章で論究する。

ここでは、経済学にとって重要な問題である、価格についての柳の見方に触れておきたい。柳の表現によれば、「正価」であるが、道徳的価格とでも呼べるものである。次のように言う。「物には正価があってよい。「正」とは「公」の意味である。「公」は正当にして公明な意味である。価格には公是がなければならない。これを守護するためには人間は利欲への制御が必要である。しかもこの場合、価格は単に金銭的な量のことであってはいけない。それはどこまでも質に対する公価でなければならない。質を等閑にすれば、単に一定の価格というに止まって、内容の下落を阻止することは出来ない。質が粗悪なれば、安くとも実は高いに外ならないであろう。公価は何よりも質を保持する公価でなければならない。これ以外に正価はない筈である。かかる至当なる廉価と真実なる美とを結合せしめる力となろう[46]」。

明らかに、市場論的経済学が説く価格論とは異なる。価格は質に対する、使用価値に対する評価であると言う。それがどのようにして決まるのか、その具体的な評価の方法については、触れてはいないが、明らかに物の価格に対する見方が異なっている。量的価値に対する評価ではないからである。先に見た柳の物への見方からすれば、物は、「物心一如」の存在である以上、物に対する評価は、量的価値に対するものではありえない。それは自然価値（自然からの贈り物）や美的価値への評価でもあり、労働の道徳への評価でもある。物への価値的評価は、結局は、物をどう見るかの見方に依存する。

柳宗悦の日本文化論に対する貢献は、手仕事の世界の発見である。しかも、それは、名のなき民衆が生んだ宗教的、道徳的世界であり、美の世界である。それは、また、日本の文化を支える確実で健全な世界である。手仕事の世界は、まさに文化としての経済そのものである。

柳宗悦が描いた、手仕事の世界は、残念ながら、今日の日本で大きく変質してしまった。日本の文明を支える力はほとんどなくなってしまった。そのため、日本の文明は、戦後の経済成長と共に、その実質は崩壊した。文明度がゼロに近づいた現代文明のもとで、日本文明の再生は日本の将来にかかわる重大な課題である。柳宗悦の日本文化の発見は、日本文明の再生にとって大きな力になるのは確実である。欧米にならって、社会を経済によって編成してきた近代日本は、本来の日本らしさを取り戻すべく、文化による社会編成という方向に舵を切らねばならない。経済価値あるいは貨幣の悪が横行する経済によって誘導される現代世界に、健全な文明の構築は不可能である。余りにも商業主義や個人主義に人間が毒されているからである。柳は、宗教的・道徳的人間の存在を日本文化（手仕事の世界）に見出すことによって、美の国への構想を語った。地方や地域の文化を無視した国際社会への対応ではなく、日本文明の基層をなした、日本文化のあるべき基盤を重視した社会作りとそれにもとづいた国際社会への貢献が柳思想の教えるところである。経済を文化の問題として論じた柳の思想は大きく注目されてよい。

最後に、グローバルな時代に日本文明あるいは日本文化を論じることの意味について触れておきたい。日本文化の特殊性または固有性を語り、そこに焦点を当てようとすると、どうしてもグローバリズムへのアンチテーゼとしての意味を帯びてしまう。特に、日本文明・文化の再生のシナリオは、グローバリズムの展開の中で、ナショナリズムという日本システムのイデオロギーとして理解されがちである。したがって、日本文明論・文化論の方法と課題が重要な意味をもつ。二つだけ指摘しておきたい。

第一は、いかなる社会が、あるいは国家のあり方が、日本だけでなく等しく世界にとって、健全な文明建設につながるのかの視点が不可欠である。社会の作られ方、国家のあり方が、グローバルな時代だからこそ問われている。一国主義に偏向することの弊害が問われている。それは、世界的に影響力を持つ国はもちろん世界を構成する国は全てそうである。模範となる社会づくり、国づくりこそ最大の国際貢献である。第二は、世界認識の方法として、日本文化論がどのような役割を果たしうるかが重要である。日本文化論だけで、世界認識の方法として十分でないことは確かである。多様な世界の文化の中で、日本文化をどのように位置づけるか、そしてその固有性と類似性などへの考慮が重要である。当然、文化相対主義の視点だけでなく、それをも超えた普遍性を追い求める姿勢が不可欠である。次の柳の言説は、日本文化論がナショナリズム的イデオロギーとは無縁であることを語っている。「吾々はもっと日本を見直さねばなりません。そうしてこのことはやがて吾々に正しい自信を呼び醒ませてくれるでしょう。ただ一つここで注意したいのは、吾々が固有のものを尊ぶということは、他の国のものを誇るとか侮るとかいう意味を伴ってはなりません。もし桜が梅を誇ったら愚かだと誰からもいわれるでしょう。国々はお互いに固有のものを尊び合わねばなりません。それに興味深いことには、真に国民的な郷土的な性質を持つものは、お互いに形こそ違え、その内側には一つに触れ合うもののあるのを感じます。この意味で真に民族的なものは、お互いに近い兄弟だともいえるでありましょう。世界は一つに結ばれているものだということを、かえって固有のものから学びます(47)」。

世界の人類が対立を克服して共存しうるためには、それぞれの社会が自らの固有の文化の上にしっかり立ち、他の優れたところを受け入れることに躊躇してはならない。固有の文化には全てに通底する普遍のものがあるはずだからである。物に仏性（神性・霊性・聖性）が核として宿り、そこに健全な心と美の器が実現すれば、それらがたとえ異文化による別物だとしても、そこには同質の人間性と精神性が存在しているはずである。和と共同の世界がそこに生まれる可能性は高いと思われる。

柳が描いた「美と道徳と経済の調和」の世界は、今日のグローバルな時代にこそ注目すべき日本文化論である。特に、経済にとって文化の問題とは何かを問うべき課題を背負っている経済学にとって、そうである。

（1）渡辺京二（二〇〇五）『逝きし世の面影』平凡社、一〇ページ
（2）内山節（二〇〇六）『「創造的である」ということ㊦　地域の作法から』農文協、一四～一六ページ
（3）柳宗悦全集（以下全集と略）第九巻「工藝文化」、三九三～三九四ページ、筑摩書房。柳全集は一九八〇～一九九二年に刊行された。なお、本章での柳全集からの引用についてお断りをしておきたい。旧仮名づかいや旧漢字は原文の意味を損なわない程度で現代のそれに直した。民藝は民芸にした
（4）全集第一四巻「【書評】大熊信行『社會思想家としてのラスキンとモリス』」、五二〇ページ。その書評は東京朝日新聞昭和二年五月

五日に「ラスキンとモリス」と題して発表された
(5) 同右、五一九ページ
(6) 柳は『工藝文化』の中でも、美と経済との問題について次のように述べている。「経済学者も進んで工芸の題材に触れてゆかねばならない。その時経済と美との問題について、本質的な原理を見出すであろう。経済的理念と美的理念とが一致する法則が、いつかは建てられねばならない。」（全集第九巻「工藝文化」、五二五ページ。）
(7) 全集第一一巻「手仕事の日本」、五ページ
(8) 同右、一一ページ
(9) 同右、一一～一二ページ
(10) 同右、一四～一五ページ
(11) 同右、三三ページ
(12) 同右、四六ページ
(13) 同右、四六ページ
(14) 全集第一〇巻「労働と美」、一四九ページ
(15) 同右、一四九ページ
(16) 同右、一四九～一五〇ページ
(17) 全集第九巻「工藝文化」、四一二ページ
(18) 同右、四一三ページ
(19) 同右、四一八～四二一ページ
(20) 全集第一〇巻「労働と美」、一五〇ページ
(21) 全集第九巻「工藝文化」、四四三ページ
(22) 全集第一〇巻「労働と美」、一五二ページ
(23) 全集第九巻「工藝文化」、四四四ページ
(24) 同右、四四四ページ
(25) 同右、四四四～四四五ページ
(26) 同右、四四六ページ
(27) 同右、四六五ページ
(28) 同右、四六五ページ
(29) 同右、四六五ページ

(30) 全集第一〇巻「日本の民藝」、二八〇ページ
(31) 全集第一〇巻「美と経済」、四九ページ
(32) 同右、五〇~五一ページ
(33) 同右、五二ページ
(34) 同右、五五ページ
(35) 同右、五六ページ
(36) 同右、五六~五七ページ
(37) 同右、五八~六〇ページ
(38) 同右、六一~六七ページ
(39) 同右、七〇~七一ページ
(40) 同右、七一ページ
(41) 全集第九巻「「見ること」と「知ること」」、二〇八ページ
(42) 同右、二〇九ページ
(43) 同右、二一四ページ
(44) 全集一六巻「蒐集物語」、六六二ページ
(45) 同右、六六二~六六三ページ
(46) 全集第九巻「貧と美」、七三ページ
(47) 全集第一一巻「手仕事の日本」、一七八~一七九ページ

第五章　柳宗悦の「用の世界」論——重層的価値世界の構造

第一節　「用の世界」論の射程

現代資本主義文明は、人間に対して無限の欲望の充足という商品・貨幣・資本の魔法を巧みに操作しながら、その極限値に向かって突き進んでいるように見える。人間はその中で多くの苦痛、喪失感、孤独感、空虚感に打ち萎れ、存在の安全な時間も空間も失っている。[1] 人間だけでなく、自然もそして政治、経済、文化、宗教など人間の営み全てが病んでいる。我々の社会はどこをとっても「無事」であると言えるところはほとんどない。その意味で、我々は「無事」とは言えない時代を迎えてしまったのである。現代ほど「無事」でいることの困難な時代はない。不安に思う気持ちが先に立って心は穏やかに保てず、ストレスによる精神的負担は大きく、未来に希望を見出せない社会である。現代文明が目指す持続的成長や満足なき欲望充足と病み疲れた人間とのギャップは途方もなく大きい。現代文明は絶えず新しい物と変化を追い求め、市場のマネーゲームに興じて来たし、そして無事でいることを何の進歩も発展もない、停滞した社会として否定し拒否してきたからである。しかしながら、権力的・暴力的経済のシステムを優先させた人間は地球自然の中で自然の摂理を大きく逸脱した異次元的存在と化している、その結果、我々人類はこのままでいいのだろうかという極めて素朴な疑問と、我々は無事であることと・無事でいることの大切さを感じ始めている。平凡で良い、無事でありたい、無事でいたいという想いは、社会全体の共通の想いとして我々一人ひとりの心の中に芽生え始めているように思われる。特に、二〇一一年三月一一日の東日本大震災と原発事故はその想いを深くし切実なものにしている。今、無事なる社会への道程に言及することはとても大切なことに思えるのである。

実は、柳宗悦の主著『工藝文化』は、この「無事」という二字に深い意味を込めて執筆されているのである。柳は、この本の序において『工藝文化』で明らかにしようとした真理は二字の禅語「無事」に帰すると記している。すなわち、「無事」は、「どんな時代が来ようと、どんな民族においてであろうとも、究竟な不変の理念たるに変りはない。それは禅意を述べた言葉であるが、美の場合だとて同じである。一見凡庸な理念と思われるかも知れないが、これより正常な確実な目標はない。もしここに文化の基礎を置くとするなら、歴史はいかに確実なものになることか。特に生活に即する工芸において、この理念こそは不動の標的である」[2]と。柳は、「無事」であることは、社会の「究竟の不変の理念」で「文化の基礎」であるとして、無事なる社会の真理を語ろうとしたのである。

それでは、不動の標的で歴史を確実にする、「無事」とはどのような状態でどのような精神世界なのか。「無事」とは、中村元『広説佛教語大辞典』によれば、⑴なすべきわずらいがない、⑵障りのないこと、ひっかかりのないこと、⑶仏道をきわめ尽してもはやなすべきことのないこと、⑷わざわいのないこと、とある。[3]心穏やか、何の障碍も計らいもない、自由無碍の精神状態そしてある種の宗教的悟りの境地とでも形容すべきものである。宗教哲学者、柳も、「執心から解放されて、自在心を得る」ことを「無事」と言い、「不二の境地」のことであるとしている。[4]柳の認識は、宗教的精神の極めて高い到達地点を標している。無我・無欲の境地そして分別の相対的世界から離れて無分別の絶対的世界に入る、そうした平常の心に戻ることが「無事」なる精神世界なのである。その本格的な展開は後に譲るとして、ここではもう少し平易な言葉で理解しておきたい。それは、「無事」とは「健康」と同義であるということである。健康というのは「天与の機能がつつがなく運用され、すべてに平衡が保たれる状態」で、「安泰」、「平穏」、「平静」の意味を含んでいる。[5]これが柳の「無事」と「健康」についての平易な理解の仕方であるが、ともかく、今日の病んだ社会の異常に眼を向けるとき、柳の無事論は私達に重要な示唆を与えている。私達の目標は健康で無事な社会だからである。

さて、柳のこうした宗教的知見に裏付けられて導出された「無事」なる世界は、健康な「用の世界」を対象とし分析することによって、その実相が明らかにされるのであるが、そのことは経済学が問題とする「物とは何か」ということとも深く関係する。「用の世界」は、残念なことに、経済学の世界では本格的な分析対象でなく、交換価値に関係する限りでの使用価値としてのみ問題にされた。すなわち、経済学の主要なターゲットは、商品、貨幣、そして資本として絶えず増殖・拡大する交換価値の実相にあり、使用価値の在り方には無関心である。市場の拡大による生産と消費の量的拡大、そしてイノベーションによる生産力の上昇が中心課題で、そのために必要なエネルギーや諸資源の確保が問題となる。そのなかでいかに競争に勝ち利益を獲得するかの方法を究明することが経済学の役割とされるのである。使用価値の在り方が無視される所以である。かつてスミスの「見えざる手」やマルクスの疎外・物象化・物神性論についての言説[6]は、市場の奥に潜む謎や商品に対する人間の側の問題を浮彫りにしたけれども、分業論や私的所有論、商品論や資本論の領域に留まったと言うべきであろう。経済学では、生産論は無限の発展史観として展開される蓄積論であり、消費論は量的拡大と顕示的消費に大きな意義を認める。消費は物を費やすこと、使い捨てることであり、いかに使用するか・用いるのかの在り方については問題にならない。生産・消費論において人間学的意味は問われない、そういう経済学が生み出した物認識は、物は物でしかなく、商品論的概念に等しいと言えるものである。物に物以上のモノとして意味づけをする視点は乏しい。物はあくまでも商品の世界に属する概念なのである。

美を語り、人の心の在り方を語る、柳の「用の世界」論は、経済学にとっては未知の世界である。その未知なる世界に経済学の道標の一つが示されている、それが柳の「用の世界」論である。柳の「用の世界」論は、三つの部分からなる。第一は、用の世界における使用価値の問題、つまり用の世界における実用性・生活性の問題である。第二は、用の世界における文化的価値の問題、つまり用の世界における社会性・民衆性の問題、そして第三は、用の世界における人道的価値の問題、つまり用の世界における人道性・宗教性の問題である[7]。本章は、柳の描く「用の世界」の全体像を、道徳性などの人間の精神的価値を重視する経済学の立場から出来るだけ忠実に再現することを課題にしている。以下、三つの問題群をそれぞれ節に分けて検討し、「用の世界」を使用価値、文化的価値、人道的価値からなる重層的価値世界と理解し、そしてそのことの意味を問いたいと思う。

第二節　使用価値論的次元における用の世界

二・一　使用価値と実用性・生活性

用の世界は、文字通り、生活に必要なものが生産され、それがすべての人に出来るだけ公平に分け与えられ、そして使用される、人間の経済の基本的な営みの全体である。生活は、生きる存在としての人間の経済活動の基本型である。それなくしては生きられない。そこには、人間、自然、そして生活に必要な物（モノ）―「物」にモノの意味を含めて使用している、以下同じ―がなければならない。自然なき人間存在がありえないのと同様、物と結びつかない人間はありえない。用の世界は、自然、人間、物の三位一体的関係によって規定されている。用の世界では、物だけを取り出して物だけの世界を描くことは、間違いでありまた不可能である。私達の生活を支える物はより良く使い用いることを前提に生産されるのであって、なによりも先に交換することを意図して生産されるものではない。もちろん、必要な物を手に入れるための交換ということはあるが、その場合でも「用いる」ことが先行する交換であり、物の生活性が基本である。人の意識・精神は、そうした生活の中に内在化しており、用の世界と直結している。物は精神（心）と結びついたモノである。

　柳が描こうとする「用の世界」での物は、まさにそうしたモノで、実用性・生活性を体現し、民衆の生活に役立つ品物の全体のことであり、具体的には工芸品または民芸品を指す。殊に、実用性を無視した、物の使用価値などというものは存在しない。使用価値とはその意味で実用（生活）価値のことで、実用価値があってはじめて物の価値が定まると言ってよい。経済価値とは先ず使用価値のことである。柳の「用の世界」論の特筆すべき特徴は、物は実用性をもたなければならないことに普遍を求め、そこで展開される人間のドラマを「美の浄土」として、また真・善・美の世界として描き出すところにある。

私達は、何よりも先ず柳の「用の世界」論を、最初の重要概念である物の実用性の意味を問うところから始める。柳は次のように述べている。

「元来「用いる」という言葉は、「持つ」より由来するのであって、形あるものを手に持つ意味である。それ故「用」は「はたらき」である。作用、効用、妙用など、様々に綴られてくる。だからある品が実用になるということは、それが「機能」を有つという意味である。機能を有つ造形品を工芸品だと定義してよい。易しく言えば「働きのある品」、「役立つ品」と説いてもよい。約言すれば、生活に役立たせるために、人間が作った品物、これが工芸品である(8)」。

「私達が何故民芸の世界を重要視するか。そこには二つの根拠があるのです。一つは生活に深く交る工芸品だからです。従って実用品中の実用品を指すからです。生活から遊離した趣味品ではないからです。第二にはそれが健康であり単純であるからです。これ等の性質を欠けば民芸品の性格を失うのです。虚弱なものや粉飾に過ぎたものは、民芸品となることが出来ないのです。美の保障は生活に即した実用性から必然に呼ばれてくるのです(9)」。

民衆の生活に深く定着して機能性に優れ役立つ品物ということが、工芸品の実用性についての第一の定義であり、それに健康であり単純であるという性質が加えられている。「虚弱なもの」・「粉飾に過ぎたもの」との対辞で指摘される「健康で単純なもの」という性格には、もっと深い意味が込められているが、それは後述するとして、ともかく生活に役立ち生活に深く交わるという生活性を持つことと同時に、利に走らず個人的な装飾的計らいを持たないことというのが、柳の実用性についての第一の基本的な認識である。

柳のこうした実用性重視の視点は、民衆の生活・くらしの在り方に対して真剣な眼差しを投げ続けた柳の思想の基本的な性格を表しているだけでなく、同時に、実用性から遠い、貴族的工芸、個人的工芸、機械的工芸に対する厳しい批判に繋がる。貴族的工芸は、権力者や富貴者のための鑑賞用であり、贅と装飾を尽し富と権力のシンボル的存在である、そのため民衆の生活とはほとんど関係なく実用の世界からはるかに遠い工芸である。個人的工芸は、個人的作者が美の表現のために自由な発想のもとに個性を発揮して制作するもので、美術工芸の典型であり、制作されたものは美術品となる。実用品ではない。生活と直接結びつかない。こうした美術的性格の強い工芸は美術の世界での社会的役割をもち、否定の対象ではもちろんないが、それは民衆のための実用性からはほど遠く、それとの対比で民芸品の社会的性格を明確にしてくれる工芸でもある。それはまた機械的工芸についても同様である。今日では機械的工芸に対する評価の仕方が数段重要である。言うまでもなく、市場に氾濫しているのは機械製品であるからである。柳は次のように述べている。「近次、生活工芸が醜くなってきたのは、とかく「用」が二次的となって「利」が主眼になるからです。特に機械製品に粗悪なものが多いのは、「利」を忘れない商業主義の罪なのです。機械そのものの罪に帰すよりも、人間の貪欲な心が物をかくまでに醜くさせてしまったのです。今の工場製品は用に堪えないものが多いのです。ですが機械といえどもこれを正当に働かせたら、今よりずっと優れたものを生み得るでしょう(10)」。柳は、機械工芸へのある種の希望は捨ててはいない(第四章参照)が、柳の大きな懸念は機械工芸に関わる「人間の貪欲な心」にある。「利」に走らず「用」に焦点を合わせた機械工芸が実現すれば、手仕事との共存共立が可能であるかもしれないが、やはり問題は機械生産における精神の在り方、その目的に関わっている。市場競争に翻弄される機械生産にとって、「用」に役立つ生産を優先させるのには大きな壁がある。機械生産と「利」との関係は機械が登場する初めから宿命的とも言えるような密接なものがある。機械工芸品と「用」の世界の民芸品とのギャップは大きい。しかも今日では、生産の場面において、IC化、ロボット化が進み、3Dプリンター、そして急速なAI化が進行としている、これはまさに機械工芸から電子工芸への移行である。物はさらに人の手の触れえないところで存在感を強めている。

柳のこの段階での「用の世界」論は、貴族的工芸、個人的工芸、機械的工芸との比較とそれへの批判を展開することによって、物の実用性・生活性に心の問題、精神の在り方の問題が深く関わることを強調する。「用の世界」

は、物の世界だけでなく、心との融合を意味する「物心一如の世界」であるという認識である。柳は次のように述べている。

「実用とは実際的な用であるため、とかく物質的な用とのみ思われ易い。特に肉体の働きを助ける物、着たり、食べたり、住んだりするのを助けるのであるから、用を物質的な意味にのみ受取り易い。実際工芸が美術に対して軽く見られていた大きな原因も、工芸が物質的な一面に深く関係しているからである。これに対し美術は純精神的なものとされるから、その位置が高く評価された。かくして実用ということは格が一段下ったものとときめられている。それは唯物論が唯心論よりも、下凡の哲学だという考えにも現れている。だが実用ということを物質的に解するのは果して妥当だろうか。一面的な見方に過ぎなくはないか。唯物といっても、観念に結ばれずして唯物という考えを述べることは出来ない。純粋な唯物というようなことは人間の生活面にあり得るであろうか。唯物論といえども一つの哲学なのである。哲学なら一種の精神的思想である。唯物論自体は決して唯物的なものではない。

実用ということを物質的意味に受取るのは、人間の暮しを余り狭隘なものに解し過ぎる。吾々の生活は肉体だけの生活ではない。精神を切り離した肉体というが如きものは何処にも存在しない。生活は体の暮しであり兼てまた心の暮しである。生活は物質的なものと心理的なものとの結合である。否、元来一体をなしているものを、便宜上物心の二つに分けて考えるに過ぎない」[11]。

物の実用の世界は、人の心と結びついた物の世界である。「用の世界」では、「用いる人、用いられる物、それ等を結ぶ機能、それぞれに物心の二面が働いている」[12]のであって、人の心が関わらない物の実用性・生活性は意味のない、物だけの冷たい世界である。柳は、用には、「物への用」と「心の用」があり[13]、その二つが調和するとき、「用は完き用に入る」[14]と言う。柳は、常に物と心の融合した世界を描こうとしており、物と心の対立的な二元の世界のことではない。物心一如の世界が柳の求める「用の世界」なのである。物と心が解けてバラバラになると、物の実用の世界は崩壊する。柳は、そうした事態を次のように述べている。

「一つは心理的作用を軽んずる場合である。それは形を乱し色を濁し紋様を失うであろう。味を何もないものに陥ってしまう。こうなるとものは粗末に作られてくる。だがこのことがやがて機能を弱め、物理的働きをも低下させてくる……。ただ功利的なものは、かえって貧しい功利に終るであろう。

第二はこれとは逆に物的用途を二次にして、心的なもののみをひたすら追う場合である。だがこれは工芸本来の意義に悖る。実用への否定を意味して来るからである。このようなものの通弊は装飾に過ぎて、ものを使えないまでにしてしまう。見るための品を作る人々にはこの弊害が極めて多い。そうしてこのような作品は結局最も美しい品物とは成り難いであろう。仮に見るためにはよくとも使うためには悪いという矛盾に逢着する。それを健全な工芸と呼ぶわけにはゆかない。健全でなければ、どうして美しい工芸に成り得るであろう。

仮に形が必要を越えて複雑になったり、模様が度を過ごして煩わしくなったとするなら、用を忽ち乱すであろう。心理的要求が物理的要求を掣肘するなら、また逆に物理的要求が心理的要求を無視するなら、もはや正しい品物はあり得ない。物心の釣合が破れれば実用の域を脱してしまう。このことは機能への破壊である」[15]。

物と心の調和的関係が崩れると、物に傾くか、心に傾くか、ともかく二元の対立世界に戻ってしまう。柳の言う、健全な二元の世界は、一如の世界あるいは後述する、不二の世界におけるものであって、二元の対立世界ではない。それが調和的であるのは相互に支え合う扶助の関係にあるからであり、柳の視点もまたそこにあると言える[16]。

物の用と心の用を統一的に認識する、柳の実用価値の世界は深みや味わいのある豊かさを持つものとして描かれる。例えば、食生活において、「人間は味いを求め、香りを愛し、色を選び、舌触りをさえ考えている。それは心的な快感を伴うからであ」り、またそうでなければ「食欲が減る」[17]からである。食べ物へ向ける心の働きは、食生活の豊かさを決定的に規定するのであって、文化的な豊かさにも連なる重要なファクターでもある。こうした物への心の作用は、生活品全般に及ぶ。すなわち、味覚、嗅覚、触覚、視覚、聴覚などの感覚や感性、そして直観など我々が生来持ち合わせている、心と直結した感受性の問題は物の実用性に直接関わっている。感受性は「天与の機能」で物事の様々な現象をありのままに受け入れようとする精神の働きである。

柳は、触覚について具体的な例で語っている。用いるということは、触れることを意味すると言う。「聞くとか、置くとか、支えるとか、握るとか、持つとか、触覚によることが多い。この場合触覚は主として五つの性質に向って働いていく。堅いか軟いか、重いか軽いか、温いか冷いか、滑かか荒いか、丸味があるか角張っているか、品物の性質によってこれらの触覚の何れかが相応しい」。触覚はまた材料の選択にも影響する。箱には軽いので桐がよいが、机には不向きである、また、夏に着る麻は冷たく涼しく感じる、寒い冬には着ない。こうした触覚による心地よさや快適さは、物の実用性に深く作用している[18]。触心一如である。

また、柳は、「眼にみつつ用いる」と言い、視覚についてもその重要性を指摘している。視覚に関係するのは、形、色、模様で、光沢は色の中に含まれる。形は大小、厚薄、高低などの問題、色は色調や濃淡、明暗などの問題、そして模様は粗密や多寡などの問題である。ここでも用の機能を第一条件として視覚の美が求められる。形は用に堪える構造を持っているかが重要で、色は素材の質に依存し、そして模様や紋様は作る工程が深く作用する。例えば、椅子の形の美しさは腰かけるという用途に適した構造から必然に生まれる美であり、漆器の色の素晴らしさは漆の良し悪しによるし、また絨毯の模様の見事さは織るという手法が大切である。もちろんそれぞれに素材の質の良さが前提である。つまり物の実用に素材や制作の手法が自然な形で調和すれば、自ずとそこには物の豊かな実用価値・生活価値が生まれるのである[19]。眼心一如による用の世界である。

柳は、物に偏ることの弊害、心にのみ偏ることの誤りに強く注意を喚起し、「用の世界」を物心一如の調和的関係の世界として描き出した。いわゆる「用の美」は用の世界に自然な形で用の中の美として生まれたものである。今日の生活用品を見ると、眼につき易いもの、虚飾的なもの、便利さに走るもの、いわゆる「かわいい」もの、素材として不適切と思われるものが氾濫し、用に遠いもの、心に響かないものが多い。柳の描く「用の世界」からすれば、それらは使用価値・生活価値として欠陥を持ち、経済価値としても成り立たない。

用の世界が豊かな実用価値をもつ、物心一如の美の世界として成り立ち得るためには、生産の問題を検討しなければならない。用の世界における生産の在り方の問題である。

二・二　使用価値の生産

社会と経済において、物の生産は用に沿って行わなければならない。生活の用に応えて物が生産されてこそ、経済の「用いるという営み」と「作るという営み」の健全な循環が生まれる。生産の場では用の求めに如何に応えるか、様々な工夫がなされる。用の世界に生産の心が温かく通うのである。

まず、生産する側は、「実用の機能」に十二分に応えるのに必要な条件を整えなければならない。第一は、用に堪えられるように丈夫に作ること、すぐに壊れる、変形する、破ける、裂ける、外れる、褪せる、縮むなどは用として意味がない。第二は、使い易いように、取扱い易いように作ること、丈夫でも使い易くなければ用として重大な欠陥になる。重過ぎない、硬過ぎない、持ち易いなど使う時工合のいいものでないと不便なものとなる。そして第三は、それらに加えて「使いたい気持ち」にさせるものを作ることである。前述した、物の形、色、模様などはこの条件に応える性質のものである。「日々一緒に暮らしていて気持ちのよいもの、満足や情愛を誘うもの、このようになってこそ用は始めて充分な働きに入る[20]」のである。丈夫で用に堪えるもの、使い勝手の良いもの、そして心に通う形状に優れ美感を誘うもの、これら三つの条件を満たす物を作ることが「用の世界」の生産を健康にする最低条件である。

しかしながら、これら三つの条件を誠意をもって満たすためには、作ることに携わる人達の精神の問題、すなわち物に奉仕する心や物に寄せる温かい心、労働の道徳と柳が言う仕事に奉仕する精神の在り方の問題にまで分け入らなければならない。それが、実用性に続けて言及される、反復性、低廉性、公有性、法式性、模様性、そして労働の道徳に関連すると思われる、非個人性、間接性、不自由性についての柳の言説である。

第一は、反復性の問題である。反復性とは言うまでもなく繰り返し生産し、多くの物を作るという意味である。生活には夥しい数の品物が必要で複数の「多」の世界が用の世界であって、美術の世界が単数であるのとは違う。繰り返し「同じものが沢山できること」が生活の用に応えることであり、これを柳は「反復性」と呼ぶのである[21]。多量を生む、反復性は自ずと技能的工夫や熟練を与える。染付における手描や筒描から型紙への変化、焼物での轆轤、織物での手機や機などは技能的工夫の例である。そして瀬戸や品野の石皿や行燈皿の絵付の多量性は「非常な速さで数多く繰り返された」結果であり、「職人達に充分な熟達を与え」「筆に十二分の自由を贈った」。こうした例にみられる、「驚くべき速さ」「淀みなき手さばき、描くことを忘れつつも描き得た程の筆の確かさ」は、反復性による「労働の賜物」である[22]。用に応えることを第一義とする反復性は、丈夫で使い易さの社会的貢献度を高め、そして美に繋がり、用の世界の理念たる「用と量と美の結合」を生む。ここで展開される量的生産は、地域風土の素材的制約を持ち、生産を担う人たちの仕事のうえでの道徳が重要で、市場の論理に支配された機械による大量生産とは異なる。機械による大量生産は「規模の経済」の論理が働いて異次元的であるばかりでなく、用に通う道徳がない。

第二は、低廉性で価格問題である。用の世界はこの問題を抜きにしては実現しない。生活用品を出来る限り安く供給することは、用の世界の不可欠なあるべき条件の一つである。用いる人達は買い易いだけでなく、使い易く安心である[23]。そして富裕でない民衆には負担にならない範囲において価格が制限されなければならないからである。廉価であることは、先の反復性の成果でもある。用の世界では反復性と廉価性とは深く結びついている。柳は次のように言う。「幸にも「多量」に交る工芸は、「廉価」を可能にさせる。材料の融通や、反復から来る熟達や、労力の組織化や、設備の合理化や、様々な力が結び合って、生産費を下げることが出来る。多量に作らずば低廉は困難である。工芸においては「多」と「廉」とは幸にも相結ぶ[24]」。つまり用の世界の「多」と「廉」の結合である。
言うまでもないが、柳の言う廉価性は、廉価は粗悪であるという市場の評価とは違う。用の世界の低廉性は質素または簡素であることと結びついているところに特徴がある。用に仕えるには物は虚飾と計らいを排し、平易で、尋常で、普通でなければならない。そうであればこそ、物は健康で低廉となる。物は低廉で、質素・簡素で、健康で、そして生活に美徳（質素・簡素の美）を誘い、その実用価値は高まるのである。[25]
ところで、問題はここで言及される価格とは何かということである。柳に明確な定義があるわけではないが、それは市場経済学が想定する、労働の価値とか、希少性に基づいて評価される主観的価値とは異なる。交換を前提にしていないので、その実体を交換価値と定義することは出来ない。やはりその実態（実用性・生活性）を重視すれば、実用に役立つ価値、つまり使用価値と言う以外にない。その意味で価格とは使用価値が価格化したものである。実用価値が高いから価格も高いというわけではない。その不思議さが用の世界の価格である。価格というのは、一方通行のものではなく、「用いる人達」と「作る人達」との相互作用の結果生まれるものである。ここでは「用いること」と「作ること」が健康な二元の世界の下にあるということが重要である。双方が相互に扶助し合うという信頼の関係にあることで生まれる価格である。用と生産が響き合って成り立つ価格である。物は売買の対象であり、価格という貨幣の量的評価を伴う行為に晒される、商品的要素を含むので、現実には不純な計算や恣意的計らいを誘う罠とか落し穴が避けられないが、そういう二元の世界を克服することで成り立つとされる、物心一如の用の世界では、価格は「双方の無欲と感謝の接触点できまる」[26]のである。売る側は売れることが有難く、買う側は安価で買えることが嬉しく有難い。用の世界はいわゆる経済の競走原理が優先する場ではないので、経済学が想定する経済価値という概念装置は通用しない。「用いる人達」と「作る人達」を繋げる役割の商人が介在しても事情は基本的に同じである。
第三は、公有性である。生産が用に応えるとすれば自ずと「公」の意味を持つ。[27]物は実用性をもち、「多」と「廉」が結べば、必然的に「公」の世界に入る。必要性が高く、用いられる頻度の多い品物は「公有性」も高い。品物は「客観的な態様」で公的に認められなければならない。公的認知を受けることによって「公有性」を持つことを、柳は、美を深めるという意味も込めて「工芸化」という表現さえ使う。「公有性」は客観性を含意しそして普遍性に繋がるという意味で、柳が「公有性」に「工芸化」という表現を重ねたのは、用の世界・民芸の世界はまさに社会を普遍の世界に導く役割を持つものとして位置づけたい考えがあったからと思われる。柳がここで感得される美を客観性の美あるいは普遍性の美と表現している[28]のも不思議ではない。

第四は、法式性である。公有性であることはすでに法式性の世界に重なっている。社会はいかなる社会であろうと、正しい秩序が必要である。秩序なき社会は病気である。工芸の世界とて例外ではない。法式性とは秩序性のことである。「公有性や複数性に立つ工芸の世界は秩序の基礎を必要とする。このような秩序はすべての面に働きかける。材料の吟味、工程の順序、技術の訓練、労働の組織、すべて一定の法を踏まずば、徒労に終ることが多いであろう。ここで秩序は言うまでもなく法則を意味する。律であり、また型である。このような様式はすべての無駄を省いた本質的なものの姿なのである」[29]。法式性あるいは秩序性は、やはり個人的恣意性を持たず規範に従順であることで、乱れがなく無駄がない。仕事が着実である。そこには遵守すべき型があるのである。工芸の場合、その基礎に型がある。「能楽は型の芸道」、「歌舞伎は型の演芸」、そして「茶道も型の芸能」で、また「棋道にも定石という型」がある。このように型が基礎にあって芸の道が深まるのと同じように、工芸にも型がある、その「型に則って仕事は初めて本道に出るのである」。「型は従順な奉仕を求め」、その従順さが「仕事を自由にする」[30]ことになる。そこには「法の美」が生まれる。柳の念頭にある例は大津絵である。その美しさは「仕事が型に納まったからである」と「型の美」を讃え、「後期の大津絵が見るに堪えないのは、型がくずれたからである」と型の喪失の過ちを指摘している。柳が型に関連して注視しているのは、伝統の問題である。言うまでもなく、型は伝統という長い歴史のなかの多くの人々の経験と知恵による所産であり、その意味で伝統は型にとって強力な後ろ盾であり、法式性・秩序性を守るための砦である[31]。伝統についてはまた別な形で後述する。

第五は、模様性である。実用の世界に模様性は欠かせない。人は本来形、色、素材など様々な形状の物に強い関心を示してきた。縄文の人達は、すでに土器などの生活器具に見事な模様を描き出し、現代の私達にも時代を超えて心に通うものがある。模様は、例えば具体的な花や動物や形の変形とか抽象であり、デフォルメの結果である。柳は次のように述べている。「模様はいわば絵が式型に納まった絵である。絵を煮つめて行けば模様に帰る。模様とならずば工芸の性質に合わない。なぜなら模様に入って公の式に入るからである。模様はいわば絵の公式化である。あるいは絵を要素化したものと見做していい。それは絵を一定の秩序に入れたものとも言える。だから模様の性質は均斉を帯びる。均斉こそは秩序の姿だからである。あらゆるものが要約され整頓される時、均斉の美に帰ってくる。模様は均斉の美である」[32]。模様は絵ではない、絵が「公式化」・「要素化」したもの、あるいは「一定の秩序・型に沿って形状化」したものである。したがってそこには自ずと重さ、大きさ、形、色、そして模様など形状をあらわすあらゆる要素が、個々バラバラに自己を主張するのではなくそれぞれ分を弁えて均整のとれた全体を作り出すのである。「一個の卓、一個の碗、一個の箱、その形自身が自ら均斉の構造を招いてくる。ここで形もまた模様の一部だと知れる。すべては角や円や線から組み立てられた一種の模様と見做していい。いつも一定の形を求め、気儘な不規則を許さない。用途や材料や工程は、形やその構造を落ちつく所まで落ちつかせてしまう。それを形の模様化と呼んでいい。あるいは結晶化された形と見てもいい。用途を有つあらゆる工芸品は、自ら均斉を保つ一定の形に入るのである」[33]。模様だけが一人歩きするのではない、柳の言う、均斉というのは、これまで述べてきた反復性、低廉性、公有性、法式性という衣を纏った工芸の品物は、模様性という衣を獲得することで用の世界の使用価値・実用価値として一定の完結体になるということである。その意味で、模様性は使用価値生産において用の世界を完成に導くために最後の重要な役割を担う、つまり出来上がった物が全体として均衡がとれ、健康なものに仕上がったのかを判断する役割を担うのである。模様性は反復性、低廉性、公有性、法式性を自らも含めて一つの全体にまとめるという性質を持つのである。したがって、用の美は均整の美であり、それが健康の美となる。

ところで、用の世界は、本章の趣旨からすれば三つの層に分けられる。すなわち、使用価値論的次元の層（表層）、文化論的次元の層（中層）、人道論・宗教論的次元の層（深層）である。それらをもし円で図示すれば、外側から表層、中層、深層となる。そして表層は二層からなる、外側の第一層と内側の第二層である。

この第一節でのこれまでの議論は、表層の第一層の域に留まる。使用価値論次元の用の世界は、さらに第二層に議論を進めなくてはならない。労働の道徳あるいは仕事の道徳という問題である。物心一如の用の世界において、生産者は労働においていかなる道徳的観念を持たなければならないかという問題である。それは仕事上の立場、方法、目的に深く関わる精神の働きであって、非個人性、間接性、不自由性がそれに当たる。用の世界はこうした新しい道徳的衣を纏うことで健全な使用価値の世界として強化される。

第一は、非個人性である。工芸の道には個人主義は似合わない。工人達はまさに名もなき貧しい一介の工人に過ぎず「黙々として同じ仕事を何年も繰り返す」単調な生業のもとにある。また学業上の教養や知識とて少なく自己主張をするような人達でもない。美とは何かを考える美術家でもなく、意識的に工芸の道を歩いているわけでもない。彼等は常に「無意識の道」あるいは「無心の道」のうえを歩む人達である。彼等の社会的評価は低いが、しかし安全な仕事をする。それは彼等が「謙遜で」「純朴で」「伝統に従順である」からであり、「汗で仕事をすることが出来る」、「体全体で取り組む仕事が出来る」、「経験で迷いのない仕事が出来る」、「真面目」な仕事をするからである。さらには「正直の道徳」や「信仰の力」が加わり、彼等の仕事上の立場や方法を守っているのである。彼等の仕事に、「独創」とか、「芸術的感興」とか、「頭で計る」とか、「理知」的であるとか、「趣味」とか、「技巧」とか、「批判の力」とか、「美術家になる力」は必要ない[34]。美術家とは違う工人達の労働の道徳は、個性を表現することから遠く離れた、こうした非個人的な精神の働きのうえに成り立っていることが分かる。柳は、工芸の道を美術の道と比較して次のように述べている。「美術は個人の道を進むが、工芸は非個人的な道を進む。なぜなら個性の創作は工人達の背負い得るものではないからである。彼等のすべてにどうして独自の天才を望み得よう。だが美への道は個性の道ばかりではない。幸いにも個人を離れることによって、美がいよいよ深まる道が用意される。この道があればこそ多くの工人達にすぐれた仕事が出来るのである。個性を言い張らねばならないなら、工人達に何の誇るべき持ち合わせがあろう。非個人的な美こそ彼等はこの世に届け得る贈物である」[35]。工人達の仕事には公や共に導く「労働の道徳」が潜んでいて物に非個人的性格が刻印される。工芸の用の世界に「無心の道」が生まれる。「無心の道」は非個人性の道でもある。

柳は、非個人的であることは間接的であると言っている。つまり労働における個性の間接化は第二の「労働の間接性」と言えるのである。柳の「間接性」についての言説は次のような広がりをもって展開されている。すなわち、人が間接になるあるいは間接にされるということは、常に人が何事においても中心でなければならないという精神の働きを否定することであり、ここでは工芸における自然の働きを重視することを意味している。柳は次のように言う。「工芸の美が人間に禍いされず、自然の守護を受けるのである。人間にはとかく誤謬があるが、自然にはそれがない。仮にあったとしても罪からは遠い。人間が間接にされる道は、どんなに美を素直にさせ、穏かにさせるであろう」[36]。陶磁器の出来具合には自然素材の性質や温度の高さや色の出方や模様など自然の働きが大きく作用する場合が多く、自然の力を如何に味方にするかが重要である。自然に対して従順になること、謙虚になることが要求されるのである。柳は、出来上がった物（古画や陶磁器など）が時間の経過とともに風合いの変化を見せ、それがまた美になるという、自然の働きによる間接性の効果をも指摘している。労働における間接性とは、人間の自然に対する信頼であり天与の贈物への感謝である。用の世界は、自然の価値化が含まれる。

労働における非個人性、間接性は、必然的に第三の不自由性に繋がる。他者への依存と個性の否定は、ある種の自由の否定でもある。しかし、それは工芸の世界で長い時間を懸けて育てられて来た保守すべき健全なルールであり、労働の道徳の基礎と言うべきものである。その意味で、それは政治的・思想的な次元のものとは違う。工芸の用の世界では、まず「用途に拘束され、材料に束縛され、工程に制約される」のである。この不自由性が工芸を工芸たらしめるのである[37]。美術絵画は自由な描写で個性を前面に出そうとするけれども、工芸では、例えば、織物の場合、曲線を表すのに直線を使わざるを得ない、これは制約のある限界のなかでの仕事であり、不自由性が伴っている。この不自由性に身を任せることこそ工芸に必要な「労働の道徳」である。柳は、絣の「回りくどい手法」とそこから生まれる、模様の「ずれ」は絣の絣らしさであり、絣らしい美であると言う。「模様になる所だけよく数えて糸を括り、それを藍甕につけ、括った糸をほぐし、それから機にかける。織ってもなかなか正しくは模様が合わない。それに糸染も正確にはいかない。こんなことから模様にはどうしても「ずれ」が出てくる」。こうした制作工程における不自由さが「ずれ」の原因でありそれがまた美を生む要素となる。不自由さは「しくじり」であるがそれは工程における必然の「しくじり」で「人間の仕業」ではない、「自然の仕業」ということになる。柳は、「絣は人間の業としては不自由な道であろうとも、自然に支配される仕事になるから、必然さが出」て「美しい」と言うのである。また、柳は、朝鮮の刷毛目茶碗の美しさはその刷毛目の不自由さによるものとしている[38]。こうした例にみられる労働の不自由性は、人間の誠実さや真面目さの現れであり、用の世界への忠実で健康な精神の働きの反映である。

柳は、用の世界を「物心一如の世界」として認識した。この節では、物とは何か、物に寄せる人間の心の働き、用いる側と作る側との心の交流、そして人と物と自然とが織りなして展開される用の美の世界、その中で果たされる「労働の道徳」の意味を検討した。それらは柳の「用の世界」論の表層にあたる第一ラウンドに過ぎない。ここではすでに人は道徳的衣をいくらか着けてはいるが、さらに「文化」という衣を纏わなければならない。それと同時に、物も「実用価値・生活価値」に加えて、「文化的価値」を持つのである。それは「用の世界」の中層にあたる文化論的次元における問題である。

第三節　文化論的次元における用の世界

使用価値を使用価値たらしめる用の世界は、物と人が織りなす文化の基礎を提供する場である。生活を律する精神的価値の創造は、用の世界に発し、そこに定着して発展するものであるからである。したがってここで言う文化とは、生活の基礎たる文化のことであり、用の文化のことである。柳の文化論は、世界の平和をも見据えた射程の広いものであるが、まずそれは用に即して、物に即して語られる文化でなくてはならない。用に、物に健全な文化があって初めて、社会の平和も世界の平和も保証されるからである。

さて、柳は、『物と文化』という論文のなかで、具体的な形で日本の独自的な存在を示すのは、「日本の土地からまた日本の性格から生まれてくる品物」以外になく、そこに「偽りなき日本の姿」があり、「物に即した日本精神の運動」があると述べている。[39] そして次のように言う。「物とは何か。ここで物というのは単なる材料とか、物資とか、または経済的な意味での物品とかいうことではないのです。国民が生活の為に産み出す作品を指すのです。これ等のものが国家にとって重要な意味を齎す所以は、それ等のものが一番如実に国民生活の表現となるからです。それは有形化された日本の心なのです。ですから日常の器物は一国の国民的文化度を標示する最も明確な目印でさえあるのです」[40]。柳の物論は生活と物と文化の結合の在り方についての言説であり、物は文化としてのモノということになる。つまり物はたんなる物ではなく、文化的価値を持ったものである。物が文化的価値を持つかどうかは、柳の言説に従うなら、「国民の健全な暮し」を支える物であるか、そしてそれが用の世界の健全性を支えているかに懸かっている。

私達は物の文化的価値の健全性あるいは健康性をどこで判断すれば良いのであろうか。それは地方の文化が健康な姿にあるかどうか、つまり文化における地方性の在り方に規定される。柳は、国民文化の真に健全な価値は地方文化の健全性に依存しているという「真理」を語ろうとし、文化の地方性に眼を向けるのである。

三・一 用の世界と文化の地方性

柳は、『工藝文化』を上梓した一九四一（昭和一六）年の前年、『地方性の文化的価値』という論文を発表している。その論文の課題は、「地方性の文化価値に対する認識」の方法を確定することであり、「言語といわず、その生活や風俗や道徳やあるいは技芸に、地方的なるがゆえに生ずる大きな価値があることを主張する」ことにあった。[41] 柳はすでに沖縄の言語問題で「沖縄語の価値を尊敬せよ」として、沖縄の地方文化の重要性を主張したことは、よく知られている事実であるし、また『手仕事の日本』では、日本文化の固有な性質は地方に遍在する多様な文化を基礎にして成り立つものであることを確信している。日本の津々浦々への民芸紀行の目的は、地方に残る地域特有の文化を発掘し、それが日本文化の独自性に繋がっていることの発見にあった。各地方の民芸に触れ「正しく健康な姿」を確認しようとした、柳の努力は民芸館の設立や各地での民芸運動の普及と民芸展開催など多くの成果をあげ十分に酬われた。そしてもう一つ重要なのは、地方の文化的価値の重要性を確認する作業は、地方の文化が病的な都市の文化を救ってくれるという柳の信念に結びついていることである。こうした柳の地方文化への切なる接近は、民芸運動の展開と共に深まっていったのである。

『民藝と国民性』という論文のなかで、柳は次のように述べている。「民芸はその性質として地方性に活きる。その背後にはいつも地理があり、風習があり、材料がある。南北は決して一様のものではあり得ない。民芸に見られる豊富な変化は異った自然や歴史の賜物である。地方を映すものは何よりもその土地の民芸である。民芸はそれぞれに故郷を誇らしげに語ってくれる。ちょうど世界の間にあって国産が一つの意味を担うように、一国にあってはその地方の産物が特別な使命を背負っている。民芸こそは国産の単位である」(42)。文化における地方性は文化の国民性を構成する細胞の一つひとつに相当するわけで、その細胞たる地方文化が健康でなければ、国民文化はおのずと病に倒れること必定である。

地方文化の健康性とは何か。それは言うまでもなく、用の世界をベースにして地域の自然風土と歴史・伝統に裏付けられることが必要である(43)。その二つのことが用の世界における物の文化的価値を決めるのである。

第一は、地方性の文化的価値は自然の贈物であるということである。ここでは二つの問題が重要である。気候風土と資材（資源）の賦存状況の問題である。

日本は、四季折々の恵みを与えてくれる豊かな気候風土を持ち、生活文化はそのことに深く影響を受けている。南北に長い日本列島は、北海道は亜寒帯、本州・四国・九州は温帯、沖縄は亜熱帯に属し、それぞれの気候風土に合った暮しの様式が形作られている。南では温暖だが雨が多い、北では冬寒く雪に閉ざされて暮す生活を余儀なくされる。しかも地震や台風や梅雨時期の大雨洪水や火山噴火など自然災害の多いのが日本の自然風土の特質である。豊かであると同時に災害を免れない風土・国土を持つのが日本である。したがって私達はそれぞれ地域の風土的特性に合う生活スタイルを持つのである。例えば、寒暖は服の違いに現れるし、家の作り方にも影響する。地震や台風はそれに堪えるような家屋の構造を要求するし、地域の対応は多様である。また、同じ地域でも、山が多い、平野に恵まれているなど地形の違いによって気候は微妙な変化をもたらし、一様でない場合が多いのである。そうした地域内での気候風土の違いは、畑には良いが水が少ないので田に適しないということもあるし、栽培に適する野菜類にも影響する。そのことは直ちに生活の内容を決定する重要な要素と言わねばならない。自然風土に影響されない生活（文化）を想定することなど不可能である。用の世界は地域で育まれその地域の独自の文化として発展するのである。その意味では、用の世界は地域のシステムであり、地域自立の経済システムとも言える。

日本においてそれは、具体的には漁村、山村、農村ということになる。日本は島国で四方を海に囲まれ、国土の七割を山林が占め、そして農の国である。日本の自然風土は、それぞれの風土の特性に合う、漁村、山村、農村という人間の生活空間を作り出した。漁村には海（漁業）に依存する暮し、山村には山林・木材（林業）に依存する暮し、農村には田や畑や川（農業）に依存する暮しが存在する。それぞれ生業に合った生活用具を持ち、海の文化、山の文化、農の文化が存在する。生活用具はそれぞれに多彩であり独自の物が作られる、しかし生活に必要な物が無かったり不足することも多い。そのため海の物、山の物、農の物はそれぞれ独自性を保持しながらも相互に物や人の交流・交換が生まれ、地域的拡大と生活空間の豊かさが実現される。自然の豊かさが物と生活の豊かさにつながる、そして物は地方性を持ち、文化的価値を増すことになる。

もう一つの自然の贈物は資材（資源）である。工芸の発生と発達は原料となる資材の賦存状況に決定的に依存する。焼物には当然良質の陶・磁土が、木工品には檜や杉や欅や桜などの木が、竹細工には竹の存在が、和紙には三つ叉・楮・雁皮が必要である。多くの人々は自分の住む所にある資材を様々な工夫をこらして生活用品を作り地域特有のものとしてまた伝統的なものとして、世代を超えて伝えて来た。用の世界は自然の贈物である地域の資材を生活のための使用価値としてまた地域の特産として制作することで成り立つ。柳が『手仕事の日本』において、日本各地の手仕事の作品をその地域の自然的・文化的特性において特徴や良さや美の在りかを語り、日本文化の健全性の拠り所として認識したことの意味を私達は理解しなければならない。柳は次のように述べている。「一般には、文化に後れていると蔑まれる地方に、じつは日本独自の力が見られるので、ちがう観点からすると、それらの田舎は日本独自の文化に対して大きな価値と意義を持っているといえよう。もし日本に地方的作品が乏しくなったら、特色の極めて乏しい存在に落ちるであろう[44]」。地方の文化は日本の文化の細胞でありその独自性に決定的な役割を持つということである。

第二は、文化は歴史・伝統の贈物であるということである。文化は必ず歴史・伝統の刻印を受けており、地方性の文化的価値は歴史特に伝統抜きに語れない。私達にとって伝統とは「幾代かの祖先達の経験や智慧の蓄積されたもの[45]」を言うのであって、日常の生活様式だけでなく、精神生活にまで深く浸み込んでいる。特に工芸の用の世界において顕著である。工芸の世界は、伝統に依拠することなく存続することは困難で、伝統がなければその世界は廃れてしまう運命を背負う。前節でも少し触れたように、工芸に携わる工人達の労働における道徳心は間接性にある。それは自然に委ねる精神と伝統に従順になる精神のことである。先人によって幾世代にもわたって培われてきた智慧や経験は間違いに導くことは少ない、間違うことがなければ信頼度は高くなり伝統は確実に根づいて残されていく。それは仕事の方法や技能や目的だけに限らず、気候風土の変化を読む智慧とその変化に対応した工夫の仕方など、用の世界の文化度を規定する極めて重要な要素である。工芸の世界を正しく導くのが伝統の力である。そうした伝統が息づく用の世界はまた地縁的・共同体的人間関係を持ち、伝統はそのなかで新たな芽を育み発展していく。例えば、用の世界の労働組織と認められる、ギルド的・協業的生産様式は、地域の生活世界に誠実に向き合う精神を高めることで地域性と文化度の向上に奉仕する。工芸の労働に直接携わらない人達も工芸品の実用性や心の籠もる品物に温かさや安らぎを味わう。

柳に「土徳」という言葉があると言われる。[46]「土徳」とは、地域の道徳であり、地域の精神的価値のことである。まさに文化である。土徳は、その地域の道徳としてまた精神における伝統として、地域に住む人達の精神生活を律する大きな力である。地域における自然風土の恵みと歴史的伝統によって育まれた人の徳、それが地域の文化的価値を決定付けるのである。地域の用の世界はその土徳という文化の枠内にあり道徳の経済として成り立っている。

しかしながら、柳は「地方性の文化的価値」を閉鎖的なものと考えているわけではない。地方性・地域性という性格は特自性を有するものではあるが、それは必ずしも閉鎖性を意味しない。精神的文化的価値世界での誠実さや篤実さがあるが故に、大きな社会的・経済的変化は起こり難いが、地方性は国民性に繋がっている。焼物の世界に国焼という思想がある。手仕事の技能や精神や道徳は他の異なる地域に確実に根づくことが出来る。九州の良く知られた焼物、有田焼、唐津焼、小石原焼、小鹿田焼、上野焼、そして薩摩焼などは、その起源に歴史的な不幸を背負っているが、朝鮮の陶工達が九州の自然風土に合った焼物に仕上げたケースであり、そこには国焼の精神や思想が色濃く反映し、風土に合った地域の文化として定着している。土徳の思想、国焼の思想は、地域のものではあるけれども、自然や歴史・伝統に忠実で謙虚であるという普遍的価値を内在化しているのである。

三・二　用の世界と文化の国民性

地域の人々の精神の拠り所である、地方性の文化的価値は、国民性の文化的価値に成り得るし、またそうなるというのが柳の確たる信念であった。それは本来地域生まれではあるが、社会性・民衆性という普遍的性格を持っているからである。しかもそれは世界にも通用するものと認識していた。すなわち、地方文化、地方工芸は、国民文化、国民工芸にならなければ意味をもたないし、地方性の文化的価値は、国民性の文化的価値として「民族の習性に活きている[47]」のである。

しかしながら、柳の「文化の国民性」に関する言説は、地域文化をいかにして国民的なものにするのかに腐心しているように見える。その大きな理由は、近代国家日本の建設とともに襲来した外来の文化の影響力にある。各地方文化はそれぞれにその特質を相互に受け入れながら日本文化の形に仕上げていた、明治までの日本は、資本主義制度の導入と殖産興業、さらには民衆の国民化を国家建設の目標として急いだ結果、欧米の外来文化は進んだ文化として、日本独自の文化は後れた文化として序列化・差別化が行われた。明治以降の近代化の進展に伴って、日本本来の地方文化によって育まれて来た日本文化は、歴史上極めて重大な危機に直面したのである。そして戦後になっても、特にアメリカ発の大衆消費文化が市場競争原理と徹底した個人主義を伴って日本全土に浸透し、日本文化はほぼ崩壊の瀬戸際にあると言ってよい。柳は戦前の日本においてすでに欧米の文明・文化の不条理性に深く憂慮し、批判の姿勢を貫き通した。それは、柳には、地方文化と日本文化は永遠に健全でなければならならない、そうでなければ日本の正しい進むべき道が閉ざされるとの危機意識が強かったからである。柳は述べている。外来の文化によって生じた「都市の欠陥は、地方の民族的な特色によって補給され、治療され、健実なものにされなければならない。特に工芸の領域において、我々が地方から受け取るものは大きいのである。国民工芸は地方工芸への正当な認識なくして建設することは出来ない[48]」。支流の川の清らかさを決定するのと全く同じように、日本という本流の文化の出来・不出来あるいは健康・不健康は、その支流である地方文化の出来・不出来あるいは健康・不健康にかかっているからである。健全な地方文化が日本文化の健全性を規定するのである。地方文化が川上で、川下が日本文化に当たる。[49]

柳の地方文化・日本文化論と現実の堕落していく日本文化の動向に対する批判的言説は、今日の日本や世界の精神的・道徳的頽廃の現実に照らして見るとき、極めて示唆に富むものであることは疑いない。最後に、日本文化に対する柳の姿勢について確認しておきたい。この節の課題である、「文化論的次元における用の世界」に対する柳の方法は、彼が「使用価値論的次元における用の世界」を「物心一如の世界」として描いたのと同じように、文化におけるあるべき理念の世界を哲学的・倫理的価値の世界として認識し展開することであった。風土が私達人間の存在の意味を確認する場であるとすれば、文化は風土とともに生きる私達の精神的営みの拠り所であり、人間として生きる社会的規範や智慧を学び習得する場である。現代社会で文化を失えば、人間は、K・ポランニーが言う「文化的真空」の状態に陥り、存在の浮遊が始まるのである。柳の懸念もいわばそこにあり、文化論をどこまでも道徳的・精神的活動の一環として展開したのである。その意味では、柳の文化論も「物心一如の世界」を描いたものであって、文化という道徳的衣を纏う「用の世界」論である。

柳のこうした文化の地方性・国民性の認識方法において確認すべき点が三つある。第一は、地方の文化的価値に対する自覚の問題である。文化の地方性の国民文化における位置と役割を正確に自覚・認識することである。地方は華やかな都市文化の摸倣に走りがちで、自らの文化を劣位に位置づける傾向が強い。自然と伝統と共に歩む文化こそ普遍のものであるとの自覚と誇りを持つことが重要であり、外来の文化をただ受け入れるのではなく、「自己のものに消化するだけの力」[50]を養っておくことである。第二は、国家レベルでの文化問題に対する意識の持ち方である。都市に住まう者も地方に豊かに存在する文化の価値と役割の重要性を認識すべきであるばかりでなく、地方から学ぶという姿勢を持つことである。地方文化の喪失は国民文化の基礎を失うという危機感の保持が重要である。そうした意識のもとで、外国文化の受け入れ方、交流の在り方を熟慮すべきである。第三は、地方（漁村、山村、農村）と都市（工業）との関係の在り方の問題である。「都市が地方を害うべきではなく、地方が都市を救わねばならない」[51]と柳は言う。地方は生活用品や衣・食・住の生活に必要な物と精神的な安らぎを提供して都市を支え続けて来たが、都市は残念なことに地方に対して負の効果を押し付けて来た。都市（工業）と地方（とくに農村）との関係の在り方については、経済学の重要な課題の一つであるが、近代工業の導入と進展に伴い地方にまで市場競争原理が浸透し始めると、用の世界と地方文化は古いシステムであるとして後背に退き、都市は地方を台無しにする関係が強くなる。今日、地方の荒廃は著しく、都市と地方の関係性は決して良くない。特に戦後の自由貿易原理やグローバリズムの暴力的・権力的圧力はこうした地方と都市の関係をさらに最悪のものにしつつある。都市と地方の関係性を健全なものに再生するには、柳の指摘する、双方の「用の世界」への価値論的理解と用の世界が持つ社会性・民衆性という普遍性への堅い信念が必要である。文化論的「物心一如の世界」への謙虚な姿勢である。

第四節　人道論・宗教論的次元における用の世界

柳宗悦は、「用の世界」を実用性・生活性の世界、地方性・国民性を持つ文化の世界として語り、さらに人道と宗教の世界として描こうとしている。用の世界の深層に位置する、人道と宗教の世界に至る道筋を辿ることが本節の課題である。

柳は、用の世界における人道の世界の実像に迫ることは、「美の目標」であるばかりでなく、「物に即して」「もっと切実に身近に迫る目標[52]」であるとしている。足元に存在する用の世界に人道の目標・美の目標を求め、そこに絶対の世界を認識しようとするのである。それが人の精神的営みの究極の目標だからである。柳の言う美とは、用の一部としての美のことであり、心を通わせることの出来る日常の中の美に他ならず、用の世界から離れた美のことではない。柳にとってあり得べき目標としての美は、救いに繋がる美のことで、より具体的には、美の国あるいは美の浄土の顕現に結びつくものでなくてはならない。

四・一　「渋さの美」とその実現

心に通う健康の美は、人を偽らず、人を欺かず、人を平等にする。柳にとって美はまさしく人を浄土の世界、救いの世界へと導く絶対的契機である。柳は『工藝文化』で浄土への契機としての美を「渋さの美」に求めている。渋さの美は「ごく普通の言葉を借りて深い美」を表現しているからである。それは日本「固有な言葉」であるが、美の「最後の標準を述べた」もので「具体的な特質」を持っている。この「感覚的な言葉」は「例えば、色で伝わり、音で伝わり、柄で伝わる。くすめる色、枯れた声、静かな柄、皆渋さの境地を目前に見せる。「渋好み」等言えば誰にだとて通じるであろう」。したがって、「「渋さ」は観念ではなくして具象である」。そして柳は「美に対する究竟の標準を、……すべての国民が共有するに至ったことは、恐らく世界の文化史上未曽有のことに属する」[53]と言う。柳のこうした最大級の賛辞は、日本文化の固有性に対するある種の誇りと自信を、そしてその固有性は普遍性に繋がるということを含意した表現である。

渋みは、俳道での「侘び」とも共通する心である。共に「静寂な境地」を指している。「そこにはどこかひかえめがちな、内に含んだ、幽かなる趣きが匿されている。いわば動を静に摂取し、有を空に包摂した境地である。何ものも現わではない。何ものも騒がしくはない。老子はこれを「玄」と呼んだが玄は「黒」であり「幽」であり「寂」である。日本の古語を見るならば「かなし」という言葉が直ちに「美はし」さを意味したことに気付くであろう。「寂び」「侘び」何れも東洋の心であって、ここに美しさの帰趨を見たのである。渋さはこの帰趨の秘義を平易に伝える言葉なのである。しかもここには何か奥深いもの、厳そかなものが宿されている。人はしばしばそこに閑寂な老齢の境を連想する。若さはまだその階段に達することが出来ない。動であっても、静中の動に達し得ないからである。十を十に出すのは渋さではない。まして十を十二に見せるのが渋さではない。十二あって十に示すことこそ渋さの秘義である。残る二は含みである。これなくして幽の美はない。第一のは「残り」なく、第二のは「厚み」なく、第三にして充分に「濃い」。渋さに伴う重みや深みはここに由来する」[54]。柳は、そうしたものの例として、渋さの芸能としての「能」、空の美を宿した「墨絵の南画」、茶道の無地の「茶碗」、「絵を無に近いまでに静にさせてある」という「絵唐津」を挙げている。さらに柳の言葉は続き「この無はすべてを含む無である。墨の一と色は色なき色ではなく、かえってすべての色を含む色を意味した。「渋さ」には度々説かれた「不言の言」や「無聞の聞」が見られるのである。それは東洋の美の特質と云っていい。「渋さ」は日本の言葉ではあるが、その背後には東洋の哲理や生活の根底が深く潜んでいる」[55]と述べている。こうした柳の「渋さの美」についてのこれほどの表現はないという真に適切な言説と認識は、日本人が守るべき美の境地であり、美の精神世界である。

しかし、それはなかなか難しい問題である。私達は「情緒」に傾き、「凝り耽る病」が出るからである。そこで、柳は「渋さの真意を思い誤らない為に幾つかの守るべき性質」があると言う。平常性、健康性、単純性の三つである。

第一の平常性とは何か。柳は、用の世界と民衆から離れて非凡の美を美とする、近代の美の常識を批判し、人は「至道無難」を歩むべきで、事を「難しいものにしてはいけない」と言う。すなわち、「どんな美が人間を幸福にするか、どんな美が生活を清浄にするか」が大切であって、そこに「無事」であることの自然の道が開けるのである。「無事より素直な自然の状態はない」し、それが「本然の姿」であり、それほど「安全で確実な状態はない」からである。無事であることはまた「平凡」の別称であり、それが「平常の境地」を保証するのである。「無事も平常もいわば素直な自然なままの境地である。これに比べるならすべての非凡は造作されたものに過ぎない。尋常は自然に属し、異常は作為に属する。前者はいわば二を越えた一であるが、後者は一に達しない二とも言える。異常なものは理念から遠い。平常を越える理念はない。平常心は究竟なものの状態を指すのである。美の理念もまた、平常以上のまた以外のものである謂われはない。尋常の美、無事の美こそは美の美だと言わねばならない」[56]。柳は何か難しい話をしようとしているわけではない。「平常性」とは、「当り前なもの、屈託のないもの、素直なもの、波瀾のないもの、造作のないもの、ありのままのもの、通常のもの」を表す性質のことである[57]。

平常心に戻ること、これが尋常の美・無事の美の帰趨を決める要諦である。それに加えてさらに、柳は、「もっとわかり易い言葉で真理に近づくことが出来る」と言う。それが第二の健康性である。健康であることの有難さを否定する人はいない。健康であることほど無上な喜びはない。平常性と健康性が一つになることは「自然の神秘の仕組み」であり、美についても同じというのが柳の認識である。「ありのままで、健康」ということを柳が強調するのは、今日の文化が病的で乱れているという事情にあることだけでなく、「ありのままで、健康」な美や文化の構築こそ重要だからである。日本の「渋さの美」は健康な美によって保証され、日本の文化的美になる。誰でも分かる通り、「健康こそは節を得、度を得、自然の則に即したもの[58]」であるからである。健康であれば、自ずと国民の文化も健康になり、健康な国に近づく。

平常の心で、健康な精神の働きで、美の具体像は複雑さを排したすっきりしたものに仕上る。それが第三の単純性である。柳は、「単純さこそ健康の美に伴う著しい性質である。あの渋さの美も畢竟この単純さを欠いてはないではないか。無事の境地もこの性質の現れではないか」と言う。まさしく「単純さ」は「すべての無駄を省いた、なくてはならないものの結晶である。本質的なるものの煮つめられた姿である」。そして「それは複雑を摂取した単純である。禅語を借りれば「一切を含む無」である[59]」。現代は単純性を嫌う。複雑な機能を持つ品物が便利な高級品として歓迎されるのである。単純ということは品物においても低技術で粗雑な物との評価を受ける。しかし、用の世界で単純さほど「本質の形」を表すものはない。単純とは簡素であり、「ありのままで、健康、そして簡素」となれば、「謙虚の姿」を濃くする。簡素は質素の徳の現れであり、道徳の理念とも合致する。単純性は美を不動のものにする精神の働きなのである。

渋さの美は、日本文化を代表する美であり、難題を排する平常な精神、病を排する健康の精神、そして複雑さを排する単純の精神の結合が生み出す、物の本質を表す美である。柳は、ここに至って、「物とは何か」「物の本質とは何か」という問いに一つの在り得べき答を出したと言ってよい。

こうした用の世界にかかわる人達の生活世界から生み出された美の姿は、私達に精神の安らぎと清らかさを保証する。その美の持つ力と働きが、柳が描く「美の浄土」への橋渡しの役割を果たすことになる。それはまた精神の強化・深化によって確実性を増すのである。

四・二　美の浄土と救いの世界――人道的価値の発生

「美の浄土」は『工藝文化』では、「美の国」として描かれている。用の世界から生まれた美は美の国の建設に活かされなければ意味がない。柳は「美の国とは何を意味するか。それは美がすべての大衆の生活に行き渡ることである」、そして「生活の外に美を求めるより内に求める方が、もっと正しい見方であろう。美の国は遠い彼岸にあるべきではなく、近い生活の中に建てられねばならない。美が最も活かされていいのは生活においてである[60]」と言っている。民衆の生活の中に深く活かされ日常の美であって初めて、美はあまねく本来の役割を果たすことが出来る。美は一般民衆の生活にこの上ない貢献を果たすのである。

美の浄土の建設が民衆の生活の中に浄土的世界を定着させることであるとすれば、美の役割は極めて大きい。柳は美の浄土に三つの不思議が存在すると言う(61)。

第一は、人間の上下を問わないという不思議である。美は、貧富、貴賤、賢愚、才不才などの区別を打消し、天才と凡人との差もなくするような働きを持っている。貧しくとも、凡人であろうとも、また才能がないように見えても、美を生み得るという不思議である。柳はそれを秘義とも表現している。事実、無銘品の多くに確実な美が認められるのである。中国の宋窯の絵付けの品々はその良き証明であると柳は言う。しかも功とか拙とかの区別もほとんど意味をなさないのが美の浄土の不思議である。功だからといって、その精神の在り方によっては醜を生むし、逆に拙であっても、純朴さが保持されれば美の浄土の建設に役立つのである。柳は朝鮮の民画をその例として挙げている。美は人の貴賤の区別を奪う。

第二の不思議とされるのは、「貧しい品物は貧しいままで、大した美しさと結ばれる」ということである。下手物として社会的に評価の低い品物が、かえって本然の美を持つという不思議であり、決して一流の美術品に劣るものではない。美の浄土では、物においても、「貴賤貧富の差別を消して貰える」ということである。柳はそれを「感歎すべき仕組み」あるいは「絶妙の仕組み」と呼んでいる。柳は、その典型例として、茶器の大名物や民衆の生活の中にある色鍋島を挙げている。そして、美におけるその「絶妙の仕組み」によって、「物を如何様に作っても、皆悉くが美しさに迎えられ、美しさに受け取られるという不思議」が存在すると言う。それはまさに「醜さが不可能になる」という美の浄土の「奇蹟」である。

第三は、「経済と美との調和の世界が示現」されるという不思議である。上記二つの不思議の「必然の結果として、この世に醜いもののない時代には、その土地土地の一切の人々が、上は王侯から、下は一般の庶民に至るまで、見事なものばかりを用いて、日夜を送っていた」、つまり、貧しい人達でも美しい品物を日常的に暮しの中で享受していたという「夢」のようなことが起こっていたと言うのである。前述(第二節)の通り、用に役立つ大量の物が安く美しく生産されれば、「美と廉とが見事な一致を示」すこととなる。例えば、絣は日常の平凡なありふれた着物で、「人々の財布を悩ますほどの値」ではなく、多くの人々の普段着であった。貧富に関係なく普及していた。「平凡なままで、当り前のままで大変美しい」この絣は、「美と廉との一致」の実例なのである。

ところで、柳は、美の浄土の不思議を語ることで、美に新たな規定を付与していることを指摘しなければならない。美の浄土における美とは、「美そのものの美」あるいは「自律の美」のことで、「反面に醜のない美、即ち対辞を有たない美」であると。そしてこれにこそ「浄土美」と名付けたいと柳は述べている。[62] 用の世界における具象の美―例えば、渋さの美―は抽象度の高い美として新たな規定が行われているのである。それは相対的な美の規定から絶対的な美の規定への転回を意味しており、美醜の二元を超えた美の規定であると言える。柳はこの美醜の二元を越えた美の実態に触れ、その実在を確信したのである。したがって、柳は、美の浄土の不思議と「浄土美」の発見によって、用の世界に発する「美の浄土の構築」に日本の未来を託そうとしたと思われる。

以上見てきたように、柳は、美の浄土における不思議を思わせる「夢のような」事象は用の世界の「絶妙の仕組み」によるものだと言っている。幾重にも道徳的衣を纏い、文化の衣を着て、そして日本文化の美である「渋さの美」の本質に迫り、さらには美の浄土の不思議と浄土美の実在を確認したにもかかわらず、「絶妙の仕組み」がありのままに機能するには、真に克服すべき問題のあることを私達は認識しなければならない。柳もそのことを至るところで言及している。それは、如何なる時代であろうと、如何なる社会であろうと、人には心の迷いと動揺そして乱れが付き纏うということである。特に、近・現代において、個人主義的価値観の確立と市場競争原理の定着によって、絶えず精神的・思想的混迷が誘発される。常に私達は迷いの中に埋もれている。自我と分別に囚われているからである。すべての心の迷いと間違いの元は人間が「自我と分別に囚われていること」にある。だが、柳は、この迷いを払拭する、人のとるべき道について周到な準備を怠っていない。以下そのことについて検討しよう。

美の浄土への道を阻む罠や落し穴は精神の乱れの問題であり、それは二つある。精神における自我の問題と二元の世界における分別の問題である。

第一の精神の働きにおける自我の問題とは何か。我と慢心は神をもしくじると言われる。それほどに厄介な問題である。自我の確立は近代を近代ならしめる重要な価値の一つで、近代の歴史的進歩の指標の一つと見做されて来た。しかし、それは社会的人間関係の中の個の役割を問う視点からすれば、個（自）は他との関係においてその存在の意味を問われなければならないはずである。自は自らの解放において自になるという側面がある。自捨の精神である。そのことの意味が自覚されなければ、自我の主張は精神の混迷の確かな原因となる。柳は次のように述べている。「「我」に執するのが一番「こだわり」の原因になります。「自我」は誠に厄介な、また横暴な魔物で、一切の苦しみ悲しみの泉となります。それ故仏法は、「我相」を立てるなと申します。「我」を立てればすぐ争いが起こります。人間は「我」を立てては、その為に始終苦しんだり、悲しんだり怨んだりしているのであります(63)」。自我へのこだわりは、まことに「横暴な魔物」で、功や貴、装飾、顕示への執着となり、また富や権力に囚われ、そして企み計らう人間となる。こうした自意識過剰は驕りとなり、自らの周辺とのすべての関係を絶つ、対立と混乱の元凶である。

第二は、精神の働きにおける分別の問題である。この問題は、自我の問題からも派生するものと言ってよく、他との区別、さらには差別を主張することである。すなわち、二元の世界に囚われていることを意味している。「ものを二つに分けて見る」という分別の精神と言ってよい。柳は次のように述べている。「分別心は人間の人間たる特色でありますが、また人間はこの為にとても縛られてしまいます。主張の争い、宗派の争い、みな自分の分別を至上なものと固執するからであります。……争闘心は寛容の徳を欠きますから、平和は決して近づかないでありましょう。分別がいけないのは、このような二元の回りを、いつも彷徨して離れないからであります。しかもその一方を絶対のものと考え込んでしまう事であります。自他、上下、善悪、真偽、その他の差別は二元相対でありますから、その間に紛争が絶えません。それ故仏教は、「二元に住むな」と申します。もともとそういう二元には自性がなく、妄想に過ぎないのを指摘致します。「無住心」を説くのはその為であります。住するとは、二元界に住することに他なりません[64]」。

自我に固執して、二元の世界に生きることは、精神的対立・混迷から抜け出せず、苦しみ・悲しみ・怨み・妬みなどの心の葛藤を解消出来ないことを意味する。誰であろうと、この二元の世界から抜け出ようと腐心しているが、様々な壁に突き当たる。自我へのこだわりも二元の世界に留まることも、私達人間のとっては、決して逃げることの出来ない宿命的な問題である。男は男であり、女は女である。したがって、我々は二元の世界に留まり絶対への道を自ら放棄しているのが実態である。自我に囚われ、相対の世界にいる限り、柳の描く「美の浄土」は身近な存在にはならない。対立の二元の世界は、健康な二元の世界に転回しなければならない。人間精神の陥りやすい、こうした二元の精神は、それが心（精神）の問題であるなら、心（精神）の健康によって解決する以外にない。柳は、二元の世界を克服する道としての人の道・精神の在り方を、自在（自由）道、安全道（法則道）、他力道として語るのである。

ところで、柳は、『工藝文化』では上記三つについて、安全道、未分道、他力道としていた。ところが『無謬の道』（昭和三三年の論文）ではそれが自在道（自由道）、安全道、他力道に修正されている。それらの基本的な内容に大きな変化があったとは思われないので、『無謬の道』で説かれる順序に従って論を進めたい。その方が分かり易いからである。というのは、柳は、三つのうちの「基本は第一の「自由道」でありまして、実は第二の「安全道」や、第三の「他力道」に心を任せ切る事は、自我も分別もそこに棄て去る事を意味しますから、やはり自在心に帰る事になります[65]」と述べ、それぞれの意味付けをしているからである。

柳は、自我と分別の超克の問題として最も重視するのは、第一の自在道（自由道）で、それは安全道を経て他力道へ導く精神の働きの要と見做している。柳は次のように述べている。

「第一はものを作る時の心の在り方であります。つまり何ものにも「囚われない心」の状態にいる時は、作るものは必然に悉く美しくなります。囚われない心とは、結局「自由」という事であります。ただし「自由」

という言葉は、今は大変乱用されておりますので、内容が、あまり確かではありません。私はこれを「一切の執心を離れる」意味にとりたく、何事にも「こだわらぬ心」といってよいと思います。「こだわる」のは、私を立ててそれに執する所から起ります。それ故、「自由」とはまず「私」から自由になる事であります」(66)。

柳は、執着を離れる、捨てる、あるいはこだわりを無くする、そして自己からの自由という心の状態を自在心と呼ぶのである。柳の具体的な事例は、初期の茶人達が敬愛してやまなかった、朝鮮の焼物、「井戸」の茶碗である。仕事における「未だ分かれない境地」からそれは生まれたという。「自然な仕事ぶり、自然な仕事場、自然な暮し、自然な信仰、その中から何もかも生れてくるのである。造作はない。こう作らねば美しくないというが如き窮屈な立場から生れてくるのではない。もっとなだらかに素直に作られてしまうのである。良いも悪いもない品物である。だから美しいのだという逆理的な言い方よりないであろう」と、柳は「もっと根深い所」の心を指摘する(67)。また、朝鮮の板張についても、「不思議な味わい」が出ていて、それは「屈託のない心」の結果であるとしている。つまり、自然な環境の中での自然な心が自在心であって、それがこだわりのない自然の美を生み出すのである。それは言い換えれば、「未だ分かれない境地」、未分道に心を置いている意味である。未分道の心とは、人間の稀少な「特別な性質」とか、何か荒行などの修行によって得られる特別な心の状態では決してなく、自然のありのままの純粋無垢とでも言うべき心を指す。不二に帰る心である。それはまた「人が新たに仏に「成る」事ではなく、生まれついて持っている本分の仏に「居る」事を意味」するのである(68)。我々は、こうした心の在り方を知の特別なレベルの状態と思いがちであるが、柳の言う自在心はむしろそうした近代的な知を排したところに成り立つものである。ともかく「「私」は自分を縛る一番厄介な暴力(69)」である。これを超えるのが自在心であるが、それは単なる表層の「心」ではなく、自在道にある心、道を行く心であるなら、「もっと根深い所」にある精神、用の世界の深層に位置する魂と繋がる精神のことである。柳は、美は直観するものだということを強調するが、この直観の意味は、自在道における心の在り方と深く結びつく精神を指している。「自己を去ることが美感である」[70]という柳の言説はそのことを良く表している。

さらにもう一つ、自在心・自在道と関係しているのは信仰の問題である。柳は、美感も信仰も一つのものだと言う。信仰とは、素直に受け取る心であり、無私や無欲に繋がる精神の在り方である。柳の思想には宗教の問題が深く関わっており、仏教美学の探究は柳の美論の不可欠な柱に成っている。そこから感得された、宗教における自然の意思の存在への確信は揺るぎなく大きいものがある。いわゆる妙好人に見られる「心を無碍にする」態度、あるいはまた「無碍の一道」[71]に生きる精神は、用の世界に生きる民衆のありのままの精神と同じものである。柳が妙好人の精神世界に関心を示したのは、用の世界の美が宗教的信仰の世界と分かち難く結び付いていることを確信していたからに他ならない。

自我への執着と分別の相対的価値の世界を超克する、こうした自在心・自由心による人道つまり自在道は、美の浄土への新たな地平を切り開く力となる。そうであれば自在心は自ずから謙虚な健康な心として、またありのままに美しさを「おろがむ心」として深化するに至る。美は「拝まれる性質をもつもの」として存在することになる[72]。

民衆に備わる、自己を去り、謙虚な拝む精神による自在道は、第二の安全道に必然的に繋がる。そこでは近代的知の働きは排除されている。安全道は、無謬の道、間違いのない道で、自在道の必然の道である。柳は、この安全道は「心の道」と言うより、むしろ「法の道」であり「法則に随順する道」であると言う[73]。自在道は自在心が産み出す道であり、安全道と他力道は自在道に直に繋がる自然の道で「心」は関与する余地がない。それは危険な道では決してなく、平坦な、誰であろうと間違うことなく安全に歩ける信頼の道である。余計な心の働きは必要ない。二元の世界が克服されている世界に入っているのである
柳は、安全道が確保されている例として、沖縄の絣を挙げる。絣を出す古い手法の「手結」によるものが極めて優れていて、誤謬を犯さない出来具合を称賛している。それに対して新しい手法の「絵図」は醜いものが多いと言う。柳は、絣における「手結」の手法は、「一切が数理の法で組み立てられて、その間に人間の自由を介入

する余地がない」と述べ、「一切が自然の法で出来上る[74]」と言うのである。また、沖縄の絣だけでなく、津軽の刺子「こぎん」や織物における縞物（縦縞、横縞、格子縞など）なども、やはり自然の数理の原理が作用する安全道を歩んでいると言う。ここでの安全道は自然への思い煩うことのない信頼である。柳はまた次のようにも表現している。「安全とは何なのか。それは法則に依ることに外ならない。法は自然の所有である。だから美を自然さに帰すという意味にもなろう。人間はとかく誤謬を犯し易い。だから自然の力が加わることが大きい程安定だとも言えるであろう。裏から言えば人間の我儘を出さない程安全なのだと言える。人間の務めは自然の力を守る為であって、それを乱す為ではない[75]」。

安全道というのは、人間の自然の「法」に対する精神の在り方を問題にしているのであって、単なる自然との共生といういまだ二元の対立世界のことではなく、その二元の相対世界を克服しようとする自在心のありのままの自然への関わり方、つまり自在心の働きによる無私の精神を表している。

「心の道」から「法の道」へ、その安全道はすでに第三の他力道に入り込んでいる。自然の力という他力を味方にしているからである。自我の道と二元の道は他力とは無縁であり、自在道、安全道にある自在心こそ自然に続けて、もう一つの他力、伝統という歴史の成果を手にすることが出来るのである。

柳は、他力道の例として、薩摩（苗代川）焼の黒薩摩（黒もん）を挙げ、伝統に素直な気持ちで従った結果と見ている。コプトやインカの織類、各種の宋窯なども同様である。自然の力と伝統の力を他力にし得るなら、個人の自力以上の力を引き出すことが出来るのである。もちろん、伝統というのは固定化したものではなく、時代の変化に対応し得る余裕を持ち合わせている。それも伝統に備わっている力の一つである。先人達はそうした伝統に従い時代の変化と共に伝統を磨いて来た。無私の精神である自在心は時代の変化の本質を感得し得る力を持つ。それは自在道、安全道、他力道における精神の自由な働きであり、「我」に囚われない「法の道」の必然である。

柳によれば、自在道、安全道、他力道による二元の世界からの脱出は、不二の世界を約束するという。渋さの美は自在の美となり、不二美に至る。渋さの美という具象美から不二美という抽象美への転回である。具抽不二の美ということである。柳の言う「美の浄土」の示現である。自己は、自在心の働きで他との二元の関係を超えて、自他不二の関係となり、また自然との関係では、自人不二の世界が約束される。歴史・伝統との関係でも同じである。不二の世界では、したがって、前述した三つの不思議事象が不思議と思われない状況が現出する。人に、物に、上下・貴賤の区別がなく、そして美と経済との調和が不思議でなくなる。人が救われ、物が救われ、そして経済も本来の姿において救われるのである。仏語で言う「衆生済度の世界、すべてが救われる世界」の示現であり、用の世界の美が求める世界である。

ここで確認しておきたいことは、美の浄土に至る「心の道」から「法の道」への過程で、新しい精神的価値が発生したということである。囚われのない自己を生み、分別の相対の世界から未分の不二の世界への転回を果たす、無私の精神・自在心の発生は、精神における新しい価値の生成を意味しているように思われる。それを私達は、仮に人道的価値と呼びたい。それは文化的価値とも異なるし、次元の違う人間精神の価値である。柳の多彩な言説からしても、それは「無事」を願うある種の悟りに近い宗教的な価値とも言えるし、人間に本来備わる、「聖なる世界」の「聖なる精神」である[76]。

柳は、最晩年の作『美の浄土』（昭和三五年）の冒頭で「この知的時代に「浄土」などと、申しますと、笑い出す方さへあるかも知れません。しかしそれはそれとして、私は美の浄土のことを考えないわけにはゆかなくなりました」と言い、仏教で言う穢土と浄土の関係について、柳は、穢土への批判は即浄土に「結致」するので、「穢土が事実の世界である限り、浄土もまた、現下の場」にあるものと認識している。つまり、柳にとって「浄土」は、理想というより在り得べき社会の理念であり、「吾々の身辺に足許に見られる現実の様[77]」として描かれるべきものであった。柳はその浄土がわれわれの足許、用の世界にあることを確信し、真と善と美の世界をそこに描こうとしたのである。『工藝文化』は次の一文で締められている。「工芸の一路がこの世にあるということは、如何に感謝すべき摂理であろう。このことあるが故に、美の国は建設を得るのである。工芸文化こそ物に即して国土を美しくし健康にする基礎なのである[78]」。

第五節　重層的価値の世界

用の世界を、私達は、柳に導かれて、使用価値の世界、文化的価値の世界、そして人道的価値の世界からなる、重層的価値世界として描いて来た。柳の「用の世界」論の少なくとも骨格は示されたと考える。最後にいくつかのことを指摘して結びとしたい。

第一は、現代の経済学に対する批判である。柳は必ずしも正面からの経済学批判を意図したわけではない。しかし、彼の機械工藝批判は自ずと近代の経済学の批判に繋がっているし、柳は生活性を重視する使用価値の経済は人間の経済の在り方として利に走る市場の交換価値経済よりはるかに健康的であるとし、経済学が工芸の世界に関心を持ち、経済的理念と美的理念との一致をみるような理論を構築すべきことを望んでいた。『この最後の者にも』で知られる、J・ラスキン（一八一九～一九〇〇）、最初のギルド社会主義の提唱者である、アーサー・J・ペンティ（一八七五～一九三七）、そして日本の社会思想史家・経済思想史家として知られる、大熊信行（一八九三～一九七七）などに大いなる関心を示しているが、それらも経済学批判の思想だからである。柳の「用の世界」論は、そのままで今日の経済学批判になっている。

第二は、経済学批判と同時に、現代経済の批判であることである。市場経済批判、大衆消費社会批判、グローバリズム・自由貿易原理批判、そして環境論批判が充分に示唆される。市場の暴走はますます強化され、世界的に強者と弱者の経済格差は広がり、そして自然環境の悪化は眼を覆いたくなるほどである。柳の「用の世界」論は、現代の経済システムの病的原理を断罪している。

第三は、「用の世界」を重層的価値の世界として描くことによって、使用価値の世界の社会的意味を明確に示したことである。工芸の世界は何よりも使用価値をめぐる経済の世界である。そこで展開される、人の暮しと文化、そして人の進むべき道が示され、自然と伝統に裏付けされた使用価値の世界は社会のすべての基礎として位置づけられているのである。このことは今後の経済の在り方に大きな示唆を与えるだけでなく、経済学にとっても致命的に重要な課題である。しかし、ここには最も厄介な難問が残されている。「価格」の問題である。柳の言う「価格」論は、前述した通り、道徳的・心理的な意味のそれである。価格は「無欲と感謝の接触点で決まる」とする柳の認識は、あまりにも理念的であるし、美しすぎると思われる。こうした価格論は経済学者のほとんどにとって情緒的すぎるとして受け入れられないであろう。だが、柳の言う価格は使用価値を貨幣で評価したものであることは間違いない。ここにはどうしても超えがたい矛盾が存在する。使用価値は量ではなく物の質に対する評価であって、他方、価格は質的概念ではなく量的概念で、しかも貨幣量で表す。つまり、我々は、質を量で表現するという極めて矛盾したことをしていることになる。そこにはまた貨幣という富のシンボルと化した厄介な魔物が介在しているので、この問題はさらに複雑さを増幅することになる。無欲どころか欲の世界が直ちに立ち現れるのである。民芸の世界が最も悩みまた失敗に追い込まれるのは、市場原理の支配的な経済システムのもとで価格に内在するこの矛盾を解決する手立てをもたないからである。用の世界を物心一如の世界として説いた柳は、この大いなる矛盾の在り処を「美と廉の調和」・「美と経済の調和」という形で解決しようとする。柳の提起する、「無私の精神」の働きで示現する浄土の原理は、その矛盾を解決するための道筋を説く理念の問題として提出されているのであって、市場経済に包囲されているという現実の中で、この矛盾する問題への完全なる解答を準備しているわけではない。柳が用の世界の真理を発見し、それを理念として提出したのは、確たる理念あるいは規範を持つことによって、社会の現実の問題の本質を見極め、そして問題解決に近づくための力になると確信しているからである。理念や理論は本来そうした役割を担うはずのものである。柳が民芸学を価値学または規範学として、あるいは「人間の正しい行為に関する学」として提起したのはそういう意味においてである[79]。したがって、柳の「価格」論に従えば、用の世界の価格は、道徳的・心理的意味にもとづいて、伝統的な経験と智慧で設定されるもので、本質的に市場価格とは異質のものであるが、現実にはそれは前述のように、矛盾を抱えた、しかも市場からも影響を受けた価格であることに間違いはない。ここで重要なのは、価格そのものに矛盾の在ることを明確に認識することである。その認識こそが現実の価格の実態の何たるかを見極める武器となり、柳の言う「美と廉の調和」・「美と経済の調和」の仕組みの原理がその矛盾解決のための指針となるのである。

第四は、柳の「用の世界」論は、言うまでもなく、「和する世界」を描いていることである。柳に、弁証法は対立の繰り返しを認めた方法論ではないかという批判がある。弁証法における矛盾の止揚という合一の意味は、一時的な合で、いまだ対立の種を宿した合、つまり対立を一時的に止揚しただけの合ではないのか、そうだとすれば合一はいずれまた対立を再現することになるのではないか、この二元の世界では絶えざる対立・闘争・矛盾が繰り返されるのではないか、つまり弁証法は二元の世界を克服する方法を持たないのではないかということである。[80] 二元の世界を超えるのが不二の原理であって、自然の姿において健であり、和である。用の世界における物心一如の展開は、道徳的・文化的な精神の衣を纏い、そして自在道、安全道、他力道に自由かつ健康な精神、人道的価値の発生を促し、上下なき人間関係を、貴賤なき物の関係を、そして美と経済の調和的関係を、演出する。こうした不二の世界では、対立的関係に見える二元の世界は、相互に扶助し合う、あるいは支え合う調和的関係において共立していると言える。経済に貧富の差があっても、扶助的関係の支え合いがあれば、少々の差は大きな問題ではない。浄土の世界ではそれぞれが救われる関係において和しているのである。健康な二元の世界の成立である。

第五は、人道的価値の問題についてである。用の世界が社会システムの一つの在り方としてその社会的認定を受けるためには、社会関係としての人間の在り方がしっかりと認識されなければならない。つまり用の世界が社会論として成り立つためには、そこに人間論が不可欠である。柳は終始用の世界を人間の精神世界の活動の場として描き、人間の何事にも謙虚で健康な精神の在り処を探り、そして民衆の中に存在する美の社会性に気付き、そこに人道的価値と呼ぶべき新しい人間的価値の発生を発見したと言える。この人道的価値の発見は、柳の「用の世界」論を理念の体系として完結させる不可欠の要素であったのである。したがって、柳の「用の世界」論は、人間論・社会論としての意味を持つ性格のものである。

そして最後に、柳は、本章の冒頭で触れたように、健康で無事な社会の在り処を示そうとしたことである。用の世界を重層的価値の世界として認識したことの意味は大きい。三つの価値はそれぞれ独自の意味を持ちつつも全体として一つの意味体系を成しているばかりでなく、相互に支え合い影響し合う関係にある円環構造とも言うべきものである。価値相互の円環が成り立つためには、それを繋ぐ人間精神の健全な働きが不可欠である。柳の意図はまさしくそうした民衆の精神世界の真理を明らかにすることであった。自我に囚われない、人間の健康な精神の働きは今日の病み疲れた社会を少しでも無事なる社会にするべく光の役割を果たさなくてはならない。それはまた心底に富（資本）と権力の横暴への不服従と批判の眼を秘めている。柳が描いた、全てが救われる浄土の原理は、迷妄の雲に覆われ精神の荒廃が深刻化している現代社会にあって、救いの光になると思われる。それが歴史の転換期において民衆に与えられた正当な役割である。

（1）スズキ・D・T、柴田譲治訳（二〇〇三）『生命の聖なるバランス』日本教文社参照
（2）柳宗悦全集（以下全集と略）、筑摩書房、第九巻「工藝文化」、三四五ページ。なお本章では、柳の引用文の旧仮名遣いを新仮名遣いに、漢字は新字体にした
（3）中村元（二〇〇一）『広説佛教語大辞典』東京書籍、一四三五ページ
（4）全集第一八巻「佛教美学の悲願」、一七二ページ
（5）全集第九巻「健康性と美」、二二〇ページ
（6）北見秀司（二〇一〇）『サルトルとマルクス　Ⅰ・Ⅱ』春風社。本書は、マルクスの疎外・物象化・物神性論について真摯な議論を展開し、マルクスが明らかにしなかった「理性」や「意識」の問題を取り入れ、民主主義、新自由主義、フェミニズム、エコロジーなど現代社会が抱える思想的・哲学的問題に切り込んだ研究書である
（7）全集第九巻「工藝文化」、四二一ページ。柳は、第三の「用の世界における人道性・宗教性」を「道徳性・人道性」としているが、本稿では、「人道性・宗教性」が内容的に適切であると思う
（8）全集第九巻「用と美」、三〇六ページ
（9）同右「物と文化」、三二〇ページ
（10）同右、三二〇ページ

(11)同右「用と美」、三〇七ページ
(12)同右、三〇八ページ
(13)全集第八巻「美と工藝」、三一九ページ
(14)全集第九巻「用と美」、三一三ページ
(15)同右、三一三～三一四ページ
(16)中見真理（二〇〇三）『柳宗悦　時代と思想』東大出版会
――（二〇一三）『柳宗悦「複合の美」の思想』岩波新書
(17)全集第九巻「用と美」、三〇八ページ
(18)同右、三〇九ページ
(19)同右、三一〇ページ
(20)同右、三一二～三一三ページ
(21)同右「工藝文化」、四七四ページ
(22)同右、四七五～四七六ページ
(23)同右、四七三ページ
(24)同右、四七八ページ
(25)同右、四七九～四八〇ページ
(26)全集第一七巻「東洋的解決」、五六〇ページ
(27)全集第九巻「工藝文化」、四八三ページ
(28)同右、四八四ページ
(29)同右、四八五ページ
(30)同右、四八五ページ
(31)同右、四八六ページ
(32)同右、四八八ページ
(33)同右、四八八～四八九ページ
(34)同右、四九〇～四九一ページ
(35)同右、四九二～四九三ページ
(36)同右、四九五ページ
(37)同右、四九七ページ

(38) 同右、四九八～五〇〇ページ。非個人性、間接性、不自由性を基底とする「労働の道徳」とは、物に心を寄せ、心を託し、そして心を入れ込む精神の活動であるということである。柳が説くこうした労働（手仕事）認識は、マルクスが価値の実体として認識した、無味乾燥な抽象的人間労働概念ではもちろんなく、使用価値を作るという具体的労働概念とも根本的に異なる。労働価値説は労働の社会性を高く評価したにもかかわらず、それはあくまでも市場における社会性の意味に留まり、用の世界における労働の社会性にはほとんど眼は向けられなかった。使用価値を生産するということは、極めて道徳性の高い精神の活動なのである

(39) 同右「物と文化」、三一七ページ

(40) 同右、三一七ページ

(41) 同右「地方性の文化的価値」、二二四ページ。「地方」という言葉の表現について。「地方」は「中心」あるいは「中央」に対する表現で、「中央」の劣位に位置するという下位概念的意味が強い。柳の真意は必ずしもそうした意味で使われていないと思われるので、ここでは柳に倣い「地方（性）」を使う。なお、本文中では文脈上の必要に応じて「地域」を使用する

(42) 全集第一〇巻「民藝と国民性」、四五九ページ

(43) 同右「日本の民藝」、二八一ページ

(44) 同右、二八四ページ

(45) 同右、二七六ページ

(46) 太田浩史（二〇〇六）『柳宗悦と南砺の土徳』となみ民藝協会、一一ページ。柳宗悦は昭和二〇年七月、東京が大空襲を受けている中、富山県の福光というところに疎開していた棟方志功に訪問を乞われて、富山を訪ねた。柳はそこで「棟方の作品に画期的な変化が生じていること」に気づいたという。棟方に「大きな内面の転換」があり、そして「福光で描いた棟方の絵は」「我執の濁りが消えて、描線は躍動の中に深い静けさをたたえ、彩色は冴え渡って不可思議な光明を放っていた」。棟方の内面における転換を促したのは、富山の「真宗王国」という精神風土である。そこに住む人々の「阿弥陀さま」のような暮しに棟方は心を開かれた。柳はそうした富山の、棟方の心に響いた、精神風土を「「土徳」という新しい造語をもって讃えた」という（同、八～一〇ページ）。太田は続けて次のように書いている。「「土徳」という言葉が柳の文章のどこにあるか、筆者は寡聞にして知らない。だがこの言葉は柳の造語として南砺地方の民藝運動の同志によって今も伝えられているのは事実である」（同、一一ページ）。筆者もこの言葉が全集の何処にあるか確認していない

(47) 全集第九巻「地方性の文化的価値」、二三一ページ

(48) 同右「工藝文化」、四六六ページ

(49) 木村秋則（二〇一三）『リンゴが教えてくれたこと』日経ビジネス人文庫、二三七ページ

(50) 全集第九巻「工藝文化」、四六四ページ

(51) 全集第一一巻「地方の民藝」、二九三ページ

(52) 全集第九巻「工藝文化」、四五二ページ
(53) 同右、四五三ページ
(54) 同右、四五四ページ
(55) 同右、四五四〜四五五ページ
(56) 同右、四五八〜四五九ページ
(57) 同右、四五九ページ
(58) 同右、四六一ページ
(59) 同右、四六二ページ
(60) 同右、五〇八〜五〇九ページ
(61) 全集第一八巻「美の浄土」、二四一〜二五〇ページ
(62) 同右、二四七ページ
(63) 同右「無謬の道」、一八七ページ
(64) 同右、一八七〜一八八ページ
(65) 同右、一九七ページ
(66) 同右、一八七ページ
(67) 全集第九巻「工藝文化」、五二〇ページ
(68) 全集第一八巻「無謬の道」、一九八ページ
(69) 同右「不二美」、四七〇ページ
(70) 同右「美感と信心」、四五八ページ
(71) 同右、四五九ページ
(72) 同右、四五八ページ
(73) 同右「無謬の道」、一九二ページ
(74) 全集第九巻「工藝文化」、五一六ページ
(75) 同右、五一七〜五一八ページ
(76) 全集第一八巻「美の法門」、二五ページ
(77) 同右「美の浄土」、二三八〜二四一ページ
(78) 全集第九巻「工藝文化」、五二五ページ
(79) 同右「民藝学と民俗学」、二七三〜二七四ページ

(80) 全集第一八巻「美の法門」、八ページ

補章　柳宗悦の「こころの経済学」――経済原理としての「物心一如の世界」

第一節　混迷する市場経済――経済発展（量の世界）から定常型社会（質の世界）へ

社会は、そして文明についてもそうだが、健康で調和のとれた秩序のシステムでなければならない。現代社会・現代文明は、そうした視点に照らしてみて、秩序なき混迷の時代を迎えているのではないか。近代資本主義文明の秩序を支えている市場原理の基盤が揺らいでいるからである。利益を第一とする、市場を通して人と人が繋がる経済システムは、産業革命を契機にして成立した、工業社会の拡大に伴って確立し、帝国主義・植民地主義による戦争や収奪などの途方もない人間的・社会的悲劇を生みながら世界へと広がり、今日では、グローバリゼーションとよばれる、地球大の経済原理として、私達の生活全般をコントロールし、そして日常生活に定着しているように見える。しかしながら、市場的拡大による経済発展という現代社会の仕組みの在り方は、今日、解決困難な大きな壁に直面しているのである。市場原理による経済発展は、多くの論者が指摘するように、新たな文明の原理の構築を余儀なくされるほどの文明論的な危機に陥っている。それは二つあって、一つは、言うまでもなく自然破壊の問題であり、二つめは、生きる存在としての人間の破壊という危機である。それは暮らし・生活の破壊というだけでなく人間性の喪失を伴ったこころ（精神）の危機である。なお、本章では、言葉としての、こころ、心、精神は三つとも同じ意味で使用する。

第一の自然破壊は、「成長の限界」が指摘されながら、深刻さは増すばかりである。世界の資源・エネルギー消費大国はこぞって環境政策の強化を誇らしげに標榜するが、いまだその成果は見えず、自然より成長・開発優先の姿勢は変わらない。変わることのないその志向は、地球規模の膨大な物流を作り出し、地球の生命圏は大きく狂い始めている。そのため、私達人間だけでなく、地球上のすべての生物種の生きる場は、崩壊の度合いが高まっている。急速化している温暖化などを原因とする気候変動は、わが日本の近年の大災害を見るまでもなく、世界各地で頻繁に起こっている。気候変動は、直接人や動植物を傷つけるだけでなく、生命系全体の秩序を破壊し、食糧生産に大きな影響を及ぼす。土、水、大気の汚染、食品の汚染は、日々私達の健康を蝕んでいる。年々増加している生物種における絶滅危惧種の拡大は、生物種としての私達人類の危機的未来を予測させる。近年、若者達の「自分達の未来を守る」という声は高まり、また国連のＳＤＧｓへの取組みも増えてはいるが、世界の政治指導者の反応は極めて小さく冷ややかで、ビジネスの世界ではすでに利益拡大の手段と化している。日本の国策として推進してきた原発のメルトダウン事故は、責任を取ろうとする者誰もなく、国の品性は劣化するばかりでいまや地に落ちている。自然破壊の現実は、もはや市場原理による経済発展と両立できるレベルをはるかに超えている。いまだに解決していない水俣病問題や多くの公害病はそのことを証明している。植林やごみ処理などの環境保護の動きは、小さな善意によるところが大きい。企業などの環境問題への動きは、利にかなうかどうかが判断の基準となっている。

第二の生きる存在としての人間の破壊は、空虚な精神性の拡大、人間性の喪失のことである。怯え、不安、そして絶望など行き場のない不安定な精神状態や驕り、高慢、不遜などの精神の堕落は、いま世界に蔓延し、私達人間の本来の姿が見えにくくなっている。経済学では、それらは富の偏在と格差として認識される―経済的不公平を是正するのは喫緊の課題である―が、その経済的側面は問題の一部にすぎない。私達が直面しているこの問題は、もっと深刻で人間の根源に関わる事態を指しているのではないか。唯物論的・経済主義的精神の肥大化による、「文化的真空」（Ｋ・ポランニー）、さらに言えば、「霊性的真空」という社会的・人間的現象である。生活において文化的・霊性的価値は、経済的には無に等しく、真空ゆえにその本来の価値は心に響かず心を満たすものになっていない。格差による生活難民、政治の混乱による難民、環境難民などは、不安や絶望に晒されて精神の空白を処理できない状況を生んでいるし、また社会の支配的地位にいる人達も品性に欠け人間性の喪失を疑わざるをえないケースは多い。市場の競争原理によって創出された、こうした人間的苦悩や精神的病いは、自然破壊と並んで、資本主義的文明原理の見直しを迫る要素として、私達は正面から向き合うべきものと考える。

こうした二つの文明論的課題の根源は、資本主義支配の市場システムの在り方にある。

自然は、資本・市場にとってあくまでも資源やエネルギーを提供してくれる対象でしかなく、経済的利益に役立つ限りでのそれである。その意味では経済的自然であって、「生きた自然」、「生命を育む自然」という認識はない。こうした近代の自然認識にいくらかの変化―共生を志向する精神の台頭―が見られるが、資本や国家の資源への渇望は、際限がなく、北極海に、南極に、さらには月にまで向かっている。

人間は、資本・市場にとって、単に労働力を提供する商品に過ぎず、社会的に様々な問題を抱えてもなお人間的に生きたいと願う存在という認識はない。人間に対する労働を提供する商品という視点は、社会的存在としての人間の本質を歪め、人間の本来の姿は見えてこない。文化的存在としての人間、霊的存在としての人間は、資本・市場にとってほとんど問題になりえないのである。したがって、自然も人間も経済的価値としての評価でしかなく、私達が今抱える二つの問題の発生は、言わば、資本主義市場システムを文明原理として選択したことの歴史必然的な結果なのであり、市場に対するアンチ・テーゼを意味する。それはまた、自らの理論体系の外部に位置するものとして扱ってきた経済学に対するものでもある。

ほぼ二世紀半という短い時間で、国家や資本の成長至上主義によってもたらされた私達が直面する代償はあまりにも大きく深刻と言わざるを得ない。しかも地球的規模で全人類にかかわっているのである。そうだとすれば、市場原理による成長戦略は、虚構と化しつつあるのではないか、その意味で、私達はすでに定常型社会―必要に応じて定常型経済も使用するが、定常型社会の方が本章の趣旨に合致している―へ移行する道程にいるのではないか、と考える。格差で貧困に喘ぐ人達が増える一方で、企業は巨額の内部留保を持つ―二一世紀に入って増え続け、二〇一八年の日米欧で一〇兆ドル（一〇〇〇兆円強、このうち日本は五〇〇兆円を超え突出している）を超えている（日本経済新聞二〇一九年一一月一〇日）。この巨額の資金は、再分配資金にすべきものだが、有力な投資先のない証しでもあり、国連やＯＥＣＤのセンサスを見ても、先進諸国の成長鈍化—時にはマイナス成長—が目立つ。それは途上国にも及ぶ。経済成長の限界的数値は、現代資本主義秩序の基盤が破綻し始めていることを意味する。最近、持続可能な経済の実態を把握する指標として、「新国富指標」が注目されている。ＧＤＰから除外されてきた、環境破壊や教育問題などを反映させて社会の実質を把握する数値だが、「社会インフラなどの人工資本のみならず、森林や農地、天然資源などの自然資本、教育水準や寿命などの人的資本の三つを合成して作る」という。すべてに「資本」という言葉を使うことにいささか違和感を覚えるが、この指標に照らせば、中国の一〇％の成長は五分の一の二％にダウンするとされる。成長の数字の虚構性が明らかになる。数字の上で見ても小さくないと思われるが、環境、教育、企業統治などへの投資、ＥＳＧ投資は近年増加傾向にあり、一九一八年の世界で三〇兆ドル（三〇〇〇兆円強）に上るという[1]。経済だけでなく社会すべての実態を把握しようとするこうした試みと数値は、貴重であると同時に、私達が定常型社会に移行しつつあることを反映しているのではないかと考える。

こうした現実は、経済の新自由主義的グローバリズムの破綻と脱成長の道がすでに始まっていることを示しているとすれば、私達はこの事実を積極的に受け止め、自然と人間の再生という人類史上の大きな課題を解決するため、定常型社会をこれまでとは違って経済に偏らない豊かさを持つ社会として構想する必要がある。

本章の目的は、定常型社会を前提に置き、市場原理に代替する経済原理の在り方を考究することである。もとより、その全体図を描くことは能力を超える問題であるが、私達は、それに接近するための極めて示唆に富む思想を持っている。柳宗悦（一八八九〜一九六一）の「用の世界」＝「物心一如の世界」論である。民芸運動の創始者としてよく知られる柳宗悦の思想の核心は、宗教哲学思想であり、それを民芸の世界で実証して、さらに相互にフィードバックさせながら練り上げられた思想である。柳の宗教哲学と民芸論は文字通り「一如」である。本章は、柳が「用の世界」を「物心一如の世界」として認識したことに焦点をあて、そこで展開されている経済原理とも呼べる「物とこころ」が織りなす世界を検討する。（なお、柳の「用の世界」論について、すでに四章、五章で論究しているので、[2]重複するところの多いことを予めお断りしておきたい。）しかし、柳の思想の検討に入る前に、ぜひとも論究すべき問題がある。それは定常型社会に関する議論である。次節で、古典派経済学（D・リカード（一七七二〜一八二三）とJ・S・ミル（一八〇六〜一八七三））の定常型社会論を検討し、そして環境問題との関連での定常型社会論（H・E・デーリー）にふれ、グローバル時代の定常型社会論（広井良典）を取り上げる。これらの先行研究は本書にとって貴重な示唆を提供してくれる。そのあと、第三節で、柳の「物心一如の世界」に分け入り、第四節では、「物心一如の世界」を市場システムに代替する「経済システム」と認識し、その内実を展開する。最後の五節では、「物心一如の世界」における「貧の富」の意味を問う。ここでの「貧」とは経済学的意味での貧のことではない。

第二節　定常型社会論の検討——学史的検討とその継承

自然環境問題のみを成長の制約と認識するのであれば、定常型社会論はさしあたり経済システムの在り方の問題として措定される。そうであれば、定常型経済という概念の使用が相応しいかもしれないが、問題を深く掘下げれば、人間と社会に密接な問題として考究すべきものである。しかも、成長の制約としての人間精神の危機的問題に直面していることを考慮すれば、人間の思想・精神の問題を視野に入れた社会論としての展開でなければならない。単に経済問題に矮小化することは出来ない。

ところで、定常型社会論について、筆者は拙稿（一九八四）「古典派定常経済論と現代社会—発展的社会から定常的社会へ—」[3]で論じた。そこではリカードとミルの言説を検討した。リカード理論への理解に大きな変更はないが、ミルについては現時点で理解度が不十分でミルの思想の真意に接近出来ていないのを認めざるを得ない。本章は、その補足的意味もあるので、重複するところあるについてご寛容頂きたい。

二・一　D・リカードの定常型社会論

リカード経済学は、労働価値説の完成理論や自由貿易論の原型理論として大きな影響力をもつと同時に、新自由主義グローバリズムの理論的・思想的根拠を提示するものとしてその命脈を保持している。リカードの定常型社会論は、実は、自由貿易の正当性を裏付けるための理論装置として登場するので、成長志向の経済学では注目されることは少ない。しかし、環境問題を抱える私達の時代に照らして、リカードの経済学体系を見るとき、定常型社会論―その内実は定常型経済論と言うべきである―は検討に値する言説である。

リカード経済学は、イギリスの産業革命期を歴史的背景とし、機械の登場による工業社会と市場の発展をいかに促進するかを課題にして登場する。その場合、発展のためには農業問題を克服することが急務と考えられた。農業問題の克服、これが当時のイギリスの経済発展を占う経済政策の難題であった。リカードとT・R・マルサス（一七六六〜一八三四）との穀物法論争は、穀物価格問題を媒介にして自由貿易か保護貿易かの是非を問うものであった。自由貿易を提唱するリカードは、投下労働価値説を理論の基礎に据え、資本蓄積（経済発展）のための経済学体系を構築するのである。経済発展の経済学、それが産業革命期の経済学者、リカードの関心事であった。

リカード経済学体系の骨格は、資本蓄積の自然的コースとして定式化することが出来る。この理論的定式に沿って見れば、彼の発展論の論理展開が明確になる。それは、資本蓄積・人口増加を出発点にして、穀物需要の増加→劣等地への耕作促進→穀物価格上昇・地代上昇→賃金上昇→利潤低下というものである。ここから、一般的利潤率の自然的低落傾向が結論付けられる。リカードは、利潤の低落傾向を導出するために、詳細な展開は避けるが、以下のような市場の理論や論理を用意している。

（一）工業社会と市場の発展的動態を決定づけるのは、資本の蓄積である。（二）人口の動態は、資本の増減に規定される。したがって、資本蓄積が進めば、人口は増加する。（三）人口増加は、食糧の需要を増加させる。（四）

食糧需要の増加は、「外国からの安価な穀物が輸入されなければ」という前提のもとで、劣等地への耕作の拡大（外延的耕作の拡大）あるいは既耕地での資本と労働の追加的拡大（内包的耕作の拡大）を必要とする。この論理段階で、リカードは、外国との自由な貿易取引のない、閉鎖された一国経済を前提に理論展開していることが分かる。（五）土地の外延的・内包的耕作の拡大による穀物生産は、投下される労働量の増加を意味するので、穀物価格の上昇を招く。ここでは、土地の収穫逓減の法則が前提されていて、「土地の有限性」と「土地の質的非均一性」は労働投下量の増加につながり、穀物価格の上昇および地代の発生とその上昇が説明される。（六）穀物価格の上昇は、労働者の第一次的必需品として生活に直接影響するので、賃金の上昇につながる。（七）リカードは、価格は賃金と利潤からなる—もちろんこの理論は不変資本が考慮されず間違っているのだが—ので、賃金の上昇は、一般的利潤率の低下をもたらす。もちろん、リカードは穀物価格の上昇を阻止する要因として、穀物生産における機械の改良や農業科学の発見を指摘する、しかし、それらは根本的解決にならず、自然の制約により穀物価格と賃金の上昇傾向は継続する、そのため資本はその上昇圧力を阻止出来ない、とする。

　こうして導出されるのが、利潤の最低限への低下をへて蓄積の停止・人口増の停止という社会・経済状況である。それは資本にとっての死を意味する。リカードはそのような事態を「富源の終焉」（the end of resources）と呼ぶ。富のそれ以上の増加のための源泉が絶たれ、社会は定常状態（stationary state）を迎えることとなるのである。

　ここまでの展開で重要なのは、（四）と（五）で指摘した、閉鎖経済の問題と土地の「有限性」・「質的非均一性」の問題の二つである。資本蓄積の制約、リカードの言葉で言えば、「増進しつつある富と繁栄の結果として起こる自然的障害（the natural impediments）」[4]の問題である。つまり、閉鎖経済に留まる限り、その障害を克服できず、経済は定常状態に陥らざるを得ないというのがリカードの考えであった。リカードのこの言説は、「土地」を「自然」あるいは「資源」と言い換えても理論としては成り立つ。その意味で、彼の定常型社会論は、自然や資源の有限性の問題がキーワードになっているのである。

　しかしながら、リカードの経済学はこれで終わりではない。リカードにとって必要なのは、定常型社会への移行の道を克服し、さらなる富と繁栄を獲得する方策は何かを提示することであった。その方策こそ、比較生産費説を論拠とする自由貿易（国際分業）による市場の海外への拡大である。それが、あくまでも市場経済に信頼を寄せる、リカードの解決策であった。リカードは、『経済学および課税の原理』（一八一七）後の論文「公債制度論」（一八二〇）のなかで、ある国が定常状態に陥っても、その国は「外国貿易の助けによって、富と人口とをなお無制限に増大していくことができる」と言い、富の「増加の唯一の障害物」すなわち「食糧およびその他の原生産物の不足とその結果としてのそれらの価格上昇」は「製造品との交換」によるそれら商品の輸入によって解消されるので、「富の蓄積」と「利潤の獲得」の「限界点がどこにあるかを示すことは難しくなる」(5)と述べている。リカードの経済学体系は、この自由貿易論をもって完結するのである。

リカードが自由貿易を提唱して以来、グローバリズムの時代までほぼ二〇〇年経つ。自由貿易は保護貿易とのせめぎ合いを繰り返しながら、常に正義の顔を装いながら市場経済を拡大してきた。保護貿易は必ずしも後ろ向きの政策ではなく守るべきものを保護してきたことの貢献は大きい。しかし、その保護貿易もやはり経済発展を志向する市場の論理を合わせ持ち、市場経済を促してきたことは否定できない。その意味では、保護貿易の在り方を根本から見直すべきである―後述する風土型経済を再生するための保護貿易こそ重要である―が、ともかく、今日の新自由主義にコントロールされた市場原理が曲がり角を迎えていることは、リカードが一九世紀初頭のイギリスの行く末を案じたことと重なって見えてくる。リカードが懸念した定常状態に私達もグローバルな規模で到達しているからである。リカードには自由貿易という解答が与えられたが、私達に経済学的な意味での答はない。リカードの悲観的な視点とは違って次に検討するミルの思想には希望のある答えのヒントがあるように思う。

二・二　J・S・ミルの定常型社会論

一九世紀半ば、穀物法が一八四六年に廃止され、自由貿易帝国主義と言われる、イギリスの世紀（パクス・ブリタニカ）が到来していた。この時期、経済思想家、社会思想家として、J・S・ミルが登場する。ミルの主著『経済学原理』の出版は一八四八年である。ミルは、定常型社会を肯定的に受け入れ、その内容についてかなりの分析を行っている。スミス（一七二三〜一七九〇）、リカードなど古典派経済学は、資本と人口の増加、生産技術の進歩を意味する社会的・経済的発展の一般的理論を説くことに専念してきたが、ミルとて例外ではない。『経済学原理』の理論的展開の大部分は、それに費やされている。『原理』の第一篇「生産」第二篇「分配」第三篇「交換」は理論篇で、続く第四篇は「生産および分配に及ぼす社会の進歩の影響」、第五篇「政府の影響について」が最後に来る。私達が注目するのは、第四篇の第六章「停止状態について」である。理論篇に比べて、第四篇は、興味深い内容で、ミルの資本主義観、経済観、社会観、そして進歩観が率直に表明されているように思われる。[6]

第六章（この章だけに限らないが）は、今日の私達の社会の実相のことかと錯覚するぐらい、資本主義「社会の経済的進歩」の行方を言い当てているように見える。この章の冒頭で、ミルは、すでに、社会経済の「前進的運動」は「その本性において無制限ではない」ことを認識し、その「前進的運動の法則を探究するだけでは満足しない」と言い、その前進運動の終点、産業的進歩の「究極点」を見極め、「それは人類をどのような状態におくか」を予期すべきと述べている。[7]

物、もの、モノに溢れた私達の生活は、いつまで続くのか、このままでいいのか、このままでいいはずがないと、素朴な疑問を持つ人は少なくないが、ミルの認識もそれに近い。一九世紀半ばのイギリスの繁栄はいつまでのものかと考えたとしても不思議ではない。いずれ近いうちに終点が来るのではないかと。ミルは、さきの引用文に続けて、次のように述べている。「そもそも富の増加というものが無際限のものではないということ、そして経済学者たちが進歩的状態と名づけているところのものの終点には停止状態が存在し、富の一切の増大はただ単にこれの到来の延期にすぎず、前進の途上における一歩一歩はこれへの接近であるということ、・・（中略）・・そして私たちは、いまや、この最後の終点はいつの時にも非常に接近しており、そのためそれを十分にこの目で見ることができるということ、そして私たちはいつもそれのすぐ近傍におり、もしも私たちがはるか以前にそれに到着していないとすれば、それはこの終点自身が私たちに先んじて飛び去るからであるということを、承認しなければならない。……（中略）……停止状態を終局的に避けるということが不可能である」[8]と。停止状態は発展の必然的な結果であって、それは遠からず訪れるとする、ミルは、リカードと違い、「今日のわれわれの状態よりも非常に大きな改善になる」[9]ので、その状態は歓迎すべきものとの認識を示すのである。

しかし、経済の拡大局面よりも停止状態が望ましいといっても、何故そうなのかの理論的根拠は必要である。ミルは、富増大の行程の終着点としての停止状態を利潤率低下で説明する。その点で言えば、リカードと同じである。経済理論としては当然の議論と言える。この理論展開のポイントは、農産物価格の上昇ということである。それによって労働者に必要な生活資料の価格が上昇し、実質賃金の上昇を経て生産費を引き上げる。その結果、利潤は下落することとなる。利潤の下落は、富増大のプロセスが拡大再生産されればされるほど、技術革新があったとしても一般的な傾向法則として導出される。ミルは、農産物価格に直接影響する、農業技術の改良の効果についてかなりの議論をしているが、ここではその結論のみに留めたい。次のように述べている。「農業上の技術および知識というものは、その発達が遅く、その普及はなおそれ以上に遅いものである。諸種の発明や発見も、やはり折にふれて行われるだけであるが、一方、人口と資本の増加は不断に働いている要因である。それであるから、たとえ短期間にせよ、改良が著しく人口および資本の先を制し、その結果、実際に地代を引き下げ、あるいは利潤率を引き上げるということは、ほとんど起こらないこととなるのである」[10]。つまり、農産物価格の上昇は、技術の改良があっても避けがたい一般法則であるということである。したがって、「農業上の改良は、人口の増加（農産物の価格上昇—筆者注）に相対抗する反作用であるよりも、むしろ人口の増加を制限する桎梏の部分的緩和であると考えることができる」[11]。ミルは、停止状態への行程をほぼ以上のような理論で説明している。理論の骨格は、リカードのそれとほとんど変わらないと言ってよい。違いはその分析の濃さにあるだけである。ミルも、リカードと同じように、資本や富の増大を是とする立場をとれば、富の停止状態を望ましいものとは考えなかったであろう。

ミルが停止状態を望ましいとするのは、資本や富の立場からではなく、社会的・人間的精神を重視するからである。つまり、停止状態における人間の社会的意識の問題である。ミルは、二つ指摘する。一般的安寧の増大と将来に対する考慮の増大である。長いが引用する。

「まず第一に、進歩から生ずる結果として人々に認められているものの一つは、一般的安寧の増大である。戦争による破壊や、公私の暴力による掠奪は、その恐れがますます少なくなってゆく。教育および司法行政において期待せられうる改善や、それが見られない場合には世論尊重の風習の増大が、詐欺や無謀な失政やに対する保護の増大を生みだしつつある。したがって、貯蓄を生産的用途へ投資することに伴う危険が、それを補償するために必要とするところの利潤率は、今日では一世紀前よりも小さいものとなった。そして今後は今日よりも小さくなるであろう。また第二に、人類は目前の事態の奴隷たることが少なくなり、その欲求と目的とを遠い将来へ及ぼす習慣をより多く身につけるようになったが、これもやはり文明がもたらした諸種の帰結の一つである。この将来に対する考慮の増大は、保証された気持ちをもって将来をながめることができる、その度合いの増大の自然的な一結果であるが、しかしそれはまた、産業的生活が人間の本性に含まれる感情や志向のうえに及ぼすもろもろの影響の多くのものによって、助長されているのである。人生の転変が少なくなるにつれ、また習慣がますます一定し、長い期間にわたる辛抱以外のいかなる手段によっても大きな獲物をうることがますますできなくなるにつれて、人類は、将来の目的のために現在の快楽を犠牲にすることを、ますます喜んでするようになる。このような将来に対する思慮および自制の能力の増大は必ずや富の増加以外の種々の事柄を見いだしてその作用を及ぼすであろう(12)」。

ミルは、見られるように、富の前進的運動の帰結としての定常型社会における社会的精神の向上に注目する。その精神の志向は、まず危険の高い投資より生活における安心と安全の確保である。そして将来の社会への「思慮」と「自制」精神の増大である。それは「富の増加以外の種々の事柄」に目を向ける契機となる。こうしたミルの定常型社会への視点は、定常型社会論の最も重要な論点である。つまり、停止状態なる社会の進むべき方向は、経済的停滞に心を悩ませるのではなく、公共的精神、おおらかな感情、真の正義と平等を願うことなど、人間精神の向上による社会の創造である。

それでは、ミルは、定常型社会をどのように描いているか、三点指摘したい。

第一は、富裕への欲求がないことである。ミルは、富という権力と富裕のために野心を持ち、「互いにひとを踏みつけ、おし倒し、おし退け、追いせまること」が、「最も望ましい人類の運命」・「理想」と考える人々がいるが、それは間違っていると言う。ミルは競争を部分的に認めるが、富への強力な執着を否定する。そこで注目するのが、共同組織の重要性である。たとえば、資本家と労働者との従属的関係は、その両者の共同組織にそして最後には労働者どうしの共同組織に変化すべきであると。それは、「進歩向上の目的は、ひとり互いに他の人たちがいなくともやって行けるような状態に人間を置くばかりではなしに、また人間が従属関係を含まない関係において互いに他の人たちとともに、また他の人たちのために働きうるようにすることでなければならぬ[13]」からである。この社会道徳的言説は、ミルの社会観をよく示している。また、必要以上に裕福な人達が贅沢と快楽のために資力を倍加しようとすること、中産階級から富裕階級に成り上がろうとすること、有業の富裕層から無業の富裕層に成り上がることなど、「なにゆえに慶ぶべき事柄であるか、私には理解できない[14]」と、富への執着を厳しく批判している。したがって、ミルが最善の状態と考えるのは、「たれも貧しいものはおらず、そのため何びともっと富裕になりたいと思わず、また他の人たちの抜け駆けしようとする努力によって押し返されることを恐れる理由もない状態[15]」ということである。

第二は、経済的に必要とされる良き分配と人口の厳重な制限である。より良き分配が実現されるためには、財産の平等を促進するような法体系など、「平等化の作用する諸制度」の整備だけでは不十分—なぜなら社会の上層は低くできるが、下層を永続的に高く出来ないからである—で、「個人個人の思慮と節倹」との共同作業が必要だとミルは言う。この共同作業が創り出す社会の状態は次のようなものだとしている。すなわち「労働者層の給与が高く、かつ生活の裕かなこと、しかし一方、ひとり荒々しい労苦を免れているばかりでなく、また機械的な煩雑な事柄からも―しかも心身ともに十分な余裕を持って―免れて、そのために人生の美点美質を自由に探究し、またより不利な事情のもとにある諸階級に対し、その成長のために、その美点美質の手本をみせることができるような人々の群れが、現在よりもはるかに大きくなっていること。このような、今日の社会状態よりもはるかにすぐれた社会状態は、ただに停止状態と完全に両立しうるというばかりでなく、また他のいかなる状態よりも、まさにこの停止状態と最も自然的に相伴うようである」(16)。停止状態においても、より良き分配制度と人間の「思慮と節倹」・人間の「美点美質」の精神は、社会の豊かさのために大きく有効に作用すると言うのである。ここでも、人間的精神の在り方の重要性が注目される。

次に、人口問題に言及しよう。ヨーロッパは、「人類の協業および社会的接触の両者から生ずる利益のすべてを最大限度まで獲得しうるために必要とされる」ような人口の規模にすでに達している。こうした認識にもとづいて、ミルは、技術の向上と資本拡大による人口増は望ましくないと言う。ここで興味深いのは、技術の向上、資本(市場)の拡大と人口増の三位一体のシステムの環境への影響に言及していることである。ミルは、「自然の美観壮観」は、人と社会にとって必要な「思想と気持ちの高揚」を育てる「揺籃」で、それが損なわれるのは悲しいことだとして、次のように述べている。「自然の自発的活動のためにまったく余地が残されていない世界を想像することは、決して大きな満足を感じさせるものではない。人間のための食糧を栽培しうる土地は一段歩も捨てずに耕作されており、花の咲く未墾地や天然の牧場はすべてすき起こされ、人間が使用するために飼われている鳥や獣以外のそれは人間と食物を争う敵として根絶され、生垣や余分の樹木はすべて引き抜かれ、野生の灌木や野の花が農業改良の名において雑草として根絶されることなしに育ちうる土地がほとんど残されていない―このような世界を想像することは、決して大きな満足を与えるものではない。もしも地球に対しその楽しさの大部分のものを与えているもろもろの事物を、富と人口との無制限なる増加が地球からことごとく取り除いてしまい、そのために地球がその楽しさの大部分のものを失ってしまわなければならぬとすれば、しかもその目的がただ単に地球をしてより大なる人口―しかし決してよりすぐれた、あるいはより幸福な人口ではない―を養うことを得しめることだけであるとすれば、私は後世の人たちのために切望する、彼らが、必要に強いられて停止状態にはいるはるかまえに、自ら好んで停止状態にはいることを」[17]。この文章を、いま、驚きを持って読まない人はいないと思う、私達のいまを言い当てているからである。しかも、ミルは、人間による地球破壊を現実のものにしてはならないことを、「後世の人たちに」と、警告しているのである。「後世の人たち」とは、言うまでもなく、私達のこと以外にない。ミルは、きっと、私達のことを「何を考えているのか、何をやっているのか」と怒っているに違いない。地球自然は、私達に必要なものならすべて分け隔てなく与えてくれる揺りかごではないかと。私達は、ミルの時代から一五〇年超、少しも賢くなっていないのである。自然への人間の想いの問題は致命的に大きい。

そして第三は、技術進歩が果たす社会的役割についてである。私達人類は、いつの時代も技術的進歩をやめたことがない。これからも続く。しかし、「今日までは、従来行われたすべての機械的発明が果たしてどの人間かの日々の労苦を軽減したかどうか、はなはだ疑わしい」、だから、停止状態では、「産業上の改良がひとり富の増大という目的のみに奉仕するということをやめて、労働を節約させるという本来の効果をうむように[18]」ならなければならない。それが停止状態における人間的進歩の意味であって、「あらゆる種類の精神的文化や道徳的社会的進歩のための余地」は確実に存在するのである[19]。ここでの技術に関する議論も私達にとってミル以上に切実な問題である。私達の時代の技術は、予想もできないようなリスクを内に秘めた質的に次元の違う問題として提出されていて、技術の進歩に携わる人達の思いのままのやり方に信頼を寄せるわけにいかない事情にある。その「本来の」社会的役割とは何かを絶えず問い続ける必要がある。

ミルの定常型社会論の骨格は、ほぼ以上の三点に要約できる。『原理』の当該の第六章は、「人間社会の理想に関する誤った考え方に反対を唱えること」を目的にしているとされるが[20]、瞠目に値するのは、資本主義の富拡大のシステムを、リカードと違い、絶対のものと見ず、その発展の先に定常型社会を定立し、理想とする社会的理念を提示したことである。そして、確認すべき最大のものは、制限のない富の増大が生み出す社会的現実に対する、一般大衆の批判的意識の向上である。その意識の道徳的向上―その中心は富裕への欲求の減少である―が、公平な制度改革と共に、経済的停滞を豊かなものに転化していく力になるのである。

ミルの定常型社会論は、少なくとも、私達が展開すべき定常型社会論の基本的視点を提示しているとして間違いない。問題は、ミルをどのように発展させるかである。

二・三　エコロジー経済学の定常型社会論

戦後の高度経済成長の下で発生した、水俣病をはじめとする公害病、大気汚染、海・河川の汚染、農薬汚染、食の汚染など環境問題は、地球規模に拡大するのだが、経済学理論の世界にも反省の波が押し寄せ、その潮流の一つとして、エコロジー経済学が登場する。日本では、ミルの定常型社会論にはじめて注目したと思われる、経済思想史家、経済人類学（K・ポランニー）の研究者、さらにはエントロピー学派の研究家でもある、玉野井芳郎やエントロピーの研究者の槌田敦、そしてエントロピーの経済学で知られる室田武などが、自然科学の知見を得て、新しい経済学の潮流の一つとして登場するが、これらはエコロジー経済学のうちに加えてよいであろう。ここではそれらの研究の詳細に触れる余裕はないが、大量のエントロピーを排出する経済システムへの批判的所説によって環境問題の研究に大きなインパクトを与え続けている。

私達が、ミルとの関連で、定常型社会論に関する研究で注目すべきなのは、エコロジー経済学の立場からの、H・E・デーリーの定常経済学（Steady-State Economics）である。デーリーの編集で出版された『定常経済をめざして』（Toward a Steady-State Economy）には、ニコラス・G・レーゲンの「エントロピー法則と経済問題」やE・F・シューマッハーの「仏教経済学」などの論文が収録されていて、この本の性格をよく表わしている。すなわち、成長マニア経済学への批判はもちろんのこと、自然と人間との共生、そのための経済システムとはどういうものかを問うものであった。デーリーは、この編著の序章で、ミルの定常型社会論は、「私達の研究の出発点」で、「彼（ミル）の時代より私達の時代によく当てはまる」と述べ、ミルの第四篇第六章の文章を長々と引用している。[21] もちろん、ミルの時代から一五〇年超、学問の進歩は類を見ないと言っても過言ではないが、一方、学問の断片化・分化が進み、統合性に欠けるのも事実である。そこで、デーリーは、私達が直面する問題の解決には、諸々の知の統合化、すなわち、経済的・社会的・道徳的次元での知の統合化を実現して、全体のビジョンを提供するパラダイムがなければならないとし、ミルには、そうしたパラダイムが備わっていると言うのである。[22] デーリーは、特に、ミルが経済の停止状態の議論で、経済的視点よりは道徳的視点が重要だとしていた言説に高い評価を与えている。つまり、社会的意識を向上させ、道徳心を高めること（moral growth）を重視した、ミルの思想に注目しているのである。ただ、道徳論の深い分析はないように思われるが、我々としては、以上述べてきた点の確認に留めておきたい。

二・四　グローバル時代の定常型社会論

経済のグローバル時代は、ベルリンの壁崩壊後、社会主義圏が消滅—いわゆる「歴史の終りと民主主義の勝利」—し、その市場経済化が進むにつれて地球規模の世界システムとして成立するかのように思われたが、二〇〇一年の九・一一と地球温暖化に象徴されるように、実は、分裂と対立と格差とそして差別を内在化した人間犠牲のシステムであるだけでなく、地球自然犠牲のシステムでもあることが明らかになった。二一世紀に入って、その様相は深刻度を増しているのである。日本では、それは沖縄と福島に象徴的に集約される。こうした文明論的転換の必要性を背景にして、定常型社会論の新たな展開は、極めて時宜を得た研究である。広井良典『定常型社会』（二〇〇一）と『グローバル定常型社会』（二〇〇九）である。広井（敬称略）は、科学史・科学哲学と公共政策の専門家として、その視野の広さといのちや時間や空間への哲学的考察をベースに、定常型社会論をかなり包括的に展開している。広井の定常型社会論は、少子高齢化つまり人口増の停止と資源・環境の制約という問題をその背景にして提出されている。定常型社会への移行はすでに進行していて、市場経済の進化の自然的帰結とされ、新しい「豊かさ」の価値理念のもと、グローバルシステムとして「持続可能な福祉国家／福祉社会」を実現することがその課題である。その構想は、壮大で、私達の経済が地球大のものになっていることを想えば、そうならざるを得ない。広井の論点は多岐にわたり、その全体をフォロー出来ないが、ここでは、ミルの議論の発展的展開を本章は期しているため、それとの関連でその内容に触れたい。

（一）持続可能な福祉国家／福祉社会の実現のためには、環境、福祉、経済を統一的に認識し、「個人の「機会の平等＝潜在的な自由」ということを価値原理とするような社会保障制度が備わった社会」でなくてはならない。[23]

（二）定常型社会の三つの意味とその条件・根拠が提示されている。[24]

第一の意味の定常型社会：消費の脱物質化の方向で、マテリアルな（物質・エネルギーの）消費の成熟化ないしは定常化を意味し、情報化（情報の消費―モノそのものよりデザインや付加価値に関心を向ける消費）や「環境効率性」を通して定常化が進行する。

第二の意味の定常型社会：脱量的拡大の方向で、経済の量的拡大を基本的価値ないし目標としない社会を意味し、単位時間当たりの消費を極大化することを目標とする「直線的な時間の消費」から、文化、芸術、自然、演芸、旅行、スポーツなどの「余暇」や「レジャー」に関わる消費あるいはまた介護、保育、健康、医療、教育、カウンセリング、癒しなどの「ケア」に関わる消費等、これら「社会的・文化的な時間の消費」への転換を通じて、定常型社会が進行する。つまり、時間観の転換を伴った定常化である。

第三の意味の定常型社会：市場経済が実は自らもそのベースにありながらその存在を無視し超えようとしてきた、自然や共同体への回帰の方向で、「〈変化しないもの〉に価値を置くことが出来る社会」である。それは、時間概念で言えば、「共同体の時間」とそのベースにある「自然の時間」の再発見によって進行する。

（三）定常型社会でも、社会保障制度は社会のセイフティ・ネットとしての意味を持ち、人々のベーシックなニーズを含む社会文化的なサービスを担うための「公（政府）―共―私（個人／市場）」という重層的システムが必要である。定常型社会は、共をベースにした伝統的共同体とは異なり、自立的な個人の自発的な参加と共通の関心、理念、連帯の意識でつながる「新しいコミュニティ」として再生する。

（四）『グローバル定常型社会』は、『定常型社会』の議論をさらに深めている。ローカルからナショナル、リージョナル（アジア）、そしてグローバルへと展開される、全体構造としての定常型社会が構想される。ここでの主題は、それぞれのレベルにおける、「公・共・私」の構造、「自給と分業（相互依存）」の構造、そして「環境と福祉」の統合の問題である。一国を視野とする、定常型社会の議論は、グローバルな規模において定立化される。その構想の骨組みは、ローカルからグローバルへと連動して構築される福祉国家の実現であり、政府などの「公」をベースにした「世界市場プラス再分配モデル」とコミュニティの「共」をベースにした「小地域自給モデル」との何らかの組み合わせとして定立化されている[25]。

地球社会全体を定常型社会として一括りにするには、広井が提唱しているように、ローカルレベルをスタートにして、地球レベルの福祉社会を構想することが必要である。そのためには多くの学問領域を動員し統合しなければならないが、そのことを明確にした、広井の研究の意義は大きい。広井の定常型社会論のなかで、本章との関連で注目するのは、ローカルレベルにおける風土への着目である。本章でも、風土の問題こそ定常型社会論の原点と考えており、風土を台無しにしてそれを超えようとしてきた資本主義社会がその終局の時代を迎え、風土に回帰せざるを得ないのではないかと思うからである。その意味で、我々も、（二）で指摘された、第三の意味の定常型社会に注目すべきと考える。森（グローバル＝地球社会）の豊かさは、それを構成する木々一本一本（ローカル＝風土）の豊かさに依存するという観点からすれば、それは、当然の帰結である。広井は、風土論で、地理や空間の多様性、文化の固有性などに触れ、また宗教、信仰、神々の多様性、さらには自然のスピリチュアリティにまで言及している。その意味で、広井の風土論は、本章にとって、示唆するところが大きい。ただ、誤解を恐れず言えば、広井の議論は、制度論に重点があり、人間の精神世界の分析は手薄になっている印象を受ける。ミルの議論を振り返れば、制度論（平等化のための制度）と人間の精神論（個々人の思慮と節倹）は、一対のものとして定立されていた。制度の転換に伴う精神世界の進化の問題である。ただ、この節で検討してきた議論の多くは、広井の議論を含めて、いわば、市場経済の定常型社会への移行期あるいは過渡期における現象に対する理論建てであるように思われる。たとえば、前述の広井の議論における脱物質化や脱量的拡大の現象（余暇やレジャー、教育、スポーツ等々）は、移行期・過渡期ゆえに（また、資本主義の産業構造の変化―第三・四次産業へのシフトという問題もある）市場経済的論理の色合いを多く帯びている。移行期である以上、それは当然のことで、問題は市場経済的論理をいかに払拭していくかということである。それは、結局のところ、精神の問題、心の問題なのではないか。今後、いわゆるポランニーの言う二重運動、すなわち市場経済の精神に対する人間の側からの防衛運動、というより反転攻勢の運動がもっと積極化しなければならない。その鍵は、近代の思想、近代の精神を超える、精神・こころ・心とは何かということである。そのことは、自然破壊だけでなく、精神の空洞化に伴う人間性破壊に直面している、今こそ重要視すべき喫緊の課題である。私達は、それを風土の心、共同体の心に求め、柳宗悦の思想に接近したい。

第三節　柳宗悦の思想における「物心一如の世界」

定常型社会への移行は、歴史的に必然的な道だとすれば、何を契機にして進むのであろうか。物事の転換の始まりは、市場社会の民主的制度からではなく、社会的現実への批判的精神の表白からであり[26]、しかもそれは、生きる存在としての人間の精神の根底にあるものでなければならない。その精神が多くの人々・民衆のものになったとき、制度も生き改革も進む。定常型社会への移行の問題も例外ではないのではないか。私達は、生活破壊を余儀なくされている階層の増大や格差拡大は富の公平な分配システムによって早急に是正すべき問題で、それを優先しながら、定常型社会の到来に備えた、人間精神の在り方と社会制度的な仕組みの方向性を考えるべきである。それは、市場経済原理に代替する、人間的社会的原理の構築でなければならない。

私達が注目するのは、柳宗悦の宗教思想・民芸思想の核心にあると考える、「物心一如の世界」である。柳は、民衆の何気ない日常の生活のなかの工芸に、近代の美術や市場の価値体系とは異なる、「もう一つの価値体系」を発見し、そして近代を超えると思える価値体系を創造した[27]。柳の「物心一如の世界」とは、「用の世界」と同義であり、経済学的には、「使用価値の世界」のことである。しかし、それは単に使用価値だけの世界ではなく、柳によれば心の、精神の世界でもある。

柳の言う「用の世界」を、先ず「使用価値の世界」として考察してみよう。使用の世界、実用の世界は、日常の生活における最も基礎的な営みで、それがなければ生活は成り立たない。その意味で、交換価値は市場経済と深く関わる「量」の概念であるのに対し、使用価値は「質」の概念で市場経済的概念とはいい難い。「使用」はまた経済学の「効用」概念とも違う。「効用」概念は、消費する者の満足の程度を量的に表現するという意味が含まれ、主観性の高い欲望の関数である。市場経済的概念と言ってよい。「交換価値の世界」は市場経済と、「使用価値の世界」は非市場経済と関係が深い。定常型社会も基本的には非市場経済に属し、「使用価値の世界」として展開できるのではないかと考える。

そこで、以上のことを踏まえて、「交換価値の世界」と「使用価値の世界」を比較してみよう。前者は、生産（労働）と消費を市場が繋ぐという関係（〈生産（労働）―市場―消費〉）で、私的利益を第一とする市場の原理が生産も消費も規定する。ここでは、市場も生産も消費も「量」的拡大を目的とする。これに対し、後者の「使用価値の世界」は、生産（仕事）と使用（消費ではない）を非市場―後述するが、それは半市場と言うべきもの―が繋ぐという関係（〈生産（仕事）―非市場―使用〉）で、「使用」が優先する世界である。「消費」は「量」と、「使用」は「質」と深く関わる。これら言葉の使い分けは、アメリカの政治思想家として知られる、H・アレント（一九〇六～一九七五）に従っている。アレントは、「労働」と「仕事」を区別し、「消費」と「使用」は違うと言う[28]。「労働」と「消費」、「仕事」と「使用」は、それぞれ対の関係にある。「労働」と「消費」は近代的概念で、「仕事」と「使用」は非近代的概念である。アレントによれば、「消費」は解体することが本質であるが、「使用」にとって、解体は二次的・付属的な事柄であると認識され、使用対象物は、それ自身の耐久性によってそこに存在するものとされる[29]。この定義に従えば、解体としての消費は、さらなる生産を促し、生産と消費の時間的サイクルは、その消費物の自然的耐久性に関係なく、短くなり、その量的な関係は増加傾向を持つことになる。生産と消費の無限的拡大が生まれる。一方、物の自然的耐久性にもとづく使用という営みは、修理・修繕などを施すような使い方をすれば、明らかに生産（仕事）と使用の時間的サイクルは長く、自然の時間に近いものとなる。ここで、私達は、近代のシステムとしての〈生産（労働）―市場―消費〉と非近代のシステム〈生産（仕事）―非市場＝半市場―使用〉との二つのシステムの存在を確認しておきたい。前者が絶えず拡大を志向する「解体あるいは破壊のシステム」であるのに対し、後者は、後述するように、非膨張的で持続可能なシステムであると同時に、柳宗悦の言う「文化の美」や「美の浄土」を生み出すという意味で「創造のシステム」とも言える。なお、この節以降、我々は後者のシステム〈生産（仕事）―非市場＝半市場―使用〉を念頭に議論を進める。

すでに確認したように、柳が、よく知られる「用の美」を発見した「用の世界」は、「物心一如の世界」として語られる。それは、経済学的な言い方をすれば、〈生産（仕事）―非市場＝半市場―使用〉というシステムのことで、単なる物の流れとしてではなく、人間の心の世界をも含む。物は、心と一体のもので、人間の精神性を強く帯びて存在するし、人間の心が物に表現されるからである。

柳は、何故こうした「物心一如の世界」を描こうとしたのか。それは何か特別な世界のことではなく、民衆のごくありふれた日常の生活世界のことだからである。民衆の日常の生活世界で最も大切なことは、「無事」という究極的な変わることのない理念である。「無事でいたい、無事でありたい」は、私達の生活の最上の理念である。無事な人生、無事な生活、無事な家庭、無事な社会、無事な国、無事な世界、無事な自然等々、「無事」は、社会や人間のすべての真理が帰着すべきところという言葉であるだけでなく[30]、精神の在り方も含め宗教性の高い概念である。私達の日々の様々な不幸な出来事を見ると、「無事である」ことの大切さ・有難さを痛感せざるを得ない。柳は、民衆の日々の「無事な生活」のなかにこそ、すべての真理が存在するとの想いを深くし、そしてそれを「用の世界」に求め、「物心一如の世界」として描こうとしたのである。

「物心一如の世界」を「無事」の理念にもとづいて描くとすれば、どのような方法があるか。それは、柳の想いからして、「心」の問題として、さらには、何事もなき「無事の心」の問題として論ずべきものである。柳に『無謬の道』[31]という論文がある。そのなかで、「心」に関して四つの言葉が出て来る。「心の道」、「心の場」、「心の故郷」そして「心の在り方」の四つである。「心の道」は心の目標（「心の故郷」）に向けて辿る道で「無事なる社会」への道である。「心の場」は、三ケ所あって、第一番目は出発点である狭義の意味での「用の世界」・「使用価値の世界」、第二番目は文化論の次元における「心の場」そして第三番目は宗教論の次元における「心の場」である。「心の故郷」は「心の道」の目指す最終局面で「無事なる社会」の「不二の境地」を意味していると思われる。「心の在り方」は、三つの箇所それぞれでの「心の在り方」を指している。（なお、広義の意味での「用の世界」は、これら三つの次元をカバーする意味で使う場合がある。「物心一如の世界」についても同様である。）これらは、言うまでもなく、「用の世界」の「物心一如の世界」における心の作用に他ならない。

そこで、以下「物心一如の世界」を三つの次元に分けて展開する。第一は、「用の世界」における「物心一如の世界」が対象で、日常の「無事なる生活」の世界である。第二は、精神文化としての物質文化が対象で、文化の基礎である「風土の世界」における「物心一如の世界」を検討する。第三は、人道的・宗教的心（精神）が作用する「物心一如の世界」である。

三・一　「用の世界」における「物心一如の世界」――第一番目の「心の場」

私達は毎日を「今日も一日元気で無事でありますように」との思いで始める。日々を人間らしく、明るく、楽しく、無事に過ごしたいという願いを持たない人はいないと思う。柳の言う「用の世界」は、日常そのもの・そのままのものである。従って、物は日常の普通の生活に必要で「用」のために作られるものである。交換のためではないし、どこまでも「用」のための物で、生活において実用性のある物、役に立つ物である。交換を必要とする物もあるが、それはさしあたり二次的な問題である。物は実用に役する生活性をもつことが基本である。そのことが無視されると、物は物でなくなり使用価値はない。その意味で、使用価値とは、実用価値のことで、実用価値を持つからこそ物の価値が定まるのである。経済価値というのは、先ず使用価値でなくてはならない。「用の世界」は「交換の世界」に優先する。

実用性とは、生活のなかでの働きあるいは豊かさを意味し、機能性に優れるということである。しかもそれは複雑にならず、単純さを保ち健康性を持つものでなくてはならない。「虚弱なもの」、「粉飾に過ぎたもの」では、実用に適さない。そして、利に走らないことが大切で、個人的な計らいは実用性を損なうことにつながる。従って、柳のこうした「用の世界」における実用性・生活性重視は、民衆の生活の在り方を深く見据えようとする姿勢の表れであり、柳民芸思想の基本である。このことは、用に関わることのない貴族的工芸、個人的工芸、機械的工芸などへの批判でもある。

柳は、日常の生活は、身体の暮しであると同時に、心の暮らしであると言う。次のように述べている。「実用ということを物質的意味に受取るのは、人間の暮しを余り狭隘なものに解し過ぎる。吾々の生活は肉体だけの生活ではない。精神を切り離した肉体という如きものは何処にも存在しない。生活は体の暮しでありかねてまた心の暮しである。生活は物質的なものと心理的なものとの結合である。否、元来一体をなしているものを、便宜上物心の二つに分けて考えるに過ぎない」[32]（なお、柳全集からの引用文については、現代仮名遣いに、また漢字についても現在使われているものに改めている）。また、別の箇所でも「物と心の一体性」について次のように語っている。「用というのは、単に物への用のみではないのです。それは同時に心への用ともならねばなりません。物はただ使うのではなく、目に見、手に触れて使うのです。もし心に逆らうならば、如何に用をそぐでしょう。ちょうどあの食物がきたなく盛られる時、食欲を減じ従って栄養をも減ずるのと同じなのです。用とは単に物的な謂いのみではないのです。もし功利的な義でのみ解すなら、私達は形を選ばず、色を用いず、模様をも棄てていいでしょう。だがこのようなものを真の用と呼ぶことは出来ないのです。心に仕えない時、物にも半ば仕えていないのだと知らねばなりません。なぜなら物心の二は常に結ばれているからです。模様も、形も、色も皆用のなくてはならない一部なのです。美もここでは用なのです。用を助ける意味において美の価値が増してきます[33]」。

用は、物の用であり、心の用で、また目の用、触の用であると言う。「用の世界」における「物」と「心」の一体性は、まさに「物心一如の世界」として描かれるのである。柳は、心の働きは眼にも手にも繋がり、眼心一如、触心一如という表現さえしているほどである。これはまさに「用の公理」とでも言うべき認識で、「物心一如」である。「如」とは、右も左もない「中」を意味し、融合、一体、二つで一つ、不二を意味する。

「心の道」の出発点であり「心の場」でもある、「用の世界」における「心」とは、つまり、ここでの「心の在り方」とは、物と融合・一体化する、調和する心のことである。「人間が作るものである限り、人間の心が反映する。識らずして智慧や感覚や感情や性格や道徳が織り込まれてくる。物も人間の心を受け取るのである。性格のない物ということは考えられない。だから用いる人、用いられる物、それらを結ぶ機能、それぞれに物心の二面が働いている[34]」のである。物心の二面が調和的に働けば「用」は完ぺきな「用」となる。

しかし、心が、「心の道」あるいは「心の在るべき場」から外れると、この「物心一如の世界」はバラバラに崩れてしまう。心の乱れや迷いである。それは、物と心のどちらかに偏ることである。心の作用を軽視し、物に重心を置くと、形、色、模様に味を失い、粗末さに陥り、物としての働きを低下させることとなる。逆に、心が先走ると、実用性のない物となり、装飾的な物になって健全性から遠ざかる。このことは、物が持つ機能性の破壊であり、「用の世界」からの逸脱を意味する[35]。一如から二元の対立への脱落である。それほどに物と心の調和は「用の世界」の基本である。

物への心の作用は、その心に直結している感受性―目に心、手に心、耳に心、鼻に心、口に心など―を通して生活全般に及び、「用の世界」の実用性・生活性を豊かにする。食べ物に対する「味わい、香り、色、舌触り」（味覚、臭覚、視覚）などは、食生活の豊かさに繋がるように、その他、触覚、聴覚などの感覚、感性、そして直観等々の感受性は、私達は誰でも生来持ち合わせている「天与の機能」で、物事の様々な現象を「ありのままに」受け入れようとする、素直な心の働きである。そのような心と体が織りなす感受性は、素材の質や作る工程ともかかわり、形、色、模様に味わいと深みを添え、「用の世界」に心地よさや快適さを生む。

無事なる生活を求めての第一の「心の場」は、実用性・生活性に恵まれた物への精神的働きかけによって成り立つ、「物心一如の世界」である。これは、「用の世界」において使う側に立つ者も生産（仕事）をする側に立つ者も共有しなければならない「心の場」である。ここに、柳が発見した「用の美」が「生活の美」として存在し、それは「物心一如の世界」が生み出した生活の豊かさのシンボルでもある。

三・一・一　生産（仕事）における「物心一如の世界」

「心の道」に外れ、「心の場」から逸脱すると、生産される物は、「用の世界」では価値なき物に堕してしまう。生産される物は、「用の世界」の「用」に応えるものであってこそ、実用価値・生活価値を持つ。経済の営みは、「作るという営み」と「用いるという営み」との健康な関係とその循環あるいは繰り返しを基礎にして成り立ち、「作る心」と「用いる心」の一致が重要である。生産の場では、用に応えること、そのための工夫に努めることが求められ、そこには「生産の心」、「作る心」が温かく通わなくてはならない。その意味では、生産というのは、労働することというより、H・アレントの言うように、「仕事」することでなくてはならない。つまり、生産とは、用のための仕事、用を生み出すための奉仕で、「物」や「事」に仕えることを意味する。奉仕の精神（心）が伴ってこそ仕事になる。

仕事の心構え、それは、言うまでもなく、実用的機能に優れた物を作ることで、三つある。第一は、用に堪えられるように丈夫に作ること、すなわち、耐久性に優れていることで、壊れやすい、変形する、破れる、裂ける、外れる、褪せる、縮むなどは用に適さない。第二は、使いやすい、取り扱いやすい、持ちやすいなどの使い勝手の良い物を作ることであるが、物によっては、重すぎないこと、軽すぎないことである。第三は、「使って見たい気持ち」を起こさせる物でなくてはならない。物の形、色、模様などはその点で大事なポイントである。柳は、

「日々一緒に暮らしていて気持ちのよいもの、満足や情愛を誘うもの、このようになってこそ用は始めて充分な働きに入る」[36]と言う。つまり、耐久性に優れ、使い勝手が良くて、そして使う人の心を幸せにするような形状を持つものを作る仕事が用の価値を高めるのである。

これら三つのことを用に資する最低条件とすれば、柳は、奉仕の心はもとより物に寄せる感謝や情愛だけでなく、「仕事の道徳」—柳の場合、「労働の道徳」と表現するが、ここでは、本章の趣旨と文脈から考えて「仕事の道徳」を使う、この表現の方が柳の思想にも適っていると思う—を指摘する。「奉仕・感謝・情愛の精神」と「仕事の道徳的精神」である。

前者の「奉仕の精神」に関連して、柳は、反復性、低廉性、公有性、法式性、模様性を指摘する。仕事における奉仕の精神から生まれるこれらの特徴は、生産される物の社会性の高さを示している。

反復性は、同じものを多く繰り返し生産することで、「用と多」の実現を意味する。反復は仕事上での技能的工夫や熟練を生む。

低廉性は「多」と結びついて安く良質の物の意味である。買いやすいことは、貧しい民衆の生活における用の不可欠の条件である。柳は「用の世界」での価格問題を十分深く扱っておらず、それは私達に残された問題だが、少なくとも市場原理によるそれとは異質である。これについては後述する。

公有性とは、用としての社会的認知の程度を表わし、その認知度が高ければそれはそのまま実用性・生活性の高さを意味する。柳は、公有性のことを「工芸化」とも呼んで、「用の世界」における民芸の社会的認知度の高さに想いを重ねているように見える。それは、仕事における「奉仕の精神」や「感謝の念」の深さを味わう時、用の世界の公有性の高さを確信できるのである。

法式性とは、秩序性と同義で、仕事は健康で正しい秩序のもとで営まれることが重要である。仕事がその精神を正しく物に植え込むためには「秩序の基礎」が必要とされる。そうした「正しい秩序」は、仕事のすべての面に及ぶ。「材料の吟味、工程の順序、技術の訓練、労働の組織、すべて一定の法を踏まずば、徒労に終ることが多いであろう。ここで秩序は言うまでもなく法則を意味する。律であり、また型である。このような様式はすべての無駄を省いた本質的なものの姿なのである」[37]。仕事における法式性・秩序性は、個人的な恣意性に偏らず、社会の規範に従うことなので、仕事に乱れがなく、無駄がなく、着実な仕事を保証する。用の世界の仕事には守るべき型があると言える。例えば、大津絵の場合、型にはまれば美が保証される。また、型は伝統という長い歴史のなかの多くの人々の経験と知恵の所産である。

模様性は、用のなかでも欠かせない要素で、秩序性（型）とも関係し、絵の抽象化、公式化、要素化が模様である。これらには形、重さ、大きさ、色、角や円なども含まれ、それらが整うことで用の美、ここでは「均斉の美」が生まれる。また、柳は、模様性というのを、これまでの反復性、低廉性、公有性、法式性をも取り込んで、一つにまとめる性質のものとして認識し、「用の世界」の実用性・生活性と直結した美を見いだすための不可欠な要素として考えている。物に施された模様は、柳の言う「直観」とも反応し、「眼心一如の世界」を創るのである。

次は、後者の「仕事の道徳」についてである。仕事を奉仕と考える精神の働きも道徳の範疇であるが、柳はさらにその心の奥に分け入る。それは、仕事上の立場、方法、目的などに深く関わる道徳的精神の働きで、柳は、非個人性、間接性、不自由性の三つを指摘する。

非個人性とは、個人主義に陥らないことで、個としての仕事が全面に出ることがない。民芸的「用の世界」の工人達は、決して特別な存在ではなく、自己主張のない「無意識の心」・「無心の心」を歩む人達のことで、我執に落ちなければ奉仕の心はさらに強まる。

間接性とは、非個人性という心と同じ働きで、人が間接性を持つことあるいは間接的にされることを意味する。つまり、自己を仕事の中心に置かず、自然の働きに委ねる心である。自然の仕事に謙虚に向き合い、心の働きを控える意味である。もとより、心の間接性にも高低があり、例えば、織物は自然の働きが高く、染物は人の働きが高いとされる。しかしそれも大きな差ではなく、控えめな心の置き方に変わりはない。

最後の不自由性とは何か。仕事において個を否定する非個人性、自然の仕事に委ねる間接性が必要だとすれば、それらはさらに自由を抑制することでもある。仕事において拘束のあることを意識するのが重要とされる。「用の世界」では先ず用に拘束されるし、材料とその質に束縛され、工程にも制約がある。例えば、織物では曲線を表現するのに直線を使わなくてはならないし、木工などでは使う木の質に忠実であるべきである。こうした仕事における不自由性は、出来上がりに「しくじり」や「ずれ」を生むことがあるが、柳はそれも「用の世界」への誠実さの現れで、そこには「不自由さの美」さえ見られると言う。

こうした仕事における実用第一の精神と奉仕の精神と道徳的精神は、作られる物の型・色・模様などに宿る。使う人のことを考えて作られた物は、使う人の心に響き、物への感謝と大切に使う心が生まれる。それはまた作る人の心を健康なものにする。そこに形成される世界は「物心一如の世界」に他ならない。

なお、柳は、こうした仕事の組織をギルド的なものとして認識し、近現代でのその衰退を如何に再生させるかについて、社会主義の到来に期待を寄せているが、その想いは柳にして時代的な制約を思わせるけれども、すでに指摘しているように、定常型社会への移行期に注目される思想と成り得る。

三・二　生活文化における「物心一如の世界」――第二番目の「心の場」

物と人の心が織りなす「用の世界」は、生活文化の基盤である。物に文化の心が宿る。人間の心は、一枚目の「用の衣」を着け、文化という二枚目の衣を纏うこととなる。柳の言う文化は、言うまでもなく、用の文化であって、近代主義的な文化とは違う。近代の文化が無視し排除してきた、風土に根ざし生活に沿った文化である。風土は私達人間が自らを生きる存在として確認し得る時空間であり、だからこそそこに健康な文化が育つのである。「無事な生活」もそうした風土文化のもとで確認されることとなる。

柳の文化論は、世界の平和をも見据えた射程の広いものであるが(38)、重要なのは、物に即して、用に即して語られる、生きた・心ある健康な文化である。物に、用に健康な文化があって初めて、社会の平和も世界の平和も保証されるからである。

柳は、『物と文化』という論文のなかで、日本の独自的存在を示す具体的な形は、「日本の土地からまた日本の性格から生まれてくる品物」以外になく、そこにこそ「偽りなき日本の姿」があり、「物に即した日本精神の運動」があると言う[39]。「用の世界」の物は、用の文化と文化の心の統一体として存在する。柳は次のように述べている。「物とは何か。ここで物というのは単なる材料とか、物資とか、または経済的な意味での物品とかいうことではないのです。国民が生活のために産み出す作品を指すのです。これらのものが国家にとって重要な意味を齎す所以は、それらのものが一番如実に国民生活の表現となるからです。それは有形化された日本の心なのです。ですから日常に器物は一国の国民的文化度を標示する最も明確な目印でさえあるのです[40]」。物は用の世界のものだからこそ、文化の衣を纏い文化的価値を持つのである。ここで物は用の価値（使用価値・実用価値・生活価値）と文化的価値を融合したものとなる。

こうした二つの価値の健康な融合が保証されるためには、文化的価値が間違いのないものでなくてはならない。不健康な文化的価値によって実用価値・生活価値が損なわれてはならない。健康な文化的価値を生む基盤は、地方の風土に根ざす文化である。まさに文化における地方性の在り方が重要である。地方の文化が健康ならば日本の文化も健康である。

三・二・一　文化の地方性における「物心一如の世界」

柳は、『工藝文化』のなかで、地方において言語だけでなく、生活、風俗、技芸そして道徳の地方性に大きな文化的価値のあることを指摘している。沖縄について、アイヌについても、その地方文化の重要性を啓発しているばかりでなく、よく知られる『手仕事の日本』では、日本文化の固有の性質は、地方の多様な文化を基礎にしていることを確認している。柳の民芸品を求めての全国紀行は、地方に残る地域特有の文化の発掘とその日本文化との繋がりを探るものでもあった。

地方における文化的価値が健康に保持されるための条件とは何か。一言でいえば、それは風土に根ざし風土の心に忠実であることだが、その内実は、第一に、自然との関係が密接であること、第二は、歴史・伝統との結びつきが強いことである。

自然との関係で言えば、自然風土とそこに賦存する資材・資源の問題が重要である。日本の自然風土は、四季折々の恵みを与えてくれる豊かさを持ち、生活文化は基本的にそれに規定される。海に囲まれ、南北に長い日本列島は北から南へ気候帯の異なる多様な自然環境のもとにある。そして、四季それぞれに災害の多いのも大きな特徴である。近年の自然災害は人の手も加わり深刻度を増している。人はそうした自然の豊かさと厳しさのなかに身をおいて生活を生きているのである。風土とは人と自然とが織りなす生活の場所であり空間である。風土には人と自然とが同居していて一如の関係にある。人は自然を征服することなど出来ないのである。用の世界では自然に謙虚に従うことが「物心一如の世界」を実現する道であるが、用の文化はまさに風土の文化に他ならない。私達は、基本的にそれぞれの地域の風土的特性に合った生活スタイルを築いて来た。そうした多様な生活スタイルこそ用の世界そのものであり、地域自立の経済的営みでもある。日本では、もちろん南と北で違いがあるが、農・山・漁村の三つの型を考え得る。農の文化、山の文化、海の文化である。用の世界でもそれぞれの特質を持った文化が育まれたのである。しかしながら、後述するように、それぞれが孤立した存在というわけではなく、相互に人、物の交流が繰り返され、生活空間の広がりと豊かさは増したと考えられる。少なくとも自然に委ねる文化は、地域の、そして日本の文化の特質である。それは風土の心、自然に委ねる心、自然から学ぶ心の結果である。

自然風土の豊かさは、自然の贈物だが、素材・資源もそうである。農の生活文化、山の生活文化、そして海の生活文化は、それぞれに自然から与えられる、農の幸、山の幸、海の幸に規定されている。生活のスタイルもそれぞれ異なるが、生活に必要な物は世代を超え、伝統的な物として歴史を担っている。例えば、地域特産の焼物、木工、竹製品、織物、和紙など、また食べるものにしても、味噌、醤油、漬物などの加工品、これらは伝統と歴史の刻印を受けた自然からの恵みである。柳は、日本各地の手仕事の作品に、伝統の心や歴史の心、自然の心を感受し、そして美を直感し、地方文化と日本文化の健康性を語るのである。「一般には、文化に後れていると蔑まれる地方に、じつに日本独自の力が見られるので、ちがう観点からすると、それらの田舎は日本独自の文化に対して大きな価値と意義を持っているといえよう。もし日本に地方作品が乏しくなったら、特色の極めて乏しい存在に落ちるであろう」(41)と。

「用の世界」は、風土という時空間を獲得して文化の衣を纏う。そこでの生活品は自然と伝統・歴史の贈物として風土文化を担う精神（心）の刻印を受けるのである。ここに私達は生活文化における「物心一如の世界」を確かに見ることが出来る。そして、用の美は、文化の美として、また風土の美として生活を豊かにする。

柳に「土徳」という言葉があるといわれる。(42)柳の言葉としてまったく違和感はない。「土徳」とは、地域で生まれた道徳のことで、地域の精神的価値・文化である。言い方を変えれば、風土が育んだ道徳の心である。この文脈で、地域の「用の世界」を経済学的に表現すれば、「土徳（風土の心）が育んだ経済」あるいは短く「心の経済」と言ってよい。風土の世界に「無事なる経済」が現出するのである。

三・二・二　文化の国民性における「物心一如の世界」

柳は、前述したように、文化における地方性は、文化の国民性に独自性を付与するのに大きな意味を持つと語っている。しかし、近代に入り、中央集権の社会の形成と西欧文明の導入とともに、日本の風土的地域文化は前近代的な後れた文化として歴史の舞台から降ろされていく。文化の地方的価値は、明治以降の近代化、戦後はアメリカ化の障害物として扱われてきたのである。文化の地方性は国民文化を支える役割を放棄させられ、日本の近代化は、その意味で、地方の風土的文化からの離脱の道であったと言える。柳は、そうした日本近代化の歩みへの批判的姿勢を一貫して崩さず、日本文化の真の姿を地方の文化に見出し、そして生活のなかの「用の世界」に「物心一如の世界」を発見したのである。

しかし、近代という時代がピークを過ぎて、定常型社会の時代を迎えつつあるいま、地方と都市との関係は、健康なものとは言えない。過密・過疎や人口の偏在は未解決だし、地方創生は何のためのものか焦点が定まらず、市場経済主義的発想しかない。風土の再生という視点はない。地方を見る眼は、文化の地方性や風土性の価値を無視しているのである。

柳の「物心一如の世界」が示唆するのは、第一に、私達は文化の地方性に誇りを持ち、その重要性を自覚すること、そして都市の文化を批判的に咀嚼する能力を持つこと。第二は、都市に住む人達の自国文化への自覚の問題である。日本文化の成り立ちとその特質や自国文化の本質は何かなどの問いかけが必要だし、また地方文化への偏見のない眼と心が生まれなければならない。そうした日本文化への揺るぎない自覚が、外国文化の受け入れ方やそれとの交流の在り方を決定づけるのである。そして第三は、都市と地域との健康な相互扶助的関係の構築である。そのためには、「用の世界」における「物心一如の世界」の文化論的意味と意義を知らなくてはならない。

三・三　人道と宗教の世界における「物心一如の世界」——第三番目の「心の場」そして「心の故郷」

柳宗悦は、この現世の「用の世界」に「浄土の世界」の存在を確信している。「心の道」はここを終着点とし、心に浄土が訪れる。ここが「心の故郷」であることを意味している。物に人道的宗教的精神（心）が宿る。「物心一如の世界」は浄土的世界として現出することとなるのである。柳は、この次元の物に見られる美を「浄土の美」と言う。

人道と宗教の世界における「物心一如の世界」は、遠くはるかな道のりではなく、私達の日常の暮しの中に実在しているのである。どこか隔絶された世界のことではないというのが、柳の思想の教えるところである。ここでは「美」の言葉で進めるのが分かりやすいので、それに従いたいと思う。

「用の美」は第一の「心の場」における美、「文化の美」は第二の「心の場」における美、そして「人道の美」とでも言うべき美は第三の「心の場」における美で、宗教的意味を込めて言えば「救いの美」と言えよう。救われるような美、心休まる美である。

それは、いわば究極の美で、柳は、日本固有の美であるとする「渋さの美」に注目し、そこから議論をスタートさせている。「渋さ」は、ごく普通の言葉で、美の深さを表現しており、私達日本人にとっては具象としての意味を持っている。地味だが味わい深く落ちついた趣を持つ、派手さはなく静かにそのままありのままそこにあるという存在である。自己主張がないと言ってよい。柳は、「渋さの美」は、日本人の究竟の美の標準で、「すべての国民が共有するに至ったことは、恐らく世界の文化史上未曽有のことに属する[43]」と言い、「渋さ」は、俳道の「侘び」とも共通する心で「静寂の境地」を意味し、日本人の心の儀表である。柳は、次のように述べている。「そこにはどこかひかえめがちな、内に含んだ、幽かなる趣きが匿されている。いわば動を静に摂取し、有を空に包摂した境地である。何ものも現わではない。何ものも騒がしくない[44]」。渋さは、例えば、能は渋さの芸能だし、茶道では無地の茶碗を好む、南画の黒絵そして絵唐津は絵が無に近い静であるなど、日本の伝統文化に通底するものである。それは、静寂にして、玄であり、幽であり、そして無になり、空になる。

こうした何ものにも囚われない静寂の心は、強く柔軟であるはずだが、時として、情緒に傾き、凝り耽る病に罹りがちである。柳は、それを克服するのが、平常性、健康性、そして単純性であると言う。つまり、「渋さの美」は、平常心を保ち、病のない健康な心を持ち、そして穏かにすっきりとした単純な心に徹することで守られる。平常心、健康な心、単純な心は、言葉としては平凡だが、その意味するところは深い。それは「ありのままで、そのままで無事」という心で、素直で自然のままの境地である。その意味では、それらは宗教的であるし、したがって、用の世界の物は宗教的心に染まるのである。「渋みの美」は、「無事の美」となる。

心の世界は、神秘に満ちて、広く深い。それに比例して物も心を写す。心が、実用の生活世界から無事の境地に至る、浄土への道を歩むに伴い、「物心一如の世界」は深みのあるものとして、現実性を帯びている。それはあくまでも物に即して「心の道」を辿ったからである。柳が創作した空想の世界では決してないのである。だが、柳は、「物心一如の世界」を現実だが不思議な世界であるという。柳は『民藝美の妙義[45]』という論文で、その不思議の様相をかなり細かく語っているが、ここでは『美の浄土[46]』で触れている三つの不思議を取り上げたい。第一の不思議は、人間の上下を問わないことである。貧富、貴賤、賢愚、才不才の区別なく、すべての無銘の民衆が美と交わることが出来るからである。第二の不思議は、貧しいと思われている物（下手物、実は民芸品のこと）が美の浄土の存在に成り得ることである。それは、「物心一如の世界」の「絶妙の仕組み」に由来する不思議で、用を第一義として何の計らいもない無垢な心で仕事をするからである。第三の不思議は、経済と美との調和的世界が示現するということである。ここで経済とは日常の生活・暮しそのものを指すが、その暮しが美を宿す物との関係において調和的であることの不思議である。美と調和する経済は我々が切に願うもので、それを目標としなければならないと思う。

「物心一如の世界」の美と交わる「人、物、経済」の不思議を一つのものとして紡ぎ織り上げれば、我々に経済の真の仕組みが見えてくるのである。柳は、そのことを「物心一如の世界」として示そうとしたのである。

第四節　「物心一如の世界」の経済的仕組み——半市場の原理

「用の世界」を「物心一如の世界」として認識する視点を新たな経済の原理として想定すること、これが本章の課題である。「物心一如の世界」における経済の仕組みを市場経済のそれと比較しながら検討したいと思う。

前述したように、市場経済では、生産（労働）と消費を経済的利益を第一義とする市場が結びつけている。すなわち、〈生産（労働）—市場—消費〉というシステムである。しかも、このシステムは、工業生産・機械生産を前提にしていて—農業の場合は工業的農業を想定してよい—、機械による大量生産と大量消費が利益の極大化を目指して繰り返される。常に蓄積と拡大再生産をその運動の力とする。富の量的拡大がこのシステムの動力であり秩序の基盤である。このシステムにおける消費は、もちろん使用という側面を持っているが、量的拡大と新しい商品への渇望が主流で、H・アレントの言う解体あるいは破壊という経済的行為で、実質は富の破壊を意味している。創造的破壊という表現はイノベーションを伴い次なる成長を準備するという意味で肯定的に使われるが、私達の視点からは、まだ使用可能なのに破壊を速めているように見える。生産は通常物を作る行為だが、反面大量の資源・エネルギーを消費する行為でもあり、エントロピー論が教えるように、大量の廃棄物・排熱が生まれる。私達が直面する自然破壊はこうした経済システムの必然的な帰結と認識できる。このシステムに巣食うのは、成長マニア的精神である。個の利益である。拡大こそ命である。こうした個の利に執着する精神からすると、柳の「用の世界」論は異次元の空想の世界に見えるかも知れない。しかし、これまで展開してきたように、柳宗悦の思想は今という時代に生きているし、生かさなければならないと思う。柳の思想を前近代的だとして否定するのではなく、定常型社会への移行を余儀なくされている今だからこそ、人間社会の普遍的な思想として、また経済システムの核を占めるものとして再生すべきである。自然と人間の破壊という未曽有の危機に直面している現代、ありのままの自然と人間の心を取り戻し、健康で無事な社会を構築するための新たな経済の原理を発見しなければならない。「自人一如、物心一如」の思想こそ、定常型社会に相応しい。

すでに指摘したように、〈生産（仕事）〉と〈使用〉は、人の心で結びつく。つまり、〈生産（仕事）—用の心—使用〉という図式、さらには〈生産（仕事）—「物心一如の世界」の心—使用〉という図式が成り立つ。このシステムは、少なくとも「人間らしくありたい」、「人間らしく生きたい」という心の在り方からスタートする。「用の世界」のこのシステムにおいて最も普通に日常的に働く心は、「用」への奉仕である。使用価値創造への寄与の精神である。そうした奉仕の精神が創り出す、すべての民衆が自由に参入可能な共同の場が形成される。その共同の場は「物心一如の世界」が成立する空間である。それは、より具体的には、多様な風土的特性で括られる地域という空間である。こうした風土型地域空間は、私達の日常の生活圏に相当するが、用を第一義として生産された物が持ち込まれ、それらの物を通して人々が交流する場である。それらの生産物こそ、利を第一とする市場商品ではなく、用途を第一義として生産された商品、すなわち信頼の厚い誠実な商品、使用に耐えうる品物である。(47)これらは、販売される対象なので「商品」の範疇に入るが、文化的価値を持ち、そして宗教的価値をも具有している。単なる物ではなく、物を超えたモノである。本章では、それを半商品(48)と呼び、そのための交換の場を半市場と呼びたい。柳の言う民芸の品々は、半商品であり、半市場で売買されるものである。先の〈生産（仕事）と使用〉の図式は、〈生産（仕事）―半市場―使用〉となる。生産と使用が半市場で結ばれるというシステムである。

半市場の原理とはどういうものか。柳に従えば、用に伴う道徳、仕事の道徳、風土の道徳、そして宗教的救いなどの道徳の精神が支配する市場で、規模としてはローカルなものである。そうした心の働きは、相互扶助的な互酬原理を特徴とする交換の世界を創造すると考えられ、そこから非競争・非膨張の原理、そして必要・補完の原理による市場（半市場）が形成される。[49] 文化的価値・宗教的価値を含む広義の使用価値をベースにした半市場では、競争の原理は働かないし、拡大を志向することもないのが特徴である。必要・補完原理というのは、そうした地域の半市場において、必要だが欠如あるいは不足するものがある場合、他の地域的半市場との交換が生まれる。そこでも基本的には互酬的な性格の交換が成立する。用に奉仕するという精神は、互酬の精神を醸成し、必然的に贈与の精神も生まれる。

そうした互酬的精神は、例えば、金融の面で、江戸期の講や無尽などの民衆間での自立的な相互扶助的関係をも生み出す。また、福岡県宗像では、国民保険制度のモデルとされる、「定礼（じょうれい）」という医療の相互扶助的制度が存在した。記録によると、江戸期天保年間の一八三五年頃と言われるが、もっと古くは享保初年の一七一六年という説もある。相互信頼にもとづいて医者と農村の地域住民との間に交わされた扶助のシステムで、昭和の初期まで存続した。医者は住民の病を診察するが、住民は野菜や米などの収穫物を診療費として支払うというものである。宗像には、江戸期、「苗代こもり」、「満作こもり」、「さなぼり」など「こもり」と言われる起居飲食を共にする一種の共同生活をする慣習があり、五穀豊穣を祈る宗教的な儀礼があったという。[50] こうした「共に生きる」という社会的背景も影響していると思われるが、やはりここには互酬の原理が働いていると言えよう。こうした互酬原理を基盤とする半市場において、指摘すべきなのは、富の再分配のシステムのことである。ある程度の富の偏在は避けられず、富を多く持つ人達の社会的負担、たとえば祭りや儀礼などで出費を多くするとか、あるいは事故や災害などに伴う寄付や見舞、冠婚葬祭での金銭的な対応、こうした共同体内での社会的な負担は、富の偏在を是正する仕組みで、その基本に互酬的社会関係の存在がなければならない。以上見たように、半市場というのは、互酬原理を基礎とした、交換、贈与、富の再分配が一つに統合されたシステムであると言うことができる。もちろん、自給のシステムも無視できない存在である。

半商品・半市場の世界は、それが「市場」である限り、価格が生まれる。この価格はどのような性格のものか。少なくとも需給の多寡で決まる価格ではない。価格とは、価値を貨幣で評価したものだが、その価値の実体は、交換価値でない価値で、使用価値＋文化的価値＋宗教的価値の統一体である。これらは、価値のレベルが違うように見えるが、しかし、「用」という生活の豊かさに直接関わる価値であることは間違いのない事実である。物そのもののなかに三層からなる価値が融合して宿っている。つまり、「物心一如の世界」が創り出した価値・価格であるが、作る人と用いる人との相互作用の結果生まれる価格、相互に扶助し合う信頼関係から生まれた価格である。作る人は用に奉仕するために仕事をする、他方使う人はその物に作る人の深い心を感じ感謝と情愛をもってそれに応えるのである。使う人の心は、また作る人に伝わる。〈生産（仕事）〉と〈使用〉は、相互に信頼をもってそれぞれの存在を認め合う関係として成り立っているのである。そこに生まれる価格は、柳が言うように、まさに「双方の無欲と感謝の接触点できまる」[51]のである。その意味で、それは仕事の道徳・風土の道徳・宗教の道徳に由来する「心の価格」である。さらに言えば、「物心一如」に対する評価、あるいは「物心一如の価格」とも言える。そうして決まる価格が健康で無事な生活を保証するのである。

柳は、民芸品の価格は、低廉であることを重要な条件として説いていた。これはあくまでも、出来るだけ多くの人々に出来るだけ安くという、用の世界、それも「物心一如の世界」でのことである。今日の市場経済のもとで、民芸品は低廉性を貫くことは困難で、本来の民芸品の価格、「心の価格」は反映されにくい。だが、それでも健康な物を用を目的にして低廉な価格の設定は基本的な問題であることは間違いない。

心の価格あるいは物心一如の価格というのは、以上のような性格ものであるが、用の心、風土文化の心、宗教的心は、本来量的概念で評価するのは難しく、評価の方法も一通りでない、つまり一物一価はあり得ない。そこにあるのは、経験値、伝統値、慣習値といったものである。一つに限定される価格ではなく、地域によって異なるので複数の価格が通常である。第一章で見た、質的等価が原則（公正価格）である。

しかしながら、この価格問題には極めて困難な矛盾点が存在する。半市場での物への評価は、「心」に対する評価であって質の世界である。それに対して、貨幣は数の、量の世界の存在である。価格は、質と量とが同居する世界の問題である。この価格問題に潜む矛盾を克服する方法はあるのか。私達は、資本主義社会の絶えず増殖を志向する近代貨幣を想起するが、貨幣はそれがすべてではない。現代の貨幣は商品化して直ちに利益につながる資本としての性格に満ちているが、歴史的には商品でない貨幣が存在する。K・ポランニーのいう特定目的貨幣である。原始貨幣[52]とも言われるが、私達は、それを半貨幣と呼びたい。貨幣は、国家的な規模になると富を表わす手段として、富の計算や蓄積などと関係するが、この半貨幣は、あくまでも「心の価格」を評価するための手段に過ぎないし、その存在がすべての民衆の生活を平等に豊かにするものでなくてはならない。物心一如の世界が半貨幣という存在によって強化されなければ意味がない。

しかし、それでもなお、貨幣が富と繋がる側面を持っている限り、やはり貨幣が「物心一如」の物に対して主役になる可能性を否定できない。価格問題の根底に潜む矛盾の顕在化は、貨幣の存在そのもの、つまりシステムの在り方に問題があるのではなく、心の落し穴、精神の乱れにある。それは、柳に従えば、二つある。自我への執着の問題と知による分別（二元）の問題の二つである。[53]

近代の価値としての自我の確立は、現代思想の要であるが、柳の言う第一の問題は、自我を捨てるということである。このことをもって、柳は人間を無視しているとか、あるいはまた個の存在を認めないなどの批判の眼が向けられるが、それは当たらない。自然の価値を認め、他力に物事を委ねることは、決して人間を無視することではない。人間を真の姿において素直に認識しようとする、柳の思想は、個の存在を認め、それを超えた存在として人間を見つめているのである。[54]我に縛られる、近現代人、その人格が生み出した経済の質は、自然と人間とを破壊に導く性質のものであった。柳の「自捨の思想」は「心の道」を踏み外さない「心の在り方」を占うポイントである。自我への執着は、自己の利に傾く心の乱れを生み出し、他との関係を絶ってしまう原因となる。自我に振り回され、自我に支配される。柳は、自我への執着は「誠に厄介な、横暴な魔物で、一切の苦しみ悲しみの泉」で、怨み、そねみ、ねたみ、さらには対立や争いを誘発し、また物と我の一致は、功や貴、装飾、顕示への執着、富や権力、企み計らいの源となると言う。自我は、まさに心の混乱の元凶なのである。従って、この問題は、自由の問題とも深く関わる。執着は自由を意味しない。私達は、執着を捨てこだわりを無くし、貨幣への数量的こだわりを捨てることで、自己から救われるという精神状態を得ることが出来るのである。柳はそれを自在心と呼ぶ。この自在心に戻ることこそ、自由を保証し、価格問題の根底にある矛盾を解決する「心の在り方」である。貨幣は、半貨幣としての役割において半商品の質的内実を公正に評価する存在となるのである。

第二は、知による分別の問題であるが、いつまでも二元の世界に留まる意味である。この問題は、先の自我への執着からも派生して生まれてくるもので、自と他の区別や差別の原因である。上下、右左、善悪、是非など二元相対の世界は、主義・主張の争いの場であり、知に偏りすぎるとさらに悲劇の元凶となる。柳は次のように述べている。「自我は直ちに自他の二に分け、知識はすぐ是非の二にものを割るではないか。何れも二元の巷に人間を落として了うのである。この分別から一切の苦悩や不安がかもし出されてくるのである。この二元の対立は人間界においてはとくに深刻な様相を呈してくる[55]」と。つまり、貨幣は「物心一如の世界」では、物との一体性において存在するが、二元の世界に留まると、物と心が分離するのと同じように、貨幣の独自の世界が生まれ、物との一体性が失われることとなる。また、知に偏る二元の世界は、自我の世界に陥り、自己を誇り、知が権力化する可能性すら出てくる。本来、知は天与のもので自利のためのものではない。こうした二元の世界から逃れる道は何か。それは心の在るべき道に戻ること、すなわち、一如の世界、不二の世界に踏み入れることである。如とは、左右や上下のない「中」で、無差別にして絶対の「一」を意味し、それはそのまま「不二」に通ずる。不二とは「一の世界」を言う。柳の言い方を借りれば、「二元を幻と悟ること」、「二元の争いのない世界にはいること」、あるいは「二者択一をせず二者を肯定すること[56]」である。

心の乱れは、心でしか解決できない。システムがシステムとして最良に機能するためには、心の在り方が健康でなければならない。ここではまさに「不二の自在心」が自己への執着と二元の世界とを超えるのである。

以上、この節では、「物心一如の世界」を半市場の原理が作用するシステムとして描いて来た。〈生産（仕事）—半市場—使用〉というシステムは、システムそのものが一つの全体であり、「心の経済」として成り立っていると言える。本章のタイトルを「こころの経済学」とした所以である。

定常型社会は、その社会を育て、支え、そして豊かにする「心（精神）」を必要とする。柳の説く、「物心一如の世界」における用の心、風土文化の心、宗教の心は、到来するであろう定常型社会の「心（精神）」に成り得ると思う。

第五節　「物心一如の世界」における「貧の富」の意味

物心一如、無事、不二、そして浄土などの言説は、言うまでもなく、仏教世界の概念である。それらを柳は「用の世界」の奥深さを認識するための用語として、しかも生きた概念として使用した。用の世界は精神文化が基礎だとする、柳の人間精神の在り方への真剣な眼差しと目配りは、民衆社会が織りなす人間のありのままの姿とそこに滲み出ている宗教的真理へのあくなき追究と、そしてその真理に信頼を寄せることの重要性を語っているように思われる。柳の宗教的真理を求める精神は、民芸運動とは別物ではない。別物とする見方もあるが、双方共に同じ真理を探るためのものである。本章が対象とした柳の「用の世界」・「物心一如の世界」についての思想は、私達はそれを「こころの経済学」と読み替えたが、宗教的真理に辿り着くための、柳の「心の道」であった。人間の経済的営みは、人間の生きるという営みの一部に過ぎず、社会のすべてをコントロールしてはならない。経済が近現代のように社会の行方を決めてはならないのである。経済もその意味では、柳が言うように、文化や宗教の世界と密接に交わるものとして認識すべきである。

最後に、文化や宗教に交わる経済について考えてみたい。それは、柳が「貧の富」と呼ぶものである。茶道において、初期茶人達―例えば、村田珠光（一四二三～一五〇二）、武野紹鴎（一五〇二～一五五五）など―が、民衆の工芸の世界に見出した最高の美の姿は、渋さの美、玄の美、寂の美で、究極は清貧の美であると言う。ここで問題なのは、「貧」の意味である。言い換えれば、「物心一如の世界」における「貧」の問題である。貧は、経済学では、富に対置する概念で富への飽くなき追求を前提とする。成長、開発、発展は富の増大そのものに他ならず、知としての経済学は、それらに富増大のシステムとして全幅の信頼を寄せている。経済学は富への反律として貧を定義するのである。富を追い求める貧は、結局は貪であり、私達の今日の経済社会状況が示しているとおり、貧はなくならない。それだけでなく心の貪・欲は増すばかりである。私達が直面している定常型社会への移行期の大きな課題は、経済学的貧と富の拡大の道を如何に克服するかである。

柳が茶道論で説く「貧」は「貧の心」のことで「貪の心のない貧」である。それは「足らざるに足るを知る心根」[57]の意味である。「貧」は「清貧」あるいは「聖貧」のことだと柳は言う。そうだとすれば「貧の心」とは心が満たされることの意味となる。従ってそれは「貧の富」であり、貧のなかに富が包まれ、「足らざるに悩む心でもなく、足りようと貪る心でもなく、また足るを誇る心でもない。あるがままで足りることである。貧が貧のままで徳に甦る。如何なる欲の力をもってしても打ち勝つことの出来ないものを貧というのである」[58]。「貧の心」、「貧の富」、「貧の徳」として説かれる「貧」の精神は、経済的富に執着してはならない定常型社会において、私達が「心の故郷」として目指すべき心の地平である。

「貧」はそのうちに富を含み、そして貧は清貧・聖貧であるからこそ聖富でもある。柳流に言えば、貧富一如ということであるが、そうした「貧の道徳」の典型例が、柳が注目した妙好人の精神世界である。妙好人は、仏教辞典によれば、善導の『観無量寿経琉』散善義に登場し、浄土真宗の篤信者を指すことが多いとされる、そして特に無銘の農・商人を対象にして、純粋無垢とも言える信仰と自己犠牲的な生活態度を持つ人達のことである。泥のなかに咲く蓮の花のごとき存在を言う。柳「妙好人」論では、『源左の一生』、『信女おその』などの論文で妙好人の心の底にある「貧の道徳」に注目している。妙好人の日々の暮しは「ようこそ、ようこそ」という言葉のなかに包まれているという。柳は、それに次のような解説を付している。「受け難き恩を受けたる悦び、それを受くるわが身への慚愧、この不思議なる仕組への讃嘆、それを許されたる恵みへの尽きぬ感謝、こういう一切の宗教的情操が、この一語に温かく編み込まれているのである。それは、不定（ふじょう）と決定（けつじょう）との結ばれである。慚愧と歓喜との繋がりである。穢土と浄土との縁である。実にこの秘義を説くことこそ念仏の教えである。南無阿弥陀仏の六字とは何なのであろうか。とりもなおさず、凡夫と仏との結縁なのである。二と一との即入が六字の相である」[59]。険しい道に差し掛かっても、暗い闇の道に迷うとも、心の故郷を求める道を直向きに歩み続ける、そこには二元の相対の世界はなく、光に導かれる道ができるのである。不二の世界に入れば、「寝ても醒めても謝恩の念に満たされる」生活は、光のなかの「貧と富」の合一体である。柳が説く「美の浄土」の世界に住まう無銘の人々は、そうした精神世界に到達していると考えられる。ただ妙好人の存在は、単なる一人だけの世界ではなく、そうした人達を生む生活環境、信心の伝統といった社会環境を必要とする。その基礎となるのが、「物心一如の世界」としての「用の世界」なのである。

持続可能な社会システムの構築を志向するのであれば、破壊を伴う〈生産―市場―消費〉のシステムを温存することは到底許されない。私達がいますべてを委ねている市場システムに持続可能性の道は存在しない。むしろ、それは「用の世界」から人の心を遠ざけ、「物心一如の世界」への道を閉ざしてしまうこととなる。歴史としての近現代は、精神史的に見て、人間の心の在るべき場所を見失わせるように作用したとも言える。それは、M・エリアーデ（一九〇七～一九八六）が言うように、近代思想は非聖化・非霊性化によって特徴付けられるからである。

こうして見ると、柳宗悦の宗教哲学と民芸運動の世界は、「物心一如の世界」を思想として展開したのではなく、私達の置かれた歴史的地点からして、本来の在るべき経済原理を提示したものと考えられる。柳は「用の世界」に発見した、日本や東洋の心の再生を経て、「ありのままに、健康で無事な社会」の構築を確信したが、その内実は「こころの経済学」と呼ぶに相応しいと言える。すべての真理は心穏やかな「無事の世界」に戻るのである。

（1）日本経済新聞二〇一九年九月二七日および一一月一〇日
（2）本書第四章・第五章参照
（3）拙稿（一九八四）「古典派定常経済論と現代社会―発展的社会から定常的社会へ―」大阪市立大学経済学会『經濟學雜誌』第八五巻第二・三号、日本評論社
（4）リカード全集第四巻「利潤論」雄松堂、四〇ページ
（5）同右「公債制度論」二一八〜二一九ページ
（6）J・ラスキン（一八一九〜一九〇〇）は『この最後の者にも』で、富とは生に繋がるものだとし、興味深い議論を展開している、その富概念について古典派を厳しく批判をするが、ミルの六章についても言及がある。いささか皮肉っぽい批評でミルの真意を汲み取れていないように思える。五島茂編（一九七九）『世界の名著第五二巻ラスキン、モリス』中央公論社
（7）J・S・ミル、末永茂喜訳『経済学原理』（四）岩波文庫、一〇一ページ
（8）同右、一〇一〜一〇二ページ
（9）同右、一〇五ページ
（10）同右、五七ページ
（11）同右、五八〜五九ページ
（12）同右、七二ページ
（13）同右、一三三ページ
（14）同右、一〇六ページ
（15）同右、一〇五〜一〇六ページ
（16）同右、一〇七〜一〇八ページ
（17）同右、一〇八〜一〇九ページ
（18）同右、一〇九ページ
（19）同右、一〇九ページ
（20）同右、一四二ページ
（21）*Toward a Steady-State Economy* (1973), edited by H. E. Daly, W. H. Freeman and Campany, pp.12~14
（22）ibid. p.173　なお、H. E. Daly (1977), *Steady-State Economics*, W. H. Freeman and Campany 参照
（23）広井良典（二〇〇一）『定常型社会―新しい「豊かさ」の構想』岩波新書、一六一ページ
（24）同右、一四二〜一七九ページ
（25）広井良典（二〇〇九）『グローバル定常型社会―地球社会の理論のために』岩波書店、第四章

(26) M・エンデ（二〇〇〇）『ものがたりの余白―エンデが最後に話したこと』田村登志夫編訳、岩波書店、二二八〜二三〇ページ
(27) 土田眞紀（二〇〇七）『さまよえる工藝―柳宗悦と近代』草風館、二二七ページ
(28) H・アレント（一九五八）志水速雄訳（一九九四）『人間の条件』筑摩書房、二二五ページ。アレントは、「仕事」・「使用」と「労働」・「消費」を区別しつつ、次のように述べている。「産業革命は、すべての仕事を労働に置き代えた……。その結果、近代の世界の物は、使用されるべき仕事の産物ではなく、消費されるのが当然の運命であるような労働の産物となった」。同右、一八六ページ
(29) 同右、二二四ページ
(30) 柳宗悦全集（以下全集と略）第九巻「工藝文化」三四五ページ。柳は、民藝論の最も体系化された著作と思われる、「工藝文化」の序で、「無事」という禅意を述べた言葉のなかに「工藝の美の帰趨」を見いだすと言い、明らかにすべき真理のすべては「無事」という二字に帰ると述べている。従って、本章では、私達の生活の「無事」は宗教性を秘めた意味を持つものとして使用する
(31) 全集第一八巻「無謬の道」一八六〜一九九ページ
(32) 全集第八巻「用と美」三〇七ページ
(33) 同右、「美と工藝」三一九ページ
(34) 全集第九巻「用と美」三〇八ページ
(35) 同右、三一三〜三一四ページ
(36) 同右、三一二〜三一三ページ
(37) 同右、「工藝文化」四八五ページ
(38) 中見真理（二〇〇三）『柳宗悦　時代と思想』東大出版会、同著（二〇一三）『柳宗悦　「複合の美」の思想』岩波新書参照
(39) 全集第九巻「物と文化」三一七ページ
(40) 同右、三一七ページ
(41) 全集第一〇巻「日本の民藝」二八四ページ
(42) 太田浩史（二〇〇六）『柳宗悦と南砺の土徳』となみ民藝協会、一一ページ
(43) 全集第九巻「工藝文化」四五三ページ
(44) 同右、四五四ページ
(45) 全集一八巻「民藝美の妙義」五〇五〜五四三ページ
(46) 全集第九巻「美の浄土」二四一〜二五〇ページ
(47) 全集第八巻「美と工藝」三二六〜三六七ページ
(48) 内山節（二〇一〇）『共同体の基礎理論―自然と人間の基層から』農文協参照
(49) 本書第一章「人間の経済と「市場」―K・ポランニーの本来的市場論の構造」参照

(50) 井上隆三郎（一九七九）『健保の源流―筑前宗像の定礼』西日本新聞社、宗像の定礼に関する資料として最良のものである。また、宮下和裕（二〇〇六）『国民健康保険の創設と筑前（宗像・鞍手）の定礼』自治体研究社参照
(51) 全集一七巻「東洋的解決」五六〇ページ
(52) 本書第一章参照
(53) 全集一八巻「無謬の道」、「民藝美の妙義」参照
(54) 松竹洸哉（二〇一八）『柳宗悦・「無対辞」の思想』弦書房参照
(55) 全集第一八巻「民藝美の妙義」五二五ページ
(56) 全集第一九巻「安心について」六一二ページ
(57) 熊倉功夫編（一九八七）「寂の美」『柳宗悦茶道論集』岩波文庫、一七五ページ
(58) 同右、一七五ページ
(59) 寿岳文章編（一九九一）「妙好人の入信」『柳宗悦妙好人論集』岩波文庫、一六七～一六八ページ

〈注以外の参考文献〉
鎌田東二（二〇〇五～二〇〇六）「美と聖性の内奥へ　柳宗悦論」『春秋』二〇〇五年五月号～二〇〇六年一二月号
熊倉功夫・吉田健司共編（二〇〇五）『柳宗悦と民藝運動』思文閣出版
竹中均（一九九九）『柳宗悦・民藝・社会理論』明石書店
前田英樹（二〇一三）『民俗と民藝』講談社選書メチエ
松井健（二〇〇五）『柳宗悦と民藝の現在』吉川弘文館
――（二〇一四）『民藝の擁護』里文出版
――（二〇一九）『民藝の機微』里文出版
若松英輔（二〇一五）『霊性の哲学』角川選書
なお、以上のほか、
煎本孝（二〇一九）『こころの人類学―人間性の起源を探る』ちくま新書。著者は、「初原的同一性」という概念を提起している。「初原的同一性とは、カナダ・インディアンに見られるように、人間と動物とは異なるものだが本来的に同一であるとする思考である。より一般的には、併存する二元性と同一性との間の矛盾を解消しようとする説明原理であるということができる」（一五ページ）と述べている。自人一如という柳の思想と通底しているところが興味深い
江原昭善（一九八七）『人間性の起源と進化』ＮＨＫブックス

第三部　風土の思想と経済

第六章　風土と経済——風土といのちの産業としての農業の再生

第一節　環境・風土問題への接近

本章の課題は、人間が自然と共生しうる、風土をベースにした経済システムはどのようなものかについて、主流派の市場経済学やマルクス経済学とは異なる視点から考察することである。というのも、経済学は、古典派経済学以来自然の問題を真正面から取り扱ったことがなく、専ら市場原理の研究に軸足を置いて来たからである*。今日、奇妙に思われるかもしれないが、それは紛れもない事実である。経済学は常に経済成長・経済発展のための方途を探求してきたし、その姿勢は今でも変わっていない。しかしながら、戦後公害問題が社会問題化し、さらには地球規模の自然破壊が深刻化するに伴って、そしてまた私達の経済的営みが自然破壊に深く関係していることが認識されるに伴って、経済学は経済と自然や風土とのかかわりを無視出来なくなったのである。環境破壊とは自然と人間が親和的関係において織りなす風土の破壊のことに他ならないからである。経済学に突き付けられた反省は環境問題だけにとどまらない。グローバリゼーションの深化と国際経済競争の激化による市場の暴走は、拝金主義や経済的格差だけでなく、精神的・文化的空洞化などの社会的病理現象を生み出し、私達は全てを市場に委ねることの危うさを認識し始めている。それは市場主義から反市場・半市場への問題そして風土的共同体的精神世界の再生の問題を考究すべきことと関連している。さらに、二〇一一年三月一一日に起った東日本大震災と原発事故後の復興の問題は、地域風土の歴史・伝統・文化の再生であるべきことを実感せしめた。今日の経済学はこうした文明論的課題に対する適切な解答を用意していない。これらは、経済学にとっては、風土をキー概念とする理論体系への見直し、パラダイム転換を意味するほどの重要な課題である。**

経済学における自然と人間との共生という課題は、経済学をいのちの問題として、人間が人間として生きる時間と空間の問題として、いわば風土の問題として展開することに他ならない。もしそうだとすれば、経済学が問題とすべきは、現代経済活動を主導している工業や先端産業の成長のことではなく、いのちと風土に直接つながっている農業—実際には、漁業、林業を含む第一次産業—のことでなくてはならない。農業—第一次産業—とは私達人間にとって何かという問題こそが本章の課題になる。そこで、本章では、その主題に接近するために、第二節で、現代の経済原理が如何にいのちや風土の問題にかかわっているかを明らかにし、第三節で、現代の経済システムのもとで農業がどのように変容してしまったのか、その実態と意味を問い、第四節で、農業の再生の仕方・方向性を提示したいと考える。

*経済学の父とされる、A・スミス（一七二三〜一七九〇）は、その主著である『国富論』で経済発展のための社会像を構想し農業はそこで発展を支える重要な産業として位置づけられている。しかし、残念なことに、彼は農業を市場の理論に委ねてしまったし、彼の農業論は経済学の理論（地代論）の枠を出ず、いのちを育む生きた自然との関係を考究する姿勢は見られない。また、スミス理論の継承者と言われる、D・リカード（一七七二〜一八二三）は、その主著『経済学および課税の原理』で、農業は工業的発展のもとでは海外に配置され、国際分業のシステム（自由貿易原理）に委ねるべきとする理論（比較生産費説）を展開した。経済学は、リカードの理論以降、農業を工業の従属的位置に据えることとなるのである。

**経済学の分野で風土論に関して貴重な業績として、飯沼二郎（一九七〇）『風土と歴史』、玉城哲（一九七六）『風土の経済学—西欧モデルを超えて—』、加藤義喜（一九八六）『風土と世界経済』がある。飯沼の業績は、農業技術から見た風土論で、変化する歴史の根底に風土の存在を確認しつつ、風土と対決する人間の側の主体的条件—資本と労働の在り方—の役割を重視し、そこに歴史的発展の鍵を見出している。飯沼はそれを動態的風土論と呼ぶ。玉城は、灌漑農業の分析を通して風土論を語る。風土決定論や用具決定論の限界を指摘し、人間が人間として自己を再生産する契機としての人間労働という視点から風土を捉える。風土（自然）は生産を規定する普遍的契機ではなく特殊的契機であり、生産を構成する一契機としての労働対象と認識される。人間の労働による自然の対象化の過程が、人間の物的発展の根元であり、そこから生み出される用具＝労働手段が労働の発展＝人間の発展を促すとしている。人間労働の発展という点に重心が置かれているため、風土は農業社会ではその意味は格段に高いが、生産力の高い近代工業の社会では副次的・二次的位置を占めることとなる。加藤の世界経済の風土論的把握は、他の専門領域の成果をも取り入れて世界経済論における記憶すべき業績である。風土的空間の重層的把握すなわち自然的風土空間としての一次風土、第一次産業の態様としての二次風土という視点は注目に値するが、現代世界経済の歴史的時間軸による発展論において経済発展論・開発経済論の論理に引きずられて経済の風土論的分析が活かされていない憾みが残る。これらの業績は、人間の社会における風土問題の重要性を深く認識しており、継承すべき論点を含むけれども、われわれ人類が直面している深刻な課題を考えると、それらの言説は、いまだ人間中心主義的であると言わざるを得ない。風土は、人間社会にとって歴史貫通的存在であると同時に、いのちの世界・いのちの連鎖の世界でなければならない。そこには自然と人間が織りなす関係の総体があり、祖霊や神々の世界などの不可視の世界も存在する。

ところで、風土論にはいくつかのタイプがある。木岡伸夫（二〇一一）『風土の論理―地理哲学への道―』が風土論を五つに類型化している。[1] 整理の方法としてとても参考になるのでここで紹介し、すこしのコメントを付しておきたい。第一は、和辻哲郎（倫理学・気候学）の人間学的風土学、第二は、鈴木秀夫、安田喜憲（地理学・生態学）の文明論的風土学、第三は、玉城哲（農業経済学）、高島善哉（経済社会学）の生産論的風土学、第四は、三澤勝衛（地理学・民俗学）の地域論的風土学、そして第五は、オギュスタン・ベルク（地理学・哲学）のメゾロジー（mésologie）である。木岡は、ベルクのメゾロジーを高く評価し、和辻の人間学的風土論の主要概念の再解釈による独自の理論で、「哲学を含む人間諸科学との交渉をつうじて仕上げられた、今日に至るまで唯一といってよい、風土学の標準モデルである」[2]と言う。ベルクの理論は、分析対象が広く―地域から地球に及ぶ―、その言説は多岐にわたる。ここで取り扱う事は出来ないが、今後の検討課題であることは間違いない。[3] また、木岡は、ベルクの理論を継承し、風土は場所性・空間性の関数として成り立ち共同性と公共性を合わせ持つがゆえに都市と非都市（農村）を包摂する概念であること、そしてその「風土概念は西洋中心的な前近代と近代の区分を相対化し、見なおすための理論装置になりうる」[4]ことを強調し、都市の風土学を展望している。木岡の研究は、風土概念の豊富化を意図しており、今後検討すべき論点を含んでいる。風土をいのちの時空間として、また人間存在の時空間として認識する本章は、風土の領域をはるかに逸脱した現代の都市の高層ビルや高層マンションでの生活の在り様をも射程にいれて批判的言説を展開すべきであるが、それは今後の課題としたい。

第二節　現代の経済原理と環境・風土問題

私達の営む経済社会は、歴史的な特徴づけを行うとすれば、蓄積社会、工業社会、そして市場社会である。近・現代社会の特殊歴史的な性格である。これらのどれを欠いても現代の経済社会は成り立たない。蓄積がなければ成長はストップするし、工業以外に経済成長を主導する産業部門はないし、そして市場がなければ財・サービスの価値を決定できない。蓄積、工業、市場は現代経済を考究する際のキー・タームである。現代経済の動態は蓄積、工業、市場の在り方・動向によって規定されるのである。環境・風土問題は現代経済が生み出した構造的問題であるとすれば、蓄積社会（蓄積原理）、工業社会（工業原理）、市場社会（市場原理）のそれぞれにかかわる問題として認識すべきである。

二・一　蓄積社会と環境・風土問題

蓄積とは、現代経済では、経済的蓄積のことである。利潤を最大限獲得し、それをさらに増やすために蓄積（投資）することである。社会は、いかなる社会であろうと、社会的余剰が必要である。しかしそれは蓄積のための富を増やすためではない。社会の構成員全てが生産的仕事に携わるわけではなく、幼少若年者、老齢者、非健常者など直接仕事に就けない人達の存在があり、また教育、医療、福祉、自然災害への具えなど社会的費用が必要である。社会は、そうした共同体的社会的営みのための余剰の生産と蓄積が必要で、その確保のための確かな制度を持たなければならない。それは決して経済的富を増やすことを意味しない。社会の相互扶助的関係が安定的に保持されることが重要だからであり、社会の秩序の問題である。

しかしながら、現代経済では、もちろん相互扶助的関係保持のための社会的余剰制度―例えば、生活保障制度、年金共済制度などの社会保障・福祉制度―は存在するけれども、私的な経済的余剰の生産と蓄積が主流である。私達はそのことを利潤の極大化と資本化と呼び、一般的には経済成長のことを意味する。余剰の生産とその蓄積は、現代経済ではあくまでも私的なものにとどまる。私的であるが故に、資本による資本のための蓄積志向は限界を知らず、絶え間のない拡大志向が継続されるのである。

利潤と蓄積との不断の連動は、現代経済システムの最も基本的な運営原理と言ってよい。蓄積の停止は経済の死を意味するからである。したがって、現代経済が国家的レベルで成長戦略を描くことは、経済の死を免れるための基本理念となる。こうした拡大に拡大を重ねて行く富増大のシステムは、今日、グローバル化し、地球の生態的限界だけでなく風土的存在としての人間的限界に直面しているのである。それが世界的規模で生起している環境・風土問題であることは言うまでもない。私達は、いつまでこうした終わりなき膨張システムを続けるのか。成長を根本的に問い直し抑制しようとする国は、いまだに皆無に等しい―なお、容赦なく押し寄せる近代化の波を巧く制御しながら国民の幸福度を大切にしているブータンは注目されたが今日その近代化の波に苦慮しているように見える―。日本もそうである。ほぼ五〇年前にローマ・クラブが警告した「成長の限界」は決して過去のものではないのである。

二・二　工業社会と環境・風土問題

資本の蓄積原理が具体的に社会制度として認知されるためには、近代的工業の確立が必須である。道具に代わる機械の登場によって決定的になる近代的工業の確立は、大量生産を可能にし、利潤の極大化・蓄積の拡大を実現する。気候風土や耕地面積などの自然的条件に制約される農業生産ではその実現は不可能である。工業が産業構造の基幹産業としての位置を確保することが、大量生産を実現し、大量消費を可能にする条件である。それだけではない。機械による工業生産は、絶え間のない技術革新と生産力の拡大を伴う。資本主義的発展を担ったのは、まさしく工業における新技術の導入と生産性の上昇である。資本主義経済の成長・発展は、農業によるのではなく、工業の発展によるものである。近代的工業の蓄積原理を体現し経済成長の担い手としての役割は、産業革命から今日に至るまで変わることがない。脱工業というのは、農業を見直すという話では決してなく、重化学工業から高度工業化・サービス産業化への転換、そしてIT化・デジタル化への転換のことで、脱工業は決して脱工業社会を意味せず、工業社会の変化形態にすぎない。世界的規模で見ても、脱工業という言説は妥当しないことがわかる。工業生産は植民地時代までは先進諸国のものであったが、今日では途上諸国にまで拡大し、世界の経済成長を支えている。ともかく大量生産・大量消費・大量廃棄といわれる生産と消費のシステムは、工業社会の時代の特徴であり、それがグローバル化するに伴って、環境と風土の破壊は一国レベルから世界レベルへ、そして地球レベルへ拡大したのである。

大量生産・大量消費・大量廃棄の生産と消費のシステムは、環境・風土の破壊に直接関与しているのであるが、生産、消費それぞれに関わる本質的な問題が存在している。

一つは、生産は直接的に消費であるという問題である。経済学では、生産とは富を生産する営みで全て善であるとする思想が支配的で、生産は消費であるという自覚が乏しい。大量生産には、必然的に大量の資源・エネルギーの消費が必要でそれなしには生産はありえない。ここには必然的に生産に必要な資源・エネルギーはこの地球に無限に存在するかという問題、つまり資源・エネルギーの有限性の問題が存在する。特に石炭・石油・原子力・天然ガスなどの再生不能な資源・エネルギーの有限性は大量生産のシステムにとっては不可避の問題となり、それはまた歴史が証明するように、それらの獲得をめぐって国家間の平和を脅かす原因にもなる。これまでどれだけ無意味な血が流されたことか、未だにそうである。ロシアのウクライナ侵攻は石油・天然ガス資源の軍事化と深く結びついている。資源・エネルギーの有限性の問題に加えて、生産過程での問題が存在する。それは生産過程が消費の過程でもあることから出て来る問題で、生産の過程で大量の排物・排熱いわゆるエントロピーが生み出される。汚染物質であり、有害な化学物質を伴う場合が多い。大気汚染、河川、海、土の汚染は深刻で、オゾン層の破壊にまで及ぶ。水俣病などの公害病は、いまだ解決していないものが多く、エントロピー排出の問題は今日でも私達の肉体的健康を脅かし続けているだけでなく、多くの生物種を絶滅の危機に追い込んでいる。

もう一つは、消費の問題である。私達は何のために消費するのか、その消費の意味について経済学は何も語らない。経済学は、大量の消費は成長に大きく貢献する要素だという程度の認識である。この経済学の認識によれば、節約やもったいないなど消費の抑制、知足安分の思想は成長に逆行するもので時代遅れの考え方ということになりかねない。とにかく欲望を刺激し大量に消費するために、消費の時間を短縮し、次々に商品を購入することが要請されるのである。しかし、大量に生産された工業製品は消費されてのち廃棄されゴミと化す。当然のことながら私達は廃棄物の安全な処理の問題と捨て場所の枯渇の問題を抱えることとなるのである。いずれも個人的な限界を超えていて、現代経済の生産と消費システムに内在する本質的な問題である。

二・三　市場社会と環境・風土問題

蓄積原理を具現した工業社会は、市場の存在を前提にして成り立つ社会である。市場なしの蓄積社会も工業社会もないからである。ここで言う市場とは、非近代的な局地的・地域的市場を含まず、競争的な需給の動向に従う近代的市場を指している。市場は現代経済の生産と消費のシステムにとって、三つの意味で重要である。

第一は、市場は財・サービスの価値認定・価値実現の場として絶対的な存在であるという問題である。市場とは、価格という貨幣による評価を尺度として財・サービスの価値を認定する制度のことであり、価値の大小は決定的に市場の競争的需給の動態に委ねられる。財・サービスは、市場に媒介されてはじめて商品になり、価値物として認定されるのである。財・サービスの価値とは、商品としての価値のことである。つまり、市場が認めるのは、あくまでも商品としての財・サービスの経済的価値であって、経済学はそれを市場価値と呼ぶ。しかし、重要なのは、その市場価値が財・サービスが本来持っている価値の正当な評価であるかどうかという問題である。それは市場における商品としての評価であって、あくまでも価値評価の一つの手段にすぎず、財・サービスの本来的価値＝社会的価値を反映しているわけではない。市場評価以外にも価値評価の手段はあるのだが、市場は自らが抱えるそうした根源的な問題は無視し、市場的評価は資本主義社会では絶対的な意味を持つ。

こうした市場評価が制度化すると、社会的価値と経済的価値との乖離が生まれる。例えば、出産・子育て、家事労働、奉仕的・互助的活動などのシャドウ・ワーク、自然から与えられる水、土、空気、景観、多くの生命を育む生態系や生物種などの私達のいのちや生活に不可欠な環境は、市場の価値評価の対象とはなりにくい。それらは基本的に商品ではないからである。したがって、環境・風土の破壊はその意味で市場の外の問題に過ぎない。環境・風土の問題は市場にとっては他人事なのである。環境や風土に配慮して提出された持続可能性という言説は、今日持続可能な経済発展という言説にとって代わられ、環境と風土は市場にとって経済発展のための従属的存在でしかない。市場が環境と風土の保全に十全的にかかわることは、コスト上昇の要因になり反利益的行為となる。しかし、環境対策が利益につながる環境ビジネスが成り立てば、市場は自然を経済成長の道具に仕立てる。主流の環境経済学は環境問題を市場システムに委ねて解決することを目論むが、自然と人間の共生という視点から見て決して正当な方向性とは言えない。自然や風土は市場による商品化によって保全されるとは思えない。市場は経済的評価を尺度にして動き、すべてを台無しにしてしまう「悪魔のひき臼」(5)であって、自然を正当に評価できるシステムではないからである。

第二は、市場は資本にとって利潤と蓄積を可能にする場であり、常に拡大する場でなくてはならないということである。利潤の獲得、蓄積の実現、そして生産の拡大は、市場を通して可能であり、資本にとって市場の創出・拡大は生き残りのための至上命題である。従って、市場は必然的に国内市場を超え、海外市場へと拡大する。こうして形成される市場は、資本と労働を国際的に配置し、国際分業のシステムとして確立する。余ったものを輸出し、不足するものを輸入するという貿易の常識的言説――実はこの言説が貿易の正しい考え方であるのだが――は、この場合ほとんど意味を持たず、もっぱら資本の活動場面の拡大の結果として確立されるシステムなのである。産業革命以後、一九世紀、二〇世紀、そして今日に至るまで、世界経済はその成長の拠点を変えながらも、国際分業システムの拡大をベースにして発展してきた。今日では、その頂点に立つのが、ビッグ・ビジネスと言われる多国籍企業・銀行で、グローバル経済をコントロールしている。ここでの競争は、まさしくグローバル競争であり、市場獲得、資源・エネルギーの獲得、低賃金労働の獲得、有利な情報の獲得、そして技術開発、のための競争が熾烈である。熾烈であるけれども国際分業は資本にとって利潤の獲得と蓄積を実現するための不可欠な存在である。このグローバル競争を余儀なくされる市場に、大量生産・大量消費・大量廃棄による環境・風土破壊の構造が組み入れられていることは、もはや明白である。

第三は、市場は生産と消費を結ぶ必須の媒介項であるということである。市場を前提にした生産であり、消費であるということである。現代経済は市場経済であると言われる所以であるが、私達はそのことの意味を問う必要がある。

生産と消費を結びつけるのは、歴史が証明するように、必ずしも市場でなくてもよい。経済人類学（K・ポランニー）の知見によれば、非市場経済では、経済統合の制度として、生活に必要なものの欠如・不足を補うための交易・取引、相互扶助のための互酬的制度、集中した富の再分配、そして家政（household）があり、それらの制度のもとでは、生産と消費は必ずしも市場を媒介せずに結合していたのである。しかし、そうした経済統合のための制度は、市場経済の台頭に伴って後退し、社会の一部に残るのみである。市場経済では、市場は生産と消費を結びつける唯一絶対の存在である。生産者だけでなく、私達消費者も、生活必需品、享楽品、サービスの全てを市場に委ねる以外になす術がない。しかも市場は欲望の拡大を要求する。特に戦後の日本では、アメリカンドリームがさかんに宣伝され欲望の火がつき、パンドラの箱が開いた。私達の回りには、欲望創出の文化装置が溢れている。欲望には限界がなく、満足がない。私達消費者は、市場が仕組むそうした欲望装置から逃れられないのである。携帯電話、パソコン、スマホなどの市場動向を見れば、それは明白である。私達は制度化された市場に心身共に埋没していると言ってよい。それはまさに市場権力とでも呼ぶべき欲望肥大を強制する強力な文明装置なのである。

以上述べてきたように、現代経済の仕組みは、自然・風土環境との親和性に乏しいことがわかる。そして私達が自然と人間との共生を課題とするのであれば、現代経済のシステム的転換が必要であることもまた明白である。それは次の三点に集約される。第一は、経済的蓄積原理を社会的蓄積原理へと重心を移すこと、第二は、産業構造の問題として比重を工業から農業へ移し、それと同時に農業のあるべき姿に再生すること、第三は、市場権力からの離脱、特に農業を市場システムから遠ざけること、である。環境技術の向上、節約や財のリサイクル・リユース・リデュース、再生エネルギーへの転換などは環境・風土保全のための重要な論点であるが、残念ながら、現代経済の仕組みに対する批判的視点が欠如している。環境・風土問題は経済の構造の問題として、システムの問題として提起されているのである。今日それはまさに文明論的課題なのである。

第三節　農業の変容の実態とその意味

この節では、農業のあるべき姿を論じる前に、現代経済システムのもとですっかり変容してしまった農業の実態とその意味について考えたい。工業の中心性から農業の中心性への転換を論ずる本章では、避けて通れない論点だからである。農業の変容を工業的農業[6]と理解し、その変容の実態とその意味を四点指摘したい。

第一は、工業の論理をそのまま農業に適用したことである。工業の成長至上主義的論理の農業への適用は、歴史的には産業革命期にまで遡るが、農業の劇的な変容は戦後のことに属する。特に、日本の場合そうである。日本の農業は戦前においてすでに市場経済に組み入れられ、その市場経済の矛盾を一手に引き受け貧困と多くの困難に遭遇するが、農業の劇的な構造的変化は、高度工業化による高度成長に伴うものである。農業経営の基本原理は、工業と同様、四季の変化、気候変動などの自然の制約から免れ、生産性を高めることに変わり、そのための技術的取り組みが促進された。例えば、機械化・装置化だけでなく、化学肥料や多くの種類の農薬の大量投入、品種改良が常態化するのである。農業はそのことによってエネルギー多消費型農業に変容し、河川や土壌を汚染して地域の生態系を破壊し、栽培される食料品は農薬が残留し食の安全が問題となる。そうした食の質的低下・非食品化と季節感を喪失した食文化の破壊は、人の健康と文化の在り方に直接かかわる、農業の変容の本質的な問題である。さらに、農業は、土に依存しないで効率を追求した植物工場での農産物やバイオテクノロジーによる遺伝子組み換え農産物をも作り出している。これらはもはや農産物とはいい難く、工業製品の範疇に入る。これらの食料品は、栄養価や安全性の面で疑問が残る。農業は人の生命や健康を守るという役目を失い始めている。

第二は、農業は、蓄積原理と市場原理を取り入れ、常に利潤確保を追求する経済の論理に支配されていることである。市場原理に適合しようとした結果、農業は大きく変容したのである。それは、農業は市場経済のもとで工業と同じように利益を優先して成り立つ産業なのかという問題であり、それは幻想であり虚構でしかないと思う。私達は、農業は市場経済のもとでは非常に歪んだ形でしか成り立たないという認識を持つべき時に来ていると思われる。利益優先の農業経営では、農業は農業ではなくなる、破産してしまう農家が出て来る。「農業は農業である」として、農業は工業とは本質的に異なることを強調したのは、農業経済学者の守田志郎である。[7] 守田の指摘は正しい。日本の農業の現状がそれを証明している。農業人口の極度の減少、専業農家の減少、農地面積の減少と耕作放棄地の拡大、産出高の減少、そして高齢化問題など、今日の状況は危機的なもので、経営が成り立っているように見えて、実は多くの債務に苦しむとか、生活を切り詰めるとか、内外の市場動向に振り回され、不安定な状況に追い込まれている。限界集落と言われる中山間地や島嶼部での農林水産業の現状は、[8] 市場の拡大とそれに適合出来ない根本的な問題のあることを証明している。農業に向上心がない、創意工夫や努力が不足している等の言は、市場における勝者の強弁にすぎない。後述するように、それは社会制度の問題であって、農業が農業として成り立ちうる新たな社会制度を構築すべき問題である。

第三は、第二の問題と本質的に同じ農業における市場問題で、貿易に結びついた市場問題である。すなわち、農業は、自由貿易原理を基本とする国際分業システムに組み入れられ、世界的競争の中で先進諸国の農業も途上国の農業もともに変容を余儀なくされているということである。先進国では、日本の農業に典型的に見られるように、農業を保護することは、自由貿易原理に違反し、工業と国民経済の発展に逆行する時代遅れの間違った政策と見なされ、農業も工業と同じように生産力上昇に努力し国際競争の強化が求められている。しかし、日本の農業は、自然の制約が大きいため十分な生産力を達成できず、国民経済の発展の名のもとに犠牲を強いられ、切り捨てられる—生産性が高く輸出力の高いアメリカの農業は、実は地下水の枯渇、塩害、表土流出、残留農薬の問題など深刻な環境破壊に直面している—。日本の食糧自給率は、他の先進諸国に比べて極端に低く四〇％程度である—実質はもっと低いと言われる—が、それは工業製品を輸出し食糧は海外から輸入するという国際分業の結果であるし、現在の日本農業の危機的状況はこのことと深く関係している。他方、途上諸国の農業も換金作物の生産を強制され国際分業の渦に巻き込まれ、自立の途は、はるかに遠い。そして植民地時代の農業がそうであったように、モノカルチャー（mono-culture）、モノエキスポート（mono-export）を余儀なくされる途上国だけでなく、工業化を志向することによって食糧輸入国になっている国も多い。それらの国々は先進諸国の発展の論理に従属し、農業本来の役割は果たせなくなっているのである。その結果、自然も文化もそして人間の生き方まで破壊される状況に追い込まれている。[9] 農業国でありながら、食糧不足を抱え食糧を海外に依存する途上国は多い。内・外市場で二重の苦悩に直面しているのが農業である。

食糧は、どの国であっても、安定した価格での自給—身土不二の思想[10]—を原則として、余剰食品、生活に必要なもので欠如あるいは不足する食糧や特殊なものを除いて貿易の対象からはずすべきで、食糧のリージョナリズム、ナショナリズムが望ましいと考える。全ての財・サービスを例外なく自由貿易の競走原理に従属させることを目的にしている、WTO（世界貿易機構）をはじめ、FTA（自由貿易協定）、EPA（経済連携協定）、そしてTPP（環太平洋経済連携協定）は、農業の変容と破壊を意図するもので、TPPへの日本の参加は、日本農業の破滅をさらに速めることになるだろう。

第四は、農業問題の認識方法が極めて限定された思想的枠組みのもとでなされていることである。農業における思想的問題である。ヴァンダナ・シヴァの言葉を借りるなら農業は、「精神のモノカルチャー構造[11]」に呪縛されている。思考の画一化・中央集権化が広がり、固定した思想が農業問題に及んでいる。思想の権力化である。その権力化した思想・精神とは、経済効率・経済合理性を信仰し、唯物論的・経済主義的思考に集約される経済グローバリズムのことである。グローバリズムはいまや経済発展の代名詞であり、農業問題も経済のグローバル化の一環として位置づけられ、農業の失敗はそのグローバル化を拒否したからだと指弾されるのである。一九六〇年代に、途上諸国で多収量品種（米や小麦）を導入して推進された緑の革命は、近代農法の一つだが、経済開発論的思想に沿うもので生態系を破壊（土壌の汚染）し、債務を抱えて土地を失う農家が多く、貧困を生んだ。それは、失敗のケースとして結論づけられることになるが、近代農法の不合理性を証明するものである。農業ほどローカルな自然的風土、伝統的・土着的精神風土のもとで健全に存立しうる産業はないからである。精神のモノカルチャー化は、農業のそうした本性を無視するのである。熱帯には熱帯の農業—例えば、焼畑農業は自然を破壊する農法だと言われることがあるが、伝統的焼畑農業は熱帯の植生や自然風土から生まれた農法である—があり、温帯には温帯の農法がある。同じ温帯でも決して一様ではなく、多様な地域的特性にかなう農業の形態が多く存在するのである。そこに農業が工業とは根本的に違う点がある。「精神のモノカルチャー構造」は、農業にとって重要な思想的課題である。

現代経済システムのもとですっかり変容してしまった農業に未来はあるのか。私達の生きる場の産業だからこそ、熟慮を重ね農業が本来の役割を果たせるための方向性を示さなければならない。

第四節　風土といのちの産業としての農業

現代は経済発展のために人間が存在するような経済社会で、残念ながら人間（そして自然）のために経済的営みがあるという社会ではない。警察庁の調査によると、一九九八年から一四年連続で年間三万人超の自殺者が記録されている。二〇一二（平成二四）年に三万人を下回り、その後減少するが、令和の時代に入っても二万人を超えていて、決して少ない数ではない。企業社会に適合できない人、そこから排除される人など、精神的ストレスや病に苦しみ、生きる力を失うケースが増えている。多様な雇用形態が企業にとってプラスになるという理由で、安定した職場がどんどん失われている。安定しているように見える企業でも何時リストラに会うとも限らない。経済の発展のためなら、人間の犠牲は仕方がないという経済優先の思考が罷り通っている。企業から道徳や倫理がなくなり、強欲資本主義の実像が見えてくる。アメリカの経済は一％の富裕層の経済で九九％の人達のための経済ではないというのも頷ける状況なのである。その点で日本も例外ではなく格差の大きいいわゆるK字型経済である。私達が目指すべきなのは、人間のために経済的な営みがあるという経済の本来的で当り前の仕組みであって、それはまた同時に環境・風土破壊をも解決に導いてくれる方途であるはずである。人間に親和的で非暴力的・非権力的構造をもった経済は環境・風土にも同じように親和的である。

望むべき経済の姿は、自然と人間との関係が健全に保たれ、全ての人間が最後の一人に至るまで、性別、年齢、民族などに関係なく、人間としての存在をその本源において認められる経済の仕組みである。人間は、自然的存在、霊的・宗教的存在、社会的・歴史的・文化的・経済的存在である。一言で表現すれば風土的存在である。私達の目標は、そうした多層的性格を持った人間によって営まれる健康的な生活のシステムの構築であり、生産・分配・消費の関係が健全な形でつながるシステムである。それが人間の経済というものである。そうだとすれば、農業―ここでは農業のみに焦点をあてるが、議論の性格上、漁業・林業とそれの周辺の産業も視野に入れる必要がある―は、人間の経済の基幹産業に位置づけなければならない。それは人間の社会における農業の中心性と言ってよい。

市場経済の中ですっかり変容してしまった農業の健全な再生が健全な人間の経済社会を創出できる。ここでは二点―第一節の終り部分で指摘した三つの問題のうち、経済的蓄積から社会的蓄積への転換の問題についてはここでは扱わない―にしぼって問題の整理をしたい。第一は、農業を風土産業・いのちの産業として再生すること、第二は、農業を市場競争原理から守る社会制度のもとに再生すること、すなわち市場競争に依存することなく、農産物の生産・分配・消費の健全な関係性を構築するための社会制度についてである。

四・一　風土といのちの産業としての農業

自然は、時として人間社会の外的存在として対立し、自然は自然そのものとして認識されることが多い。しかし、特に日本では、自然だけではなく、人間をも含む風土という言説が重要である。風土とは、私たち日本人が長い歴史を通じて育ててきた、自然と人間との調和を意味する概念である。和辻[12]によれば、風土とは、主体的な人間存在の表現として、あるいは人間存在の構造的契機として諒解されるもので、人間はそこで形成された時間的・空間的構造の中で生を生きる。人間は社会的存在として人間と人間との関係・結合を意味する共同体を必要とするが、その共同体の中に自己を諒解し、客体化する契機として風土を発見するのである。風土は、人間が人間として存在しうる時間性と空間性を持ち、その意味で私達の社会は歴史性と風土性とを必然的に備えていると言える。歴史性（時間性）と風土性（空間性）は相互規定的で、歴史性（時間性）を持たない風土性（空間性）もなく、逆に風土性（空間性）を持たない歴史性（時間性）もない。歴史は風土的歴史として、風土は歴史的風土として私達の存在を規定する。和辻はそのことを「人間存在の風土的規定」と呼んでいる。風土は、従って、単なる自然を意味するのではなく、人間と自然の有機的・親和的関係性の上に規定されるべきもので、いわば関係概念として提出されている。その意味で私達の社会は、本来風土的社会である。

風土を人間と自然とが分かち難く向き合う時・空間として認識するとすれば、風土に生きるということは、私達にとって自然な営為であって、風土的社会で農業が中心であることもまた自然な姿である。農業の中心性は風土的社会での生産・分配・消費の健全な経済的営みにおいて発揮されるのである。農業はその生産の仕組みにおいて自然から如何に富（自然価値）を引き出すかが最も重大な使命であるが、そこでの富は貨幣的評価の高い農産物ではなく、生活に必要で使用価値の高い、しかも文化的価値のあるものでなくてはならない。生産されるものは風土性の高いもので、農業は風土産業であるということとなる。和辻流に言えば、人間は風土産業を通して自己を諒解するのである。

風土は、自然的・地域的個性を持った多様性に満ちた生活空間である。そうした風土的個性に注目し、農業はもちろんのこと、地場産業を風土産業と認識し、地域経済の基軸に据えるべきだと考えた人物がいる。戦前、長野県の諏訪中学（現、長野県諏訪清陵高校）の地理科の教師であった、三澤勝衛（一八八五～一九三七）である。[13] 三澤は、風土とは「大地と大気の接触面」であると言う。それは単なる気候でもない、大地でもない、地形でもなく、そうした自然条件の複合的集合体である。彼の場合、風土を大気と大地の接触面だと言うのは、風土学の第一義的な理解であって、そこにはその風土に寄り添い風土を発見しそれに適合した社会を創造する地域人が存在する。従って、風土というのは、自然的風土とそこに生きる風土的人間とが有機的に結びついた統一体である。三澤の風土学は、その意味で、和辻の風土論との間に大きな違いはないように思われる。しかし、三澤の風土学は、地域の具体的な風土的事象に注目した、地域密着型の風土学で、地域の個性、地域の力に依拠した地域社会の創造に寄与しようとしている。実践的風土学と言ってよい。三澤の実践的風土学は、風土を認識することを第一にして、風土性を発見すること、そして風土産業を構築することまでを理念とする。現実には、地形の特徴、気温や日照時間の問題、植生や動植物の特徴、風や水や土壌の質的・量的な問題、そして、そうした風土的特性に地域の人達がこれまでどのように関係して来たか等、その地に生きる人達は空間的・時間的な風土状況を発見し、それにふさわしい産業を計画すべきであるとする。三澤は「自然に順応・協調してこそ人間が生きられる」と言う。そして次のように述べている。

「作物を栽培するにせよ、家畜を飼うにせよ、さては、工業から商業にいたるまで、ないしは…（略）…土木事業に至るまで一方にはそこの風土を調べ、一方にはその作物、家畜、製作品、土工の性質を究め、できるだけその両者の調和し融合するようなものを、選択し取り込んでくるということが、言い換えますれば、きわめて自然に近いような形に整えていくということが、もっとも意義のある地方開発というもので、われわれ人間はただすなおに、一種の「触媒」としての役割をもっているものとして考えていてこそ、真に人間としてのすなわち天命の役割を果たし得たものと私は考えかつ信じているのでございます。

要するに、自然を征服するどころの話ではない。また、もちろん征服のできるものでもございません。否、かえって、その「自然を生かそう」とする思想こそきわめて大切であると考えたいのでございます。そうしてそれが、やがて、真に、力強く、われわれ「人間の生きる途」ともなるわけでございます。そうしてまた、真にそれを生かす、これを我々人間本位の言葉で申しますと「利用する」ためにはすべてそれを大自然に訊いて、すなわち順応し、協調していくのがそもそもの、本位であると考えなくてはならないと思うのでございます[14]」。

風土産業は、ここでは、農業だけでなく、畜産業、地場の商・工業、土木事業までも含む、いわば広義の風土産業として提起されている。私達は三澤の実践的風土学のおおよその輪郭と理念を知ることが出来る。そして敷衍すれば、三澤のねらいは、風土的社会経済圏あるいは風土的生活圏の創造である。

風土的生活圏は、自然と人間が健全に交わる生活圏であるから、風土産業はいのちの産業でもある。自然と人間との健全な共生は、いのちといのちの間の共存・共栄であって、過去・現在・未来へとつながる、永遠のいのちの連続でなければならない。農業の風土産業としての再生は、そうした自然の生命の摂理に適うものである。私達に付与された科学する能力と精神は、三澤も言うように、「自然を征服する武器を発見するためではない、自然への順応する途を求めるための努力でなくてはならない[15]」。私達は科学することの意味を踏まえ、風土といのちは、農業再生の要諦であることを深く自覚しなければならない。

四・二　農業の市場原理からの解放――半市場の世界の創造

農業が風土産業・いのちの産業として再生し、自然との共生を実現する役割を果たすために、私達は農業を市場競争原理から防衛し、風土的社会経済圏・風土的生活圏を創造・構築しなければならない。市場システムから離れ、それに代わる新たな社会制度を準備する必要がある。ここでは、論ずべき点が二つある。第一は、農産物は半商品であるとする思想についてであり、第二は、農業を生業として成り立たせるための社会制度をいかに構築するかという問題である。

半商品とは何か。これは経済学の概念として定着しているわけではないが、特に農業を扱うここでの議論では有効な言説―農産物だけに限定せず、他の生産物にも適用すべきである―である。半商品とは、文字通り半分商品で半分商品ではないという意味である。それは売買の対象である限り商品であるが、半分は非商品的要素を含む。売買の過程で交換価値の側面と使用価値の側面とを併せ持つという意味であり、出来るだけ高い利益を得ることを意図する商品の世界の経済合理性だけでは理解不可能な商品である。[16] 例えば、利益にこだわらず安心・安全を優先した有機栽培農産物、食文化を支えている地域の特産物、地域のくらしに密接して生産・消費される生産物つまり地産地消商品、産直商品、また自由貿易原理の暴力性に対抗して、地域の特産物、手づくりの作品、有機農産物（コーヒー、ココア、バナナ、原棉など）などを民衆レベルで取引している、フェア・トレード等。これらの商品には、利益獲得を目的としない、地域の・地域間の人間的関係を維持することを重視する要素が含まれている。半商品には、生産者と消費者との間の相互扶助的・相互補完的な人間関係、信頼による結びつき・絆を育てる要素が備わっている。従って、需要と供給の価格競争原理が機能しない市場という意味で、半商品の市場は半市場であるとも言い換えられる。実は、歴史的には、この半市場こそ互酬的人間関係によって律せられる本来的市場なのである。本来的市場とは、モノの使用価値―商品の使用価値のことではない―の交換を重視する市場のことで、非競争的・非暴力的・非膨張的であること、必要・補完原理が働いていること―交換価値という量的な交換ではなく、使用価値という質的な交換が支配的である―、そして交換でありながら互酬的原理を内包すること、これら三つの原理を有している市場を意味している。[17] 私達は、農産物の商品としての問題を扱う場合、市場的要素と非市場的要素の混在した半商品の世界を地域に根づかせる思想＝半商品・半市場の思想を持ってしかるべきである。本来的市場に出来るだけ近づける半市場の思想は、風土型経済の構築にとって核心的な問題になるであろう。

ところで、半商品の世界は半貨幣―この概念も経済学ではほとんど使われていないが、ハーフマネーあるいはクォーターマネーと言い換えてもよい―の世界でもある。今日の市場経済では、世界的規模で利殖や投機を絶えず追い求めている貨幣が様々な経済混乱の元凶である。マネー資本主義によるマネー・ゲームや貨幣の暴走が目にあまる。半貨幣とは、そうした利殖目的を排除した原初的な貨幣で、購買手段や支払手段あるいは計算手段としての貨幣のことで、今日の貨幣の実態から言えば、極めて限定的な機能しか持たない。それはまた地域通貨的性格のもので、その流通範囲を出来るだけ地域内にとどめ、その中で循環するような仕組みを作り、地域経済に役立つようにしなければならない。半商品の世界には、利殖目的の貨幣はそして資本は必要ない。

第二の問題は、風土産業を支える半商品の世界をいかに制度化するかである。生産と消費を結びつける分配方式、それが半商品の世界である。その世界が社会経済的に大きな影響力を持つものとして認知されるためには、生産と消費を安定的に支える、特に生産場面における経営組織体が必要である。三澤の実践的風土学からも示唆されるように、地場の商・工業をも含む広義の風土産業をいわば、地域まるごと、生産・消費共同体として育成する経営方式、その中でも特に農業生産部門は、共同事業体型、協同組合型の経営方式が考えられる(18)。こうした方式による組織の安定した経営と運営を責任をもって担うのは、基本的にその地域の住民でなければならない。地域住民の参加を原則にして、農業再生基金（もっと広義には風土産業再生基金）を創設し、経営・運営資金を確保する必要がある。地域住民の個々の能力に応じた農地や資金提供、県・市・町・村など地方自治体の資金投入・人的支援、そして国の資金投入は不可欠である。この農業再生基金の構想は、国家レベルの産業構造転換政策として位置づけられるべき性格のものである。

ここで言う地域とは、現在の行政単位を前提にすれば、県をベースに、あるいはもっと範囲を縮小して、郡・市のレベルを想定できるだろう。しかし、それを固定的に考える必要はなく、当然都市部との関係も重要である。考慮すべき最も重要な問題は、自立可能な生命圏と生活圏をベースにすることである。そこには農業だけでなく漁業・林業、そしてエネルギー産業まで含まれる。多様な風土を持つ日本列島では、現実の行政単位に左右されず、歴史に学び、江戸期の藩体制など参考になるだろう。もちろん、北と南での風土の違いは、地域間に格差や矛盾を生み出すと予想される。その調整役が県や国である。資金や組織運営の面でも同様である。

そしてさらに大きい問題は、地域住民の生活の保証と安定である。特に、農業従事者の生活保証は重要である。共同事業体・協同組合が、相互扶助的な共同組織体であることを、またこの組織体が共助・共立の精神を具現化するのであれば、農業従事者の社員化は重要な選択肢である。社員として安定した生活が保証されるのである。社員化の範囲をどうするかなど困難な問題は残るが、将来にわたって農業に携わる人を確保することは重要な課題である。日本の人口の地理的分布は、極めて不均等・不均質で、余りにも大都市に集中している。そうした中で、若年層の失業は高く、非正規雇用、パート労働、ニートなど市場競争から排除されている人達が多くいる。また、企業＝会社の世界に適合できない人達も多い。その国家的損失は将来にわたって大きい。様々な可能性をもった有為な存在であるはずである。偏った人口分布を是正するために、また若年層の資質や能力を有意なものにするために、働く場所の確保と生活保証の制度を工夫すれば、第一次産業への人口シフトは、今後の日本のとるべき人口政策の一つになる。競争のない社会で労働意欲は希薄になると多くの論者は言うが、本来労働意欲の源は、名声や所得の多寡ではなく、社会や他人のために生きそして働くという利他的な社会的使命の自覚である。地域のため、他者のために働いているという社会的責務とそれを実感することが、労働することの意味ではなくてはならない。労働に社会的道徳は不可欠である。

労働従事者の確保と同様に困難なことは、農地の確保である。土地の私有が原則であるこの国で、公的な形で農地を集積化することは難しい。土地への執着が強いと言われる農家や所有者にとって、共同事業体への土地供与はかなりの抵抗が予想される。無償・贈与的提供はありうるが、有償での貸与など農地の確保の努力は欠かせない。とにかくここでも共助・共立の精神の発揮が望ましいことは論を俟たない。

第五節　風土型経済の思想・精神世界

蓄積の論理、工業の論理、そして市場の論理を社会の運営原理として絶対視し、環境・風土を無視する社会は、現代社会が証明しているように、人間的精神において決定的に欠陥のある社会である。常に経済的効率と利便性を追い求める思想が風土的精神をもつ存在としての人間をアナクロニズム的なものとして遠ざけて来たことの必然の結果である。しかし、現代社会が抱えるそうした文明論的病根は、環境・風土問題への関心を高めている。それは社会の危機に直面して風土を発見し認識するということである。風土の発見と認識こそが今とても重要である。われわれは生きる場で風土を発見・認識し、そこに時代に沿った思想や精神世界を切り開いていかなくてはならない。二〇一一年三月一一日の東日本大震災と原発事故は社会に尋常でない衝撃を与え、風土発見・認識の重大な契機になった。それは生きる場・いのちの場としての風土が台無しにされていることへの衝撃であり、現代社会の不条理な仕組みとそれを支えている思想・精神世界の貧しさへの幻滅である。水俣病に対する国（行政）や企業、そして科学者達の人間無視の貧困な精神が水俣の海、不知火海の漁師達が有していた自然と共生する、風土的精神・思想の豊かさ―のさりの思想、無主・総有の思想―を浮彫りにした[19]のと全く同じ意味で、東北の人達の自然への信頼的回帰や故郷・風土への愛着、そして第一次産業への風土論的取り組み―例えば、牡蠣養殖を生業としている、畠山重篤は風土におけるいのちの循環に沿った地域生活圏構築のための植林運動＝「森は海の恋人」運動をしており、それは風土を発見し認識した人の風土の思想と言ってよい―、あるいはまた何よりも岩手、宮城、福島の小中学生が大震災や原発事故に対して将来に向けて「生きること」を見据え発信している「希望」は、みごとに風土的精神を発揮している。[20]こうした風土の発見と認識は人間存在にかかわる極めて本質的な問題を提起しているので今後も社会全体に対して大きなインパクトを持つであろう。

本章での農業再生基金（風土産業再生基金）の構想は、市場競争原理からの農業の解放の方途として、その方向性を提示したにすぎないし、農業の中心性の復活についての言説も半市場の世界の構築の問題も風土社会論や風土経済論のほんの入り口にすぎない。風土社会は、決して閉じられた社会（closed system）ではなく、財も人も自由に移動する開かれた社会（opened system）でなくてはならない。その調和はとても難しいが、半商品・半貨幣の世界をいかに構築するかは、自然と人間、人間と人間の共助・共立の社会構築への途を開くことになるし、農業の中心性の復活は、工業や他の産業にも環境・風土調和的なシステム転換の可能性を示唆することになるであろう。そしてさらに、そうした社会的制度の諸問題に留まらず、最後に触れた風土的精神の在り様についての議論は、風土が祖霊や神々の世界をも含む時空間であるとすれば、精神の奥にまで分け入る宗教的・霊的（スピリチュアル）な問題を射程に組み込む必要がある。それは、私達が生活の中や生きる場で地域に根づいた風土の時間的・空間的風景―不可視の世界を含めて―を発見し認識し、それを高い精神の育成に繋げていくことでもある。近代が生み出した人間存在に関わる文明論的課題を克服するためには、欲心という強力な力を押しとどめ、二一世紀のいかなる不条理な経済の非人間的仕打ちにも耐えうる、風土的精神の基盤の構築が不可欠であるからである。

（1）木岡伸夫（二〇一一）『風土の論理―地理哲学への道―』ミネルヴァ書房第十二章参照
（2）同右、三三一ページ
（3）同右第六章参照
（4）同右、三三六ページ
（5）K. Polanyi (2001), *The Great Transformation, The Political and Economic Origin of Our Time*, Foreword by J. E. Stiglitz, Introduction by F. Block, Beacon Press. 野口健彦・栖原学訳（二〇〇九）『（新訳）大転換、市場社会の形成と崩壊』東洋経済新報社参照
（6）A. Kimbrell, ed. (2002), *Fatal Harvest, The Tragedy of Industrial Agriculture*, Island Press. 参照。
（7）守田志郎（一九七二）『農法―豊かな農業への接近―』著作集第三巻、農文協、三三ページ。
（8）曽根英二（二〇一〇）『限界集落―吾の村なれば―』日本経済新聞出版社参照
（9）吾郷健二（二〇一〇）『農産物貿易自由化で発展途上国はどうなるか―地獄へ向う競争―』明石書店参照

(10) 山下惣一（一九九八）『身土不二の探究』創森社参照
(11) V. Shiva. (1993) *Monocultures of the Mind, Perspectives on Biodiversity and Biotechnology*, Third World Network. 戸田清・鶴田由紀訳（二〇〇三）『生物多様性の危機―精神のモノカルチュアー―』明石書店参照。
(12) 和辻哲郎（一九七九）『風土―人間学的考察―』岩波文庫参照
(13) 三澤勝衛著作集（二〇〇八）『風土の発見と創造』全四巻、農文協
(14) 同右第三巻、一三〇～一三一ページ
(15) 同右、一三一ページ
(16) 渡植彦太郎（一九八六）『仕事が暮らしをこわす』農文協参照
同右（一九八七）『技術が労働をこわす』農文協参照
内山節（二〇〇六）『「創造的である」ということ㊤ 農の営みから』農文協参照
(17) 本書第一章「人間の経済と「市場」―K・ポランニーの本来的市場論の構造」参照
(18) 金子勝（二〇一一）「後悔する復旧ではなく新しい復興計画を」内橋克人編『大震災の中で―私たちは何をすべきか―』岩波新書参照
(19) 本書第二章「石牟礼道子の精神世界と現代文明―人間・風土・神々の円環構造の文明論的意味」参照
(20) 本書第三章「東日本大震災・原発事故と文明論的課題―生と死の社会経済学」参照

〈注以外の参考文献〉

A. Berque (1986). *Le Sauvage et L'artifice, Les Japonais Devant La Nature*, Gallimard, Paris. 篠田勝英訳（一九九二）『風土の日本―自然と文化の通態―』ちくま学芸文庫
A. Kimbrell, ed. (2002) *Fatal Harvest, The Tragedy of Industrial Agriculture*. Island Press.
D. Ricardo (1814). *The Works and Correspondence of David Ricardo*, ed. by P. Sraffa, volI, *On the Principle of Political Economy and Taxation*, Cambridge University Press, 羽鳥卓也・吉沢芳樹訳（一九八七）『経済学および課税の原理』岩波文庫
A. Smith (1776). *An Inquiry into the Nature and Causes of the Wealth of Nations.* 大内兵衛・松川七郎訳（一九六五）『諸国民の富』岩波文庫
飯沼二郎（一九七〇）『風土と歴史』岩波新書
――（一九七九）『歴史の中の風土』日本評論社
内山節（二〇一〇）『共同体の基礎理論―自然と人間の基層から―』農文協
樫尾直樹（二〇一〇）『スピリチュアリティ革命―現代霊性文化と開かれた宗教の可能性―』春秋社

加藤義喜（一九八六）『風土と世界経済―国民性の政治経済学―』文眞堂
木岡伸夫編著（二〇〇九）『都市の風土学』ミネルヴァ書房
A・ゲーパルト．深澤英隆・飛鳥井雅友訳（二〇一三）『現代日本のスピリチュアリティ―文学・思想にみる新霊性文化―』岩波書店
3/11Kids Photo Journal 編（二〇一二）『三／一一キッズフォトジャーナル―岩手・宮城・福島の小中学生33人が撮影した「希望」―』講談社
鈴木秀夫（一九七五）『風土の構造』大明堂
高島善哉（一九九七）『民族と階級』高島善哉著作集第五巻、こぶし書房
玉城哲、旗手勲（一九七四）『風土―大地と人間の歴史―』平凡社
玉城哲（一九七六）『風土の経済学―西欧モデルを超えて―』新評論
渡植彦太郎（一九八六、一九八七）『仕事が暮らしをこわす』、『技術が労働をこわす』、『学問が民衆知をこわす』農文協
A・ベルク（二〇〇〇）、中山元訳（二〇一一）『風土学序説―文化をふたたび自然に、自然をふたたび文化に―』筑摩書房
安田喜憲（一九九二）『日本文化の風土』朝倉書店
――（一九九七）『東西文明の風土』朝倉書店
結城登美雄（二〇〇九）『地元学からの出発―この土地を生きた人びとの声に耳を傾ける―』農文協
和辻哲郎全集（一九六一～一九六三）岩波書店

第七章　風土の思想と経済学——民話の世界の経済学

第一節　存在の希薄な時代

現代社会は、私達に言い知れない不安と恐怖を抱かせ、そのなかで私達は暗闇に閉じ込められているかのような感覚に陥っている。生きることの意味が正当に整理できず、曖昧なのである。私達は、信頼できる確かな人間的絆を持たず、同じ時間と空間（場）を共有しているという実感がないのである。社会は少なくとも人と人との良き共助的関係をもってはじめて社会の名に値しうると思われるが、私達の社会は、残念なことに、個々人がバラバラな存在だし、無事な存在だという最も大切な日常がないし、また将来に向かって何らかの希望の光も見えない、幸福度の低い状況にある。その意味で、現代は、人の存在の意味が低下し希薄化している時代と言える。(1)

存在するとは、他のすべての存在と繫がって確かに生きていることを実感し認識することである。他のすべての存在というのは、人間だけでなく、自然もモノも含まれる。私達の社会は、地球のいのちやモノとの繫がりのなかで成立し得るし、その繫がりを根本から壊さない限り成立することが許されている。こうした事実は自明のことであるが、経済学において「存在」や「いのち」を問題として提起するとき、この自明の事実は、議論のスタートラインであり基本的事項である。とは言え、人間の生きるとは何か、存在とは何かは、いまだに変わりなく難問である。H・アレントは、『人間の条件』のなかで、次のように述べている。「地球は人間の条件の本体そのものであり、おそらく、人間が努力もせず、人工的装置もなしに動き、呼吸のできる住家であるという点で、宇宙でただ一つのものであろう。たしかに人間存在を単なる動物的環境から区別しているのは人間の工作物である。しかし生命そのものはこの人工的世界の外にあり、生命を通じて人間は他のすべての生きた有機体と依然として結びついている[2]」。この言説にあるように、人間が生きていく条件とは、地球の「生きた有機体」との繋がりそのものであるというわけである。

アレントは、そうした自明の事実にも拘らず、「いのちをいのちと見ない」あるいは「いのちの繋がり」をも無視する、現代の科学の実像に大きな懸念を表明している。すなわち、「科学は、生命をも「人工的」なものにし、人間を自然の子供としてその仲間に結びつけている最後の絆を断ち切るために大いに努力している[3]」とし、次のように述べている。「私たちは今、地球に拘束されていながら、まるで宇宙の住人であるかのように活動し始めており、そこで本来ならば理解できる物事も理解できなくなるかもしれないし、考えたり話したりすることが永遠にできなくなるということもありうる。そうなると、私たちの思考の肉体的・物質的条件となっている脳は、私たちのしていることを理解できず、したがって、今後は私たちが考えたり話したりすることを代行してくれる人工的機械が実際に必要となるだろう。技術的知識という現代的意味での知識と思考とが、真実、永遠に分離してしまうなら、私たちは機械の奴隷というよりはむしろ技術的知識の救いがたい奴隷となるだろう。そして、それがどれほど恐るべきものであるにしても、技術的に可能なあらゆるからくりに左右される思考なき被造物となるだろう[4]」。私達は、このアレントの深刻かつ警告的言説を真摯に真剣に受け止めなければならない。何故なら私達の直前ですでにそのような科学技術の開発と経済的実用化が進行しているからである。人工知能（ＡＩ）がそれに他ならない。アレントが一九五八年において今日の先端の科学技術の本質を見抜いていたのは、驚くべきことである。彼女の懸念に応える意味でも、私達は、彼女以上にこうした科学の反生命的性格を明らかにし、「技術的知識の救いがたい奴隷」は無論のこと、人工知能に依存する「思考なき被造物」になるのだけは避けなければならない。科学の飽くなき「人間存在にたいする反抗[5]」は、現代科学技術の恐怖すべき本質的な側面である。科学が目指しているのは果して間違いのない方向なのか。

そうした科学の動向は、常に生産性の上昇・イノベーションを唱え続けている、経済の論理と無縁ではない。同じ屋根の下に住まう利益追求型同居人である。科学が自然やいのちを「人工的」なものと見做そうとするのと同じく、私達の経済は、自然やいのちを抽象的な概念で認識し、具体性をもった生きた自然として認識していない。経済学は、A・スミス以来、自然を土地の肥沃度という基準で生産性の次元の問題として扱ってきた。それが経済学の自然にたいする価値基準であって、いのちの問題はどこにも出て来ない。そのことは今日の主流派経済学でも同じである。自然は、経済の発展のために資源やエネルギーを提供してくれる対象であって、その供給がなくなれば、ただの無価値な存在にすぎない。自然の限界というのは、資源の有限性という表現からもわかるように、土地のもつ生産性の限界という意味であって、生きた自然の限界のことではない。自然はあくまでも無機的な存在でしかない。現代経済は、科学技術と共働して、成長を合言葉にしていのちの世界から離れ遠ざかる道を加速して突き進んでいるのである。

私達は、こうした科学や経済の実相をそのまま見過ごすわけにいかない。日々をもう少しゆっくりと急がずに無事に人間らしく生きたいと思う。これが多くの人の素朴な願いである。そのために私達は不安を払拭して安心できる健康な道を探し当てなくてはならない。健康な道とは、言うまでもなく、アレントの言う「人間の条件の本体そのもの」の「地球」を私達の日常のくらしのなかに再生することである。ただ「地球」という概念は、あまりにも広すぎて身近な存在として見えてこない。そこで本章では、日本に古くからある「風土」という概念を使う。何故なら、いのちの繋がりとしての自然と人間の関係性を考究するのに適切と思うからである。

風土という概念は、西欧の近代的思惟が前提とする、人間が主で自然を従とする知の概念とは異なる。それは、「依りどころとしての世界と、主体としての衆生は、不二である」とする「依正不二」[6]の世界を認識する概念である。私達は、風土という時空間において、自然との一体感を実感できるのであって、生きている存在としての自己をまた他の生を認識できるのである。

ところで、私達が不安に怯える根源的な問題として、現代の社会は、いのちの繋がりや他のいのちに無関心で、温かい心・ぬくもりの心を失い、さらには魂までも喪失しているという事実がある。心の喪失は、社会規範や道徳・倫理の問題であり、魂の喪失は、いのちの根源にかかわる宗教的・霊性的問題である。本章では、心の喪失を「文化的真空」―経済人類学者K・ポランニーによる―と呼び、それに倣って魂の喪失を「霊性的真空」と呼ぶ。風土の世界には、人間の本来的精神の実相を認識することが出来る要素が備わっているので、存在の希薄な時代の「文化的真空」と「霊性的真空」の意味を明らかにするためには、風土の世界が育んだ人間精神の構造を問題とすべきである。

そこで、第二節では、東山魁夷と平山郁夫の精神世界に焦点をあて、日本人の豊かな精神性とは何かを考える。第三節では、明治以来の日本の近代化とは何だったのかを考究する、それは日本の風土から自由になることであったと結論づける。そして、明治の近代を支えた発展史観と貧農史観に注目するとともに、江戸期のもっとも代表的な農書を取り上げ、そこでの風土論と精神世界について考究する。第四節では、明治近代を批判し、内発的文明の道を説いた夏目漱石の言説を検討する。内発的文明の道は、風土論に繋がっているからである。そして、この節では、風土の世界において、庶民が日常の生活のなかで口承伝承してきた民話に注目し、経済に関連した要素に言及する。風土の世界における経済思想と言うべきものである。最後の第五節では、風土型経済の再生の意味を明らかにする。

第二節　日本人の豊かな精神性――東山魁夷と平山郁夫の精神世界

二・一　東山魁夷の精神世界

日本画家、東山魁夷(一九〇八～一九九九)に『道』(一九五〇年制作)というよく知られた絵がある。東山の著書『風景との対話』第四章「ひとすじの道」の冒頭に次のようにある。「ひとすじの道が、私の心に在った。夏の早朝の、野の道である。青森県種差海岸の、牧場でのスケッチを見ている時、その道が浮かんできたのである。正面の丘に灯台の見える牧場のスケッチ。その柵や、放牧の馬や、灯台をとり去って、道だけを描いてみたら――と思いついた時から、ひとすじの道の姿が心から離れなくなった」[7]。東山は、心の中のその「道」を確認するため、一〇年後再び現地を訪れるのだが、そこは「戦争の荒廃の跡」を思わせるような変貌ぶりで、心の風景とは「かなりの隔たり」があったという。それでも「しっとりと潤いのある道を描きたかった」[8]。そして、制作時の偽りのない心のうちを次のように語っている。「この道の作品を描いている時、これから歩いてゆく道と思っているうちに、時としては、いままで辿って来た道として見ている場合もあった。絶望と希望とが織り交ざった道、遍歴の果てであり、新しく始まる道でもあった。未来への憧憬の道、また過去への郷愁を誘う道にもなった。しかし、遠くの丘の上の空を少し明るくして、遠くの道が、やや、右上がりに画面の外へ消えているようにすると、これから歩もうとする道という感じが強くなってくるのだった」[9]。出来上がった絵の「その道は、明るい烈しい陽に照らされた道でも、陰惨な暗い影に包まれた道でもなく、早朝の薄明の中に静かに息づき、担々として、在るがままに在る、ひとすじの道であった」[10]。東山の画文集夏編に載せられている『道』の絵の右ページに、「道」と題する詩を思わせるような短い文が添えられている。「初夏の朝の草原。一筋の道がゆるやかに登ってゆき、その頂点で視界から消えている。遠くの丘にその続きと思われる一線が、ほのかに見える。私にとって、この道は切実な祈りの表れである」[11]。

東山の絵『道』に込められた、美を求める画家としての想いは、東山自らが目指す「道」であるだけでなく、私達日本人の歩むべき道でもあると思う。ここで素直に吐露される「道」への感情は、私達日本人の精神の在り方そのものに思える。「絶望と希望とが織り交ざった道」、それは厳しい茨に満ちた道であっても、「遠くの丘の上の空」にいくらか明るく、さらに遠くへと続く道は、「未来への憧憬」を秘めた光の道のように思えてくる。それはまさしく「早朝の薄明の中に静かに息づく、担々として、在るがままに在る」自然の道である。ここには、「素朴で根元的で、感動的なもの、存在の生命」に融合しようとする画家の純粋な精神がさりげなく静かに表明され、自然と人間精神との和合という風土の世界が描かれている。描かれた「在るがままに在る道」には、「しっとりと潤いのある」精神＝心と「切実な祈り」の籠る精神＝魂が込められているのである。東山のこうした精神性に私達は日本人の精神の神髄を見る思いがする。

東山にとって、美とは、存在を華々しくアピールするものでは決してなく、あくまでも「静寂」の中にひっそりと息づく存在の有りや無しやの実相であり、東山の絵で私達が目にするのは、その静寂の中でその静寂を乱すことなく清浄な精神で密やかに佇む人—東山は人のかわりに白馬を配している—の風景である。その風景は、われわれの意思を超えて、「大きい他力に動かされる」無限の可能性を秘めているように思える。『残照』（一九四七年制作）、『曠原』（一九七一年制作）、『山嶺白雲』（一九七六年制作）など雄大な風景を描いた絵でも、どこまでも静けさの神気が漂っている。例えば、東山は、『残照』について、「足もとの冬の草、私の背後にある葉の落ちた樹木、私の前には、はてしなくひろがる山と谷の重なり、この私を包む、天地のすべての存在は、この瞬間、私と同じ運命に在る。静かにお互いの存在を肯定し合いつつ無常の中に生きている。蕭条とした風景、寂寞とした自己、しかし、私はようやく充実したものを心に深く感じ得た[12]」と語っている。そして、深い柳樹の中に蓮の白い花が咲き、謎を秘めたようにあくまでも静謐そのものの沼を描いた『沼の静寂』（一九八三年制作）、沼のなかに人知れずそっと白い花を咲かせているみつがしわ—『大辞泉』によれば、三柏のことで、山地の湿原に自生し夏に白い花を咲かせるリンドウ科の多年生の水草—を描いた『沼』（一九九三年制作）などは、東山の温かく安らいだ精神世界を写し出しているように思える。静かであること、静かに見ることというのは、芭蕉の俳諧の世界にも通ずるものがあり、東山は、「静かに」の意味を、芭蕉のことばを引用して、次のように述べている。「芭蕉の「静に見れば、もの皆自得すと云へり」という言葉も、静かに見ればという、見る人間の心の状態を前提としていて、決して人間を離れた態度ではなく、むしろ人間に食い込んだ観点に立っている。それでいて、静かにという意味は、おそらく、自己の利害得失を離れて虚心にものを見ればという心であろう。その時、はじめて万物はそれぞれの生命をもって、天地の間におのずから存在している、対象と自己との深いところでの緊密なつながりを感得した時の心のよろこびをいうことであろうか[13]」。東山の静寂の美は、内に秘めた心のよろこび、すなわち、この世界でおのれの意思を超えておのずから生きている自然の万物との「深いところでの緊密なつながりを感得」した心のよろこびの表現である。そこにはまた、花鳥風月を愛でる「日本人の自然への愛情のしるし[14]」が刻印されている。東山の美は、すべてのいのちを育む自然の心を感じ取りその心に溶け込むよろこびの表現であった。

東山は、「静かに自己の存在をたしかめながら、こつこつと歩いてゆくという生き方」を願い、「美を素朴な生の感動として見る単純な心を、私は失いたくない[15]」と語る。「単純な心」とは、日本人の和する心に通じる虚心で純粋な精神を意味している、したがって、その己の静かな心で「ひとすじの道」を歩むこと、それが東山の絵の道であった。

そうした東山の秘めたる心は、日本の風景との虚心な対話を通して東山が自然な形で身につけた風土の精神あるいは風土の思想と呼ぶべきもので、そこには、自己という存在を含む万物が持つ生命同志の深いつながりに感謝し、そのつながりの中に感じられる神秘性・宗教性に感動しそれが素朴な祈りとなる精神・思想が深く刻み込まれているように思う。この精神は、私達日本人に共通のものである。

二・二　平山郁夫の精神世界

日本の風土の精神を表現することが、東山の絵の心であった。それと同じく、日本画家、平山郁夫（一九三〇～二〇〇九）も「日本人の美」を通して、「日本の文化の本質」を見極めようとしている。平山の絵に込められた精神世界とは何かを考えてみたい。

平山は、生きることそのものが美であると言う。すなわち、「私は、美というものは、生きることそのものだと思っている。これは人間だけでなく、この世に存在するあらゆるものについて言えることである[16]」と。例えば、花は花として、鳥は鳥として、生きていることが美しいのである。したがって、同じく、人は人として生きる、そのために懸命に努力する姿が美しい。そして、「水にも石にもいのちがあり、そのよりよい状態に、私たちは美を感じることができる[17]」と、平山は言うのである。たとえいのちなど宿っていないとされる無機物でも、描こうとする対象物に生きる力を感じることなしに、絵は描けないというわけである。画家の視点が常にどこに置かれているかがよく分かる。いのちを描くこと、それが絵である。

平山の絵の出発点としての「いのち」は、日本文化の本質を見極めるためのキーワードになっている。平山は、次のように語る。「私は、まさに日本人の美は、（略）この世界の万物の、生きようとするところに表れる、いのちの美と一体であるところにあると考えている。この世のありとあらゆるものを、自然と言い換えてもいい。長い歴史を通じて、自然とともに暮らしてきた日本人は、自然の恵みによって生きられることに感謝し、自然に学びながら文化を形成してきた。どんな小さないのちも、生命を与えられたものは生きようとして努力することを、日本人はよく知っており、そのこと自体に感動し、そこから生き方を学ぼうとする。これが日本人の文化の本質なのだ[18]」。つまり、日本人の美とは、まさにいのちを讃える美ということであり、自然のありとあらゆるいのちの世界に感謝し、その世界に生きることの意味を学ぶということ、つづめて言えば、いのちに感謝し学ぶ心、それが日本人の心である。したがって、日本の文化は、いのちを讃える文化であり、いのちを讃える精神であると言ってよい。このことは、「美術だけでなく、文化全体、ひいては政治、経済、宗教といった分野にも共通する、日本人の精神構造の問題[19]」なのであって、このことばに倣えば、政治も経済も宗教も、それぞれいのちを讃える精神をもつものでなければ、日本の文化は、欠陥だらけで、充分なものとは言えない。平山の文化論は、いのちの存在に目を向けようとしない、今の日本の政治・経済・宗教の批判になっている。

平山の絵は、したがって、日本人のいのちを讃える精神を写し取ることだったことが分かる。そして、平山は、さらに、いのちの美は人間の美でなければならないと言う。人間の美とは、自然の中に生きる人間の姿をその時代の精神や心で表現することであり、自然の美あるいはいのちの美の人間的表現のことである。美の人間的表現を可能にするのは何か。それは「日本列島の暮しが生んだもの[20]」で、まさに日本の風土の所産としての精神、すなわち神道の神社建設以前の、また自然宗教とも違う、日本の「人々のあいだにあまねく存在していた」自然信仰[21]である。日本の自然は、言うまでもなく、海、森林（山）、水（川）に恵まれ、春夏秋冬の時間的流れは周期的で、農林漁業の安定的営みを保証している。地震や台風などの災害の傷跡を乗越える力になったのは、計り知れない自然からの贈物とその安定した営みや暮しである。その中で、海、山、川、巨岩・巨木、太陽（お日さま）、月（お月さま）などは祭りと祈りの対象となる。暮しの中の祈る精神、そうした自然信仰は、日本古来からのものであり、仏教との習合も手伝って、私達日本人の精神の深い層を占めている。平山は、そうした日本人の精神をいのちの美、人間の美として描こうとしたのである。

平山の日本の伝統的価値観への言及は、彼の絵の創作活動における精神の在り方を示したものであると同時に、現代の日本人の精神の変質あるいは喪失に対する危機意識と警鐘が含意されている。

さて、平山の画家としてのデビュー作で、仏教画の原点である『仏教伝来』（一九五九年制作）における平山の精神性に触れてみたい。『仏教伝来』は、平山の様々な想いが埋め込まれた絵で、中国・唐の僧で法相宗の開祖、玄奘三蔵（六〇二年頃～六六四）が一七年にも及ぶインドへの旅を終えて帰路につく様子を描いたものである。平山は、「この絵こそ、私の道を拓くものだという確信を秘め」て構想し、その絵に込めた想いを次のように語っている。

「長い旅の末、玄奘は疲労の極に達しています。が、心は求法を達成した満足感と伝道者として故国に還るという自覚から、喜びに満ちあふれています。オアシスには、みずみずしく咲き乱れる草花や木々、さえずりながら飛び交う鳥たちが、旅僧の回りで喜びをうたいあげている。玄奘は疲れ果てているが、喜びはひたすら胸の奥に秘め、むしろ前途の責務の大きさに気を引き締めている。

僧は二人描くことにしました。それぞれ白い馬と黒い馬にまたがっています。一人の僧が手を前に指し示して、希望と使命感を表わすように描きました。

この絵が、「仏教伝来」という絵です。私にとっては、単に歴史に取材して物語の一場面を絵にしたというだけのものではありません。絶望に押しつぶされそうになっていた私にとっては、自分自身の救いを求めて、描き上げたものだったのです。
それだけに作画の上では、これまでの自分の習慣的な技法を極力排して、新しい感覚、新しい考え方で描こうと心掛けました。たとえば、それまでのあくまでも具象的な描法を捨てて、人物の顔は、目鼻さえぼんやりと滲ませて、表情をできるかぎり内面的に、深く沈潜させていきました。物の形も線を使わず、互いに溶け合うような色の配分によって表現しました。こういう新しい試みで仕上げただけに、出来栄えは自信と不安が半半といったところでした[22]」。

『仏教伝来』は、平山が広島で被爆し、原爆症に苦しむ中での、「もっと精神性の高いもの、自分自身が救われるような、不安感が消えるようなものを描きたい[23]」という想いが実り、画家としての新たな一歩となるものであった。制作時の一九五九年は、安保闘争の前年で、高度成長への道を駆け上ろうとする時期に当たり、戦後日本は重要な岐路にあった。経済主義的な精神に傾斜していく時期の日本人の精神の在り方が問われていた。『仏教伝来』は、そうした社会的背景のもとで、日本人の在るべき精神とその行方を示唆するものであったと同時に、歴史としての現代に画家としてどのように向き合うのかに対する解答であった。『仏教伝来』の絵の構想は、「ある日のこと、突然、まったく何の前ぶれもなく[24]」浮かんだものだと言う。そのことは、画家の社会的感性の豊かさや直観の鋭さを示すものであるが、優れた絵が持つ、社会性や歴史性に感動させられる。その意味で、『仏教伝来』には、東山の『道』と同じく、「希望と使命感」を抱き、高い精神性を持つことという社会へのメッセージが秘められている。しかも、『仏教伝来』には群青の色が使われている。平山は、仏教画にはよく群青を用いており、「宗教的な雰囲気や幻想の世界を描きたい時には、群青がもっとも適した色」で、「深い透明感のある青」であると言う。また、その色は、現実には存在しないので、「自由に想像力を飛翔させることができ」、「現実の空間を、絵の世界に、美しい幻想の宇宙にどんどん置き換えていける[25]」のである。群青は、平山にとっては、瀬戸内海の故郷の海の青を想起させる原風景の色であり、そしてまた絵の基本にかかわる色であり、さらには「実にさまざまな思いをかきたて」てくれる色なのである。したがって、「深い透明感」をもつ群青は、「現実の空間」を「美しい幻想の世界」に写し換える、極めて重要な仕掛けを持った色ということとなる。平山の群青は、東山の『沼の静寂』や『沼』の中の花の「白」、白馬の「白」と相通ずるものであり、日本人の深い心性を表わす、いわば魂の色、神秘の色、霊性の色と言えるかもしれない。色にも霊性（色霊）が宿ると言われる。平山は、日本人の高い精神性を表わすために、群青を選んだのである。

戦後日本を代表する日本画家、東山魁夷と平山郁夫の精神世界を、若干の比較の視点を交えながら、見て来た。この二人の画家に共通するのは、この世のすべての存在にいのちの美＝尊さを感得し、それを日本人の心性の美しさとして絵にしたことである。それは、本章のテーマに沿って言えば、健康な風土の美しさであると思う。この節の終りに、改めて二人の精神性について三点確認しておきたい。

第一は、存在のいのちや必死に生きている存在に美を発見し、その姿に感動する精神である。それは、人間が自然と共生するという単純な二項対立の構図で語られる共生社会とはまったく異なる。「私は生かされている。野の草と同じである。路傍の小石とも同じである。生かされているという宿命の中で、せいいっぱい生きるなどということは難しいことだが、生かされているという認識によって、いくらか救われる」[26]。これは東山のことばで、私達の意思とは無関係に「生と死」が存在する。意思を勝手に働かせて生を生きようとするのは、人間だけである。私という存在と同じ野の草も路傍の小石も意思を働かせることはない。とすれば、私達人間にとって、働かせてよい意思の質が問われることとなる。それは、「生かされているという認識」のもとで、謙虚さと誠実さをもって純粋無垢な精神を持続することである。東山も平山も共に、描く絵＝自然の中に己を溶け込ませているように思える。描く自己は絵の外にいないのである。「大きな他力に動かされて」存在する自己を認識し、それに感謝する精神の表白が二人の絵であるということである。

第二は、人間の精神が持つと思われる、神秘性や宗教性の問題である。東山は「白」の色で、平山は「群青」の色で、清浄な幻想の世界を写し取ろうとしている。それは、心の奥に潜む、霊性＝聖性なる精神である。それを表現したものが神秘性を帯びた美なのである。東山の場合は、いのりのこもる静寂の美であり、平山の場合は、いのりのこもる感謝の美である。東山の絵に、『白馬の森』（一九七二年制作）というのがあり、そこに、次のような短い文が添えられている。「心の奥にある森は、誰も窺い知ることは出来ない。私の心の祈りを反映するかのように、幻の馬がそこに在った」[27]。「心の奥の森」とは、清浄な霊的世界のことであろう。青白く輝く木々の奥に、幻の馬、白馬が描かれている。幻ではあるけれども、「心の祈り」の届く確かにそこに存在する世界であろうか、それが「心の奥の森」なのである。私達の意思とは無関係に存在する、いのちの神秘性、それを表現することが、東山と平山の心の奥に秘めた美の世界である。

第三は、こうした日本人の精神の仕組みは、風土の所産であるということである。それは、風土が生んだ文化であり、風土の思想である。私達日本人の精神は、風土と共にある思想で、風土から切り離せないものである。東山の『道』は、風土に根をおろした「しっとりと潤いのある」道であり、私達日本人の進むべき道である。そこから外れることは、現在の現実が証明しているように、多くの困難を抱えることとなる。また、平山の『仏教伝来』で描かれた、旅僧の左手が指差す方向は、困難だが、私達が「希望と使命感」をもって進むべき救いの道である。平山の想いもまた、風土が育んだのと同じ精神である。そして、平山が言及したように、経済の仕組みもいのちを讃える精神を伴うものでなくてはならない。

第三節　日本の近代化とは何であったのか――風土からの自由

三・一　明治期における日本の近代とは――政治と経済の実像

評論家、劇作家、小説家として知られる、中村光夫（一九一一～一九八八）は、昭和四二年に編集された（編集者亀井勝一郎、臼井吉見）、人生の本（全一〇巻別巻二）シリーズの第五巻『歴史と風土』の解説の中で、「国家支配の形態はさまざまに変わり、時代精神の色彩も多くの変遷を経ましたが、わが国の歴史と風土の間にはなんの矛盾もなかったのです。つまり日本人がまったく日本的であった時代、こういって見るだけで、そういう生活が僕らから遠く距《へだ》たってしまったことは明らかです。明治以来、ほぼ一〇〇年の期間は、歴史が風土に反抗し、そこから自由になろうとした時代といってよいのです。そういう動きはそれ自体としては必然であったかも知れませんが、そこからくる混乱のなかに、僕らの現在の生活があることはたしかです[28]」と述べている。日本の明治以来の近代というのは、「風土から自由になること」とした、中村のこの言説は、本章の導きの糸である。

日本の近代化は、植民地化の危険から免れるためのやむをえない道ではあったと思われるが、あまりにもそれまでの日本の歴史と風土に背く経過をたどる。大きく言えば、二つある。一つは、新たな中央集権的国家形成のために、生活や精神＝思想を再編し、多様な風土から成り立つ地方を軽視する体制の構築である。そして、もう一つは、発展の契機は農村にではなく都市にあるという、近代工業重視の発展史観が確立したことである。そこでは江戸期の農業を引き継ぎ発展を目指すという視点は乏しく、農村は労働力と原料を供給する従属的な存在として認識されることとなる。その結果、風土といのちを支える農山漁村の役割は、低下の一途をたどるのである。

日本の近代は、基本的にこうした中央集権的国家形成と都市化・工業化を動力として進む。前者は、政治と軍事だけでなく、教育制度、宗教などの領域に及び、西欧流の近代国家形成のための文明装置の構築が大きな課題であり、日本のそれまでの歴史と風土をベースにした国家形成ではなかった。ベクトルが違っていた。西欧を進んだ文明としてそれを基準におく意識は、日本を後れた文明として位置づけることを意味し、日本の精神の固有の使命や社会規範を貶めるものであった。植民地化からは免れたものの、エドワード・W・サイード（一九三五〜二〇〇三）の言うオリエンタリズムの世界に身を委ねることとなったと言ってよい。明治の「文明開化」という言葉がそのことを端的に示しているように、文明化とはまさに西欧化のことであった。中央集権の政治システム形成は、地方の風土的・民衆的・共同体的意識を国家・民族のための共同意識として再編し統合する作業であり、政治も教育も宗教も「国民」意識の形成を目標とした。廃藩置県、身分制の廃止、移動の自由、徴兵制、私有権の確立、地租改正など、政治・社会制度の整備が行われた。教育制度は、国家のもとに統一され―教育勅語は一八九〇年発布—、日本語は標準語が出来、国定教科書（一九〇四年）などによって言葉の共通化が進む。宗教の分野では、国家神道が国家の保護・統制のもとに推進され、国家宗教となる。神仏分離に至るこうした宗教政策は、廃仏毀釈の運動を伴いつつ「国民」としての意識を植えつける役割を果たし、第二次世界大戦・太平洋戦争に導く国家主義的ナショナリズム思想の一翼を担うこととなる。軍事的には、西南戦争時にすでに近代的な軍備体制が整いつつあったとされる。明治以降、日本は、日清戦争（一八九四年）、日露戦争（一九〇四年）、第一次世界大戦（一九一四年）と、大正時代の初期までの五十年足らずの間に三度も戦争を経験し、欧米列強と同じ植民地を持つ帝国主義的性格の権力国家となるのである。

こうした近代国家形成のための思想的啓蒙を担ったのが、福沢諭吉（一八三五～一九〇一）を含む、明六社（一八七三年結成）に集まった、森有礼（一八四七～一八八九）、津田真道（一八二九～一九〇三）、西周（一八二九～一八九七）などの人々で、政治、教育、思想、哲学など多分野において西欧のものを紹介・導入し、庶民の「気風改造」を論じた。その代表的なものが、西周の『国民気風論』、福沢の『学問のすゝめ』・『文明論之概略』である。鹿野政直は、明治期の啓蒙思想について次のように述べている。「啓蒙思想家たちは、「西洋」の導入においても、気風の改造においても、日本の過去を、パターン化するほどの激しさで否定の対象とし、それからの絶縁を主張している（略）。その場合、導入においては西洋はモデルとされ、それが体現するシヴィリゼーションの摂取に主眼が置かれ、他方で改造においては西洋はたぶんにライヴァルとされ、それと向かい合うナショナルなものの発芽・育成が目指された（略）。そのように人びとをシヴィリゼーションとナショナリティの両脚で立つ存在とすること、つまり「国民」とすることが、彼等の目標でした」[29]。この指摘そのままに、中央集権的権力国家と「国民」意識の形成は、明治期日本の近代化における最も基本的な課題であったと言える。

次に、日本近代化の動力としての都市化・工業化について考えてみよう。それは、日本の「歴史と風土」から離脱し、近代的な資本主義経済の確立を目標としたもので、殖産興業の名のもと、表面的にはかなり順調な進展を見せたと言ってよい。日本の産業革命は、機械制紡績工業（消費財生産部門）の発展を契機にして、造船業、工作機械、官営の八幡製鉄や民間の製鉄業（生産財生産部門）の発展を見るまでの期間、一八八六年頃から一九〇七年頃までを指すが、イギリスのそれに後れること約一〇〇年、目覚ましい速さの産業化であった。幕末に薩摩藩などでの産業化の動きがあったが、明治に入ってわずか二〇〜三〇年の出来事である。貨幣制度の統一化、郵便制度の創設、太陽暦採用（一八七三年）、鉄道や港湾などのインフラ整備が進み、日本経済は、近代的な機械工業をも備えた産業国家として確立するのである。

しかし、非ヨーロッパ世界で初めて欧米と競争可能な経済を構築出来たように見えて、その内実は、自慢できる経済とは程遠く極めて歪んだものであった。近代的な機械工業が形成されたとはいえ、それは軍事的性格が強く、日本経済の基軸は、紡績工業であった。先進国と対等に競争出来るのは、軽工業である紡績工業で、したがってそれが輸出産業であった。しかし、その原料である原棉は、海外（中国、アメリカ）に依存しなければならず、そのことによって、日本は、中国大陸、朝鮮半島、東南アジアとの間に植民地主義的関係を持つこととなる。競争力を高めるためには、言うまでもなく、低価格であることが必須の条件で、その低価格は低賃金と劣悪な労働環境によって保証された。女工哀史で知られる、繊維産業における労働条件の劣悪さは、日本経済の歪みそのものであった。それだけでなく、農業での高い小作料、低収入、生活水準の低さは、国内市場の狭隘性を意味し、必然的に日本経済の貿易依存度を高める原因となった。重工業は、その軍事的性格を強め、日清、日露、第一次世界大戦と結びつき、そして、第二次世界大戦までには、巨大な戦艦や近代兵器を生産するまでになっていた。そのための費用＝戦費—それが国民の生活向上のために支出されていたなら、日本経済の歪みは小さくなっていたであろう—は、前述の工業労働者の低賃金、農業での低い生活水準—家計補助のための副業や出稼ぎ労働—を代償として捻出された。つまり、日本経済は、国民の低い賃金と生活水準をベースにし、帝国主義的・軍事的性格の強いものであった。日本の近代化は進んだが、農村人口が圧倒的に多く、都市人口は少なかった—宮崎犀一・奥村茂次・森田桐郎編（一九八二）『近代国際経済要覧』（東京大学出版会）によれば、その比率は一九二〇年に二三%、一九四〇年三九%—。日本の近代を支えた経済は、基本的に低賃金と農村を犠牲にしたシステムであった。

しかしながら、日本の近代化は国民（農村）に犠牲を強いる厳しい文明システムであったにも拘らず、近代化は、やはり、江戸期の風土システムに比べて発展した文明装置として認識された。「文明開化」、「近代化」という言葉のもつ現代風を思わせる効果は在ったかも知れないが、何よりも、明治は、江戸期の貧困で共同体的規制の強い身分社会に比べれば、確実に発展の道を進んでいるとする思想が支配的である。それは、農業においてもそうであるとする、単純な発展史観であり、近代以前の農村はもっと貧しかったとする、貧農史観である。したがって、農村も都市と同じように近代化しなければならない、近代化の波に後れてはならないとする、農村近代化論が台頭するのである。すなわち、農村の近代化を阻んでいるのは、風土に、さらには風土の思想にあるというわけである。それは、国民全体の認識というだけでなく、農村でもそうした認識が強かったものと思われる。

三・二　江戸期農村の実相

単純な発展史観と貧農史観は、果して正しいのであろうか。こうした疑問に応えてくれるのが、佐藤常雄・大石慎三郎著『貧農史観を見直す』である。ここでは、同書に依りながら、江戸期農村の実相について検討したい。同書は、江戸期の農民は、近代化論が説くほど「貧しかった」わけではないとして、貧農史観に疑問を呈している。すなわち、次のように述べている。「農民は幕藩領主から年貢を収奪されるだけの存在であり、常に農民の生産と生活は過重労働と過少消費にさらされているという「貧窮史観」が広く浸透しているのである。こうした農民の貧窮史観が、はたして江戸時代のムラと農民の実像を正しく描き、ひいては江戸時代そのものの歴史理解を助けることになるであろうか」[30]。ここでは二つのことを考える。一つは、江戸期農業の生産性についてであり、もう一つは、農村は「何よりもムラの平和維持を優先する」システムであったということである。

生産性の上昇は、社会発展のための原動力とされ、それは一貫して上昇傾向をたどるものとして一般的には認識されている。生産力の上昇という指標で社会発展を判断するのは、あまりにも一面的すぎるが、実際には江戸期と比べて明治期で農業生産性が必ずしも高いとは言えないというのが、同書の見立てである。

同書は、坪刈帳という農民資料を分析し、江戸期の農業生産性の問題に切り込んでいる。坪刈りというのは、「江戸時代の徴租法のひとつである検見取（けみとり）法において施行されたものであり、代官・代官手代などの地方役人が、管内を廻村して村内数か所で稲の作柄を検査する坪刈りを行ない、その年の年貢率を決めた課税作業のこと」で、「江戸時代中期以降には、検見取法に替えて年貢率を一定にする定免法が施行されたのだが、幸運なことに村方において独自に坪刈りを実施し、年々にわたってその記録を帳簿に作成して今日まで伝えている地区がある」。「坪刈帳はムラの村落共同作業として継続された坪刈りの記録であり、その内容は小字・田地等級・坪刈田面積・一坪株数・品種・一坪籾収量など」が記載されている。その坪刈りの主体は村で、三〇年以上の連続した統計であるという。[31] 同書は、この資料を分析し、次のように結論づけている。すなわち、「江戸時代中期から明治二〇年代までのいわゆる在来農法」は、「明治三〇年代に確立されたとされる「明治農法」」──農業生産力を飛躍的に発展させた近代農法──に比べても、また戦前の農業と比較しても、「格別の段階差が存在し」、低位であるとは言えない、「むしろ在来農法の生産力水準を積極的に評価すべき材料を坪刈帳が提示している」[32]。こうした結論は、江戸期の農業に対する見方を修正すべきことを教えている。このことは、江戸期の農村が、風土に密着した農業技術の普及にいかに努力していたか、後述する多くの農書を見れば分かる。

次は、江戸期の農村は、階級支配による暗いイメージの閉鎖的社会であったのかということである。戦国期・江戸初頭の兵農分離、商工農分離によって、武士階級と工商民は城下町に、農民（農林漁業）は村に住むこととなり、「身分と職業による居住地の空間分離」が形成された。[33] この時代の農村は、村を社会組織の単位として機能する──江戸期の村の平均的規模は、村高四〇〇石、人口四〇〇人程度といわれる[34]──。例えば、年貢は村単位の年貢村請制で、村の構成員による連帯責任制であった。その管理と責任を受け持つのが、名主（庄屋）、組頭、百姓代からなる村方三役──名主は江戸初期にはあったが、組頭と百姓代は後から導入された──で、これら村役人が村を代表することによって、村は領主の直接支配のない、いわば間接支配の「自治的組織」であった。村の規模が新田開発──そのピークは一七世紀後半──などで安定し一定の人口を扶養できるようになると、本百姓・水呑という村内の身分が形成されると同時に、「庶民のイエ」が発生する。それに伴って、戸主を代表とした、家業、家産、格式、家訓などイエ意識が生まれる。(35) したがって、農村の動向を律するのは、「ムラ」という共同体的規範と「イエ」という「家内安全と繁栄」「無事な生活」を願う庶民的意識であった。村は、生活を安定させるための仕組み、例えば、結、もやい、講、共同労働などを持ち、農業技術などの農法の共有、水利の共同管理、入会など、村単位の厳しい規制と管理を伴う共同的活動を制度化していた。また、村内や村間の様々な争い・対立―用水の水争いをめぐる水論、山林原野の入会権をめぐる山論、田畑や村の境界をめぐる境論など―を、当事者間の話し合いや第三者的仲裁によって和解する、「内済」という制度も備わっていた。(36) しかも、こうした村は、孤立した組織ではなく、林産物（山村）、水産物（漁村）との交易や人的交流もある、私達が考える以上に開かれた社会であった。このように見ると、江戸期の農村は、貧農史観が想定するのとは異なる状況のもとにあったと言えそうである。

三・三　江戸期農書に見る風土と精神世界――天地生養の道

私達が注目する必要があるのは、江戸期の農書である。それらは、農村の存立を支えた精神的・思想的側面を写し出しているし、また、そこには、風土の精神・思想があるからである。そして、江戸期の農村は、風土の世界を体現していたからである。

農文協刊の『日本農書全集』（全七二巻別巻一）には、近世の農書が三〇〇以上収められている。それほど、江戸期の農書は多い。その代表的なものとして、東海遠江・三河の作者不詳『百姓伝記』（一六七三〜一六八四年）―農作物の肥培管理、気象、治水、農民生活や大河川下流域の水害対策など幅広い記述―、東北の会津の風土に適合した農業技術を追求した佐藤与次右衛門著『会津農書』（一六八四年）、農学的な体系性をもつ宮崎安貞著『農業全書』（一六九七年）、北陸加賀の代表的な農書で、稲作・畑作・野菜などの農業技術、田畑の面積計算、農具図などを記述した、土屋又三郎著『耕稼春秋』（一七〇七年）、同じ加賀の鹿野小四郎著『農事遺書』（一七〇九年）

―文字通り、遺書で、稲、大豆、菜種、野菜などの栽培法、農民としての身の処し方などを説く―、寒冷な津軽地方の凶作・冷害に備えるための稲作技術や農事の要点などを述べた、中村喜時著『耕作噺』（一七七六年）、そしてずっと遅れるが、幕末期に有名な大蔵永常の『広益国産考』（一八五九年）がある。[37] ここでは、『百姓伝記』と『農業全書』を取り上げ、風土の精神・思想と思われるものを考究する。

『百姓伝記』は、四季集（巻一）から始まる。冒頭の第一節に次のような記述が見られる。「東西南北の風をこころ見よ。春夏は地より天にかぜふきあぐる、子ども・わらべのたこをあぐるを見よ。秋冬は天より地へ風ふきつくるにより、風見を吹下る。野分の大風秋に至りて必ふき、損亡あり。春夏は陽気あらわれ、秋冬は陽気沈み陰気となる。鳥類・畜類・万木諸草、能四季・節をしれり。依て其顕るる品々を書集め、百姓伝記四季集と名付、初巻とする。我々が住国里にてためししるべし。物の名も一致ならず、所によりてかわる事多し。改むべし」[38]。これは、日本列島に見られる四季の風の状況を一般的に記したもので、大切なのは、それぞれが住まう「国里」は、地域特有の風土を持ち、生活様式も一様でないので、「国里」の気象を具体的によく理解すべきである、と言っていることである。ここでの「国里」とは、故里（故郷）としての風土のことである。そして、この『伝記』は、儒教思想の影響が強いと思われるが、巻二は、「五常之巻」とされ、「仁義礼智信」からなる「五常の道」を人の道として説いている。巻一が、「国里」の気象風土論とすれば、巻二は、それを支える精神風土論である。儒教は、幕藩体制を支える思想としての意味もあったが、その巻二に、「五常の道ひとつもかけては人にあらず、畜類も同意なり」として、仁、義、礼、智、信の五常それぞれの説明の後、「四恩物語」が説かれている。四恩とは、①天地の恩、②父母の恩、③主君の恩、④一切衆生の恩のことで、「天地の恩」の項では、「天地の恩には昼夜をわかち、世界に雨風ありて順水し―必要な量だけ水の得られること―、五穀をよくみのらせ、衣服にこしらへる品々迄地より出来、身あたため、食事おのづからわき出る心也。春・夏・秋・冬いつとなくうつりかはる。日月、草木・国土を照し給ふに、行つまる事なく、はやき事もなく、夜は昼になり、あくれば暮る。此天地の間に生をうくる事恩ならずといふ事なし」[39] とある。「父母の恩」は、言うまでもなく、「父の恩は山より広大にして、母の恩は海より深し」のこと、「主君の恩」は、日常を無事に安心して暮らせる制度や社会システムを常に考慮してくれる権力―時に権力は反抗する者に牙を剥くことがあるが―への恩であり、「一切衆生の恩」とは、すべての仕事は相互につながり、扶助の関係にある、したがって、一人では生きていけず、この世の生あるすべてに、多くの人に感謝することである。

こうした農民としての心得、心構えや精神の在り方は、宗教的教えとしてではなく、日常の暮しにおいて代々引き継がれるべき心の備えであり、風土に生きる農民の平和を保ち安心を手にするための処方箋であった。『伝記』は、そうした農民の精神の問題を初めに置いてその重要性を説き、その後、田畠地性論、農具論、肥料論、治水論、そのほか麦、雑穀などの栽培法、そして農民の食生活に言及している。興味深いのは、巻八に「苗代百首」とあり、和歌の百人一首に倣い、七三首の歌が実用的な形で掲載されていることである。稲に対する強い思い入れが窺える。例えば、その序は次のように述べている。「抑、苗代は稲を作、米を得る根元なり。宝土―耕作に適した土ののこと―の善悪、種の性・不性、やしなひのよきあしをしり、能耕作し、水の懸引油断なくうぶたち―産立あるいは生育こと―産立あるいは生育のこと―、五月苗を取り、田を植ば、天地の神霊力をそゐ給ひて、その稲やまひなく、能茂て、ふるがごとく米を得て、諸民をやしなはんこと、則現世をたすくる仏菩薩の再誕たり。故、古農の苗代物語を、大和歌にいひよそへて、苗代百首となづけて、夕部によみ、朝に勤めん輩は、その国里ゆたかならん事うたがひなし」[40]。稲作の根本は、苗代にあることを説くと同時に、国里の農民にとって、それは引き継がれるべき知の遺産、言い換えれば風土知であると言える。歌に託して、稲作の要諦を伝え、国里の風土の豊かさを祈ったのである。『百姓伝記』は、見てきたように、江戸期の農民の精神と知的水準の高さを示しており、風土が育てた精神とは何かを知るのに重要な農書と言える。

宮崎安貞の『農業全書』は、農書として質の高い内容を誇る。その冒頭に「人の貴き故は則ち天の心をうけ継ぎて、天下の萬物をめぐみやしなふ心をのづからそなはれるを以てなり。されば人の世におゐて其功業のさきとし、つとむべきは生養の道なり。生養の道は耕作を以て始とし根本とすべし[41]」と記す。この言説は、この書の精髄である。農業には天命とでも言うべき大きな役割が与えられており、農民は「天の心をうけ継ぎ」この世のすべてのモノを「めぐみやしなう心」が自然に備わっているので、人として貴い、したがって、農民の生きる道としての「生養の道」は、農業耕作にあるとし、農民の在るべき精神を説くのである。ここには、農業に身を置く者の並々ならぬ誇りと自覚が表白されている。その中で特筆すべきは、風土への感謝・祈り・和する心である。農家は、土地の陰陽が織りなす「土地の心」を知り、祈り、そしてその自然の摂理を弁えて「天地の徳」を引き出すべきこと、そして働いてくれる人達（奴僕）や牛馬への「仁愛」、「正直信実」・「和悦の心」を施す—そのことを「和気を感召する」という—ことが重要で、そのためには「天地の感応をいのる心」が必要だ、としている。[42]こうした農民精神には、温かき精神文化だけでなく、「天地の感応をいのる心」、すなわち、天地（自然）の霊性的なものに対する祈りの精神が感じ取れる。「土地の心」や「天地の徳」などの言い方は、「風土の心」、「風土の徳」と言い換えても間違いではない。その意味で、『農業全書』は、自然と人が織りなす、風土の精神・思想の神髄を説いていると言える。

『農業全書』は、前述の『百姓伝記』と同様、農業技術や栽培・管理に関わる問題、例えば、種や土地の見分け方、時節論、水利論、山林論、そして五穀、野菜、山野菜、山草（麻・藍・紅花（あるいは木棉））、四木（茶・楮・漆・桑）、梅・梨・栗・柿などの果木、松・杉・檜などの樹木にも及び、その考察範囲は広い。「この書は江戸時代中期より後期にわたり二百年近くも広く読まれ、祖師と云えば日蓮を意味する如く、農書といえば『農業全書』を直ちに先ず連想せしめたほどに普及した」[43]とされるのも、深い意味を持つ。というのも、江戸期の農村に、『農業全書』で説かれている、風土の精神が広く受け入れられ、普及する環境にあったことを思わせるからである。

風土に適合した農法、農民の農耕に携わる心得や風土への想い・感謝・祈りなど、江戸期の農書の内容を見る限り、また、ある一定の安定した生産性を持ち、和する精神で営まれた自治組織としての江戸期農村の実像をみれば、近代の貧農史観は、修正を余儀なくされるものと考えられる。

明治以降の西欧発の近代文明を積極的に受容しようとする強い力とその下での農業の貧窮状況は、封建的要素

＝風土システムを払拭すべきとする思想や論理によって、農業近代化論として日本近代化論の一構成部分を担うこととなる。そこから、日本の近代は、江戸期の「歴史と風土」を否定する道を選び進んだと言ってよい。この道は、戦後においても、アメリカ型社会をモデルとする経済優先社会として展開されることとなるのである。

三・四　戦後期日本の政治・経済と近代化——日本近代化の完成態としての現代

第二次世界大戦で犠牲になった人の数は、日本で三一〇万人以上、アジア・太平洋地域で一九〇〇万人以上と言われる。狂気と言って良い戦争で、狂気は狂気の科学＝原爆で幕を閉じる。日本が、江戸期までに培った和の精神＝風土の思想を保持していたら、こうした無謀な戦争は回避出来たかもしれない。しかし、それは日本が明治になって西欧近代文明を進んで受け入れ、軍事的性格の強い国家形成を目標としたことの必然的な結果であった。戦争は、自国民を戦争の道具と見なし相手国の人間を人間として認めないことで成り立つ、理不尽な非人間的行為である。第二次世界大戦は、狂気の科学とアメリカ中心の世界を作り出す役割を果し、その一方で近代社会システムの変種である社会主義圏を生み、世界は、冷戦という歪んだ対立の構造を持つこととなる。冷戦体制の中で、核武装は戦争抑止力をもつものとして位置づけられ、主要国の度重なる原爆・水爆実験を経て核の世界が形成され、その一方で世界経済は、アメリカ型経済を基準とする、絶えず規模の経済と経済の自由化を手段とする市場原理主義的経済システムとして再編された。その根底には、共に競争を是とする非人道的・非人間的性格が刻印されていた。戦後、原爆の使用はないものの、破壊力の高い劣化ウラン弾は湾岸戦争で使われ、核兵器の使用を示唆する政治指導者は後を絶たない。そして、核兵器を持つ国が行った実験は、その実験の場に住んでいた人達のいのちと生活の場を奪い、その犠牲はいまだ消えていない。また、二〇世紀初めにアメリカで生まれた、大量生産・大量消費のシステムは、日本だけでなく世界のモデルと成った。このシステムは、経済成長のシステムで、欲望を絶えず創出することによって生活を欲望に従属させる性格を持ち、環境の破壊と風土的精神文化の衰退を伴っていた。私達人間としての実在の意味を経済の尺度だけで語り得ないとすれば、そこには生きる存在として深刻な人間的問題が伏在していたのである。そうした問題を日本の政治・経済の構造的なものとして検討したい。

唯一の被爆国としての日本は、現在、核保有国ではない—ただし、原爆の原料であるプルトニウムを現時点で四七・八トン持ち開発能力のある潜在的な核保有国と見做されている—が、アメリカの核保有に反対しておらず、核抑止力の存在を容認している。しかも、日本は二度と戦争はしないとして「平和憲法」を手に入れたにも拘らず、朝鮮戦争、ベトナム戦争、湾岸戦争などに協力し、アメリカの軍事的世界戦略の一環を担い、今日では、憲法違反とされる集団的自衛権の行使を可能にする、安保法制—秘密保護法、武器輸出の容認と共に、今後の日本の軍需産業育成の強化が懸念される—が強権的に成立し、中国の覇権的台頭に伴うアメリカの軍事的世界戦略再編の重要な補完的役割を担おうとしている。また、沖縄の基地問題では、沖縄の人達の民意を無視し続けている。そうした言い知れない犠牲を思う時、日本の政治体制は、人道的なシステムとは到底言い難い。平和憲法の戦争に歯止めをかけるという役割は極度に低下し、アメリカの戦略のもと、新たな軍事国家たらんとする性格が露出しつつある。

そうした非人道主義的政治体制の問題性は、核の平和的利用の名目で作られた原発にも当てはまる。もともと核は制御不能な技術であるため、原発は戦争技術たる核兵器と同じ非人道性の高い技術である。そのことを明白なものにしたのが、東日本大震災時の福島第一原発のメルトダウンに至る大事故である。原発は、風土のいのちと生活の場を否定する存在であること、そして多額の賠償と廃炉のための費用—それらの費用は電気料金に追加され国民の負担となる—を考慮すれば、経済効果はむしろマイナスで負の遺産であることが明らかになった。それにも拘らず、この国は、原発の容認と再稼働を急いでいる。問題の第一は、原発から排出される高濃度の放射能物質の安全で確実な処理法がないし、またその場所もないことである。低レベルのものについても、保管場所の枯渇のため、一般のごみと同じ扱いをすべきとの無謀な議論すら出ている。第二は、福島原発の廃炉行程が証明しているように、廃炉の安全な処理法が不明確なことである。こうした巨大技術装置の生活の場への導入は、廃炉に至るまでの綿密な計画と管理技術が要求されるはずであるが、それが極めて杜撰である。第三は、再稼働の動きについて理解不可能なことが多いことである。例えば、原発敷地内に活断層があるかどうかが、何故再稼働の際の問題なのか、それは、建設時での問題であるはずである。建設時に充分な調査がなされなかったことを裏付けている。第四は、原発推進の権力構造の問題である。電力会社、国、科学者の原発推進の戦略と戦術は、一体のものであるからである。高速増殖炉「もんじゅ」の本格的稼働の見通しがないため—原子力規制委員会から退場勧告が出た—核燃料サイクルの破綻は確実で、日本の原発政策は、その実体を失っていると言える。しかし、その権力構造は、温存され、原発事故の責任は、曖昧なまま、放射能汚染、除染や子供の甲状腺被害についてもその実態は不透明で正確な情報が伝えられない状況である。

こうした政治システムと連動しているのが、経済システムである。風土システムからどんどん遠ざかる経済の実態を確認したい。

実は、原発事故で明確になった国と企業と科学者の一体的権力構造は、戦後発覚した水俣病問題で確立していたもので、それは今日に至るまで変わらず維持されてきた、日本社会の構造的問題である。水俣病問題は、政治的な問題であると同時に、企業の、日本の経済の質にかかわる本質的な問題である。水俣病問題は、豊かないのちを育む風土的社会を　崩壊せしめるという非人間的な経済の実態を曝け出した。それは、風土と経済との在り方を考えなおす、極めて文明論的性格の強い課題を提起したのである。(44)

水俣病の公式の発見は、一九五六年、日本経済が高度成長期に入る時期で、公害問題の原点とされるが、最初はあくまでも日本の九州の一地方の出来事でしかなかった。それが全国的な規模での環境問題として意識されるのは、高度成長と環境破壊が光と影の関係として議論されるようになってからである。影としての環境問題は、光としての高度成長の質を問うという議論とならず、光は光として維持し、影は環境技術の改善・資源の節約などの極めて技術論的問題に矮小化された。重化学工業による本格的な工業的発展は、水俣病問題がそうであったように、第二次産業の工業に対して第一次産業の農林漁業の存在を軽視する方向に動き始め、農山漁村は、工業労働力を供給する場に変貌していくのである。戦中・戦後の混乱の中、食糧不足を救ったのは、農山漁村であったはずなのに、その食糧供給の場としての役割も輸出入貿易の拡大を伴った高度成長とともに低下する。つまり、日本の経済は、工業に特化し、海外の特にアメリカの農業との国際分業関係が強化され、日本の農業との関係を薄める方向に動くのである。工業は、母なる農業の恩を裏切ることになったと言える。食糧自給率の低下は、その必然的な結果である。

高度成長期とは、論者によって若干異なるが、一九五五〜一九七三年の約十八年間で、日本の経済的規模は、この間GNP名目で約十三倍、実質五倍と拡大する。(45) その条件として考えられるのは、池田・佐藤内閣の政治的主導（所得倍増計画など）、重化学工業化の推進と技術革新による産業構造の高度化、農山漁村からの都市への労働力移動、石炭から石油へのエネルギー転換、春闘による賃金上昇、輸出の拡大と貿易・資本の自由化など、いわゆる生産場面における蓄積条件の劇的変化と消費場面における大衆消費の拡大である。「消費は美徳」とされる消費者資本主義は、生産力の拡大と消費の拡大とがパラレルに動く、経済の量的拡大（経済成長）を担う重要な要素となる。耐久消費財を手にする生活の劇的変化は、生産と消費の質を問う消費者運動などが生まれたが、経済の宴の意識そのままに、いまだに量的成長を追い求めている。しかし、経済的量の拡大が幸福の指標かどうかについて、経済学も批判的な眼を持っているが、ここでは経済成長の結果としての問題点を風土という視点から二つ指摘すべきである。第一は、言うまでもなく、環境の破壊である。過度の成長・開発主義の結果で、工業重視の経済の原理は、前述の水俣病問題や多くの公害病を想起するまでもなく、日本の長い歴史が育んだ風土の精神とは相いれず、いのちの経済と無縁であることを証明した。第二は、農業など第一次産業の社会的・経済的地位の低下である。一九六〇年の日本の農家世帯は、全体のほぼ三割、生産高は九%、それが八〇年には、一割を割り、生産高も二%程度となる。現在では、生産高は、一%以下である。農業就業人口は一二〇万人以下、林業漁業もそうだが、高齢化とそれに伴う後継者不足は、第一次産業の危機を、ひいては風土を守る人的基盤の破綻を招いている。日本のバブル経済崩壊後、世界経済は、グローバリゼーションの潮流が強まり、またGATT

からＷＴＯ（世界貿易機構、一九九五年）への改組に伴って、日本経済は、国際競争力強化に腐心し、その結果として、アメリカと同じような深刻な経済格差を生むと同時に、農業をさらに国際競争の波にさらすこととなるのである。

戦後ほぼ八〇年、日本の社会は、政治、軍事、そして経済において、アメリカが基準で、その意味で、戦後の日本の近代化・現代化は、アメリカ化であった。そして、今日、日本のアメリカ化は、さらに新たな段階を迎えようとしている。日本、オーストラリアなど太平洋に面する主要な国々が参加する、環太平洋経済連携協定（ＴＰＰ）の合意である――アメリカはトランプ（第四五代アメリカ大統領）になって脱退する――。全体として自由化率九五％で、工業製品はほぼ一〇〇％、輸出農産物九八・五％、輸入農産物は八一・〇％である。この協定によって、参加国間でのヒト、モノ、カネの移動がさらに活発になるとしている。日本政府は、日本企業のビジネス機会が増え経済的飛躍のための新たなステップと位置づけて、その経済的効果は、十四兆円（ＧＤＰの三％弱）と見込む。ＴＰＰは、工業分野における貿易・投資と雇用、サービス貿易などの通常の取引、投資や競争条件、知的財産、国有企業に関連した非関税分野、環境や労働分野における公平なルール作りなど、広範な領域を含む協定である。経済取引だけの協定ではなく、それぞれの国の社会制度や仕組み、社会的慣行などの非経済的分野にまで及ぶ。しかし、経済原理優先の協定であることは間違いない。本章の視点から、問題点を整理したい。

第一は、日本の農業は、国際競争市場に一段と組み入れられてしまうことである。食糧自給率四〇％（カロリーベース）程度というのは、もう十分に市場開放されている指標であり、閉鎖的というのは当たらない。ＴＰＰによって安価な農産物輸入の拡大は、起りうることで、自給率の低下と農業への打撃は小さくない。政府も農業が被るマイナスは認めるものの、農家収入の安定化のための保険制度や輸出可能な攻めの農業への転換を図る政策を提案している。こうした政府の提案は、規模の経済や競争力のありそうな農家を対象にしていて、小規模農家は、そうした枠組みから排除される可能性が高い。攻める農業は、果たして日本の風土といのちの産業としての農業を守ることとなるのであろうか。競争力強化のために、これまで以上に経営的能力の向上と資本の規模拡大をはかる必要性が高くなり、近代的な工業的農業の性格を強めることとなる。そうなれば、風土型産業としての農業から大きく逸脱してしまう。元来、農業は、工業の論理を優先する市場システムに馴染まない性格の産業で、如何に市場によって歪んだものに変質したかを考慮すれば、農産物の国際化は、安全な食料の安定供給、食文化の保持、環境保全・風土保全を担う農業の最も基本的な役割を奪うこととなる。国の政策の主眼は、二〇二〇年までにGDP六〇〇兆円（二〇一四年は四九一兆円）の実現—二〇二四年現在それは実現されていない—と一億総活躍社会に向けた、経済優先の成長戦略の一環としてTPPを位置づけていて、日本農業の風土論的問題はまったく排除されている。

第二は、非関税分野における社会制度との関係である。TPPが最も重視するのは、あくまでも経済の自由な活動を推進することであり、その自由を損なう制度や仕組み、そして規制に対して資本の異議申し立ての可能性が高くなる。言わば、資本の活動が主で、国の制度的問題は従で常に受身の立場に立たされることとなる。したがって、日本では、法務省に国際訴訟の増加に対処する専門チームを作らざるを得なくなった。これは、日本だけの問題ではなく、参加国の、特にベトナムやマレーシア、チリなどの途上諸国も同じように制度的な問題を抱えることとなるのである。

第三は、食を取り巻く国際情勢の問題である。世界人口は、二〇二三年八〇億人になった。増加率は減少しているが、年々の増加人口は、八〇〇〇万人を超える。世界の食糧事情は、段々厳しくなることが予想される。安全な食とその量的確保は、世界の食問題の最大の懸念事項であり、土壌の汚染・砂漠化などの農業環境の悪化、異常気象などのことを考慮すれば、避けて通れない問題である。国はどの国であろうと、農業が出来ない特別な事情がない限り、国民の食は、自前で確保する責任があるのであって、その意味で、輸出のための農業生産というのは本末転倒で、国民の食のための農業は国全体の問題として考えるべき課題である。それが、日本の風土を守ることになるはずである。つまり、農業は、経済の論理を優先させない視点で、産業構造の中に正当に位置づけられる必要があるのである。

日本の風土といのちを軽視する、戦後の政治・経済システムは、詰まるところ、文化的真空・霊性的真空を伴った経済主義的精神の人間を生み出した。日本の近代化は、明治以来、風土を否定することで作られた歴史である。その意味で、現代の日本社会は、「風土からの自由」の完成態と言える。

〈補節〉

二〇一七年に登場した、アメリカのトランプ政権は、そのアメリカが主導してきたはずのTPPから離脱してしまった。この節で述べてきた日本についての内容は大筋において変更する必要はないと考える。アメリカを除いた十一ヶ国によるTPPは二〇一八年末に、そしてEUとのEPA（経済連携協定）は二〇一九年二月一日に、それぞれ発効し、日本の自由貿易圏は一気に拡大し、二〇二〇年一月の日米二国間の新たな貿易協定の発効によって、日本の貿易政策は、おおきな転機を迎えることとなる。アメリカとの協定は、工業品や農産品などの物品関税に絞られたとはいえ、アメリカの要求の背景には、つねに日本社会の閉鎖性という常套句に象徴されるように、日本の社会制度への不満が存在する。それはあくまでも市場原理優先から来るもので、そのしわ寄せはいつも農産品に集中する。TPP、EUとのEPA、そしてアメリカとの協定は、日本の第一次産業、とくに農産品の国産率を大きく低下させる決定打になる。日本のアメリカへの従属的な経済――政治も軍事もそうだが――関係が続く限り、日本の目指すべき農業の道は閉ざされている。食糧という国にとっての生命の源は、海外に依存すべきものではない。環境破壊と気候の激変、そして世界の人口増を考慮すれば、そのことはすでに自明のことである。しかも、第一次産業は風土の再生を担う基幹であるからである。

ここで、アメリカと中国との貿易戦争に触れておきたい。明らかに、その内実は覇権をめぐるものだが、高関税による貿易制限は、中国経済へのおおきな打撃であり、明らかにアメリカの覇権保持の意思表示である。相互に報復を繰り返すことによって、両国だけでなく、世界経済の混乱は増すだけである。投資先の変更や生産拠点の移転など国際分業構造への影響は、両国の経済規模が大きいだけに、小さくない。ただ、トランプの保護貿易は、言わばヴィジョンのない短絡的な強者のそれで、自由貿易に対する保護貿易という従来の貿易論議とは質が違う。保護貿易は弱者のための対策であって、それは歴史的に意義あることとして認められるものである。少なくとも、アメリカにしても、中国にしても、覇権に対する意思は固く、貿易と軍事的優位を勝ち取るための戦略はこれからも続くことが予測される。それは今後の人類社会にとってプラスになることは一つとしてなく、その意味で世界の指導者達の担う人類への歴史的役割は途方もなく大きい。今日進められている自由貿易政策も、保護貿易政策もともに、時代認識からずれた市場原理に依存し、成長志向にコントロールされているからである。風土を再生する思想と政策こそ、私達が取り組むべき大きな課題である。

第四節　風土の思想と民話の世界——民話の世界の経済学

四・一　夏目漱石の遺産——外発的文明から内発的文明へ

風土の否定のうえに出来た明治以来の日本の文明が日本の歴史に沿わない外発的文明であるとすれば、今後の日本の行方を展望しようとする時、想起すべきなのは、夏目漱石の明治期文明批判の言説である。(46)

漱石は、明治の時代が終わろうとしている、明治四四年、『現代日本の開化』というテーマの講演を行っている。漱石の問いは「文明とは何か」という一般論で始まる。漱石は、文明を進める力に、積極的な精神による人間の「活力消耗の趣向」と消極的な精神による「活力節約の行動」の二つがあるとし、この二つが相交わり変化して「複雑極りなき開化というものが出来る」と言う。漱石は、先ず文明を「複雑極りなき」ものといささか批判めいた表現を使い、その原因は生存競争―昔の生か死かの争いではなく、「生きるか生きるかという競争」―にあって、生活の困難と不安を生み出していると、文明の現実を憂えている。漱石は、文明が進み「労力を節減する器械」が生まれ「活力を自由に使い得る娯楽の途が整」っても、「内生に与える心理的苦痛」や「生存の苦痛は存外切なもの」であるとして、それを「開化が進んだ一大パラドックス」と言う。以上が、漱石の文明の一般論で、漱石は文明に対して批判的であったことが分かる。

そして、日本の文明開化については、「悲観的になる」として、さらに厳しい見方をしている。漱石は、その論拠として、西洋の開化は内発的だが、日本のそれは外発的であるとする。次のように言う。「内発的というのは内から自然に出て発展すると言う意味でちょうど花が開くようにおのずから蕾が破れて花弁が外に向うのをい、また外発的とは外からおっかぶさった他の力で已むを得ず一種の形式を取る」場合である。すなわち、西洋のは歴史的必然の道だが、日本のは、必然の道ではなく、内容のない「一種の形式を取」った文明であるということである。明治以後の日本の進む道が「急劇に曲折し始めた」のは、日本の文明は外部的に接ぎ木された文明だからである。つまり、明治期の日本は、短い期間に「急に自己本位の能力を失って外から無理押しに押されて否応なし」に、西洋の文明を受け入れたために、日本では、文明が持つ「一大パラドックス」―文明の装置・制度は進むが、精神的・心理的苦痛や生存の苦しみは大きい―は増幅され、日本人は精神的不満・不安や神経衰弱に陥ってしまったと言うのである。これが漱石の日本文明批判の結論であった。

ここで確認しておきたいことがある。それは、漱石の問題の立て方が、二段階になっていることである。最初の問題提起は「文明とは何か」であり、次いで日本にとって「西洋文明とは何だったのか」という問いかけである。その意味で、明治の時代がほぼ半世紀経過しての漱石の「現代日本の開化」が提起しているものは、今私達が直面している「日本の近代化とは何だったか」と同じ問いである。漱石の問題提起で注目すべきなのは、私たちと同じ問題の地平に立っているというだけでなく、西洋は進んだ文明で、日本は後れているとする、西洋史観でないことである。したがって、漱石には、「西洋文明とは何だったのか」の答として出した結論である、「外発的文明」に対してもう一つの大切な結論が残っていた。

それは、誤って進んでしまった日本の今後の目指すべき道についてである。漱石の結論は、外発的文明を修正して進む「内発的文明」への道である。漱石は、「開化の推移はどうしても内発的でなければ嘘だ」として、日本も「甲の波が乙の波を呼び出し、乙の波が丙の波を誘い出して順次に推移」すべきと言う。そして「ただ出来るだけ神経衰弱に罹らない程度において、内発的に変化して行くが好かろう」と語るのである。

漱石の言う日本の「内発的な道」の意味内容について、漱石は講演の中で何も語っていない。彼の言説の中にヒントを探るとすれば、①内から発する自然的な発展 ②自己本位の能力の回復 ③甲の波から乙の波へ、そして丙の波と続く、連続性をもつ発展の波 ④精神異常を起こさない程度にスピードを抑えた変化、ということになる。約めて言えば、明治期までに日本が生み育ててきた「自己本位の能力」を回復させ、発展の連続性を保持しつつ、ほどほどの変化をしていく、そういう道、これが、漱石が提出した日本の内発的文明への方向であった。

こうした漱石の日本近代批判の視点は、私達にとって、とても示唆に富むものである。私達にとっての次なるステップは、「自己本位の能力」をベースにした、「精神異常を起こさない」内発的な文明の道でなければならないからである。漱石の言う「自己本位の能力」を、日本の風土の精神・思想と認識し得るとすれば、今後の日本の道とは、風土の思想に導かれた内発的文明のことであると言ってよい。

しかしながら、漱石の時代より私達の方が深刻である。明治から第二次世界大戦まで約八〇年、そして戦後八〇年、ほぼ一六〇年という長い時間の経過だけでなく、風土から遠ざかる道を加速度的に走り続け、今や、第一次産業は、縮小再生産を余儀なくされ、日本の産業構造の中に正当な位置が与えられていないからである。日本は、基本的に欧米を基準にして進むオリエンタリズム的社会で、あまりにも第一次産業の疲弊がひどいと思う。ここで想起するのは、風土の精神の重要な要素である、和の精神の使い方を間違えたのではないかということである。日本人本来の主体的な和ではなく、従属的な和、あるいは「偏狭の和」[47]になっていたのである。

四・二　民話の世界の経済学

漱石に導かれて「内発的な道」を考えるとすれば、いまだ不十分なことがある。私達の目標は、日本の風土システムの再生であり、その風土システムにおける経済の仕組みの基本原理を明確にすることである。日本人の精神を体現した経済の原理を考えてみたい。それを、民話の世界に探ってみるのが、本節での課題である。

民話を取り上げることの意味は、二つある。第一は、民話の世界は、庶民思想の宝庫であり、そこには日常の生活を人間らしく生きたいとする、人間に普遍的な力やエネルギーが秘められていて、人間の基本に忠実で、正直であることとである。いわば、民話は、風土の精神・思想の物語である。民話は、今日、多くの先人達の努力によって整理されており、庶民の口承文芸の一つとして貴重な遺産で、私達はそれを引き継ぐ義務を負っている。河合隼雄は「民話の知恵はともすれば単純化されそうな、われわれの世界に厚みを与え、豊かさを増してくれるのである。そして、これに加えて興味深いことは、それは民衆の知恵として、人間一般に通じる普遍性をもちつつ、民族の知恵として、民族や国の差によって、それなりの差を示してくれることである(48)」と述べて、民話的思考の意味や普遍性と民族的独自性とを合わせ持つ、民話の意義を強調している。また、鵜野祐介も、民話について「日本の歴史や社会を背景に語り継がれた、文化的な独自性や特殊性をもつ」だけでなく、「時代や国境を越えて共通する、人間としての営みの普遍性を垣間見ることができる(49)」と述べている。したがって、第二は、そうした人間の普遍的な営みの中に、真の経済の仕組みや営みが埋め込まれているのではないか、あるいは庶民の生活思想の反映としての経済の原理や経済学的要素を発掘出来るのではないかということである。民話の世界は、風土の世界の物語であり、そこには人間のあらゆる姿が描かれている。日常性と非日常性が融合している。主人公はむろん善意の人が多いが、殺し、騙し、嫉妬、怨みなど悪意の世界もよく出て来る。また、そうした人の世の善と悪だけでなく、神様が登場し、動物が口を聞き、人間業とは到底思えないような非科学的な現象が展開される。善を通して、悪を通して、また様々な現象を通して、伝えられることは多く、私達は、その意味するものを知りたいのである。ここでは、いくつかの民話を取り上げて議論したい。なお、基本資料として、関敬吾編（一九五六）『日本の昔ばなし（Ⅰ）（Ⅱ）（Ⅲ）』（岩波文庫）を使用する。

一　『笠地蔵』と贈与の世界

経済学の視点に立って最も興味ある民話は、『笠地蔵』（岩手県江刺郡、関編（Ⅲ）三五～三七ページ）である。

「昔、貧乏な夫婦がありました」から始まる、『笠地蔵』は、大晦日の日に、年越しの仕度をするため、「いままでたんせいして績んだ苧枷玉《おかせだま》を売って米にかえよう」ということで、男はその苧枷玉をもって町の年越市に出かけた。しかし、市に苧枷を必要とする人はおらず、売れないのである。ところが、やはり売れない笠をもった爺さんに会う、売れそうにない物を持つ者同志、それぞれ苧枷玉と笠を持ち帰っても仕方がないのでお互い取り換えることにしたのである。男はその取り替えた笠を持って帰る。帰りの途中、雪が降り始め吹雪になってしまう。その吹雪の中、野中の裸地蔵のところまできて、「この寒さに、雪の中に裸で立っていたら地蔵さまもさぞ寒かろう」と男は独り言を言いながら、苧枷玉と取り換えた笠を地蔵さまの頭にかぶせてやったのでした。そしてまたとぼとぼと空手で女房の待つ家に帰ったのである。夫が米を買って帰るのを期待して、年取りの仕度をしながら待っていた女房に、男は一部始終を話し、女房は「笠をもって来たとて、こん夜の何のたしにもならなかったのだから、せめて地蔵さまにあげて来たことがよかったよ」と夫を慰めたのでした。そして、夫婦はそのまま寝る。ふと目を覚ますと、吹雪の中から「何だかよんさよんさとものをかついで来る音が聞え」「昼間のことは過分じゃった」と大きな声がして、誰かが戸口のところにどさりと重い物を置く音がしたので、夫婦は起きて戸口に大きな袋を見つけると同時に、吹雪の中を歩いて帰る石地蔵を見たのである。夫婦はその袋を開けて見ると、なんと大判小判がいっぱい入っていたのである。

以上が大まかなあらすじである。ここでの登場人物は、若い夫婦、笠売りの爺さん、そして地蔵さまである。この物語にも様々なバリアントがあって、主人公が老夫婦のケース、袋の中は大判小判ではなく米や野菜あるいは餅とか宝物などであったり、また苧枷玉と笠の交換という話がない場合もある。地域での伝承の仕方や語り手の意思で少々の変更は仕方のないことである。しかし、この物語が伝えようとするメッセージは変わっていないと思われる。

『笠地蔵』は、まず第一に、聞く人の多くが感じとっているように、「贈与の世界」の話であるということである。笠を地蔵さまに贈る、しかもそれは純粋に善意そのもので、多くの金や品物の見返りを期待しての贈与ではない、いわゆる純粋贈与（絶対贈与）であり、夫婦二人ともそれを喜んでいる。いわば、贈与の理想型である。人から神（地蔵）への笠の贈与、そして神（地蔵）から人への大判小判の贈与、これを形式的に笠と大判小判との交換としてしまうと大きな間違いで、夫婦の精神はまったく考慮されないこととなる。善意の贈与に対する善意の贈与、つまり、善意と善意の接合という関係が主軸であって、笠と大判小判は物としての形式にすぎない。人間が神を信頼する、神も人間を信頼する、その関係のもとで、笠と大判小判の存在が意味を持つのである。笠と大判小判は、物である以上に、いのちを持った物、あるいは物以上の何か、霊的なものとしての存在となる。この関係は、神を自然神と解釈すれば、人間と自然との関係に、またさらには人と人との関係にも言い換えられる。夫婦の喜びはおのずからの喜びのように感じられる、もしそうだとすれば、夫婦は、贈られた大判小判をどのようにするであろうかを考える時、その使い道は夫婦だけの独占物ではないように思う。恐らく、隣近所、知り合いへの贈与という形をとり、その贈与は、また新たな贈与の関係を生み、贈与の輪（和）が出来るのではないか。そうした相互扶助的な生活原理が垣間見える。『笠地蔵』と同じ贈与の話が出て来る、『腰おり雀』（福岡県浮羽郡、関編（Ⅱ）一七五〜一七六ページ）という民話がある。山里の情け深いお婆さんが主人公。お婆さんは、庭で苦しそうに鳴いている一羽の腰の折れた雀を助ける。翌日、その雀がふくべ（瓢）の種を持ってくる。その種を畑にまくと沢山の実がなり、収穫した実を日当たりの良い軒先に一〇日ほどつるしておくと、その実のどれからも白米が出て来る。おいしい白米なので、お婆さんは、重箱につめて隣近所に配った、という話である。この民話にも、贈られたものをさらにまた他人に贈るという、贈与の連鎖が見られる。

ところで、人間の善意、その背景にあるのは、神への信頼＝信仰である。ここでは、地蔵信仰である。しかし、正月を迎える大晦日での出来事なので、「仏教的地蔵信仰だけでは捉えられない。年取りの日の出来事という観点からみると、正月神（歳徳神）の要素を強くもっているといえる。秋田のナマハゲ、鹿児島のトシドンのごとく家々を訪れて幸をもたらすマレビトと根底は同じであろう」[50]。地蔵信仰は、奈良時代の伝来と言われ、民俗信仰や民俗儀礼と習合して、子供の守護神として広く普及する。お地蔵さんと親しく呼ばれ、また子安地蔵、水子地蔵、身代わり地蔵、いぼとり地蔵など様々な名を冠したお地蔵さんは各地に多く、風土神的な存在である。風土神は、その土地の守護神で生活の中の神さまである。『笠地蔵』のお地蔵さんは、人間の善意を善意と受け取り、「昼間のことは過分じゃった」と人間の言葉を使い、そして歩けるという人間的な存在として登場し、いわば半神半人的存在である。それほどにお地蔵さんは風土に密着した神さまと言えよう。お地蔵さんからの贈物である大判小判を、風土神による贈与と考えれば、それは夫婦だけの専有物ではなく、夫婦が住むその村に対する贈物という性格もあり、村の相互扶助的関係を生み出す原資となる。したがって、前述したように、大判小判を贈られた夫婦は、それを村の人達と分け合う(再分配)という選択をした可能性が高いのである。

第二は、若夫婦の日常の暮しとその背景にある経済の問題である。苧枷玉を作るということは、麻を栽培し、それを糸にして製品化するという仕事とも考えられるが、年越市でも売れないものとすれば、それは生業でなく、副業的な仕事かと思われる。米を手に入れるために苧枷玉を売るという行為から見て、この夫婦は米作農家であるというのも考えにくい。男の仕事は、恐らく自給生活を含む、山に関係するものかもしれない。そうだとすれば、夫婦は、山村に住み、苧枷玉など山村の産物を農村の米と交換するという経済的営みが生活の一部となっていたと思われる。すなわち、山村と農村との商品交換あるいは物々交換という構図が推定される。年越しの市は、日常的な定期市とは少し性格を異にするが、ともかく町の市は、山村のものと農村のものとの交換の場であったことは疑いない。苧枷玉、笠、米だけでなく、魚も売られているので、この市には漁村の産物も参入していることが窺える。この物語には、市の「両側の小店でとぶように売れて行くいろいろな品物」とある。飛ぶように売れる品物の内容はもちろん分からないが、年越市の賑わいを想像させるとともに、日常の市での産物の多さを思わせる。したがって、若い夫婦の暮しは、自給経済を基礎に、農村、山村、漁村のそれぞれの産物が交換される経済に組み入れられていたと考えられる。

この場合の交換経済とは、どのようなものなのか。近・現代の市場経済とは本質的に異質であることに注意しなければならない。現代経済は、利潤獲得を目的とするため、交換価値重視の市場経済(交換価値経済)で、『笠地蔵』で想定される交換経済は、生活に必要なものの交換で成り立つ経済（使用価値経済）である。飛ぶように売れても、品物のほとんどは、生活必需品の範囲を超えるものではない。苧枷玉や笠は、衣食住に関わる必要品という点から見れば、いくらか必要性の低い周縁に位置する産物であるかもしれないが、五〜六個程度ではとても利益の対象とは言えない。市場の規模、価格競争、生産性などという概念とは無縁で、経済学が想定する商品ではない。交換することで利潤という新たな価値を付加するわけではなく、交換は、あくまでも必要を手に入れるための手段にすぎず、物に付属する使用価値を与えて他の使用価値を受け取るという行為である。ここでの商品は、交換価値商品ではなく使用価値商品と言える。商品のようですべて商品ではないという意味で半商品と呼んでいい(51)。したがって、『笠地蔵』で想定される、使用価値取得のための交換は、貨幣を媒介とするけれども、相互に必要な物を補完し合う交換あるいは相互に必要を与え合うという性格を持つので、相互扶助的・贈与的な意味を備えている。そうだとすれば、半贈与的交換と言ってよいかもしれない。

『笠地蔵』における風土型経済は、以上見たように、自給型自然経済、贈与型経済、そして相互扶助的交換経済（半贈与的交換経済）からなるが、贈与の原理が基本である。

二　『花さか爺』と富の再分配

経済の仕組みで重要なのが富の再分配の問題である。この問題を『花さか爺』（富山県上新川郡、関編（Ⅲ）一七〇〜一七四ページ）で考えてみたい。

善良な爺さんと婆さんの二人暮らし。川へ洗濯に行った婆さんが、上流から流れてきた大きな桃を拾って家に帰り、搗臼の中に入れておく、爺さんが帰って来たので、その桃を食べようと臼をあけると、そこからかわいい犬が出て来る、桃が犬に変身していたのである。二人は、犬を大事に育て、やがて犬はおおきくなる。ある時、犬が爺さんに話し始める。犬は、鞍を、叺を、鍬を背につけるように言い、犬は爺さんを連れて山に入る、爺さんが犬の指示した所を掘ると「小判から大判から二分から一朱からたくさん出」たのである――このことは、あとで、立派な侍から褒美を頂く伏線にもなっているように思われるが、いつも優しい心を持ち、自然から贈られた、桃・犬を大切に育てたことに対する爺さん婆さんへのお返しのような形になっている――。

そのことを、隣の欲爺と欲婆が聞きつけて、その犬を借りにくる、親切な爺さんは犬を快く貸すのだが、欲爺は犬をぞんざいに扱う、犬の言う通りの場所を掘ってみると「大蛇から蛙から百足から、ありとあらゆる嫌なものばかり出て来た」のである。欲爺は怒って、その場で犬を殺して埋め、その脇に「柳の枝を一本指して」帰る。犬を貸した爺さんは、犬を戻しに来ないので、欲爺に事情を聞き、埋められた犬に会いに行くと、「差した小枝の柳が大きな柳の木」になっているのを発見する。かわいい犬の形見と思って、伐った柳でひき臼を作る、爺さんと婆さんがその臼をひくと、爺さんには大判が、婆さんには小判が出て来たのである。天使のひき臼である。

欲婆がまたその話を聞き、臼を借りて行く、金欲しさに臼をひくと、欲爺には馬糞が、欲婆には牛糞が出て来る。悪魔のひき臼である。二人は怒りに怒り、その臼を「たたき割って囲炉裡の中へ焼いてしまった」。親切な爺さんは、臼が戻って来ないので、欲爺のところへ行ってみると、臼は焼かれて灰になってしまっている、爺さんはその灰をもらって帰る。その灰は木に花を咲かせることの出来る灰だったのである。そして、爺さんは「日本一の灰まき爺」と呼ばれるようになる。

「灰まき爺」さんのところに、立派な侍が通りかかる、その侍に灰を撒いて見せるように言われて、そのようにすると、美しい桜の花、梅の花が咲いたのである。侍は、その素晴らしい出来事の褒美にお金をくれたのでした。隣の欲爺がまたその話を聞きつけて、その真似をすると、今度は撒いた灰が侍の眼に入ってしまい、怒られてしまう。

以上が『花さか爺』の大体のストーリーである。善意（天使のひき臼）と悪欲（悪魔のひき臼）との対比が面白いが、ここには、いくつかのテーマが語られている。

全体を流れるテーマは、爺さんと婆さんの善意の行動である。第一は、贈与である。爺さんと婆さんが、大切に育てた犬を初め、臼、灰を欲爺と欲婆に貸す行為は、無償貸与だが、すべて戻っていないので、実質的には贈与である。欲爺・欲婆からのお返しは一切ない。ここに登場する犬は、人間の枠を超えた、何かを察知できる霊獣的な存在という意味が示唆されており、その貸与には霊性的なものが含まれている。もしそうだとすれば、欲爺と欲婆のとる行為は、許し難いものがある。少なくとも、善意の爺さん婆さんの行為は、贈与的要素が詰まっている。そして第二は、生と死と再生という問題である。自然の贈物、桃が犬になり、臼（柳）になり、灰になり、そして美しい花になる。これは、いのちの繋がりであると同時に、生と死と再生の物語でもある。[52] ここには、人間の業を超えた、畏怖と神秘の現象が見られ、不思議な自然の霊的な世界が展開されている。そして、最後には、爺さんは、灰を美しい花にしてしまう霊性的なものを手に入れ、しかも枯れ木が花を咲かせる木に蘇えるのである。これも再生である。一方の欲爺・欲婆は、ただ表面的な出来事だけにこだわり、いくらか滑稽な感じさえ漂うが、欲と嫉妬、只取りの常習者である。この物語は、そうした欲悪の精神に対する戒めを含意しているばかりでなく、それ以上に二組の爺・婆の対照的な姿、高い精神と低俗な精神、いわば聖と俗の対比が面白い。第三は、立派な侍―ここでは支配階級の殿様と言い換えてもよい―からの爺さん・婆さんへの富の譲渡、富の再分配のことである。ここでは、善意の行いに対するご褒美という色合いが強く、庶民と支配者との信頼の関係と読み替えることもできる。富の再分配は、租税などを通して集積した富を権力者側が庶民に戻すシステムで、それは、権力による統治機構の最も重要な構成部分である。この統治機構が安定したものであるためには、富の再分配機能が信頼のおけるものでなくてはならない。すなわち、悪意を退け、善意を汲み取る権力側と高い精神性をもつ庶民との間の信頼関係こそが、富の再分配機能がうまく働く基礎である。したがって、権力と庶民との信頼の上に成り立つ、富の再分配の話で物語が締めくくられるのが、『花さか爺』の重要なテーマではないかと思われるのである。

『花さか爺』と同じように、殿さまからお金を貰うという民話に、『鯉の報恩』（新潟県南魚沼郡、関編（Ⅱ）一七七～一八二ページ）がある。婆様と二人暮らしの貧しい、縄を綯うのを生業とする若者が主人公で、その若者が縄を売って得たお金をはたいて鯉を助ける、助けられた鯉が恩返しをするという話である。鯉は恩返しのため、娘になって、若者の家を訪ね、最初は下女として、そしてやがて若者の妻になる。村の評判になるような働き者で、そのことが殿さまの耳にはいり、奉公に出るようにとの話になるのだが、妻はそれを断るのである。ところが、殿さまは「灰で綯った縄を持って来い」、「打たずに鳴る太鼓を持って来い」、「ひさごの中に紙をはって、うるしを塗って金粉をまいて持って来い」などという三つの難題を突き付ける、妻はその難問をすべてみごとに解いてみせるのである。それで、殿さまは感心して「妻を大事にしなさい」と言って、若者に褒美としてお金をどっさり呉れたのである。それで、三人は幸せに暮らしたそうである。

『鯉の報恩』は、鯉の恩返しの話ではあるが、殿さまからの若者への富の譲渡という意味もある。貧しいけれども、鯉という自然への思いやりや妻への愛をもち、そして真面目な性格の若者の行いは、賢い妻を通して、殿さまの心を動かし、富を得て幸せを手にするのである。この民話は、鯉との関係では、自然と人間との親和的関係性の尊さを語り、殿さまとの関係では、富の再分配を通じて権力との親和的関係性の大切さを伝えている。「恩返し」の民話は登場するものの絆の深さが特徴的である。

三 『若返りの水』と知足安分の原理

民話『若返りの水』（山梨県西八代郡、関編（Ⅱ）二〇三〜二〇四ページ）[53]は、とても短い話である。爺さんと婆さんの二人暮らし、爺さんは山へ炭焼きに行く、暑い日で喉が渇いて仕方がないので、飲水を探すと岩陰にきれいな清水が湧いていた。その水がおいしくて、体中が何とも言えないくらい良い気持になって、爺さんは、いつのまにか若くなって曲がっていた腰もしゃんと伸びて立派な若者になったのである。爺さんは喜んで炭を背負い家に帰ると、婆さんがびっくりするので、山の水を飲んだら若くなったと訳を話す。婆さんは羨ましく思い、翌日清水の水を飲みに山へ出かけて行く。ところが、婆さんはなかなか戻って来ないので心配になり、爺さんは村の人達と一緒に婆さんを捜しに行く。清水の湧くところで、赤児の泣く声がするので行って見ると、婆さんが赤児になって泣いているのを発見する。婆さんは、欲深くもっと若くなろうと思って、たくさん水を飲み若くなりすぎて、とうとう赤児なってしまったのである。爺さんは仕方なく赤児を抱いて帰り、育てたそうである。

この民話は、モノを消費することの意味を問うていて—生産も資源やエネルギーを消費するので、その観点からすれば、生産についても同じことが言える—、消費の仕方の大切さを伝えている。日本に古くから伝わる、「知足安分」の思想である。山村の炭焼きを生業とする、爺さんにとって、森と水はいのちである。森と水を主題として、それらを過剰に消費することは、罪悪で、自らのいのちを危うくするとのメッセージが込められている。それは、現代経済の大量生産・大量消費の批判である。山や森を場にした民話は多く、「お爺さんは山に芝刈りに、お婆さんは川に洗濯に」は、日本民話の枕詞的言い回しである。その意味で、知足安分の思想は、山や森や水が生んだ風土の思想であると言える。

四 『魚女房』・『鶴女房』における自然と人間との境界——和の精神の意味

人間は、自然と和することで風土の精神を持つことが出来る。自然と人間は、人間の和する精神によって風土を作る。風土とは、人間が自然と一体化した状態のことである。私達人間が自然と和するとは、どのような意味なのか、そのことを民話の世界に探ってみるというのが、ここでの問題設定である。

『魚女房』（鹿児島県大島郡、関編（Ⅰ）三二～三五ページ）や『鶴女房』（鹿児島県薩摩郡、関編（Ⅰ）三六～三九ページ）、そして後で言及する、『鯉女房』（新潟県南蒲原郡、関編（Ⅲ）一〇六～一一〇ページ）と『鼻たれ小僧』（新潟県南蒲原郡、関編（Ⅱ）七五～七七ページ）などの民話は、それぞれ亀の子、鶴、真鯉を救っての恩返し、『鼻たれ小僧』は乙姫様へのお花の贈与に対する恩返しが主題になっている。しかしながら、女房になった女性の本当の姿を見てはならない—「見るなの禁止[54]」—というある種のタブーが話の中に設定されている。女性からの半ば強制的な約束事あるいは侵してはならない掟とは何か。そこには、単なる恩返しだけでない、何らかの意味が込められているのではないかと思う。

『魚女房』の主人公は、島に住む貧しい男、浜に流れてくる寄木を拾いに行った時、亀の子が卵から孵っているのをみる、ところが、そこに人がいて、子供を迎えに来た親亀がためらっているので、男はかわいそうに思い、亀の子を砂から掘り出し親亀に引き渡してやるのである。男が帰ろうとすると、親亀はぜひお礼がしたいと、ねいんや（海底の浄土）に連れて行く。その途中、男は親亀に、ねいんやの神様に「何が欲しいか」と聞かれたら、「あなたの一人娘が欲しい」と答えるように教えられる、男は、ねいんやでもてなしを受け、教えられた通りのことになる、すなわち、男は、神様から妻になる一人娘と娘に持たせてくれた「ちーちー小函」と共に島に帰ってきたのである。妻は、食事だけでなく、生活に必要なものは何でも整えてくれ、男は、すぐ金持ちになって、三人の子供ができたのである。そして、夫婦の間に大事な約束事があったのである。それは「妻は、まい日表座敷のまんなかで障子を立てきって、水を浴びることになっていました。かねて夫に自分が水を浴びるところは、決して見てはならない」というものであった。しかし、男はその約束を破り、障子の穴から、大きな魚の姿で、両手は胸鰭になって水浴びをしている、妻を見てしまうのである。妻は、最後の御馳走を作った後、上の二人の子供は残し、下の子供を連れて出て行く、その時、自分が持って来た「ちーちー小函」を夫に渡し、「この小函は決してあけてはなりません。もしあける時は、海ばたで二つの足を水の中に入れてから、あけなければなりません」と教えるのでした。男は、寂しくてたまらず、またも約束を破り「ちーちー小函」をあけてしまう、すると、小函の中から白い煙がぽーと出て、家はたちまち昔の貧しかったころのままに変るのである。それだけではなく、子供達は海の「水の上にとろとろとした何ともいえない美しい光のさすもの」を取れるが、男にはそれが許されない。それは神様が孫たちに授けた「しるふという世にたぐいもない宝物」だったのです。その後、男が再婚すると、二人の子供達もいなくなってしまう。結局、男は二つの破ってはならない約束を守れず、幸福な家庭を失い、元の状態に戻るという話である。

これとよく似た民話は、よく知られた『鶴女房』である。炭焼きを生業とする、七〇ばかりの母親と山の中に住む嘉六という男が主人公。冬、男は、蒲団を買いに町に出かける、その途中、罠にかかった鶴を見つけ、助けようとすると、罠をかけた男が出てきて、俺の仕事のじゃまをするなと言うので、蒲団を買うお金で鶴を貰い受け助けるのである。男は、仕方なく家に帰り、母にその旨を話し、母は何も言わず許してくれたのでした。翌晩のこと、きれいで立派な女性が嘉六の家を訪れる、泊めてほしい、そして、おかた（妻）にしてほしい、と言うので、貧しい生活の中で厄介な話だけどと、しぶしぶ承諾をすることにしたのです。しばらくして、妻は「戸棚に三日ばかり入れてほしい、決して戸をあけて見ないでほしい」と言って、四日目に、織った反物を出してきて「千両で売って来てほしい」と頼むのである。嘉六が、それを殿さまのところに持って行くと、「これは立派な品物だ」と褒められ、「二千両でも三千両でも買ってやるので、さらに一反ほしい」と頼まれてしまう。妻は、今度は一週間かけて織ることになり、「その間決して中をのぞいてはなりません」と約束をするのである。ところが、嘉六は、最後の日にその約束を守れず、戸棚をのぞいてしまう、すると、「一羽の鶴が裸になって、自分の細い羽根を抜いて反物を織って、ちょうど織りあげたところ」だったのです。嘉六は、妻の正体を見てしまったのである。鶴に戻った妻は、助けてもらった鶴だと正体を明し、そのあと、千羽の鶴が飛んできて、裸の鶴を連れて行ってしまうのである。嘉六は、別れた鶴に会いたくて、全国を捜し歩く。ある浜辺に座っている時、鶴の羽衣という島から来たという、小舟に乗った爺さんと会う、そして二人で島に向う、すると、立派な池の真中にある砂丘にたくさんの鶴に囲まれた「裸の鶴」を発見する、実はそれは「鶴の王さま」だったのである。それで、嘉六は、爺さんの舟で一人帰るのでした。

『鶴女房』は、最後には別れた鶴に会えるのだが、寂しい結末である。鶴の恩返しという心温まる話で、話としては、結末がしっくり来ない。やはり問題は後半にあるのではないか。「のぞいてはならない」と二度も言われたのに、その約束を守れず、嘉六は母との二人暮しの生活に戻ってしまうという物語は、『魚女房』と同じ筋立てである。

話の筋立てとしては、前半は恩返しの話、後半はしてはならないことをしてしまい関係が壊れてしまうという話で、『魚女房』、『鶴女房』と同じ民話に、『鯉女房』と『鼻たれ小僧』がある。

『鯉女房』は、助けた真鯉が恩返しのために、若い女の姿で、助けた旦那のところへ訪ねてくる、そして、台所をうまく切り盛りする話である。旦那は、女は料理がうまいし、感心することばかりである。それで、不思議に思い、料理をしているところをのぞいてしまうのである。すると、鱒だか鯉だか分からない魚が尻尾をだして料理しているので、これは化物だと思ってしまい、その女に暇を出すのである。後で、その女が助けた鯉であったことが分かり、旦那は、悲しがったという話である。この話では、助けた鯉と旦那との間に確たる約束事があったわけではないが、ほんとうの正体を見られたことが、女と旦那との決別の原因である。

『鼻たれ小僧』は、花売りを生業とする、貧乏な男が主人公、売れ残った花を「乙姫さまにさしあげる」と、いつも川に流していた、ある日、男は、大雨で川を渡れず困っている時、大亀が現れ、乙姫さまがいつものお礼がしたいというので、乙姫さまのところへ連れて行かれ、男は、乙姫さまから「とほう」という名の子供を貰うことになる。そして、「この子は鼻は出ている、よだれをたれている。だがこの子をだいじにせば、お前の望みはなんでもかなえてくれる。お前の子にせよ」と言われる。男は、帰って、家を広くして、敷物や着物を欲し、そして千両の金まで出してもらって金貸しとなり、番頭や女中を置くような大金持ちとなったのである。ところが、五年たって、金持ちとなったその男は、交際範囲が広くなるにつれて、いつも離れずについてくる「とほう」が、だんだんうとましくなり、ついに「だいじに扱う」という約束を破って、「お前を暇に出すから、帰ってくれ」と言って、家を出すのである。すると、「たちまち家は昔の汚い家になって、じぶんが着ていた着物もなにもかもそっくりそのまま昔のとおりに変ってしまった」という話。

『魚女房』も『鶴女房』も、そして『鯉女房』も、昔話（民話）の研究では、異類婚姻譚として分類される民話である——あるいは異類来訪譚とも言われ、『桃太郎』、『竹取物語』などもそれに入るが、異類（異質性）を受け入れることの大切さが語られるとする[55]——。

しかし、魚は、ここでは海の神様の娘、鶴は、山に住む鶴の王さま（神さま）、鯉は、川に住むいのち、「とほう」は、乙姫さま（海の神さま）の子、である。神や王はいわばいのちの根源である自然を束ねるシンボル的存在で、魚、鶴、鯉などを「いのちある自然」と読み換えることが出来るのではないか。もしそうだとすれば、異類婚姻譚は、自然と人間との交流物語、あるいは自然と人間との融合物語と言ってよい。『鼻たれ小僧』は、婚姻関係ではなく、親子の関係だが、基本の関係としては同じである。これらの民話は、前半は、心温まる恩返しの話、後半は、親和的関係性の破局という話でそれぞれ共通した筋立てになっている。先ほど、前半と後半とがしっくりと来ないと述べたが、ここでの最も重要なことは、自然に和する人間の精神の変化の問題である。主人公は、皆、人間として、自然のいのちに対して感謝の気持ちと温かいこころを持っている。和するこころ、和する精神の持ち主である。そして、男たちは幸せな和の家庭とお金を手に入れるのである。しかし、この段階で大きな変化が起こる。『魚女房』の貧しかった男も、『鶴女房』の嘉六も、確実に精神の変化が見て取れる。嘉六は、二〜三千両を前にして、妻に「もう一反」をと無理を言ってしまう、『鼻たれ小僧』の男は、金貸しとしてお金に執着する生活になり、傲慢な心で和する精神を失ってしまったのではないかと考えられる。貧しかった頃の亀の子への、鶴への、鯉への、そして花に託した海への思いやりの心は、残念なことに、消え失せてしまい、主人公たちは、侵してはならない掟に背いてしまう。その結果、夫婦の、親子の和の関係は破局を迎え、失意の状況に陥るのである。

ここで取り上げた民話は、こころ温まる恩返しの話であることは間違いないが、後半において語られる、タブーを破ることの意味が問われているように思われる。第一は、虚心な精神の持続の大切さである。人は、どんな状況であろうと、驕ったり傲慢になってはならないという戒めである。それは自然に対しても、人間に対してもそうである。そして、第二は、人間には自然との関係において決して侵してはならない掟が存在するということである。自然の中には、人間として踏み込んではならない、聖なる場所がある。すなわち、自然と人間との間には、聖なる境界が存在し、人間はその境界を越えてはならないはずである。人間は、自然の摂理を弁え、境界を越えて自然の聖なる領域に踏み入らないこと、このことも和の精神の極めて大切な側面ではないかと思う。人間にとって、自然の聖なる世界を感覚し、それに感謝や畏怖の念を持つことは、豊かなこころと霊性を身につけるのに大切な要素であるが、そこには、聖なる神の領域を侵してはならないという戒めも存在する。「のぞいてはならない」・「見てはならない」というのは、人間が自然との間にある境界を越えてはならないことを意味していたのである。四つの民話は、そのことを私達に語ろうとしている。民話の世界は、自然と人間とが和して織り上げる反物のようなもので、日本の風土が育て語り継いできた精神世界である。

こうした民話が語る戒めで思うのは、私達の現代社会の現実である。明らかに、私達の社会は、自然の踏み入れてはならない境界を越え、自然の聖なる仕組みを確実に破壊している。現代の巨大な経済システムは、和の精神をすでに失い、暴走し続けている。そして、ビジネス化している科学技術（原発など）も、遺伝子や細胞を操作する技術や人工知能（ＡＩ）なども、すでに自然の聖なる境界を越えているのではないか。特に、ＡＩは、今や企業の成長のための技術と見做され、その導入は急速である。人間の知性や感情、感性や精神を機械的に処理していいはずがない。その展開に恐怖すら感じる。

この節で取り上げた、民話が語る世界は、経済学にとって、極めて重要な問題を提起していることが明らかになった。それは、贈与の原理、富の再分配の原理、知足の原理、そして和の原理を備え、高い精神性に裏付けられた風土型経済の仕組みである。

第五節　風土型経済の再生の意味

Ｖ・ジャンケレヴィッチは、死を三つに分けている。第一人称態の死（自分の死）、第二人称態の死（近親者の死）、そして第三人称態の死（第三者の死）である。[56] 生について、これに倣えば、第一人称態の生（自分の生）、第二人称態の生（近親者の生）、そして第三人称態の生（第三者の生）となる。

この死における三つの死の関係性と生における三つの生の関係性とは、現代社会においては、ほぼ同じような状況にある。第一の死と第二の死、第一の生と第二の生はそれぞれ相互に極めて身近な死であり、生である。しかし、第三の死と第三の生は、前二つに比べて、身近な死や生ではなく、無名の抽象的な死であり生である。「私達の死」・「私達の生」ということにならない。死において、また生において、繋がりのない死と生になっているのが、現代である。私の死も生も、第三者にとっては、ほとんど関係を持たない無関心な死であり、生である。死からも生からも遠い人工物に埋もれている生活は、それほどに死も生も繋がりを欠き、時には、第一の死（生）と第二の死（生）との間にも正常な関係性を築けず、しかも第四の生とでも言うべき自然とも無縁であるかのように認識している。

こうした歪みある社会の根源が、これまで述べて来たように、明治以降の近代化にあるとすれば、漱石が内発的文明への道を展望したように、私達も歴史に学び、いのちと存在の繋がりを取り戻す、内発的な社会、すなわち風土型社会を再構築しなければならない。V・シヴァは、生命中心の経済、生命中心の民主主義、そして生命中心の文化が相互に作用しあう一つの過程として、アース・デモクラシーを提唱している。(57)「経済的過剰」・「文化的真空」・「霊性的真空」の現代において、シヴァの言うように「いのち」をキーワードとすれば、日本においては、それは風土のことを意味する。風土型経済の再生こそ私達の課題である。そこで、最後に、これまでの議論と重なるが、二つ指摘したい。

第一は、日本における風土の意味を再認識することである。風土は、私達日本人の暮しと精神の故郷である。今日、私達の日常の不安な状況を癒してくれるのは、普段見慣れている、空の風景や田園風景であったり、海や山の風景であったりする。そこにある空の青や雲の流れ、風や雨や水の流れの音、水平線にまで広がる大海原と波の動きや音、山の緑や四季の色、鳥の鳴き声、四季の草花、そうしたいのちある多くの存在に静かに近づき、心静かにジーッと見・眺め・仰ぎ、耳を傾け、そして息吹きを感じれば、私達は、自然の美や妙なる無限の法（のり）を見る想いになる。その時は、人はたった一人の存在ではなく、天地の広大な時間と空間に抱かれたいのちの連鎖の中の存在となる。それが風土である。己の生を、家族の生を、そして社会の多くの生を繋げている、風土には、感謝と祈りが生まれ、その精神が文化と霊性の世界を創り出す。東山の絵の「いのりのこもる静寂の美」と平山の絵の「いのりのこもる感謝の美」は、風土の文化と霊性の豊かさを写し取っている。現代において、豊かさの意味や基準が曖昧になり、新たな目標を思い定めることが出来ないまま、精神の荒廃は、深刻さを増している。私達の文明が作り出した時間は、あまりにも直線的で加速度的で、そして暴力的である。それはいのちの時間とは異質なので、私達は本能的に感性的にそのギャップに悩んでいるのである。日々、伝えられる、殺人、いじめ、虐待、故なき貧困や差別、そして企業の、政治家の倫理なきふるまい、テロリストの脅威、難民問題、権力の絶えることのない圧政など、人の世の絶望さえ感じる現象が多すぎる。私達は、何故それほどまでに急いで、何処へ向って進もうとしているのか、まったく見当が付かないまま、その厳しい現実に立ちすくむばかりである。ここで心静かに立ち止まり、私達は、精神のゼロ地点に立ち戻り、風土の世界を見直すことが現代という時代の要請であると思う。心落ち着く癒しの時間を持つ、風土への回帰は急務である。太古からの道は、地球の流れにそって歩くこと[58]、言い換えれば、それは風土とともに歩くことなのである。

第二は、風土的経済の視点からの問題である。第一次産業としての農林漁業を産業構造の中に正当に位置づけることである。食べることは生きること、これが暮らしの原点であるからだ。そのためには、これまでのように、第一次産業は、市場競争の場である国際分業システムの中に委ねるのではなく、出来るだけそのシステムから遠ざけ、国民のための安全な食を供給する体制を整えることである。食糧自給率を現在の四割（カロリーベース）から先ず七〜八割へ、そして理想的には一〇〇%を目標とすべきだが、さしあたりそれを目標にして、第一次産業従事者を増やすことが必要である。もちろん、農業、林業、漁業、それぞれ単体で考えるのではなく、相互に関係を深めつつ第一次産業全体として就業者を増やすこと、それと関連した仕事やサービス産業を含めた取り組みが不可欠である。幸い、若者たちの農業への関心は、高まりつつある。大江正章は、若者たちの変化を次のように述べている。「二〇世紀型の産業社会は地球環境から見て明らかに限界だ。食糧の六割とエネルギーのほとんどを外部に依存した現在の日本社会は、歴史的に見て異常である。都市型社会に未来はない。若い世代はそれに敏感に気づき、価値観が変わってきた。彼らは人間と環境にやさしい社会を志向し、減速して生きようと考え、都市から地方への人口移動が起き始めた（田園回帰・半農半X）」[59]。人は、困難な状況に遭遇すれば、やはり人として生きる道を探し出すものである。私達はそこに希望を持つ。そうした庶民の意識の高まりが第一で、それと同時に、国や地方自治体の意識変革が不可欠である。すなわち、第一次産業は、現在の市場システムを前提にしないとすれば、各地方自治体が実質的な運営母体になり、その地の風土に合った管理を手掛けること、国は全体的な視点からその運営管理を補完し調整の役割を担うこと。つまり、第一次産業を国家的な事業として、国民全体で支える体制である。そのための制度的環境作りが大切で、その重要な柱として、国民全体としてベーシック・インカム制度の導入を考えていいのではないか[60]。国民全員無条件給付が条件で、少なくとも最低の生活が保障され、将来に向けて安心できることが重要である。これは、国が義務として行使すべき、富の再分配機能である。富の再分配は国の経済の仕組みの基幹を構成するもので、決して軽視してはならない。もちろん、年金制度、雇用保険制度、生活保護制度などの現行制度は、ほとんど廃止され、賃金も給付額に応じて下がる。ベーシック・インカム制度は、今、フィンランド、オランダ、カナダ・オンタリオ州などで導入の試みがなされようとしており、二〇一六年六月五日、スイスで国民投票が実施され注目を集めた。賛成二三%、否決されたが、この時点で小さくない数字と思う。安定した国家的所得保障は、社会的貢献を果たす生きがいのある仕事への有力な誘因となり、第一次産業従事者の増大につながる可能性は高い。現在の第一次産業の高齢化・後継不足を解消し、そこに人口を配置するための施策は、今後の第一次産業再生のための鍵になる。風土型社会・経済を支えるのは、言うまでもなく、人間であるからだ。自然と社会との確かな絆を持ち人間らしく生きたいというその精神こそ日本の風土システム回帰への不可欠な条件である。それは、第一次産業に関わる人間だけでなく、風土と風土の精神の再生の歴史的・現代的意味を問わなければ、進むべき新たな道を描けなくなった、社会全体としての責務である。

(1) 内山節は、「芽生えているのは、怯えの時代である。私たちは根源的な何かに怯えはじめた」として、現代を「怯えの時代」と呼び、「生命の結び合い」を失った世界と認識している。内山節（二〇〇九）『怯えの時代』新潮社、一六ページ、一八九ページ。なお、同書から多くの示唆を頂いた

（2）H. Arendt (1958), *The Human Condition*, University of Chicago Press. 志水速雄訳（一九九四）『人間の条件』ちくま学芸文庫、一一ページ
（3）同右、一一ページ
（4）同右、一二～一三ページ
（5）同右、一二ページ
（6）中村元（二〇〇五）『〈生〉の倫理』構造倫理学講座Ⅲ、春秋社、二一七ページ。また、内山節（二〇〇五）『「里」という思想』新潮社、九九ページ参照。そして、本書第六章「風土と経済——風土といのちの産業としての農業の再生」参照
（7）東山魁夷（一九六七）『風景との対話』新潮社、三五ページ
（8）同右、三七ページ
（9）同右、三七ページ
（10）同右、四一ページ
（11）東山魁夷画文集（一九九五）『四季めぐりあい　夏編』講談社
（12）東山前掲書、二三ページ
（13）同右、七九ページ
（14）同右、八四ページ
（15）同右、三〇〇ページ
（16）平山郁夫（一九九八）『絵と心』読売新聞社、一五五ページ
（17）同右、一五五～一五六ページ
（18）同右、一五六ページ
（19）同右、一五五ページ
（20）同右、一五九ページ
（21）同右、一六一ページ
（22）平山郁夫（一九八八）『群青の海へ』中公文庫、一〇〇～一〇一ページ
（23）同右、九六ページ
（24）同右、九九ページ
（25）同右、一〇ページ
（26）東山『風景との対話』、九～一〇ページ
（27）東山前掲画文集冬編

(28) 中村光夫（一九六七）「「歴史と風土」について（解説）」『人生の本　歴史と風土』文芸春秋、八ページ
(29) 鹿野政直（一九九九）『近代日本思想案内』岩波書店、四六ページ
(30) 佐藤常雄・大石慎三郎（一九九五）『貧農史観を見直す』講談社、一一〇ページ
(31) 同右、八四〜八五ページ
(32) 同右、八七ページ
(33) 同右、九二ページ
(34) 同右、九六ページ
(35) 同右、九一ページ
(36) 同右、九七〜九九ページ
(37) 各農書について、永原慶二監修、石上英一・加藤哲郎他編（一九九九）『岩波日本史辞典』を参考にさせて頂いた
(38) 古島敏雄校注（一九七七）『百姓伝記』（上）、岩波文庫、二三〜二四ページ
(39) 同右、四四ページ
(40) 同右、二三四〜二三五ページ
(41) 宮崎安貞編録（一九三六）『農業全書』（土屋喬雄校訂）岩波文庫、二一ページ
(42) 同右、四八〜四九ページ
(43) 同右、土屋喬雄解説、六ページ
(44) 本書第二章「石牟礼道子の精神世界と現代文明―人間・風土・神々の円環構造の文明論的意味」参照
(45) 中村政則（二〇〇五）『戦後史』岩波書店、八五〜八六ページ
(46) 夏目漱石（一九一一）「現代日本の開化」『私の個人主義』講談社学術文庫所収、三七〜六六ページ。本文中の引用は、「・・」表している
(47) 長谷川櫂（二〇〇九）『和の思想』中公新書、九四ページ、二〇六〜二〇七ページ
(48) 河合隼雄（一九八四）『日本人とアイデンティティ』創元社、一四六ページ
(49) 鵜野祐介（二〇一五）『昔話の人間学』ナカニシヤ出版、xiv ページ
(50) 大島広志（二〇一三）「笠地蔵」『昔話・伝説を知る事典』やまかわうみ vol.7、アーツアンドクラフツ、三六ページ
(51) 本書第六章参照
(52) 野本寛一（一九九四）『共生のフォークロア　民俗の環境思想』青土社、三二六ページ
(53) 田嶋謙三・神田リエ（二〇〇八）『森と人間　生態系の森、民話の森』朝日新聞社、七六〜七七ページ、神田の言説に貴重な示唆を頂いた

(54) 北山修・橋本雅之（二〇〇九）『日本人の〈原罪〉』講談社現代新書参照
(55) 鵜野前掲書、三八ページ
(56) V. Jankélévitch (1966), *La Mort*, Flammarion, Paris. 仲澤紀雄訳（一九七八）『死』みすず書房、二四〜三九ページ
(57) V. Shiva (2005), *Earth Democracy : Justice, Sustainability, and Peace*, South End Press, USA. 山本規雄訳（二〇〇七）『アース・デモクラシー』明石書店参照
(58) 内野久美子（二〇一二）『太古からの道・・・地球の流れにそって歩こう』知恵の木ブックス参照
(59) 大江正章（二〇一五）『地域に希望あり―まち・人・仕事を創る』岩波新書、ⅰページ。また、藻谷浩介（二〇一三）『里山資本主義』角川新書、井上恭介（二〇一五）『里海資本論』角川新書参照。風土に生きる人達の新たな取組みが「安心の原理」・「共生の原理」という視点から描かれている。風土の思想の再生である
(60) 山森亮（二〇〇九）『ベーシック・インカム入門』光文社新書参照

第八章　伝承と創造の経済学――「生における死と再生」の思想

第一節　空洞化する精神世界

社会の混迷は途方もなく深い。人間精神の破綻と呼ぶべき現象が進んでいるからである。精神世界の深刻な危機は、現代の文明論的存立に関わる事態と言わざるを得ない。他者の存在や思想を思い遣る精神は、政治、経済、教育、スポーツ、宗教など、社会全体において急速に失われつつある。世界では、いまだに独裁的政治国家が存在するだけでなく、「自由と民主主義」を標榜する「文明先進」国家において、民族差別、経済的格差などの様々な格差、民衆の多くを犠牲にするシステム―水俣、沖縄、福島―に解決の兆しは乏しく、社会的弱者の声を汲み取る民主主義のルールの導入は、ますます遠のきつつある。そうした状況のなか、政治的・軍事的対立の拡大、難民の増大、飢餓人口の拡大、絆細き個の孤立の深化、そしてそこから派生する精神的不安と怯えと破綻―生きる場の喪失、自殺、他者への理由なき殺傷、種々のハラスメント、児童虐待、いじめなど―は、社会の暗部として人間精神の根底を侵害しつつある。

現代文明の制度論的限界に伴う、こうした精神的空洞化現象は、現代世界が人間精神における「文化的真空」、さらには「霊性的真空」の事態に陥っていることを示している。貨幣、資本、市場の専制にコントロールされている人間の営みは、経済合理主義的思考が優先し経済的価値の存在に重きを置く精神を創り出している。そこでは自然の価値、文化的・霊性的価値の存在は無視される。人間精神が経済的価値にのみに規定されることほど危ういことはない。グローバリズムの拡大はその意味で人間の社会にとって極めてリスクの多い出来事である。私達人間の営みは、本来、ある特定の価値に集約出来るものではない。それにも拘わらず、世界の主流は、したがってまた経済学の主流は、経済成長とイノベーションに夢中である。そうした今日の時代精神は、人間のあるべき精神の空洞化現象をさらに助長するのではないかと懸念されるのである。

私達が直面しているこうした時代状況で、真に問うべきことは何か。私達の社会の仕組みの在り方を問う場合、生きた自然をも含めて、私達は人間として生きている存在、そしてこれからも人間として生きる存在であり続けるということが大前提である。

水俣病問題を扱う文学・評論を通して、近代文明の非情さを問い続け、二〇一八（平成三〇）年に亡くなった、作家の石牟礼道子は、「渚より」というエッセイの中で、「世界を覆いつくした異様な人喰い文明の最初の供犠の地となった水俣。ここから今なお発せられるメッセージとは、産業至上の文明に喰いつくされる前の国土と、すこやかであった魂たちの、形見の声ではなかろうか(1)」と語っている。水俣は、言うまでもなく、人間精神の欠如した近代文明の災禍であった。少しでも人の心があればと、人間の冷酷さが恨めしい。水俣病問題を引き起こした社会構造は、福島の原発事故に見られるように、そのような人の心の在り方まで含めて、改善されず、今日まで引き継がれている。石牟礼のこの問いかけは、そのまま私達の問いでもある。ここで「国土」とは、風土のことであり、「すこやかであった魂」とは、人間であればごく普通に具わっている素朴な精神・素直に感謝できる精神のことで、石牟礼は、風土の魂の、そして風土の思想の悲痛な叫びに耳を傾けてほしいと願ったのである。「魂たちの宿(2)」としての風土の再生こそ、石牟礼が現代文明に提起した課題であったと言える。その意味で、水俣が問いかけ続けて来たものは、本章のテーマである、「生における死と再生」の問題と重なる(3)。

人間精神の破綻とも言える、魂の闇は、どのようにしたら晴れるのか、闇に差す希望の光とは何か、その課題に少しでも接近すべく、先ず、M・エリアーデの伝承社会におけるイニシエーション論を取り上げ、「生における死と再生」の思想の意義を明らかにする。エリアーデの「人間精神の霊性的再生」の所説は、本章が依拠する方法的枠組みである。それが、第二節での課題である。第三節では、日本の民話のなかに、「生における死と再生」の思想はどのように展開されているのかを検討する。第四節は、現代社会における精神の試練と再生への途の可能性を探る。そして、最後の第五節では、創作的民話とも言うべき松谷みよ子の『龍の子太郎』に見る、再生の具体的な姿に言及し、そして「伝承と創造の経済」の本質的問題を検討する。

なお、本章で使用する「精神」の概念について指摘しておきたい。本章では、「精神」を必ずしも「物質」の対概念として使用していない。むしろ「霊性」をも含む広義の概念として使用し、人間の「再生」と結びついた「霊性的精神」を「精神」概念における高次に位置するという意味で認識する。「霊性」は、精神の進化概念であって、物質をも超えるものである。（鈴木大拙全集第八巻参考）

第二節　イニシエーション儀礼と「生における死と再生」の思想——M・エリアーデの所説について

M・エリアーデのイニシエーション論の最も重要な課題は、真の人間の存在様式を確定することにある。エリアーデの人間論・精神論と言ってよい。人間は、如何なる存在としてこの世界に生を受けているのか、人間は、如何なる存在様式において真の存在たりうるのか。エリアーデは、そのことを伝承社会におけるイニシエーション儀礼の分析・検討を通して明らかにする。例えば、「伝承社会人は、じつに、イニシエーション儀礼を通してのみ……人間像を知り、それを自らのものとしてなし得る[4]」と述べる。エリアーデにとって、イニシエーションの研究の目的は、この一言を見ても、明確である。先ず、イニシエーションとは何か、エリアーデは、次のように述べている。

「イニシエーションという語のいちばんひろい意味は、一個の儀礼と口頭教育（oral teachings）群をあらわすが、その目的は、加入させる人間の宗教的・社会的地位を決定的に変更することである。哲学的に言うなら、イニシエーションは実存条件の根本的変革というにひとしい。修練者（novice）はイニシエーションをうける以前に持っていたものとまったくちがったものを授けられる、きびしい試練をのり越えて、まったく「別人」となる。いろいろなイニシエーションの範疇のなかで、成人式（Puberty Initiation）はとくに前近代人には大切なものと考えられていた。こうした「過渡の儀礼」（"transition rites"）はその部族の全少年に義務づけられている。おとなの仲間入りを許される権利を獲得するために、少年は一連のイニシエーション的苦行を通過しなければならない。彼がその社会の責任あるメンバーとして認められるのは、これらの儀礼の力によるのであり、またその苦行が課すところの啓示に負うのである。イニシエーションは志願者（candidate）を人間社会に、そして精神的・文化的価値の世界に導き入れる。彼はおとなの行動の型や、技術と慣例（制度）を習得するだけでなく、またその部族の聖なる神話と伝承、神々の名や、神々の働きについての物語を学ぶ。何よりも、彼はその部族と超自然者との間に、天地開闢のときの始めにあたって樹立された神秘的な関係について知らされるのである[5]」。

エリアーデのイニシエーション儀礼に対する理解の全容が、ほぼこの言説の中に述べられていると言ってよい。この言説は、大きく二つからなる。第一は、イニシエーションとは、通過儀礼や口頭教育群のこと。これは、イニシエーションの形式的な定義である。本章で扱う民話もイニシエーションの範疇に入る。第二は、そのイニシエーションに託された社会的な役割・目的についてである。現代社会おいても、通過儀礼に相当するものは、様々な形式で残るけれども、その内実は形式的類似にすぎず、伝承社会において見られたイニシエーションの社会的役割・目的の問題はほとんど抜け落ちている。イニシエーションについては、何よりもその社会的意味を問うことが重要である。

伝承社会―エリアーデは未開社会あるいは近代以前の社会などの表現を使うが、ほぼ同じ意味である。本章でも、文脈によって使い分けることがあるが、同じ意味で使う―は、ほとんどの場合、「一つの首尾一貫した神話的伝承群、「世界観」を持っている」[6]。文明・文化の構造や自然の環境は違っていても、全て人間の社会では、共通して、一貫した宇宙観・世界観をもって、人としての営みが年々繰り返されている。そこには少なくとも人間が生きることとの意味を問う、何らかの文化的・霊性的装置が組み入れられている。伝承社会では、その装置がイニシエーション儀礼である。人間は、社会的存在として生きなければならないし、またそのように仕向けられている。

通過儀礼の中で最も重要なのは、エリアーデも指摘しているように、成人式儀礼である。子供は、修練の年齢になると、イニシエーション儀礼を経て大人となる。それは、子供が年齢的・肉体的に大人となるということだけでなく、人間としての「実存条件を根本的に変革した状況」を指していて、「別人」となることである。「別人」とは真の人となること、真の人とは、エリアーデによると、聖なる存在としての人間のことである。

つまり、そのことは、人はイニシエーション儀礼を通して俗なる存在から聖なる存在に移行することを、また、人間はその社会の聖なる歴史に属する存在となることを意味する。人間は、聖なる存在として再生するというのが、エリアーデのイニシエーション儀礼に関する所説の第一の論点である。

「聖なる存在」という表現は、重いものであるが、神となるという意味ではない。少しエリアーデの言うところを見てみよう。エリアーデは、「新生」という言い方で「イニシエーションにおける「新生」とは、ときとして産科的象徴で表現されるとはいえ、自然のものではない。この誕生は超自然者によって制定せられた儀礼を要求する。だから神わざであり、超自然者の力と意志によって創られたものである。自然(近代的、世俗化された言葉の意味において)にではなく、聖なる歴史に属するのである。第二次のイニシエーション的誕生は、最初の生物学的な誕生をくりかえすのではない。成人式を通過した存在様式に達するためには、自然の一部としてではなくて超自然者の、したがって、神話に保存された聖なる歴史の伝記の一部なる真実性を知ることが要求されるのである。……未開人にとって、自然は単なる自然ではない。それは同時に超自然であり、すなわち、聖なる力の表象、超越的実在の姿なのである」[7]と述べる。ここでの「新生」は、言うまでもなく、「第二次のイニシエーション的誕生」での人間としての「再生」のことであり、「超自然者の力と意志によって創られた」存在である。私達は、しばしば人間の実在を自然生態系における生物学的生命体の一部と認識する―もちろんそのことを否定するわけではない―けれども、この場合、人間は、「聖なる力の表象、超越的実在の姿」としての自然と同次元における存在である。それは、私達現代人が観念する自然的存在ではなく、超自然たる聖なる世界の存在であるということ、つまり、聖なるもの、あるいは聖なる世界に遭遇し、霊性的再生を果たした存在としての人間である。これが、イニシエーション論におけるエリアーデの第一の、最も核心的な結論である。

しかしながら、俗なる存在から聖なる存在としての「再生」への移行のプロセスには、「死」という極めて重要な局面が介在する。「死」をどのように認識するかが、第二の核心的な論点である。ここでの「死」は、言うまでもなく、聖化された「死」を類推・想起することはあるが、通常意味するところの「死」ではない。あくまでも、生のなかの「死」である。「再生」も生のなかの「再生」であり、その「再生」は、「死」を経過しての「再生」である。したがって、「死」とは、「再生を伴う儀礼的死[8]」のことである。

エリアーデは、儀礼における「死」の意味を考えることで、霊性的再生に達した人間存在とは何かを人間精神の問題として提起している。すなわち、「死」は、俗なる世界の存在様式の終焉、「幼年時代の終焉、無知俗的状態の停止」を意味し、新たな「精神生活の誕生[9]」に結びつくのである。生のなかの死は、生を精神生活におけるより高い存在様式として再生させる。死は、新しい生を、したがってまた霊性的精神を持つ生を創造する。

霊性的精神に至る「死」には、試練あるいは修練が必ず付随する。試練なき「死」は、儀礼的死にならない。「死」に伴う「試練」は、人間の精神における試練を意味している。イニシエーション論では、しばしばその試練の方法・形式・厳しさなどが強調されるほど、試練の持つ意味は大きい。文化人類学の知見は、世界の地域におけるそうしたものの比較と相違を示してくれるが、イニシエーション的死と試練の社会的本質は地域によって大きく異なるものではない。人が真の人間的存在として認められるのは、聖なる歴史という枠組みのなかに組み入れられるからであって、死とそれに伴う試練は、神話的・霊性的・文化的な伝統と創造の世界に身を委ねることである。したがって、試練の目的は、自らが属する社会の伝承と創造の世界に触れ、聖なるものの物語や歴史を習得することである。修練者にとって、その社会の伝承的知識、様々な宗教的体験、聖なる世界との出会いは、決定的である。試練を伴う儀礼的死は、それほどに人間の再生の意味を根源的に規定するのである。エリアーデは、次のように言う。「古代人の思考にとって、終止の思想、なにごとかの最終的完了の思想をあらわすのに死にまさるものはない。あたかも、創造、形成、建設、組み立ての思想をあらわすのに天地開闢以上のものがないのと同様である。天地開闢神話は万物の生成の典型として、規範的モデルとして役立つ。どんな創造（村落・家・子供）でもその成功を保証するのに、万物最大の創造、すなわち、天地開闢にしたがって複写するにまさるものはない」。さらに続けて言う。「それだけではない。未開人の眼には宇宙開闢は本来的に神々の創造力の表象、したがって聖の巨大なる充溢をあらわすから、この世と人間社会を更新するために周期的にくりかえされるのである。なぜなら、天地創造を象徴的にくりかえすことは、この世の始めにおこったことどもを再現実化することを意味し、したがって神々とその創造のエネルギーが現存することを意味する。原初へ帰ることは、かくて最初のときにあらわされてきた聖なる力を復活させることになるのである。もしこの世が、その創成の状態に回復され、神々が天地の始めのときにあたって最初に行なったしぐさが再現され得るなら、社会と全宇宙はかつてありし如く――純粋にして強力な、効果ある、あらゆる完全な可能性を持つものとなるであろう[10]」。

エリアーデによれば、試練を伴う「死」から「再生」に至るプロセスにあるもの、それは先ず第一に、「死」によって「終止の思想」を、「生成の典型として、規範的モデルとして役立つ」「天地開闢神話」によって「創造・形成・建設・組み立ての思想」を獲得すること、そして第二は、獲得した思想の実践、すなわち、天地の始原にあった「神々とその創造のエネルギー」の存在を「再現実化」し、「創成の状態」を回復すること、つまり、「天地創造を象徴的にくりかえすこと」である。人間が、俗なる精神の終止を意味する「死の思想」と創造の思想を意味する「再生の思想」を自覚し、聖なる世界の「伝承と創造の世界」に精神を委ねるなら、そこには霊性的精神を有する人間が再生しているのである。そうであるなら、「社会と全宇宙はかつてありし如く―純粋にして強力な、効果ある、あらゆる完全な可能性を持つもの」として現出することになる。

ここで注意すべき問題が残っている。それは「死」に伴う俗なる精神の死の意味が明確でないということである。再生に至る「精神生活の始原」とは何か。エリアーデが、「イニシエーションでの「死」は新しい人間形成を目的とする次々の啓示がやがて書き込まれる真白な石板（スレート）、タブラ・ラサ（tabula rasa）を準備すること」(11)と述べていることから考えると、精神的な無の状態、あるいは精神のゼロ地点とも言える。しかし、それは俗なる精神をすべて取り去り、聖なる世界のものを素直に受け入れる精神状態でなければならない。そうであれば、単純に白紙状態の「精神的な無」というわけではなさそうである。エリアーデは、次のように述べている。「イニシエーションにおける「死」はしばしば、例えば暗黒、宇宙的な夜、大地の胎（telluric womb）、小屋、怪物の腹などによって象徴される。これらすべての形像は全体の帰無（例えば、近代社会に属する人々が死について考えるような意味での）というよりは、むしろ前形態的状態、存在の潜在的様式（天地開闢以前のカオスと互いに補足しあう）への逆転をあらわすのである。儀礼上の「死」のイメージとシンボルは、植物の発芽形態（germination）、動物の胎生形態（embryology）といったものと密接に関連させられている。それらはすでに準備段階における新生命をしめす」(12)。この言説に依拠すれば、精神生活の始原とは、白紙・無という受身の精神ではなく、聖なる世界に向けて、ここでは聖なる啓示を積極的に受け入れる準備段階にある精神ということである。それは、白紙状態の「新生命」とも言える。修練者がこうした精神の準備をするというのは、「死」における試練、それも極めて困難な試練の一つでもある。

以上が本章で確認すべき、エリアーデのイニシエーション論の構造である。エリアーデは、人が人として生きる意味をイニシエーション儀礼の「死と再生」の思想として抽出したのである。結論的に言えば、「生における死と再生」の思想は、伝承社会において普遍的に見られる、社会の仕組みのなかに深く埋め込まれた、人間の原理であること。そして、人間は、その思想のなかに、「死と再生」のプロセスのなかに、生命を、生きることを、聖なる営みと認識し、宇宙や自然の聖性にあずかること、そのようにして、人間は、霊性的精神をもって、単に自然の一部としてだけではなく、超自然者、超自然的存在の一部として生きる[13]ということである。

なお、最後に、確認しておきたいのは、聖なる世界と俗なる世界の関係である。聖と俗とは、対立概念であると言われるが、それは決して一方が他方を排除するという関係ではない。イニシエーション儀礼の目的は、人間が聖なる世界に移行し、そこに生の霊性的価値を見いだすことにあるが、そのことで俗なる世界が無価値になることを意味しない。むしろ聖なる世界の発見によって、俗なる世界が豊かなものとして再生されると考えるべきである。聖と俗とは、まとまって一つの体系であり、同じ時間と空間に同時に存立するものである。したがって、それらは二にして一であり、一にして二である。[14]「生における死と再生」の人間の原理は、そうした一元的・融合的に存立し得る二つの世界で成り立つのである。

第三節　民話と「生における死と再生」の思想

「生における死と再生」の思想は、風土に生きる民衆が育んだ思想である。民話は、風土の思想[15]をよく伝え、「生における死と再生」の思想を展開している民話は世界各地に見られ、日本の民話も例外ではない。この節で、民話を扱うのは、それだけではない。民話は、伝承文芸として、あるいは口承文学として、長い歴史を持つ——場合によっては、民話は神話より古いと言えるかも知れない——だけでなく、いつの時代でも、人間の精神的・自立的成長の過程で通過儀礼的な役割を担い、子供時代の成長への重要なステップである。民話は、人間とは何か、生きるとはどういうことなのかを学ぶ貴重で身近な資料で、生活の中に生きている文芸である。その意味で、民話はプレ・イニシエーション的な位置にあると言える。

民話には、実に多くの「死と再生」の様子が描かれている。例えば、ドイツ民話としてよく知られる『白雪姫』は、毒りんごを食べさせられて「死」を迎えるが、王子の出現で「再生」する物語である。また、日本の有名な民話『花咲爺』では、桃から犬へ、犬から柳の木へ、その木は臼へ、臼は灰へと「死と再生」を繰り返す話が語られる。松谷みよ子・樋口淳編『死と再生の民話』[16]は、「死と再生」をテーマとしていると読み解けるような内外の民話を特集している。ここでは、エリアーデの所説に照らして「死と再生」の思想が読み取れるような日本の民話を扱う。

なお、本章では、「水の民話」として「若返りの水」を取り上げるが、それは第七章で見たように「知足安分」の思想を体現した民話であると同時に、「死と再生」の思想を持つ民話として理解できる。

三・一　火の民話

最初の民話は、『大年の火』（上越地方・昔話　松谷みよ子）である。[17]短いのでそのまま再録させてもらいたい。

とんとむかし、

あるところに年がら年じゅう、火種を絶やしたことのない家があった。どんなときでもいろりの灰をほじくれば、きっと火種が赤くおこっていた。

その家に嫁が来た。そこでばばさは、

「姉、姉、おらどこは火種を絶やしたことのない家だ。そこを忘れんでもらいたい。いちばんたいせつなのは年取りの晩げで、もしその火が消《け》えれば、おまえはおらどこにいられねえ、出て行ってもらわねばならんで」

といい聞かせた。嫁は心がけのいい嫁で、はいはいと聞いていたと。そうしていつもよう働いて、火種を絶やしたこともなかった。

いよいよ年取りの晩になった。年取りというのでみんなが長起きして二年木をたいたあとで、嫁が火休めして寝たと。ところが心配でたまらない。

「こんにゃばっかしゃ、もしものこんで火を消したらおおごとだ」

と、嫁はまたも起き、またも起きしていろりの火を見ていたと。ところがどうしたもんだか、三度めに見たとき火が消えていた。嫁は困ったことになったと付け木で灰の上をなすってみたがつかない。火ばしでそこらをかき回してみても、火種はほたるのしりほどもなかった。嫁は青くなっていろいろ思案したがいい考えもない。何年も使ったことがないから、火打ち石を捜してみても見つからない。しかたがねえ、家の人には気づかれねえように、そうっとどこかへ行って火種を借りてこよう。嫁はそう決心して、静かに戸をあけて、外へ出た。家のかどに立って、あちこちながめると、向こうにポツンとあかりが見える。

「こりゃいかった、あそこへ行って火の種をもろうてこよう」

と暗い道をあかりをたよりに歩いて行ったと。すると山の中におっかなげな男がひとりいて、火をぼんぼんたいていた。

「火種をもらいたいが」と頼むと、

「やってもいいが、いったいどうしたや」と男が聞く。訳を話すと、

「そうか、火種はくれる。そのかわりこの死人《しびと》を背負って行ってくれや」

とあごでそばのこも包みをさした。嫁はたまげたが、大事の火種には替えられないと、

「いいともいいとも」

といって、しかたがね、こもにくるんだ死人をおぶって家へ帰ったと。

そうして死人を入り口のところにあるたき物置き場の萱《かや》の中さ突っ込んで隠し、もろうて来た火種で火をつけて楽々したら、はや正月であった。

うちの人にはないしょだから、気になってしかたがない。嫁はどうしようと思案しながらそっと行ってみると、こもの中の死人はいつの間にかざくざくと大判小判になっていた。

この民話は、大きく前段と後段に分けられる。前段は、嫁とばばさとの火種をめぐるやりとりと火種を無くし

てしまうまで、後段は、嫁は無くした火種をよそに求めて外出し、山の中の男から火種を手に入れ、そして目出度く正月を迎えることが出来た話で、それに付随して、男から死人を預けられ、その死人が何故か大判小判に変身していたという話である。

この話には、少なくとも四つの「死と再生」の思想が展開されているように思われる。

第一は、火の「死と再生」である。ばばさの家は、一年中火種を絶やしたことがないということで、火に対する並々ならぬ想いが伝わってくる。この家と火の繋がりは、暮らしと火との関係に他ならない。火の存在は暮らしの要で、火を守る暮らしは女性の絶対的な義務であったと言ってよい。暮らしの背後に火の信仰とでも言うべき思想があり、火種を絶やしてしまったこと—火の死—と、火種を再び手にすること—火の再生—とは、一連の必然的な結びつきとして語られている。火に対する感謝・想いがその再生を保証している。火のもとは、たきぎであり、木であり、森であり、そしてここに登場する男の住む山である。山、森、木、そしてたきぎと結びついた、火の「死と再生」の連関は、この家の生と暮らしを成り立たせている根幹である。

第二は、年を越す暮れから正月へ移行する、時間の流れである。時間の「死と再生」である。過去の時間は新しい時間として再生する。死は死を意味しない。時間は日々「死と再生」を繰り返すが、私達がそのことを確実なものとして受け取るのは、新年という新しい時間とそれに伴う暮らしである。ばばさが嫁に説いて聞かせる、「年取りの晩の火種」の大切さがそのことを伝えている。時間の「死と再生」は、火の再生・くらしの再生を媒介にして、「生と再生」を語っているのである。

第三は、人間の「死と再生」である。ここで人間とは、嫁のことである。火の「死と再生」を通しての嫁の成長は顕著である。嫁は、ばばさの言うことを素直に受け継ぎ・伝承し、「火種を絶やしたことのない」「心がけのいい」女性である。それでも、嫁は年取りの晩に火種を失うというあってはならない事態に陥るのである。これは、嫁にとって「死」を意味するような試練である。その試練を「山の中のおっかなげな男」が救ってくれる。男からの「火種」でこの嫁は「再生」するのである。つまり、火の「再生」と同時に嫁も人間として「再生」

するのである。ここで注目すべきなのは、素直な精神の嫁と「おっかなげな男」との出会いと交流のことである。その男の住む山は、「死人」の存在という不可思議な、この世とは違う「異界」を想起させる。嫁に与えられた火種は、異界からの贈物であり、さらに言えば新しい年・正月のための火、「初火」で、「聖なる火」でもある。初火は「初日」に通じ、太陽とも密接に関連する。この嫁の男の住む山の世界との出会いは、「聖なる世界」との遭遇とも言える。嫁は、「聖なる世界」との遭遇を通して、火の大切さを改めて悟り、火の信仰を深め、霊性的に再生しているのである。

第四は、「死人」が「大判・小判」に変身したことである。これはやはり「再生」の話として認識できるのではないか。金持ちになる話、お金や宝物を手にする話は、民話の中でよく出て来ることである。民話の世界は、お金を手にすることや金持ち・長者に成ることを推奨するものではないし、また、それを個人が独り占めするものとして認めているわけではない。お金を得たとしても、それはその社会の共有する富であって、風土の富である。ここでの「大判・小判」は、文脈から考えて、火と同じように「聖なる世界」からの贈与であって、棚ぼた的なものではない。それは、あくまでも人間の再生に伴う豊かさのシンボルなのではないか。あるいは、求めずして与えられる富（不求の与による富または他力による富）とも言える。精神の豊かさ・霊性的精神の豊かさを象徴したものと認識すべきである。なお、民話での長者とは、徳のある人の意味を持つ。

三・二　水の民話

ここでは、水にまつわる民話を二編取り上げる。『若水の由来』[18]（九州・沖縄地方　瀬川拓男）と『若返りの水』[19]（東北地方　瀬川拓男）である。そのまま再録する。

一、『若水の由来』

むかし、人間は不老不死の世で、しあわせな日を送っていた。それというのも、天の神さんのいいつけで、年ごとに不死の水を運んで来るせきれいがいたからである。せきれいは天の使いの霊鳥であった。ある年のこと、せきれいが天の不死の水を運んで来ると、地上は年始めの正月だった。人間たちはみな仕事を休んで、新しい年を祝っていた。そこでせきれいもさるすべりの木に止まって、長い旅の疲れをいやすことにした。いつの間にかせきれいは眠ってしまった。

すると、地上の鳥が集まって来た。日ごろ、天のせきれいを憎んでいたので、すずめもひばりもきつつきも、いっせいに鳴きたて、せきれいに襲いかかったため不死の水をみんなこぼしてしまった。そのとき、さるすべりの木の下に、一匹の蛇《へび》がいた。不死の水を浴びた蛇は、脱皮して生まれ変わるようになったが、人間は年を取って死ぬようになった。さるすべりの木が、枯れかけても再び生き返り、いつも緑の葉におおわれているのは、不死の水をかぶったからである。不死の水をこぼしたせきれいは、天に帰ることもできず、チンチン、チンチン、泣きながら地上を飛び回るようになった。チンチン泣きながら、尾を上げたり下げたりしているのは、なんとか天に帰りたいと思っているからである。

そして、このとき以来、人間は年を取って死ぬようになった。人間が元旦に若水をくむのは、今でも不死の水を捜しているからである。

この民話のテーマは、いのちの水である。人間の不老不死は、天の神様から与えられる、不死の水によって決められていて、水は天（神）と地（人間）を結ぶものとされている。水は、まことにいのちの水、聖水である。霊鳥である、せきれいは、聖なる鳥から俗なる世界の鳥になってしまうが、これは、霊鳥としての「せきれいの死」に他ならない。それと同時に、水は、人間にとって「不死の水」としての役割を失い、「「不死の水」の死」を迎えたことになる。人間は、また再び霊鳥として天に帰りたいと願う、せきれいと同じように、聖なる天の世界との結びつきを取り戻したいと願っている。「元旦の若水」がその願いを果してくれるとすれば、この若水こそ「不死の水」に代わる、「「不死の水」の死」を再生したものである。人間は、聖水の死を通して、「死」を体験し、元旦の若水にいのちの根源を見い出し再生を願い祈っているのである。人間は、俗なる世界への再生を願い祈る存在であるというのが、この民話のテーマであると言えよう。そこから、人間の「生における死と再生」の思想を読み取ることが出来る。

二、『若返りの水』

むかし、じさまとばさまがあった。

じさまが山に行き、コンカド、コンカド、木を切っていると、コロロン、コロロン、涼しげな音が聞こえたと。はてなんだべと行ってみると、じきそこの岩陰に、きれいな清水《しみず》がわいておった。

じさまはのどがかわいていたから、その水を手ですくって飲むと、いい味がして、からだのそこらが、なんともいい気分になったのだと。それで、いつもよりたんと働いて、山ほどのたきぎを負って家さもどった。するとばさまはたまがって、

「あれ、どこの若い衆だべか。じさまにそっくりの若い衆が来たでば」

と、おかしなことばかりいう。

「何いうだ。おらはおめのじんじだ。今、山からもどったとこだ」

どっかとたきぎを降ろして、水屋の水を一杯飲むべと思うと、なんと、水に映ったじさまの顔は、年のころなら二十ほどの若者になっていたと。

「あれェ、どうすべ」。

よくよくたまげたじさまが、はて、どうしたこんだとよくよく考えてみれば、どうやら岩陰の清水だ。あの水飲んでから、いい気分になって、いつもよりうんと働いて、山ほどのたきぎを取ることができた。

うん、うん、あれはきっと、ありがたい若返りの水だべと、ばさまに詳しく訳を話と、それならあす、おらも行ってみるべしと、ばさまは朝早くから山へ出かけた。

その日、じさまはばさまの帰りを待っておったが、なんぼしてももどらぬ。よくよく心配になったじさまが、岩陰の清水のところへ出かけると、オガオガと泣く赤子の声が聞こえてきた。なんとばさまは若返りの水を飲みすぎて、赤子になっていたのだと。

それからのち、正月元旦には若水をくんで、年神さんに供えたり、若水で飯をたき、茶もたてるようになった。若水をくむときは、水神さまに餅《もち》を供え、唱え言してからくむのだと。今ではわらしまでが、若水くみのわらべ歌をうたっている。

若水くむよ
唐土の鳥が　日本の橋を
渡らぬ先に
なに水　くむよ
よね水　くむよ
黄金の柄杓《ひしゃく》で
七杓　七杓

この民話は、水と人間をテーマにしたものである。じさまとばさまの二人は、ばさまは飲み過ぎて赤子になったとはいえ、若返りの水を飲んで若く再生したのである。つまり、聖なる水との出会いを通して、この二人は、「死と再生」を果したと言える。

木を切っている、じさまに「コロロン、コロロン」と涼しげな音が聞こえてくる、その音は、聖なる世界からの清音で聖なる音にちがいない。その音を出す水は、清水で、文字通り、清い水、聖水である。聖なる水との出会いで、老（死）から若（再生）へというのが、この民話のモチーフである。再生の意味が分かりやすい。「いい味」の「なんともいい気分になる」水で若返り（再生し）、その結果として「より多くの労働」と「山ほどのたきぎ」を得ている。老から若になって、自然から富を引き出すより高い労働力を得て、再生に伴う豊かさを手にしている。高い労働力とたきぎは、再生に伴う富を表現したものと考えることが出来る。ばさまも、行き過ぎとは言え、再生の姿に変わりはない。

そして、この若返りの水は、霊的な力のある水としてその地域の多くの人々に共有され、正月の若水として、暮らしの中の聖水として、また「水神」として、その役割を果している。しかも、この水は、「若水くみのわらべ歌」になり、伝承の対象とされている。つまり、この水は、この村の風土の豊かさ・富のシンボル的存在である。その意味で、『若返りの水』は、伝承と創造（再生）の世界を語る民話で、その中に「生における死と再生」の思想を読み取ることが出来る。

最後に、もう一編『正月神さま』[20]という民話を取り上げる。要約すると次の通りである。

雨が激しく降る正月二五日、貧乏なお爺さんとお婆さんの二人暮らしの家に、七人の正月神様がかさを借りたいと寄られた。二人は家じゅう捜して、四人分のみのとかさを見つけるが、後の三人分がない、また捜して二本の雨傘が出てきます。それでも、もう一人分足りません。それでもう一度捜した末に、お爺さんの粗末な合羽が見つかり、それを最後の神様に着せてあげました。二人は、神様たちを何度もおじぎをして見送り、「今日はよかった、よかった」と喜び合いました。

それからほぼ1年が何事もなく経ち、大晦日になりました。相変わらず貧乏で年越しの用意も出来ません。すると、また七人の正月神様が訪ねて来られ、「恩返しの福徳を授けに来た」と言うのです。「ほしいものがあれば、なんでもいえ」というので、二人は「お金とお米」と応えます。それで「なんでもすきなものが出せる」「うちでのこずち」を貰うことになります。神様たちはその後帰られるが、最後に合羽を差し上げた神様が残っていて、「まだほしいものがあるのでは」というので「子どもをひとりおさずけを」と頼みます。その神様は「では、あすの朝、夜があけると、ふたりで向かいあって、おはようございます、とあいさつをしなさい。すると、ふたりは見るまにわかくなって、一七、八の若者になる。そうすれば、小どものひとりやふたり、すぐ生まれてくる。では、しあわせに暮しなさい」と言って、帰っていきました。正月の朝、二人は言われたとおり、挨拶を交わすと二人とも一七、八の若者になったのです。二人にはまもなく子供が生まれ、しあわせな暮らしをしたということである。

この七人の神様は、福徳を授ける神として信仰の対象である七福神―大黒天・恵比寿・毘沙門天・弁財天・福禄寿・寿老人・布袋―のことと考えられるが、ここでは、民衆の暮らしを豊かにする実在の神として登場している。神様に雨具を差し上げられたことを、老夫婦の二人は、素直に「よかった、よかった」と喜び、そのことで見返りを求めるという精神はまったくない。自分たちに出来たその行為に感謝しているのである。二人の素直さと感謝の精神から考えて、雨具の提供は、贈与的行為である。つまり、老夫婦の生きる「俗なる世界」から神様の「聖なる世界」への贈与である。純粋の絶対贈与と言ってよい。

大晦日の夜の七人の神様の福徳に二つある。一つは、打出の小槌によるお金とお米で、もう一つは、若返りという「再生」である。この神様の二つの福徳は「聖なる世界」から「俗なる世界」への贈与である。これも同じく絶対贈与である。

二つから成る絶対贈与が、この民話のモチーフであり、こうした贈与の成立は、「俗なる世界」と「聖なる世界」との融合であり、霊性的次元での融合を意味している。老夫婦の若返りは、そうした次元における「再生」、霊性的再生と言えるのではないか。大晦日の夜（死）から正月元旦の朝（再生）―時間の「死と再生」―にあわせて、「俗なる世界」の老（死）から「聖なる世界」の若返り（再生）への移行が行われたのである。お金とお米は、若返りと対のものと考えれば、その富は、再生に伴う富という性格を持つ。老夫婦は、若返るという「再生」によって、打出の小槌（無から有へ）と子供の誕生という創造の世界に生きることとなったのである。

火と水に関わる民話三編と『正月神さま』は、民衆の暮らし・いのちに直結した内容を持っている。暮らしや生きることにおける人間の在り方は、民話の世界が描くテーマの一つであるが、それをエリアーデが説くイニシエーション的なテーマである「生における死と再生」という視点で読み解くことの意味を検討してきた。そこには、民衆が風土の中で、厳しい暮らしの中で育んだ、「生きることの思想」あるいは「いのちの思想」が見てとれる。「生における死と再生」の思想は、そうした民衆思想の根幹である。

第四節　現代精神における霊性化の可能性

イニシエーションを最も重要な人間精神の歴史的な現象と認識した[21]、エリアーデは、イニシエーション論を通して近代・現代社会批判も展開している。エリアーデは、伝承社会・未開社会の分析する際、常に近代社会とは何かを意識しているように見える。この混沌としている、複雑な近・現代社会を超克する途はどういうものか模索していると言ってよい。最初の節で触れたように、人間精神の破綻とも言える魂の闇は、如何にしたら晴れるのか。この問いをもう少し鮮明なものにするために、エリアーデの近代社会批判にアプローチし、その示唆するものとは何かを検討してみたい。

エリアーデの近代社会認識の最大の論点は、近代人は非聖化された世界に生きているということである。伝承社会と対比した表現だが、聖なる世界を持たず、聖なる歴史を放棄した近代人をそのように批判しているのである。いくつかポイントを挙げれば、近・現代社会では、(1)精神現象としてのイニシエーションは存在しない、(2)暮らしや人の日常的営みにイニシエーション的テーマは存在しない、(3)人間の在り方・生き方はイニシエーションとは無関係であるということである。これらのことは、近・現代社会は、イニシエーション儀礼が目的とした「生における死と再生」の思想を失ったことを意味している。

こうした人類の精神史における現代の精神世界の貧困と後退は、今日、私達が信じて疑わない人類の単線的な発展史観と密接に結びついている。そして、経済学が依拠する産業発展史観も同様である。この単線的発展史観は、科学技術の急速な発展に支えられ、経済と科学技術は相互に関係あるものと認識し、そして無限の経済的欲望を植えつけている。その経済と科学技術の規模と質は、すでに地球の生態的容量を超えて、破綻の状況を呈しているだけでなく[22]、人間精神の後退の元凶ともなっている。このことは、私達の経済と科学技術を基軸にした発展史観に根本的な修正を必要としていることを意味する。その根本的な修正とは、「生における死と再生」の思想の復活であるが、今日の主流をなす経済と科学の世界にその解が見当たらないのは確かである。

それでは、私達が直面している、精神の空洞化現象はエリアーデのイニシエーション論に照らして如何なる性格のものなのか。エリアーデの示唆するものは何かを見てみよう。

「人間がはじめてみずから存在様式を自覚するようになるのは「宗教的人間」(homo religiosus)してである[23]」というのが、エリアーデの基本認識である。そして次のように言う。「欲すると欲せざるとにかかわらず、現代の非宗教的人間も「宗教的人間」の行動様式、信仰および言語を非聖化し、本来の意義を捨てつつも継承しているといえるのだ。例えば、非宗教的な、もしくはうわべの非宗教的な社会での祭りや祝い、その公的な儀典、見せ物、運動競技会、青年団、絵やスローガンによる喧伝、大衆の消費としての文学―こうしたものにはすべて神話、象徴、儀礼の構造が、その宗教的内容は空虚なものとなっているにせよ、保存されている。しかし、それ以上のものもあるのだ。つまり、近代人の空想力と夢の体験には、宗教的象徴や人物や主題《テーマ》がいぜんとして普及しているということである。心理学者のある人びとがくりかえし楽しんでいるように、無意識とは宗教的なものなのだ。ある見方からすると、非聖化された社会の人間には、宗教は「無意識のもの」となっているともいえるのである。宗教は人間存在の最深層に埋没している。しかし、このことは宗教が精神の有機的組織で本質的機能を果たしつづけてはいないという意味ではけっしてない[24]」と。

エリアーデは、ここで二つのことを指摘している。第一は、現代の非宗教的な社会でも、「宗教的人間」の行動様式、信仰、言語は、その本来の意義は失われているが、継承されていること、また、祭りや祝い事などのなかに、神話や象徴や儀礼の構造が形式的だが保存されていること。第二は、非宗教的な近代人の宗教は、無意識の層のなかに埋没しているが、空想力や夢の体験のなかに、宗教的な象徴やテーマが見出されるということ。つまり、非聖化された現代において、「宗教的人間」は、形式的なものに留まり、その本義は無意識の層、あるいは「人間存在の最深層に埋没している」ということである。人間存在の最深層に埋もれている限り、非聖化の社会で、「宗教的人間」の出番はない。人間はみずからの生き方・あり方を問う存在様式を自覚することはないのである。

だが、その「宗教的人間」は埋もれたままなのか、表出する可能性はないのか。エリアーデは、秘儀とされる加入礼に関連して次のように述べている。「加入礼の型に問題を返せば、これもまた、近代人の空想や夢の生活に、ほかの宗教体験の構造ともども存続しているのが認められる。しかもまた、近代人の経験するある種の型の試練にもこの加入礼型が認められる。それは精神的危機に際して、孤独や絶望に堪え、万人がこれを通して責任のある、真の創造的生活にいたる試練である。たとえこうした試練に加入礼的性格がとらえられなくても、人は一連のひどく困難で、危険でさえある状況を克服してはじめて、自己形成をなしとげるのだという真理は残っている。すなわち、「責苦」と「死」を体験して、はじめて別の人生、再生せるゆえに質的にもちがった人生を悟るのである。緻密に観察するなら、人生はすべて一連の試練、「死」と「復活」とからなるものだと悟るだろう」[25]。

この言説で、注目すべきは、「近代人の経験するある種の型の試練」、つまり「精神的危機に際して、孤独や絶望に堪え、万人がこれを通して責任のある、真の創造的生活にいたる試練」というフレーズである。今日、私達の社会が直面している、精神世界の空洞化現象とそれに伴う様々な悲しみの深い社会現象は、まさに「精神的危機に際して」の「試練」ではないのか。この日本で、日々繰り返される悲しみや怒りの声・訴え、例えば、虐待で殺された子供の「いい子にするから許して、やさしくして」の心の底からの深い悲しみの訴えは、この世の世界で何を意味するのか。生きる場や目的を失い不安と怯えと絶望の中から抜け出せない夥しい数の人びと—引きこもりや社会に適応できない若者、孤立している高齢者、そして世界に散在する難民、飢餓に苦しむ子供達など—の深い悲しみと怒り、二〇一一年三月一一日の東日本大震災での多くの人の死と福島の原発の事故による、言い知れない悲しみと怒りは、「人間存在の最深層」からの声であるように思える。「人間存在の最深層」とは、「人間存在の聖なる層」のことだとすれば、それは、イニシエーション的な「生における死」、儀礼的な死に相当する「試練」であり、エリアーデの言う「宗教的人間」の「試練」と言える。私達の社会が抱える「試練」はこうした性格のものだと位置づければ、社会再生のための一歩になる。その試練のなかに霊性的価値を見い出し乗り越えれば、エリアーデの言う、「万人が責任ある、真の創造的生活にいたる」ことが可能である。

第五節　伝承と創造の経済とは何か

エリアーデの所説と民話の中に見出したものは、人間は「伝承と創造」の世界の存在であるということである。私達が抱える精神的試練が、霊性的精神の次元の問題だとすれば、経済の営みも「伝承と創造」の世界に関わるものでなくてはならない。現代経済の中心である工業生産は、原料・資源の消費＝死を経て、新しい製品を生み出す＝再生のプロセスだと言えるかもしれない。しかし、本質的に異なるのは、それは生と結びつかない「死と再生」であるということである。そうだとすれば、私達の目指すべきは、生・いのち・生きることと密接に関係する、経済の仕組みということであり、つまりは経済の営みは「生における死と再生」の思想に基礎づけられなければならないのである。生と死と再生をテーマに持つ、民話は、私達の暮らしの身近な存在—戦後、核家族化など家庭環境の大きな変化や農・山・漁村の衰退によって、民話は、庶民の日常の暮らしから姿を消したと言える状況にある。それでも、日本の民話の採訪と研究・整理は、世界的にもレベルは高いと言われ、必要ならすぐに使用可能である—として、貴重な資料である。心理学者として民話の研究で知られる、河合隼雄も「民衆の心から心へと伝えられてきたその内容は、人間の心の深みに通じるものがあり、時代を超える意味をもっている」(26)

と、民話の現代性を強調している。

民話は、「伝承と創造」の世界を語ることによって、現代の文明論的課題である精神的試練を克服する指針を示唆している。その意味で、創作的民話とでもいうべき、松谷みよ子の『龍の子太郎』[27]は、現代にあって、示唆するところ多く参考になる。創造の大地を切り開くのがテーマである。少しのコメントを加えて検討したい。

山奥の貧しい山村に、爺さんと二人で暮らす少年、龍の子太郎が、龍になった母―太郎の母は村人との山仕事に出かけた時、三匹のイワナを捕まえるが、それをすべて食べてしまう、独り占めして食べた者は龍に成るという村の掟があるためである―をいくつかの試練を乗り越えて救い、精神的に人間として成長する物語である。太郎には、山の動物たちとあやという女の子の友達がいるのだが、そのあやがタイコ好きな赤鬼にさらわれてしまうところから話が展開します。動物たちはほとんど霊獣として太郎の試練の手助けのために登場します。

試練に立ち向かう前に、太郎は、天の果てから来た、すもうと酒の好きな天狗の兄弟に出会い、大きな岩を指先で投げ飛ばせるような百人力という並外れたパワーを手にするのですが、太郎はここですでに「聖なる世界」と出会い、「再生」しています。

再生した、太郎の第一の試練は、あやをさらった赤鬼との闘いです。あやは、そこにはおらず、赤鬼のボスである黒鬼のところだという。ネズミの手助けもあって、赤鬼をやっつける。だが赤鬼本人の願いもあって、空に投げ飛ばし、赤鬼は雷の仲間―赤鬼の死と再生が織り込まれている―になります。次は難敵の黒鬼ですが、その黒鬼は変身する術を使うというので、赤鬼から変身の呪文を教わります。その呪文は異界の言霊です。

第二の試練は、あやを救うための黒鬼との闘いです。力ではほとんど互角、蜂に変身した太郎がイノシシに変身した黒鬼の耳の中に入るなどして困らせ、鬼は絶壁から落ちて黒い岩になります。こうしてあやを救い、黒鬼が持っていた、米や金銀、光る玉、一日に百里を走るという白い馬、遠くのものが映るという不思議な鏡ことになります。その馬と鏡は、あやが貰い後で役立ちます。太郎たちは、里人たちに歓迎され、山の村とは違う里の豊かさに触れ、社会的な眼が開かれます。この試練には、最初の試練もそうだが、異界の浄化―聖なる世界への再生―、穢されていた村が豊かな村に戻る―死と再生―という成果が伴い、太郎は成長し、大地の豊かさを想うのでした。それは、太郎が創造の大地を切り開くという夢を持つ契機を与えることとなります。

太郎は、あやと別れて、山また山の奥の湖にいるという龍の母を一人捜しに行きます。途中、いささか意地悪な婆さんのいる「にわとり長者」というところで、稲作のノウハウを学びます。百人力の太郎は、そこの沼に住む霊獣・白蛇から母の情報を聞いただけでなく、持てるだけの大量の稲束を手に入れます。母のいるところに行くには、九つの山を越えなければならないのですが、その山々には多くの村があり、太郎は村人たちに稲とその情報を分け与えるのでした。

最後に、第三とも言うべき試練が待っています。太郎は、九つ目の山を越えたところで、白蛇がくれた情報をもとに、婆さんに会います。婆さんは、途中にいる、山犬と大蜘蛛から身を守る方法を教えてくれ、龍の母のことも聞かせてくれました。そして、大雪の怖いことも。太郎は、その大雪に遭い、遭難します。太郎は、大吹雪の中、雪女たちの執拗な攻撃に力尽き雪に埋もれてしまいます。死に直面することになります。しかし、一分始終を不思議な鏡で見ていたあやが、霊獣・白馬に乗って空を駆け抜け、助けに来たのです。気味の悪い大雪の夜が明け、空は真っ青に晴れわたり、あやは太郎を雪の中から助け出します。晴れわたった空が太郎の甦りを象徴していると同時に、瀕死の状態から再び再生するという、太郎の甦りは、この物語のクライマックスで、あやの愛と祈りそして何よりも天地の愛によるものである。それは、天地に抱かれた太郎の霊性的成長を意味しており、そのことは最後に龍の母が人間に再生するときに分かります。

三つの試練を乗り越え、いよいよ母との初めての面会です。だが、母は龍の姿のままです。太郎は母に会う旅の中で、心に温めてきた「大地を切り開く」という夢を母に語り、龍の母とあやと山の動物たち、そして雷の仲間になった赤鬼と協力して、母が住んでいた湖の水を海に流して大地にすべく、天地の神々に祈りを捧げ、海側の小さな山を崩しにかかります。それでも大変な作業です。それぞれみんな自らの役割を果し、龍の母も傷つきながら、太郎はついに成功します。湖は、広い豊かな大地に変わり、豊かな米を与えてくれることになります。太郎は、その成功とみんなの協力に感謝し、涙します。その涙が龍の母の目にかかったとき、龍は優しい女の人の姿になったのです。それは、まぎれもなく龍の子太郎のお母さんでした。太郎の涙は、霊的に成長した証しの涙で、聖水そのものでした。

そして、広い大地に黄金色の稲が実り、山の人達も集まりました。太郎とあやは結婚し、みんな楽しく幸せに暮らしたということです。

この創作的民話は、スケールの大きい、長い話である。民話を熟知している作者の資質がよく反映されている。国際的な賞を受けるだけでなく、国内でも多くの賞に輝いているのも肯ける。それは、太郎を天地の子として描こうとした作者の意図[28]がよく伝わってくるからである。民話の在り方ということでは、現代的な創作の意味が問われると思われるが、民話の精神を将来にわたって伝えるのは大事なことである。描き方という点で言えば、山村は自給自足的な閉鎖的システムとして理解されているようだが、里の農村との何らかの経済的な結びつきのある、開放系の山村という考え方もあると思う。また、海に生きる人びとの話、それとの関係も重要である。だが、ここでは、その問題は本質的なことではない。『龍の子太郎』は、祖先の魂の在り処を探り、伝承と創造の世界を描こうとしているし[29]、太郎は、聖と俗の二つの世界が交錯する時空間で霊的に成長するものとされている。

太郎を天地の子として描いた『龍の子太郎』の人間論は、エリアーデがイニシエーション論で展開した人間論、そして本章で扱った民話の人間論と重なって見える。すなわち、人間存在の神秘性、いのちの神秘性である。エリアーデの表現に従えば、超自然的な存在としての人間である。いのちは、すべて科学的に解明できるものではない、私達の持つ科学の枠を超えた存在である。いのちも生も死もすべて聖なるものに属している。そういう意味で、いのちは神秘に満ちた存在である。しかも、いのちは循環するものでもある。聖なるものとしての存在が循環する。そのように認識すれば、私達人間も聖なるいのちとして死と再生の循環の中で生きる存在である。私達人間の社会は、そうしたいのちの摂理を超自然の摂理として社会装置化しなければならない。伝承社会では、イニシエーションがそれに相当する。そのイニシエーションの構造が教えているのは、人間だけに存する宗教性あるいは超自然性である。近・現代社会は、そうした高次の精神性を社会制度化するのを放棄したため、私達は今日深刻な精神的空洞―文化的・霊性的空洞―化に直面しているのである。この重要な局面を清浄な道に導くのは、『龍の子太郎』が語る、創造の源である、聖なる大地を切り開く霊性的精神である。「生における死と再生」の思想の復活が意味しているのは、そのことに他ならない。

本章で取り上げた民話の「火」と「水」も大地と同じく、聖なる世界からの贈物である。それらは、そのままで富であり、いのちの源であり、そして終わりなきいのち＝循環的創造を支える基盤である。「生における死と再生」の原理（思想）の復活のためには、聖なる大地と火と水の存在が不可欠である。私達が営む経済における「富」は、本来、そうしたものを基礎にして築かれるべきものである。それこそが「伝承と創造の経済」の本質であり、根幹である。それは次章で触れる、自然の仕組みの中に備わる「いのちと法（のり）と産土の力」を損なうことなく、それらの力を生活の豊かさに結びつける経済の在り方の問題である。風土の思想に学ぶべきはその点である。

（1）石牟礼道子（一九九三）石牟礼道子全集第十一巻、藤原書店、五四一ページ
（2）同右、五一五ページ
（3）本書第二章「石牟礼道子の精神世界と現代文明―人間・風土・神々の円環構造の文明論的意味」参照。水俣病に罹りながら、病とその病の原因を作った会社や人達すべてを許すだけでなく、感謝するという、高い精神性をもつ人達がいる。こうした人達は、生における死を体験し、霊性的再生という地点に到達したと言えるのではないか
（4）M. Eliade (1958), *Birth and Rebirth*, Harper & Brothers Publishers, New York. 堀一郎訳（一九七一）『生と再生』東京大学出版会、四ページ

(5)同右、四〜五ページ
(6)同右、五ページ
(7)同右、一二〜一三ページ
(8)同右、八ページ
(9)同右、一〇ページ
(10)同右、九ページ
(11)同右、一〇ページ
(12)同右、一一〜一二ページ
(13)同右、一二二ページ
(14)白川静(一九七九)『中国古代の文化』講談社学術文庫、一一三ページ
(15)稲田浩二(一九七八)「日本民話の伝承と風土―「花咲爺」をめぐって―」梅棹忠夫・江口一久・君島久子・稲田浩二・野村雅一・川田順造『民話と伝承　世界の民族』朝日新聞社参照
(16)松谷みよ子・樋口淳編(一九九七)『死と再生の民話』童心社
(17)瀬川拓男・松谷みよ子編(一九七三)『日本の民話　六　土着の信仰』宮本常一・野坂昭如監修、角川書店、二三六〜二三八ページ
(18)同右、一八二〜一八三ページ
(19)同右、一八三〜一八四ページ。なお、この『若返りの水』については、経済学の「足るを知る」という視点で言及した。本書第七章「風土の思想と経済学―民話の世界の経済学」参照
(20)坪田譲治編(一九七六)『正月神さま』『日本むかしばなし集(三)』新潮文庫、六六〜七〇ページ
(21)M・エリアーデ、堀訳、前掲書、一八ページ
(22)山本義隆(二〇一八)『近代日本の一五〇年―科学技術総力戦体制の破綻』岩波新書参照
(23)M・エリアーデ、前掲書、二二五ページ
(24)同右、二五五〜二五六ページ
(25)同右、二五六ページ
(26)河合隼雄(一九八九)『生と死の接点』岩波書店、二四五ページ
(27)松谷みよ子(一九六〇)『龍の子太郎』講談社文庫、五〜一三一ページ
(28)坪田譲治は『龍の子太郎』の解説(一九七二)で、太郎を「ヒューマニズムの選手」と評しているが、そうした理解の仕方は、近代主義的で、本来の民話の人間観から乖離してしまう。同書、三〇九ページ

（29）松谷みよ子（二〇一四）『民話の世界』講談社文庫、六六～六七ページ

〈注以外の参考文献〉

A. van Gennep (1909). *Les Rites de Passage,Étude systématique des cérémonies*, Librairie Critique,Paris. 綾部恒雄・綾部裕子訳（二〇一二）『通過儀礼』岩波文庫。

M. Eliade (1958). *Patterns in Comparative Religion*, translated by Rosemary Sheed and Ward, London. 堀一郎訳（一九六八）『大地・農耕・女性―比較宗教類型論―』未来社。エリアーデ著作集第二巻、久米博訳（一九七四）『豊饒と再生』せりか書房

田中幸人・東靖晋（一九八一）『漂民の文化誌』葦書房

田中康弘（二〇一五）『山怪　山人が語る不思議な話』山と渓谷社

――（二〇一七）『山怪　弐　山人が語る不思議な話』山と渓谷社

松居友（二〇一三）『昔話とこころの自立』教文館

――（二〇一三）『昔話の死と誕生』教文館

藤森裕治（二〇〇〇）『死と豊穣の民俗文化』吉川弘文館

古川のり子（二〇一六）『昔ばなしの謎　あの世とこの世の神話学』角川文庫

湯川洋司（一九九一）『変容する山村　民俗再考』日本エディタースクール出版部

第四部　文明転換の可能性と方向性

第九章　柳宗悦の不二《ふに》の思想——新型コロナ問題に関連して思考すべきこと

神の姿（The Divine Image）

慈悲となさけと和らぎと愛に
あらゆる者苦しい時祈り
これらの喜ばしい徳に
感謝の心を捧げる

慈悲となさけと和らぎと愛
これこそはなつかしい父なる神
慈悲となさけと和らぎと愛
これこそは神のいとし子なる人

慈悲は人の心にやどり
なさけは人の顔にあらわれ
愛はこうごうしい人の姿

和らぎは人のまとう着もの

あらゆる国のあらゆる人の
くるしい時に祈る神は
こうごうしい人の姿をもたぬか
愛と慈悲となさけと和らぎの

人の姿を愛せねばならぬ
異教びと　トルコびと　ユデア人も
慈悲と愛となさけのすむところ
そこに神はおわします故(1)

第一節　現代社会の風景——病としての風景

冒頭に掲げた、イギリスの詩人・画家として知られるウイリアム・ブレイク（一七五七〜一八二七）の詩「神の姿（The Divine Image）」は、今日私達人類が直面している新型コロナ問題と重なって見えて来る。「あらゆる国のあらゆる人のくるしい時」が今到来しているからである。この「苦しみ」は誰が招いたのか。他ならぬ私達人類であることは間違いない。私達はこの苦しみや悲しみ、辛さのなかに「神の姿」（慈悲の心、情けの心、愛の心、和らぎの心）を見ることができるかどうか、大きな岐路に立たされている。私達の進むべき道は何処なのか、そのことを柳宗悦の「不二《ふに》の思想」を通して考えるのが本章の目的である。

一・一　新型コロナ問題以前の社会風景

今日、私達の世界社会の風景は、迷妄の黒い雲に覆われていて、展望のきいた健康な風景には見えない。それもかなりの重症である。こうした社会風景は、新型コロナ問題の発生と共に現出したものではない。すでに現代社会はコロナ以前から病魔に侵されていて、それは私達が生きる場の隅々にまで行きわたっている。

やはり先ず指摘すべきは、人類の経済発展と開発による自然の破壊・傷みは果てしなく、天・空・地全体に及んでいるという現実である。温暖化等による天候異変は世界各国に広がり、大気汚染（ＰＭ二・五や排気ガス等）、海の汚染（酸性化だけでなく、今、マイクロプラスチック問題が注目されている）、土の汚染（酸性雨等による土の酸性化、大量の農薬や化学肥料の使用）、そしてその結果としての人の命の危険や生物種における絶滅危惧種の拡大は、地球自然の重大な危機である。地球の生命系は外なる自然も内なる自然（人間の心身）も大きく傷んでいる。それでもなお世界の為政者の多くは、環境問題に真剣に取り組んで来なかった。二〇二一年アメリカのバイデン（第四六代アメリカ大統領）政権の発足に伴い、世界のCO_2排出について二〇五〇年までにゼロにするというコンセンサスが出来上がりつつあるが、これより三〇年でというのは遅すぎるし、意味のある数字に見えない。成長の限界が言われてほぼ半世紀が経過し、その間、環境保全を訴える多くの論者や実践者の努力にも拘らず、地球の生命系は破壊が続き、その破壊は頂点に達していると言ってよい。温暖化（地球における大気・風と波のエネルギーレベルの異変・乱れ）による気候変動は、巨大な台風（太平洋）、サイクロン（インド洋）、ハリケーン（大西洋）を発生させ、熱波の襲来、大雨（集中豪雨）と大洪水、山林の大規模火災、砂漠化の拡大と砂嵐、ツンドラ地帯の永久凍土の解氷そして北極海・南極の解氷等々、その影響は拡大し続けている。これらの異変によって何が起こっているか、生活環境の大激変と命の危険である。「いのちを守る行動」を呼びかける気象庁の警告はいまや不思議なことではない。

これ以上の記述はほかに譲るが、環境と成長の調和は、経済学の、成長第一の経済優先の、思考の目標である。この経済思想からは言うほどの成果は期待できない。持続可能な経済発展・成長を絶対命題にしてそれを保持しつつ、技術革新を推進することがその眼目だが、再生エネルギーの取組みも遅く、それをクリアーするには技術的な問題だけでなく、設備の廃棄の問題など難題は多い。成長とイノベーション、そしてグローバル経済は、ワンセットの組み合わせで、常に拡大を志向する経済優先思考の理念型である。このなかには、変わることのない「欲望拡大」と競争の市場システムがしっかりと組み込まれている。欲望の持続的拡大と競争なしの成長はあり得ないからである。私達のこうした経済構造は、自然破壊に手を染めると同時に、今日の殺伐とした健康とはとても言えない社会の風景を生み出したのである。格差社会である。

格差は、不自由、不平等、不公正で、民主主義の崩壊であり、言わば社会の暴力である。心なき民主主義である。そして社会の病である。その格差は、経済格差だけでなく、男女格差、民族・人種格差、職種格差等々複雑な様相を呈している。格差の背景には、社会的・経済的な制度問題、歴史的問題、精神の問題など根深い問題が横たわっている。ここでは、経済格差について少しく触れておきたい。

富の偏在は、経済の成長と労働力の需給関係（競争）の拡大によって是正されるものと考えられてきた。しかし、成長のための戦略は描けず低成長に陥っている現在、その遍在は、固定化しさらに拡大の方向にある。その背景にあるのは、グローバル経済における競争力の強化という資本の論理・身勝手さがある。企業は本来人を雇うという社会的義務を負うはずだが、それとは反対に、雇用を自由にコントロール出来るように非正規雇用を拡大するようになった。日本で言えば、アメリカ型への移行である。日本の雇用慣行は、時代遅れで、働く人の能力を正当に評価できないことが強調され、能力主義の導入やジョブ型労働の拡大が言われ始めている。働き方改革は労働強化の何ものでもない。日本でいま非正規雇用は労働力人口の四割程度を占めている。雇用の二極化は公正に働く自由を奪い、すでに制度化されているのである。それは必然貧富の二極化を生むこととなる。富者は富を手放さずその蓄蔵と増殖の機会が準備されるが、貧者にはそうした機会は皆無である。持つ者と持たざる者の社会的分裂である。いわゆるK字型経済である。こうした制度化した格差・社会分裂は、例えば、児童虐待、貧困家庭の増加・教育格差、自殺や犯罪増などを生み、社会の傷は深まるばかりである。社会の病は重い。

近年、国連が掲げた一七の目標、格差や環境問題をも含むＳＤＧｓに関心を示す、企業や組織、そして知識層が増えつつあるように見える。その動きに私は違和感を禁じ得ない。権威に擦り寄る「寄らば大樹の陰」の姿勢が窺えるからである。しかもＳＤＧｓはいまだ経済成長の看板を放棄していない。直面する格差問題は、生活保護などのセーフティーネットの強化・充実で解決できるとは思えない。限界がある。今はその限界を認識すべき時でもある。つまり、すでに触れたように、成長を目的にして、資本の原理や競争的市場を温存したままでは、Ｋ字型経済はなくならない。セーフティーネットを必要としない富の再分配機能を内包した経済の仕組みこそ重要である。資本と市場に支配される経済の仕組みの転換を志向すべきである(2)。

一・二　新型コロナ問題発生時の社会風景

新型コロナウイルスによるパンデミックは、重い病に傷ついた社会に、ある意味で必然的に現出した。二〇一九年末、高成長に狂喜している中国に最初に現れたというのは極めて象徴的だが、新型コロナウイルスは、私達が招き入れたようなものである。人間の驕りは致命的に怖い。

二〇二〇年から二〇二一年の状況は次のようであった。

新型コロナの感染のスピードは速く、二〇二〇年六月には、世界の感染者数は約六五〇万人（死者約三八・六万人）、一〇月には約三六〇〇万人（死者約一〇五万人）に増える（なお、数字はアメリカのジョンズ・ホプキンズ大学の発表による、以下同じ）。世界の移動人口は世界人口（約八〇億人）の半分に近いといわれるが、右の数字はその人の移動の多さ接触の拡大を反映している。WHOは、同年一〇月世界人口のほぼ一割、七・八億の人が感染しているのではないかと予測としていた。もちろん、正確な統計数字は混乱のなか期待できないが、実数は発表の数字より多いものと考えてよい。発生より一年半、二〇二一年五月には、感染者一億六〇〇〇万人、死者三三〇万人を超える。この時点で、死者は、アメリカで六〇万人に近く、ブラジル四二万人、インド二五万人、メキシコ二二万人、そして一〇万人を超えるのは、フランス、ロシア、イギリス、イタリアなどである。日本では、第四波の最中で緊急事態宣言下にある（東京、大阪など九都道府県）、二〇二一年五月末で、感染者七五万人弱、死者約一万三〇〇〇人を数える（厚労省による）。ワクチンの接種が世界各国で始まり、いくらか感染の抑制が見られるものの、イギリス型、ブラジル型、南アフリカ型、そしてインド型など、ウイルスの変異は続き、その影響力は徐々に強く現れ、安心出来る状況になく、さらに拡大する可能性は高いと考えられた。二〇二一年五月時点で世界で一番酷いのはインドで、感染者は一日三〇万人を、死者は四〇〇〇人を超えた。世界の人々の悲しみと苦しみは深かった。

なお、厚労省の二〇二四年六月の発表によれば、日本において、二〇二〇年の流行以後二〇二三年までに累計死者数は一〇万五千人を超え、ワクチンによる死者も六〇人—ただ現実にはもっと多く事実とは見なされない—とされる。二〇二二年の死者が最多で四万七六三八人である。

新型コロナのパンデミックに襲われた、二〇二〇年は、歴史上あるいは人類史上忘れることの出来ない年の一つになるかもしれない。まず第一は、実体経済の収縮で、コロナ恐慌と呼んでよい状況に陥ったことである。いわゆる三密を避け、他人との接触を極力少なくするために、人の移動や物流が制約され、全体として経済活動は大きく停滞を余儀なくされた。日本では、二〇二〇年のＧＤＰは戦後最大の落ち込みで、一四・六％を記録している。それは日本に限らず、世界経済の破局であった。例えば、二〇二〇年四～六月期の中南米の国々（ブラジル、メキシコ、ペルー、チリ、コロンビアなど）は、ＧＤＰの急減が高く（もちろん国によって異なるが、一〇減％から三〇減％）、格差拡大・治安の悪化が報じられた。また、インドでは、二〇二〇年四月時点で一・二億の人たちが仕事を失ったと言われる。ＩＬＯによると、一～九月期世界の労働所得は前年同期比一〇・七％減で三五〇兆円を大きく超え、その影響は低中所得国ほど厳しい。さらに、ユニセフは、貧困の子供は八六〇〇万人増え、六・七二億人になる可能性を指摘した。その最大の犠牲者は、非正規雇用者などいわゆる社会的弱者と言われる人達である。こうした経済的困難、窮状にも拘らず、為政者はもちろん、報道メディアも恐慌という言葉を使わなかった。それはかなりの程度意図的・恣意的であったと思われる。政治の責任を問われるからである。したがって、第二は、政治の失敗である。その失敗の一つは経済的窮状に十分に対応出来なかったこと、そしてコロナ対応の失敗である。政治の稚拙さが目立ち、アメリカ（二〇二〇年トランプ大統領）、ブラジル（ボルソナーロ大統領）などウィルスの存在すら否定するような発言が見られ、指導者としての資質が問われた。稚拙さだけでなく、対応・対策の混乱は政治不信を助長した。日本では、「ＧＯ ＴＯキャンペーン」で感染の拡大を促すなど、理解に苦しむ対策が採られた。生命より経済優先が鮮明で、生命への深き想い、死者への追悼の想いはまことに希薄であった。苦しみ・悲しみを思い遣る心が欠けているとも思えた。心の破綻、精神の破綻は政治の破綻を意味する。そして第三は、教育、文化・芸術への影響である。まず、教育についてだが、当初休校を余儀なくされた。そのため、デジタル化やオンライン授業が推進され、教師と生徒・学生の間、子供・学生間の距離は映像や機械を通しての声にかわり、対面による関係は弱くなった。教育のＩＴ化は、機械の有無によって公平性を欠くと同時に、人と人との直接的な交流による人間性の涵養が疎かになる。そして、文化・芸術への影響も大きい。博物館、美術館、音楽ホールや映画館や劇場など、人が多く集まる場所は、休館や営業時間の短縮、人数の制限があり、私達の文化的営みを制約した。しかし、そうした出来上がりの施設だけが文化のすべてではない。もちろん、文化の発信源としての場と空間は必要だが、それだけでなく日々の生活のなかに文化があることが重要である。エリートの文化より民衆の暮しのなかの文化こそ本命であるのに、それが希薄化しているのが現実である。最後に、第四は、医療問題である。医療に携わる関係者の人々に先ず感謝しなければならない。感染の拡大は、世界各国で医療体制に不備な点のあることを明らかにした。重症化した人達への対応は設備や関係する人の不足などもあり、例えばイタリアのように、死者を増やすことになったのは否定できない。毎日報道されるコロナ情報は、ＰＣＲ検査の不足、受け入れる病院の不足、病床の不足など医療体制の基盤不備を訴えた。私達は、毎日知らされる、感染の増減や死者の数などに非常に敏感に反応し、不安な気持ちを払拭出来ないでいたのである。不安と怯えと恐怖の毎日である。安心の医療とはとても言えない。こうした状況の意味するところは何か。それはコロナ問題以前の体制にすでに問題があったことを意味している。例えば、基礎医療への配慮が疎かであること、感染症医療の軽視、先端医療への偏向など医療体制のアンバランスが存在し、そして医療の制度にも問題があるように思われる。命に直接かかわる医療という視点をいかに制度化出来るかが問われているのである。例えば、基礎医療、臨床医療、社会医療すべてを包括する、公営の医療施設の強化と「生命の医学」の思想・精神の進化も重要である。

以上触れてきたように、コロナ問題の発生は、私達の社会の病的な問題を浮彫りにした。私達の社会は健康な状態になく、深く重たい問題のなかにあるということである。コロナ問題は、経済、政治、教育、文化・芸術、医療など、本来どうあるべきかを問いかけているのである。それはウイルスの世紀二一世紀の人類にとって大きな課題であり続ける。

第二節　新型コロナ問題の特殊歴史性——知の時代から心の時代へ

日本経済新聞、二〇二一年四月二六日（月）夕刊の第一面に興味深い記事三件が出た。第一はコロナ問題の記事、第二は活気ある株式市場の記事、そして第三は軍事費の増大の記事である。これら三つの記事は、いまの私達の社会の真に不都合な状態を写し出している。コロナ問題の記事は、日本の東京、大阪、京都、兵庫の四都道府県に出された緊急事態宣言と先にも触れたインドの苛酷な感染状況を伝えている。変異したイギリス型に続き、インド型はさらに二重三重に変異して強い感染力を持っていると。しかも世界へ拡大する可能性は極めて高いと。コロナ問題のこうした状況のなか、活気ある経済の領域がある。コロナ問題と関係なく動く、人とお金の世界である。二番目の記事は、投資信託の運用益がバブル以降二〇二一年三月末までに累計二一兆円を超えたと伝えている。実体経済で社会的弱者の生活苦が拡大している一方で、富者は大きい利益を得ている、K字型経済のアンバランスな姿が浮かび上がる。また富者たちの宝飾品の購入が増えていて、意味のない消費を象徴している。同じ日本経済新聞だが、五月一三日（木）の記事で、トヨタ自動車が二〇二〇年度の連結決算で二兆二〇〇〇億円超の純利益を得たこと、そしてソフトバンクGは同じく四兆九〇〇〇億円を超える利益をえたことが伝えられている。ソフトバンクGのCEOは「この程度の利益には満足していない」と豪語したという。巨額の利益を手にしたこうした人達の精神は、コロナ禍に苦しむ人々をどのように見ているのであろうか。そして第三は、世界の軍事費が二・六%増えたという記事である。スエーデンのストックホルム国際平和研究所（SIPPI）の発表で、二〇二〇年の世界の軍事支出は二兆ドル（この時のレートで約二一〇兆円）近くに及び、過去最高であるという。そしてSIPPIは新型コロナのパンデミックは世界の軍事費に大きな影響を与えなかったと分析しているという。ここにもコロナ問題と関係なく動く、人の世界がある。米・中を中心とした覇権争奪は、膨大な資金と高度の技術と人の知を投入し、戦争準備のための果てることのない競争・狂争である。金と人の終わりのない無駄の積み重ねである。コロナ問題では「人の生命は守るべきもの」と言い、他方で「人の生命を効率よく奪う準備は大事だ」と言う。人間の社会の愚かさを想う。

右に見てきたように、この日本経済新聞の記事の意味するところは、世界の多くの人たちが命の問題に呻吟しているのに、経済や政治の世界に真心のあるのを殆ど感じないことである。この社会風景はやはりおかしいし、間違っているとしか思えない。心がないのである。心なき社会は病んでいる。コロナ問題は、心を求めている。心ある知を求めているのである。

日本画家、東山魁夷は「汚染され、荒らされた」日本の風景について画家としての心情を次のように語っている。

「私は人間的な感動が基底に無くて、風景を美しいと見ることは在り得ないと信じている。風景は、いわば人間の心の祈りである。私は清澄な風景を描きたいと思っている。汚染され、荒らされた風景が、人間の心の救いであり得るはずがない。風景は心の鏡である。庭はその家に住む人の心を最も良く表すものであり、山林にも田園にもそこに住む人々の心が映し出されている。河も海も同じである。その国の風景はその国民の心を象徴すると言えよう。

日本の山や海や野の、何という荒れようであろうか。人間はいま病んでいる。白っぽい切通しの崖の前を行く葬送の列は、少年の日の私の幻想ではなく、現在の人類の偽《いつわ》らぬ姿であるかも知れない。母なる大地を、私達はもっと清浄に保たねばならない。なぜなら、それは生命の源泉だからである。自然と調和して生きる素朴な心が必要である。人工の楽園に生命の輝きは宿らない。

私達の風景という問題には、今こそ私達人間の生存が懸っていることを、否応なしに深く考えざるを得ない現在である(3)」。

ここに語られている内容は、日本の自然風景のことだが、これを社会風景と言い換えてもそのまま通用するように思う。日本の社会風景は、「汚染され、荒らされている」。それは私達人間の心の祈りがなくなり、心は曇り、心を病んだ人間になっているからである。私達の社会も、母なる大地と同様、生命を育む場である限り、「清浄に保ち」、「調和して生きる素朴な心が必要である」と読める。東山が、自然破壊を「心の問題」と考えたように、今の私達も東山に倣い、汚れ乱れた自然と社会の風景を、そしてコロナ問題を「心の問題」として認識すべきと思う。

私達は、生命というものを知の対象として捉えて来たのではないか。命の仕組み、身体の仕組みを科学的に解明し、そしてその成果として得られた知見を私達は科学の名において使用する。ワクチンもそういうものとして開発されている。科学的知見・医学知の結晶である。しかし、生命は知の対象であることを超えた存在であるということも間違いのない真理である。コロナ問題はそのことを私達に問うているように思う。コロナ問題は知の対象を超えて「心の問題」として顕現し、ウイルスも同様人知を超えた存在として私達の前に現れたのではないのか。知の時代から心の時代への転換である。悲しみと苦しみ辛さを乗り越え、そして希望の光を求める時代である。世界がそして人類全体がそのことを共有しているのである。その意味で、私達は特殊歴史的な時空に立たされていると言えるのではないか。したがって、次のテーマは、その「心の時代」の心とは何かということである。心は、時に悪になり毒となるが、本来は善であり、またそうでなければならない。

第三節　柳宗悦の不二の思想の構造

コロナ問題の本質は、生命のことを考えること、生きることの意味を問うことである。私達の生命は、対立を求めないし、共に生きることを求めている。それが本来の在り方だし、基本原理である。「共に生きること」に致命的に必要なのは、知ではなく、心の在り方、心の向き方である。

東山魁夷の語っていることを再度聞こう。次のように述べている。

「春の芽ばえ、夏の茂り、秋のよそおい、冬の清浄―そうした自然の流転の相《すがた》を眺めて、人間の生と死の宿命を、またその喜びと悲しみを、私ども日本人は、すでに仏教渡来以前からはだに感じていたのではないでしょうか。そしてその感情は、そののちのいかなる時代の日本人の心にも受けつがれてきているように考えられます。きざみこまれているように思えるのです。そしてそれが日本の独自の文化を生む大きな要素となっていると思われてなりません。美の問題は風土ときりはなして考えることは絶対にできないと考えられるからです。

また、日本人は哲学的な民族ではないといわれておりますけれども、それは、ヨーロッパのような知性あるいは理性によって深く考え、分析し、整理し、学術的な体系を打ち立てるという方向にいかなかっただけで、じっさいには、自然の生命の把握、人間の心の深層、そういうものを直感的にとらえてきていると思うのです。それは知性よりも情感の比重が大きいために、むしろ芸術的な方面で輝きとなって現われているように思われます。すべて人間の生きている世界を、ただ知性で割りきって考えることは無理があります。こうして私には、日本人の情感のデリカシーというのは世界に比類のないものだと思われるのです(4)」。

東山は、今の私達に極めて重要な問題を提起している。私達日本人は、「人間の生と死の宿命」と「またその喜びと悲しみ」の真相を長く「心に受けつぎ」そして「きざみ」込んで来たのであって、「自然の生命」や「人間の心の深層」を心の「直観」的作用によって把握することが日本人の情感で、「世界に比類のないもの」であると言い、「すべて人間の生きている世界を、ただ知性で割りきって考えることには無理」があると語る。まさにその通りである。

コロナ問題は、人の生命の問題であって、したがってまた「生きている世界」の問題であって、決して経済の問題ではない。生命の問題を経済の問題に転嫁することなどありえない。東山に倣えば、自然の風景も社会の風景も人間の心の映しである。心清ければ自然も社会も美しくなる。東山の絵のテーマの一つは、日本（人）の静けさであり、その静寂のなかの、有りや無しやを感じさせないような、音、植物などの生きもの、人、そして神秘を表現することであった。そこには、たしかに清く澄んだ人の心があり、心の道がある。東山の代表作『道』は、遠く遥かな希望を秘めた「人の心の道」であり、心の美を映す絵である。

東山の『道』は、柳宗悦の不二の思想の『無謬の道』と繋がっている。柳も東山と同じく、美を求める人であった。用の美は民衆の心の美であることを発見した柳は、心の奥深く分け入り、心の深層に在るものは何かを探り当てるのである。柳にとってそれは精神の世界の神秘を直観し「神に至る道」であった。

本題に入る前に、「不二《ふに》」とは何か、その意味するものについて、簡単に触れておきたい。「不二」とは、仏教の用語で、岩波仏教辞典によれば、私達の現実の世界に存在する、相対する関係にある二項、例えば自他、男女、物心、生死、善悪、苦楽、美醜などは、それぞれ独立して本来対立する二元ではなく、無我や空のもとで、根底は一体のものであるとする思想で、事物の真相は不二とする。二は二でなく一である、あるいは二つで一つである。中村元の広説佛教語大辞典（東京書籍）では、①異ならぬこと。同じ。同体。②二つのものの対立のないこと。二つのものの平等。③実践的には相手の心になること、とある。また、これら辞書によれば、不二論に関連して、インドの思想史における不二一元論や日本では空海の不二論があり、また中国の空観《くうがん》では「不二而二《ふにに》・二而不二《ににふに》

〈不二にして二、二にして不二〉という言い方がある。

柳宗悦は、私達は日々の暮しで二元の世界に縛られて物事を対立的に見てしまう、それでは物事の真の世界を認識したことにならないと言う。また、ヘーゲルの弁証法は、正、反、合の繰り返しで対立を超えられない、そうした二元の対立的分別の思想や論理は、すべて相対の世界に終り、悩みや苦の根源を解決できないとも言う。柳は、それを超えられるのは、不二の世界に身を置くことによってあり、そこにこそ無事なる浄土があると考えるのである。「不二」は、柳の思想の中核を占める概念と言ってよい[5]。

そこで、柳宗悦の不二の思想のなかに分け入り、その意味を検討してみたい。

三・一 『ヰリアム・ブレーク』（一九一四年）の柳宗悦

柳の不二の思想の重要な概念の一つは、先にも触れた、清い心つまり「心の美」・「精神美」[6]という言葉である。この言葉は、若き柳が自らの思想を構築していく、その出発点になった思想家、冒頭の詩「神の姿」の作者、ウイリアム・ブレイクの精神を尊敬を込めて形容したものである。そして柳は、ブレイクを「久遠の人」と称して最大限の賛美を贈っている。例えば、次のように述べている。「死は何よりも優れた生の表象である。すべての出生がその未来の秘密を含むように、すべての過去は完全に死のうちに反映する。（略）ブレイクの死の光輝は直ちに彼の生涯の光輝を示している。吾々は彼の死において完全な生の健康とその捷利とを見る事が出来る。死は彼によって直ちに永遠の生そのものを示している。死は終結ではない。永久の出発である。生命の歓喜は今生を貫き死をも貫いて久遠の世界を彼に與えている。彼において生は死を抱き死は生を迎えて常住の実在そのものを示現している。彼の生涯とその製作とに見出し得られる最高の特質はこの純人間性の永遠な凱歌である。その不死な存在である。彼の死を想う時吾々はこの人間性の無限な捷利をありありと感じることが出来る。彼を知る者は限りなく彼の内に輝く人間の愛に触れるであろう。その死によって吾々が知り得る一事は死ではない、生そのものである」[7]。柳は、見られるように、ブレイクの生と死を貫くその精神性は、「純人間性の永遠の凱歌」だと讃える。霊的営みを生きた、ブレイクは富を遠ざけ、貧に過ごし、心には「豊かな幸福」があり、生きることに喜びを見いだし、そして子供のように「無垢」で「純潔」であったと柳は言う。(8) 柳はその純白な美しい心の在り方に感動し、「精神美」という言葉を使ったものと思われる。その表現はまだ抽象的で具体性に乏しい。では、その精神美とは何か。柳は、ブレイクの詩も絵もすべて彼の「神意に対する信仰の所産」だとし、必然的にその思想も神意を内に秘めたものと見た。そうした柳のブレイクへの視点は、ブレイクの精神美の実質を見いだすのである。それは、心に霊性（心霊）を持ち、神の姿を発見し、すべてのこの世の事象の基底に温かな神の実在の世界を認めた、ブレイクその人の心の在り方であった。(9) 若き柳は、神の実在の世界にいつも包み込まれ、そして自然の存在すべて万物万生を自己と同列のものと見做す、ブレイクに、自らを重ねていたと思われる。柳はブレイクを通して神の「実在の世界」、のちに「不二の世界」とよぶ、広大無限の世界に船出することとなるのである。

若き柳は、こうした神の思想に到達し、広く実在の世界に想いを馳せ、そして内なる世界に深く分け入り、豊かな精神世界を構築していく。二〇歳代後半のこの時代、世界は混乱と悲しみの時を迎えていた、すなわち第一次世界大戦であり、その直後の五～八〇〇〇万人の死者を出したと言われるスペイン風邪のパンデミックである。そうしたなか柳の宗教研究は深まっていくが、ここでそれを逐次追うことは出来ない。しかし、宗教における「精神美」は、この時期、のちの民芸運動に結実する、民衆美への道と融合しながら、その具体性を広げていく。そして神の研究と共に仏教研究も深まり、その両者は一つの思想として展開されるのである。「精神美」は神と融合した美であり、それと同時にまた仏教の「無事の境地」とも結びついていた。柳にとって、神の世界と仏教の世界とは何ら矛盾する対象ではなく、むしろ融合されるべきものであった。神仏不二の思想というべきかもしれない。その思索の道程は、死に至るまで続くのである。

三・二　『死とその悲みに就て』（一九二三年）の柳宗悦

短いが含蓄のある話を盛り込んだ、『死とその悲みに就て』の論文は、関東大震災—一九二三（大正一二）九月一日、相模湾を震源とするM七・九の大地震で、死者・行方不明者約一四万人であった。なお、柳はこの大震災で長兄悦多を亡くしている―直後（一〇月二〇日）に書かれたものである。柳は死の意味と神の救いについて率直な気持ちを語っている。

冒頭、柳は自分が見た夢、霊夢から始めている。それは、この年九月一九日早朝のことと記されている。短い夢である。


〈見ると一人の母が子供をかき抱いて、素足のままあわただしく逃げて来る。そうして路辺にあったあの半跏《はんか》する観音の御像《みすがた》の前まで走り寄って、声にふるえ乍《なが》らにこう哀願した。

「観音様、観音様、追手が迫って参ります、どうぞ私達をおかこい下さい。」

「おう、それでは早く私のこの経筒の中に匿《かく》れて下さい。」そう云われて親子をすぐ誘おうとなされた。

だが母はなおも不安な面持ちをもって更に訴えをつづけた。

「隈なく捜す追手は、やがてそこをも見出すで御座いましょう。私はこの児を想うて悲しう御座います。」

「おお、それは私にも悲しい。」

観音様はかく云われつつ涙に眼を濡らされて、こん度は母子の二人をその「涙」の衣に包んでやられた。[10]〉

このように夢を綴ったあと、柳は次のように続けている。「ここ迄夢みた時、私はその母が嘗《な》めたと思われる同じ温かさと柔かさと、そうして限りない安堵の悦びとを味い、その嬉しさに夢は破れた。敵はもう親子を苦める事は出来ない。なぜなら苦めれば苦めるほど、彼等を守護する温い「涙」の衣が彼等を厚く包むからである。短い夢ではあるが、私は今もこの物語りを慕わしく思っている[11]」。民話[12]を想い起させるような夢だが、「観音様の涙の衣」が主題になっている。

母子の追手に追われる「試練」を観音様（神様）の「涙の衣」が温かく包み込んでくれる、その神の慈と悲の心こそ、柳が求める精神である。夢の中に出て来る追手は、まさに「試練」であり、柳はそれを「罪の勢い」「悪鬼」とし「死」と同等のものと捉える。そして「死から脱れ得ない人間の運命が如何にして救われるか」、「神が私達の為に注ぐ「悲しみ」や「涙」の心に、私達が如何に慰められ守られ、そして死にすら破られない喜悦が、如何に与えられるか」と、問題を設定する。

私達は通常、辛い悲しみや苦しみに遭遇して、「他人に迷惑もかけず、何も悪いことなどしていない」のに、またあの人は「良い人」なのに、「神も仏もないのか」と思ってしまう。目前で展開される悲惨な光景は、私達にそのような想いを起させる。しかし私達の生きることのなかには、悲しみも苦しみもなく、すべてが楽しみと喜びに満ちあふれた時間だけが続くことなどありえない。生きることと無縁でないその辛い悲しみ・苦しみ、寂しさ等は、私達日本人に馴染み深い「無常の世界」のものである。身近な死あるいは震災等による多くの死は、無常を意味する。そうした無常なる死の到来は、自然の深い摂理の一環であり、私達はそこから解放されることはない。柳は、そうした苦を伴う「無常なる事実は、常住なるものに私達を誘う」ためのものであり、「無限の世界へ繋ぐ機縁」と言う。宗教の思想は、無常観に発していて、苦と喜悦は不可分のものである。そして次のように述べる。「光ある信仰は、暗い悶絶の試練を経由しているのである。苦しみの中より生れでない悦びは、真の悦びではあらぬ。苦しみ事なき悦びに、どうして人類を慰め得る力があろう。だが一度それが涙によって洗われる時、それは人を希望に誘う」(13)。「暗い悶絶の試練」が希望の光に行き着くためには、そこに涙と悲しみとそしてそれによって払拭された悦びが生まれなければならない。ここでの悦びとは、悲しみや苦しみがいくらか癒えた後の心の安らぎ・和らぎそして安堵感のようなもので、そうした静けさの中の悦びこそ希望の思想なのである。

死者への生者の想いは、魂と魂との出会い・交流である。そのなかで慰めや温かさが生まれるのは、心の自然な営みである。だがそれだけではない。柳は、人と人の間の人間的・霊性的絆の重要性だけでなく、神の仕組み・神の心を語るのである。観音様が困っている母子を「涙の衣」で包んでくれたように、この世には人を超えた救いの世界がある。神秘がある。すなわち、「人間の情のみが死の寂しさを守護してくれるのではない。もう一つ他にとこしえに変わる事なく慈憐の心を注ぐ者がある。その涙は限りなく、その悲しさは終る事なく、その温かさは盡きる事がない。かかる者が無常な私達の一生を守護している。それはすでに限りなき力であるからこの世のものではない」。柳はまさに「愛としての神の心」[14]を語っているのである。他力の存在である。

私達の生と死は、この世も貫く限りなき力によって守られている。その限りなき力こそ「神の愛の心」であり、私達は何時でもその「常住なる住家」で変わる事のない安息を手にすることが出来るのである。これが未曽有の災害に対する柳の慈念の心であった。

三・三　『宗教の理解』の最終章「宗教の究竟性」（一九二一年）の柳宗悦

『宗教の理解』は一九二二年十一月に刊行されたが、その最終章「宗教の究竟性」には一九二一年三月一五日の日付が記され、この日に脱稿されたものと思われる。

柳の宗教研究は、ブレイク論以来深まり、『宗教とその真理』（一九一九）、『宗教的奇蹟』（一九二二）、そして一九二二年の『宗教の理解』と続く。後で触れる『神に就て』は一九二三年の刊行である。これらの研究は、神の研究と言ってよいが、同時に仏教の研究も進めていたことがこれらの作品で知れる。例えば、一九二二年の『宗教の理解』のなかの「全一なる神」や同じ年に書かれた『宗教的「一」』などは、神の存在を「不二」とするとともに、仏教の「空」や「無」との関係性などを論じている。すでに仏教の理解も深まっていたと思われ、前に触れたように、神仏不二の思想を構築しつつあったと考えられる。前項三・二で触れた『死とその悲みに就て』も観音と神との融合論と言ってもよい。名著『南無阿弥陀佛』（一九五五年）に結実する、柳の仏教研究はほとんど戦後の作品だが、その思索をたどれば、神の研究と仏教研究は相互にプラスに作用したと思える。神の研究の成果は、晩年になっても褪せていないし、あえて言えば、柳の宗教研究は不二の思想に見られるように仏教の心の世界に傾斜していくのである。

さて、「宗教の究竟性」の柳は、すでに不二の世界を論じている。柳は二元の世界の相対的な現実を批判し、知とはさしあたり無縁の神の絶対的な世界を「究竟性」と呼ぶ。それは知の領域を超えて一切の事象の根底にあるものである。例えば、文化は宗教に依拠して初めて本来の意味を果たし得るのである。同じく科学も宗教と対立する関係ではなく宗教の世界に内包されるべきものである。科学は宗教と同等ということではなく、宗教的世界を凌駕してはならない。宗教を超えれば科学の暴走が始まる。現在ＡＩに知能や意識を埋め込む研究と技術開発が進もうとしているが、それは科学の暴走であって、私達はそれが引き起こす事象をコントロールする術を持たない。柳は、次のように言う。「宗教こそ科学が遂に帰りゆくべき故郷であろう。文化のすべての方向が、宗教の中心に帰る時、文化は真に全き文化となるであろう」。だから、「究竟である宗教こそは人文の目途である。如何なる道も神の都へとつながれている。人はその道を歩む順礼者であり、人生とは神の故郷へ帰り行くその歴程である」(15)。このように柳は、「宗教の本質はその究竟性にある」(16)ことを確信し、それを「二なきそれ自身の一である」、「無とすら云うを許さぬ無である」、「知る余地なき信である」、そして「思う主なく思わる、客なき境」(17)の世界と言う。柳には、信も思想も相対の世界に留まる限り、神の真理から遠いものと思われたのである。柳のこうした想いは次のように表現されている。「人知に支えられる分明の世界に対して、私は神に守らる、自明の世界を想う。私は証明せらる、真理よりも、証明をすら許さぬ真理の深さを想う。論議せらる、知識よりも論議の余地なき智慧の静けさを想う。他より立証せらる、真理よりも、自証する権威を想う。知り得るものよりも、信ぜねばならぬものの確実さを想う。差別せらる、二よりも、未だ分かち難い一の根本を想う。かく想うならば明るいと思われる知識よりも、より明るいものが神秘である。人はそれを暗い様に思う。しかしそれはあの太陽の眩ゆさを見る時、眼が何ものをも見得ないのと同じである。かかる暗さは、強い光に堪えない者が叫ぶ嘆きに過ぎぬ(18)」。

限界を持つ相対の世界を脱し、「不二の世界」に身を置くこと、つまり「神と人との直接な交合」の中に神の慈悲の心と人の心との交感が成り立つのである。人はそこで神の智慧にふれ、その智慧が神秘となり、奥義となるのを感じる。そこに無限の世界たる「不二の世界」が広がる。このことは柳にとって神の世界というだけでなく、仏教の世界でもあった。つまり柳は「不二の思想」とともに「不二の世界」にいたのである。

三・四　『神に就て』（一九二三年）の柳宗悦

柳は確かに「不二の世界」にいる。しかし共にいると言っても、いくらか距離がある。ここでは、「人格的な神」「活きる神」という身近な存在としての神が登場する。「私達の傍らに共に座って下さって」いる神、「私の語る言葉に色々言い添えて下さる」神、そして「私達の心に働きかける神」[19]である。先にも触れたように、柳は「神の智慧」とか、「神意」あるいは「密意」という言葉を使っている。神の意あるいは神の意向のことだが、神を通して自然を見る、神を通して人を見る、そして神を通して物事を見る、そうした視点が明確である。従って、自然は、全一としての神の原理・神の意の中に在り、人も同じように神の意向に沿うべき存在である。特に、神と私達人との関係では、「有限の存在である」人間が「無限の存在である」神と「深い縁《ゆかり》」を持つのであって、例えば、私達が真理を語り得るとすれば、それは我々（自己）の中の神の力に他ならないと柳は言う。つまり、ここではまさに他力のことを語っている。私達が神を愛し人を愛するのは、神が私達に与えた全き愛（大愛）の「恵み」のお蔭である。柳の言う神は、そこにいる神で、同じ円周上の左右―柳は円周という言葉を使うが、彼の真意からすれば、球体が相応しい、それは左右だけでなく上下四方八方を意味するからである―どちらに進んでもすぐに会える存在である。外なる神であるだけでなく、内なる神である。[20]

柳は、何らかの宗門宗派に所属したことはないと言われる。神は国境を持たないし、ある特別な宗門宗派だけに属しているわけではない。それは人間の勝手な独断であり偏見に過ぎない。そうした独断をいつまでも持つ限り、神の究竟性は見えないし、対立を内に含む二元で相対の世界から自由になることはない。神は一にして多である。多にして一である。柳の見た神は、人類共通の神であり、「一」なる神、不二の世界の神であって、宗派とは無縁の神である。彼は宗教的思索を重ねるうちに、例えばブレイクの中に神を見たように、若くして自己（柳本人）の中の内なる神の存在に気付いたものと思われる。この『神に就て』で綴られる文言は、信仰者のそれのように感じられる。神の存在が私達の存在の根源であり、「私の生命は神に結ばれている事において不死」であり、「私が死すとも、神に活きる私の霊に死はない(21)」と語るのである。

私達が持つ能力、また柳が語ろうとする真理は、内なる神の力・神意によるものだとすれば、その内なる神は「見えない神ではなくして私達に親しく語る神」で、「私達の為に落涙し私達の為に微笑し私達の為に罪をさえ負うて下さる神(22)」だからである。こうして神を身近な存在として自己の内に含む神と見ることで、救いの意味が身近に感じられる。

救いとは「不浄の罪」からの救いである。私達人類は、いつの頃か神の実在を忘れ、神から離れ、神を穢す文明をつくりあげてしまった。その神への裏切りをはじめ、自然への裏切り、そして他者の恩恵に対する裏切りなど、私達は「不浄の罪」のもとにある。その罪からの救いとは何か。私達にその力はない。神のみである。自ら進んで神の全一なる愛の中に入るべきだというのが柳の深き想いである。次のように言う。「隈なく愛し、全き愛を以て愛する神は、その愛に於て常に赦しを用意しています。そうしてこの事は神がすべての罪を贖って、人を救済し、その安息を準備している事を意味するのです。愛は赦しの心であり、赦しは救いの心です。そうして救いは休らいの固い契いなのです。愛としての神は救い手としての神なのです(23)」。愛と救いは、神においては、大慈と大悲がそうであるように、二つで一つなのである。愛も救いも共にここに在るというのが柳の神観である。

柳は、身近な親しき「神の姿」を七項目に集約している。①限りなきかな、神に飽く事なき愛 ②驚くべきかな、神の測り難き御業《みわざ》 ③賞むべきかな、すべてを正しく準備し給う神に配慮 ④讃ゆべきかな、神の畏るべき叡智 ⑤妙えなるかな、神の神秘 ⑥美しきかな、神によって果さる、行い ⑦あゝ、感謝すべきかな、神の慈み。このように柳の神への想いは真に深い。

ここまで触れて来た『神に就て』は、「神に就て私の友に書き送れる書翰」という副題がある。宗教を誤認している人達、あるいは「宗教に疎遠な想いを抱く人々」など、不特定多数の人々に、「神の立場」から神を見るとはどういう意味かを書簡の形で平易に書き記したものである。すでに触れたように、柳は、無限で永遠なる神を身近な存在として認識し、その存在の中に自己を位置づけることで、実在する神への讃美と感謝を深い祈りの心で綴っている。出来る限り、実在の神の御意《みこころ》が心ある多くの人々に伝わるようにとの想いである。この本の最後の文言は、次のように綴られている。

「神よ。御身に感謝す。御身の一人の僕《しもべ》より、捧げまつる是等の讃美と、是等の感謝との足らざる言葉が、再び御身の御蕙に於て、御身に受け容れらるゝ事を。希くは御意《みこころ》に適へる日、更に多くの匿れたる驚異を、吾れに示す事を許し給へ。更に尚御心に添ふならば、それ等の驚異を、再び讃美と感謝との言葉に於て、綴る事を吾れに許し給へ(24)」。

柳の神の御意への感謝と祈りは、もはや宗教研究の範囲を超え、自力の世界を超え、他力の世界に入り込んでいるように見える。実は、柳は前年（一九二二）の暮れに、三男宗法を生まれてわずか三日で亡くしている。この本を「今神の御許にいる吾が子に贈る」としている。親としての悲しみの中で、柳は神の大愛なる御意を息子に伝えたかったものと思われる。また親として「立場を越え方法を忘れ、直下に自由に交り、究竟に活きる道(25)」を進む決意を示す意味もあった。この本にはそうした想いが浸み込んでいるとも言える。

若き柳は、「究竟に活きる道」をすでに見い出していた。その若き頃の宗教の心は、次項で触れる晩年の柳の『無謬の道』に間違いなく繋がっている。短い論文ではあるが、柳の神仏不二の思想の真髄を伝えている。

三・五　『無謬の道』（一九五八年）の柳宗悦

若い時期の柳が取り組んだ神についての思索は、晩年においても光輝き、思索をさらに深めているように思える。神の御意に想いを重ね、そして「民芸館を始めてからでも、二〇余年も美しいものを日夜目前に見て過ごし、その美しさの不思議について考え続けて(26)」来た柳は、知の世界を超えて、人においてまた社会において間違えることのない道を探し求めていた。それが『無謬の道』である。この作品は亡くなる（一九六一年）三年前のもので、病床にありながら書き記したとある。前述の『神に就て』もそうだが、この作品は将来に「明るい希望」を持ってもらうというメッセージ性の強いものに思える。

この『無謬の道』は、もちろん「美における無謬の道」を論じ「美の済度」に如何にして到達するかを示したものである。しかし済度の問題は美だけのものではない。済度とは「衆生済度」のことで、生きとし生けるもの特に人の救いを意味する。民衆の救いである。民衆は日々、苦しみ、迷い、不安を取り除き、救いの道を求めている。特にいま世界の全ての人達が新型コロナ問題に苦しみ、迷い、不安に陥っている。そして暴力（戦争）と破壊、分断の世界が広がっている。この状況は、真に救いに繋がる無謬の道を求めていることを意味している。柳の言う「無謬の道」は今こそ私達に必要な指針となる。無謬の道は不二の世界への偽らざる道である。

この『無謬の道』には、不二の思想と不二の世界がある。無事で健康な社会を目指す道である。柳は三つあると言う。自在道、法則道、他力道である。第一は、心の在り方の問題で、無住心、自在心あるいは不二心のこと、第二は、安全道であって法の道のこと、第三は、他力道で自力道から自由になることである。

第一の自在道―柳は自由道とも言う―は、物事に対して囚われることのない心で、自由な心を持つことある。「一切の執心を離れる」という意味で「こだわらない心」である。自己からの自由が最も重要で「我」を捨てることである。我が出ればたちまち二元の世界に迷い、「こだわり」が生まれ、「苦しみ」や「悲しみ」の原因になる。物事において、対立、競争、憎しみ、嫉妬等々、二元の世界は拡大するばかりである。そうなれば無謬の道から離れ、不二の世界は幻と化す。したがって誤りのない正しい道の要諦は、無住心、自在心に活きることに尽きる。そこに「済度」への道が開けるのである。

柳は、朝鮮李朝の焼物や日本の古伊万里を民芸美としてその自由な美しさを、またヨーロッパのセザンヌ、ゴッホ、ルオーなどの絵画についてもその「自由な仕事ぶり」を讃えている。すべては自在心なればこその成果である。美における自在心は、柳がブレイクのなかに見た精神美に連なる。それはまた神の大愛なる心と交わり、

宗教心に生きることでもある。不二心である。(27)

第二の安全道は、法の道・法則に随順する道である。柳の言う法・法則とは、神の愛の法則のことであって、「平坦な大通りを歩く」ように、誰でも安心して安全に歩ける「法の道」が存在するのである。美の世界は、その道を踏み外さない限り、愛の美が保証される。例えば柳は、沖縄の種々の織物や絣は、その「法の道」に従い、過失のない美しさを生んでいると言う。その絣の柄は端が掠れる「乱れ」を特徴とし、その乱れが美しさの元であり、その乱れはまた自然さを表わし、自然の妙技であると柳は言う。このように法則は自然の法則をも含む。(28)

私達の日常の暮しの道も同じである。私達にとって日々の危険でない安全道は、神の愛の心に適った道を進むこと、自然の摂理に沿う道を選ぶことである。

第三の他力道について、柳は「美の済度」という観点から「良き伝統」に従うことだとしている。その例として、柳は鹿児島（薩摩）の日置市にある苗代川焼の土瓶（酒器や茶土瓶として使われ、通常「ちょか」と呼んでいる）に言及している。薩摩焼では、生活具として「黒もん」が知られるが、そこには「しきたりの方法や材料」が伝わり美しさの元になっている。その「良き伝統」が他力道であり、自力を超えて「とても有難い救いの力」となるのである。それは言うまでもなく、日本の伝統文化を守ることである。私達は、生活のなかで「しきたり」「伝統」に縛られるのを敬遠する傾向が強いが、それは日々の生活を間違いのないものにするための「規範」であり「型」(29)である。私達はその「規範」や「型」に忠実な心を持てば、無事で落ち着いた生活が保証されるのである。(30)

他力道は有難い。

柳は、この『無謬の道』では、神の愛の力としての「他力道」には触れていない。しかし第二の安全道は実は「他力」による安全道のことであり、重複を避けたものと思われる。自力は内なる神の力たる「他力」の顕現であるというのが基本である。

柳の提示した三つの道、自在道、安全道、他力道は、言うまでもなくバラバラの三つではなく、全一なる一に収まる。すべては不二の道に帰するのである。柳によると、その基本は第一の自在道である。安全道も他力道も、詰まるところ「自我も分別もない心・精神の在り方」の問題であって、自在の心こそ「無謬の道」の基本である。

しかしながら、私達はこの自在心からずれるとどうなるかを知っておく必要がある。心の平穏を崩し、乱れを起こすことしばしばである。私達の日常は「たがる心」で溢れているからである。「たがる心」は、すでに穏やかな平常心から外れていて、見栄であり、虚栄心である。それは、人への驕り、妬み、嫉み、憎しみ、怨み等々を生み、心の不穏は広がるばかりである。前にも指摘したように、心は悪にも毒にもなる。その心の毒を絶つにはどうするか。柳の示唆するところは、二元の争いの世界から逃げ出すこと、「暖簾に腕押し」の心を取り戻すということである。すなわち、「強い風も暖簾には歯がたたぬ。それは勝負を争わず、風と争う心を棄ててしまうことである。そしてまた柳は言う。「他人が自分に冷淡であったら、自分の徳の不足に由来すると思えば、他人を怨まずにすむ。却って冷淡にしてくれたお蔭で、自分を責める事が出来たと思えば、二重の感謝になる。二元の相克から脱するには、取捨をせず双方を肯定すればよい」。柳の自在心、不二心は、禅の心とも通じている。江戸期、博多の聖福寺の住職で、臨済宗の禅僧仙厓（一七五〇〜一八三七）は、蘆（葦）の図に次のような句を添えている。「よしあしの　中を流れて　清水哉」、この句は「善し悪し」の二元の世界を超えていると言えるし、また柳の木を描いた図には「堪忍」の文字と「気に入らぬ　風もあろうに　柳哉」という句が添えられている。乱れがちになる日常をいとも簡単にすんなりと何ものにも囚われず乗り越える心情に同感である。不二なる心、不二なる世界の中心である。[31][32][33]

第四節　不二の世界の実相

ところで、無謬の道の入り口は何処にあるのか。それを見つけるにはどうしたらいいのか。不二の世界に分け入るための出発点は何か。不二の世界の実相を知るには、避けて通れない問題である。

柳は論文『宗教哲学に於ける方法論』で、「宗教哲学は方法なき学である」と言っている。宗教哲学は方法を持つべきでない、そうだとすれば必要なのは何か。その答えは「直観」である。柳は、H・ベルグソン（一八五八～一九四一）の哲学を高く評価しつつも、その「直観」の捉え方を批判し、「直観」の本来の意味を述べている。「人々も知る様に、彼（ベルグソン）は哲学の方法論に新しい見方を開いた。在来の哲学が理知 Intellect を方法としたに対して、彼は直観 Intuition の方法を説いた。理知は如何に精細に働くとも、それは反省であって、ものを外部から見るに過ぎぬ。然しかくしては遂に捕え得る実在はあらぬ。吾々が真に実在を認識しようとするなら、吾々は実在そのものの中に入る道をとらねばならぬ。かくて直観が唯一の残された認識の道である。理知は吾々にものの相対的状態を示すに過ぎぬ。直観のみが絶対的状態を與えるのである。……（略）……私は彼（ベルグソン）の思想の中に私の心を更に活かしてくれる光を見ないわけにはゆかぬ。しかし彼の思想に於て一つの事を見残したと私は思う。真に直観が実在を直下に認識する力であるなら、彼は何故それを方法として説いたのであるか、彼は方法を直感に移したに過ぎぬ。真に直観が直接なる理解であるなら、それは方法なき理解という意ではないか。直観は方法の一つではなく、方法を越えるが故の直観であろう。方法として解された直観は、反省せられた間接な直観に過ぎぬ[34]」。

柳は、見られるように、ベルグソンの「方法としての直感」に対して「方法を超えたところにある直観」を「実在を直下に認識する力」として捉えている。柳はすでにブレイクの思想に「直観」のあることを発見していて、その実在の世界に入り込むきっかけが直観である。実在というのは、神の実在する世界のことだが、その実在の世界とは実在の直接経験である。一切の抽象差別を離れて事物の真性に身自ら触れてそのものの内に自ら活きる事である[35]」と「直観」の意味を定義している。しかし、柳の言う「直観」は、すでに入り口に入り実在の世界に身を置いて居る状態のように思える。ブレイクの直観についての柳の次のような言及はそのことを明らかにしている。「ブレーク自らの切実な経験であるこの直観の観念が彼の「想像」または「幻像」の思想と密接な関係があることは自明である。直観とは主格の間隔を絶滅した自他未分の価値的経験である。そこには差別記号である何等の名辞すらない。ただ活きた実存する一事実がある。すべての生滅的関係を離脱した永遠の流れがある。この至純な経験の世界を指して彼は想像界と呼んでいる。幻像とはその世界の視覚化された状態である。自我と外界との合一、寂滅された個性の拡充、即ち法悦恍惚の神境はこの純一な経験の高調を意味している。直観とは「想像」の経験である。「想像」の世界とは神の世界である。直観とはその真義に於て神を味わう心である」[36]。柳がブレイクから受け取った「直観」の観念は、かなりの進化を遂げたものになっていて、その意味する範囲はかなり広い。神の世界の道に一歩足を踏み入れたときの「直観」は、いまだ実在の世界の実相を見定める段階になく、その世界の真性の一端に触れ、これまでとは違う、未知なる神秘を感覚する純一な心の状態である。「神を味わう心」というほどのまだ余裕はない。そのあとは、霊的体験や経験を積み重ね神の不二なる世界に道を求め生きる力を得ることである。そのなかで「神を味わう心」が養われるのである。

さて、本節の冒頭で提起した問題はどうなのか。柳の「直観」論は、やはり何処か宗教研究という体系的な思索の所産のような様相を呈しているように見える。また、柳が主導した、民芸における美の観念には、何のこだわりも持たない純粋で無垢の心による「直観」が重要であることは論を俟たない。問題は、民衆の心の問題として提起されているのである。前節の三・二の柳の霊夢「観音様の涙の衣」で触れたように、私達が日常の暮しの中で遭遇する「試練」、あるいは常ならざる「無常の世界」との遭遇が、未知なる神秘の道の入り口を準備する。冒頭のブレイクの詩「神の姿」で言及したように、悲しみ、苦しみ、つらさ、そして不安など「無事」とは言えない状況（試練）に私達が陥った時、私達の想いや心は何処にあるのか。それは率直に言って、試練のなかに閉じこもるのではなく、「救い」を求める心である。穏やかな無事なる心を得たいという心の働きである。心の安寧である。喜びと言わない――いずれそれは喜びとなる――までも、その試練を克服出来るような生きる力を得たいという心の作用である。その時想うのは、生きる存在としての自己への問いである。「生きること」の意味を少しでも知りたい、感じたいとの想いは真に貴重である。知の世界でその答は出て来ない。私達の生命は、私達の意思を超えたところにあるからである。生まれることも死ぬことも、また息をし眠ることも食べることも、私達の意思によるものではない。そうした不思議さをもって私達は生きている。与えられた生命の不思議さに想いが至る時、私達はそこに何を見るのか。眼に見えない何らかの大きな力の存在である。それがいわゆる霊的な体験である。自己の中に霊性を見ると同時にその霊性を与えてくれた「何らかの大きな力」の存在に気付くのである。この時、私達は不二なる神の世界の入り口に立っているのである。試練を抜け出し救いを求めて「生きる力」の根源に心が向かう時、私達は不二の世界の入り口に立たされているのであって、その意味で「無謬の道」・「不二の道」の入り口は、実は私達の目の前にあると言ってよい。その入り口の門を入り、心の働きは大きく膨らむ。柳の言う「神を味わう心」としての直観が動き出すのである。こうして私達は、ブレイクの詩に込められた「神の姿」（慈悲の心、情けの心、愛の心、和らぎの心）に触れることが出来るのである。

以上述べてきたことは、一般的には「生における死と再生」の問題として理解できる。私達は、生きて行く中で様々な試練に出会い、人として俗なる世界を超えて「聖なる世界」に身をおくことを望む。その望みは俗なる世界における試練を克服するものとして自ずと出て来る心の作用である。試練は聖なる世界つまり神の世界へ向かうためのハードルでその先に再生した人の姿が現れる。試練はいわば私達が生きるうえで通過すべき大きな節で、それは「生における死」に相当する。試練（死）を通過して霊的に進化した人間は不二の世界である「無謬の道」を進むのである。在り得べき人として生きるために。私達は実は「生における死と再生」を、例えば成人式のような通過儀礼を経て人として再生するというプロセスを制度化してきた。しかしそれは、今はすっかり形式化してしまい、本来の意義は失われている。(37) 私達はその事実を深く受け止め、新型コロナ問題の難局を乗り越えなければならないのである。

柳が「実在の世界」と呼び、また「不二の世界」とも語る、神の世界は、神意・神理による「大愛の力」の律動の世界である。私達の「生きる力」の根源である。本節は、そうした世界の実相を三つに絞って検討したい。「生命《いのち》の力」の存在する世界、「法《のり》の力」の存在する世界、そして「産土《うぶすな》の力」の存在する世界である。柳の宗教世界を含め、これまで本書で展開して見えて来た、不二の世界の実相はこれら三点に集約されるのではないかと思う。

四・一　「生命《いのち》の力」の存在——健康な生命の世界

私達には、生まれながらにして「生命の力」が備わっている。それは自力ではなく他力によるものである。自力で努力して手にしたものではない。自力が他力を動かすのではなく、その逆である。「生きていること」は純一に見れば極めて不思議な出来事である。それは私達人類だけのことではなく、「生きとし生けるもの」すべてにおよぶ生命の不思議・神秘である。その不思議・神秘のなかに霊性（神性・仏性）が宿る。その霊性こそ生命の本源であり、本質である。柳が語る神とは、「宗教的『一』[38]」のことで、実在の世界の中心としての全一なる神のことと思われるが、他力とは、その神の尽きることのない無限の大愛（大慈と大悲の融合あるいは不二）なる力の律動のことである。神の大慈観は、仏教の世界観で表現される広大無辺の世界、いわゆる三千世界を調和させ「生命の力」が大きく花開くように育てる神意のことである。したがって大慈観は本項の「生命の力」と深く結びついた神の愛の心である。一方大悲観は、次項の四・二の「法の力」に関わることである。天地を縦に横に貫く神の仕組み・法則あるいは私達が守るべき定め・道（掟）が永劫に続く神理としてあり、私達はその仕組み・法則、そして道を絶対に踏み外すことは許されない。その裏切りには、神の厳格な試練・鍛えが待ち受ける。私達が経験する試練とは神の愛の心に背く行為の結果であるが、私達はその試練の意味に気付くことが重要である。試練は神の愛の心の働きによる浄化のための兆候で、本来の道に戻る仕組みは神意のなかに準備されているのである。神の大慈観が温かく軟らかく優しさの愛であるのに対し、大悲観は厳しさの愛である。神の大愛は両義的である。このように大慈と大悲との融合からなる、他力こそ、すべての力の根源であり、霊性の生みの親である。神の力動は私達に備わった霊性を力あるものとして動かすが、それは霊的な力となって、私達には「生きる力」「生命の力」として顕現するのである。私達の生命は、他力をうちに秘めた存在なのである。

柳はまた、他力を神の本意という意味で「神の智慧」と呼ぶが、私達はその智慧に融合して、他力のなかに自力を活かす道を見いださなくてはならないし、また見出すことができる。私達は与えられるだけではなく、その神意に沿う生き方が求められる。それが柳の言う「無諍の道」を進む意味であり、「自在なる心」が鍵になる。なんらの計らいもなく、神を直感する心を持ち、無欲になることこそ、「神の智慧」（大愛・神意）に応え一体化するための絶対条件である。不二の世界では、他力と自力は「一」であり、まさに不二の関係である。神人合一である。仏教で言えば、帰命である。柳は次のように述べている。「帰命が素晴らしいのは、自己放棄であるから、己に縛られる不自由から解放され、謙虚になり、かくて感謝の生活に入る。感謝の生活は、新しい自由の生活を意味する。自己に縛られる機縁を断つからである」[39]。他力への帰命は、心の健康・精神美の結果であり、「謙虚さと感謝の生活」を生む。しかしながら私達は常に安全道を歩んでいるわけではない。俗なる世界における物と欲と権力との接触は避けられない。そこでは心に隙、緩み、油断が生れ、乱れた波が立つ。心の迷いである。私達はそれに気付き、「詫びる心」を持ち、道を修正しなければならない。したがって感謝の生活には「詫びる心」を必要とする。感謝の心があるのは侘びの心があるからであり、侘びの心があるのは感謝の心があるからである。

しかし神人合一の道は、まだ道半ばである。心に迷いが生まれるようでは、心の在り方としてはまだまだ未熟である。まだ自我の枠から抜け出ていないのである。柳の「無諍の道」の行き着く所が「美の浄土」であったのと全く同じように、その道を進む目的は、この世における浄土の成就である。神が願う浄土の実現である。浄土というのは、この世の一切が健・和・富の世界であり、真・善・美の世界である。そうだとすれば、私達の本願は、自我を超え、浄土実現のために報恩の心と神の愛心に素直に生き、ぶれることのない強い心を持つことである。そして強いだけではなく、心は下座の気持ちを持って、広く・丸く・穏やかに・柔軟に・利他愛に徹しなければならない。柳の言葉で言えば、神の愛心に一体化する心、不二心ということである。この場合私達の心は霊的な心、霊性の高い心となっている。つまりそのような私達の心霊が神の無限の力と結びついてこそ、私達に与えられた「牛命の力」の存在の意味が見えて来るように思う。

さて、私達の生命は、一人ひとり孤立して存在しているわけではない。繋がりのある生命である。父と母があり、兄弟姉妹がいて、そして何代も続く先祖がある。私達はそうした繋がりのなかで「生命の力」を得ている。

それぞれの生命が他の多くの生命によって支えられている。そうした「生命の力」の繋がりは、言うまでもなく霊的な関係を含んだもので、その意味では他力によって成り立っていると言える。また、友人、知人など繋がりは広く、深い。さらには繋がりがないように思える知らない人達とも、物や情報、音楽・芸術・スポーツなどの文化的営みを通して繋がりがあり、その繋がりの広さは、いまでは地球大に及ぶ。そこでは対立や競争・争いがあり、繋がり方に問題があるとはいえ、社会的な存在として私達は多くの人々と霊的に深く繋がっている関係であることは間違いない。私達は霊的に見ても孤立しての存在はあり得ないのである。自他不二の関係である。その意味で、世界の「生命の力」が神の大愛なる不二の道に結集すれば、浄土への道は近いかもしれない。

私達は、そうした人と人との霊的な社会関係のなかで「生命の力」を得ているだけでなく、天地自然の仕組みのなかで「生きる」存在である。私達は自然と一体化した存在、自人一体の関係にある。私達人間は、不二の世界では神人合一の関係だけでなく、自人一体の関係を築くことを目標としている。自人一体の関係は、例えば私達の生きる場である、風土との一体ということが分かりやすい。風土は生きる場の時空間のことで、「生命の力」を具体的に認識する場である。火、水、土、空気、そして風、昔から四大元素とか五大元素と言われてきた風土の諸要素は、「生命の力」を育む自然環境である。それらは神大愛の贈物である。これらの諸要素は私達生きとし生けるものの生命に必要なものすべてを提供してくれる。風土は求めずとも与えられる自然と人間との共時的存在世界である。衣食住に必要なものはすべてそこにある。そこには他力の大きな力が働いているとしか思えない。生きるために自力は必要だが、私達は自然の恵みを受け取るのみである。如何に科学が進もうと火も水も作れない。例えば食べ物で言えば、大根一本、人参一本作れない。太陽の光（火）、水、大気、土がなければ食は得られない。食こそ他力と自力の合作で風土の贈物である。身土不二という仏教の言葉は、そのことをよく表わしている。これはまさに自人一体の典型例と言える。そしてもっと広く環境世界との一体的関係を依生《えしょう》不二と言う。すでに私達はそうした人と自然との不二の仕組みを熟知していたし、知足の思想もそこから生まれた。その仕組みはまた神の大愛なる「生命の力」の成長を、したがってまた霊的力の上昇を裏付けるものであった。したがって自人一体の関係は、私達が多くの生命と霊的に深い繋がりにあることを認識する仕組みと言える。神人合一が神との縦の霊的繋がりとすれば、自人一体は、人と人との、また自然と人との横の霊的繋がりを意味する。私達はそうした霊的ネットワークのなかに生きているのである。

さて、生の問題は、死の問題でもある。死について考えて見なければならない。柳の考えを再度取り上げてみたい。生死不二という捉え方である。柳は、前節の三・一で触れたように、ブレイクを「久遠の人」と讃美した。死してなお永遠の生を貫き輝いているという意味である。つまり柳は、ブレイクの「死は終結ではない、永久の出発である」と言う。生と死を区切りあるものと見るのではなく、死は生の延長であって、生の終りではないのである。また柳は、三・二の『死とその悲みに就て』で見たように、死は決して無常なる現象ではなく、神が私達のために準備した「永住の世界」に移ること意味していると述べている。そして同じことだが、次のように死の意味を述べている。「この世に生れたのは、神に帰らんが為に生れたのである。船は港に帰ろうとして港を出るのである。死こそ帰り路の終りである。死において新な生への歩みが始まる」(40)と。少し敷衍して言えば、私達の生における「生命の力」は、霊的な力として永遠に続くものとして与えられたものである。死によって途切れ消えて無くなってしまうようなものではない。神によって私達に与えられた「生命の力」は、それほどに深く霊的な意味を秘めているのである。私達の「生死不二」の関係は、「生命の力」の存在が「不二の世界」の実相であることを象徴しているように思える。

四・二　「法《のり》の力」の存在——仕組みと調和の世界

法とは、不二の世界での神仕組みのことで、そこではその仕組み全体を貫き動かしている力が働いている。それが法則あるいは原理と言われるものである。つまり仕組みは神の大愛の力によって動いている。大愛の力動の波である。穏やかな波もあれば厳しく荒れた波もある。それは愛のある厳しい世界で神の大悲観によるものと思われる。私達は「生命の力」を与えられた者として、その原理に従わなくてはならない。正しい法《のり》、仏教では、正法《しょうぼう》と言われるが、私達が生きるうえで進むべき道である。「無謬の道」である。

不二の世界は、単に横に広がる平面の世界だけではなく、上から下に縦に貫き連動する立体の世界からなっている。火・水・土、天・空・地、日・月・地、神・幽・現、霊・心・体など三位一体で呼ばれる立体の世界である。私達の生きる世界は、自然も含めてこの仕組みから構成され、そこを一貫して貫き結ぶ法則・原理が存在する。この三つの要素が神の意に適い結び付けば、永遠に栄え続く原理となる。この縦に連動する三位一体の関係は、大きく調和して力動の波となる。波は力である。それは法・原理が、そして調和が、生み出す力である。それは私達の想像を超えた無限の力動の波である。実は、右に指摘した調和の意味が重要である。火・水・土などの三つの要素のうち、一番下位に位置する土、地、現、体は私達には横に動く平面の世界である。その平面の世界にいる私達の心が縦の神の世界と調和することが出来れば、私達は無限の力動の波を神の贈物として受け取ることができるのである。縦と横が調和して結び付く、まさに十字に組むことは、文字通り調和の力となり、十字の力となる。先項の「生命の力」が浄土における「健・和・富」の「健」（健康な霊・心・体）に深く結びついているとすれば、本項の「法の力」は「和」（和の心）と強く関連していると言ってよい。

不二の世界の「法の力」の波動によって、私達は愛の波や試練・鍛えの波を受けることになるが、それがあるからこそ「生命の力」は神の意に沿う健全な力に成り得るのである。そうなれば私達の「生命の力」は、想像を超えた「法の力」を通して、神大愛の力、妙智の力、清浄の力として顕現することも可能である。私達は「和の心」をもって、不二の世界の実相としての「法の力」（天地を動かしている原理）に従わなければならない。

四・三　「産土《うぶすな》の力」の存在——富の世界

法とは、すでに見てきたように、天地を縦横に貫き調和する世界を生む原理のことで、そこには厳しくも愛のある世界が展開している。調和し十字に組むことで生まれる力、それが「産土の力」である。相対する二つが一つになる、つまり不二になるとそこに産土力が生まれるのである。神の世界の大慈と大悲、自然の世界のプラスとマイナス、生きものの世界の雄と雌など、陽と陰の調和的融合は、無から有が生じる産土力の世界である。まさに創造の世界である。神の大慈と大悲の融合は三千世界を包み込むような途方もない無限の大愛を生み、自然にあるプラスとマイナスの結合は、地球上の巨大なエネルギーになるし、また生きものの雄と雌の融合は、新たな生命を誕生させる。私達の生きるこの環境は「産土の力」の充満界である。産土の力は新しい生命を生むだけでなく、生命の連鎖や共生の仕組みを創造し、そしてさらに進化・発展の推進力でもある。それらは、私達人類—人類だけでなく生きものすべてと言ってよい—にとって、新しい富の創造を意味している。その富は、神の意に適った富という意味で、聖富あるいは清富と言うべきものである。そうした宇宙の、太陽系の、地球の誕生以来、一〇〇億年・四〇億年をはるかに超える時間を経て創造された「富」の世界は、「産土の力」の存在を確信させるものである。その富は、私達が資源と呼ぶ私達への至上の贈物である。陽光・大気・水だけでなく、海に山に野に、そして地下に、私達が生きて行くのに必要なものすべてが準備されている。一切無駄なものはない。

以上見たように、私達の「生きるという営み」は、「生命の力」、「法の力」、「産土の力」によって成り立っている。「生命の力」は健と、「法の力」は和と、「産土の力」は富と、それぞれ密接に結びつき、健・和・富の浄土世界が実現する。不二の世界は、私達が私達の身勝手な都合で侵してはならない聖なる世界であり、神大愛が作り上げた芸術のごとき世界である。不二の世界があるからこそ私達の日々の健全な存在世界が成立するのである。

第五節　不二の世界の再生に向けて

これまでの展開に照らして、私達の現在はどうなのか。私達は何を目指して歩んできたのか。便利さと経済的・貨幣的富をひたすら追い求める生活に励んで来たのではないか。火（陽）・水・土などの三位一体の調和的世界が育んだ清富は、何ら感謝の心もなく採り尽され、成長と覇権のための資源への渇望と欲望の広がりは留まるところを知らない。現人類は、経済的活動空間を直線的に広げることを発展と称し、そこを目指して邁進している。そのために科学の発展を必要としているのである。ともかく私達に、不二の世界の大愛の恩に報いる心も詫びる心もない。すべては不二の世界とは逆向きに突き進んでいるのである。「生命の力」を弱体化させ、「法の力」を無視し、そして「産土の力」を破壊している。心なき近代文明は、暴力装置で固められ、自壊の道を歩んでいると言ってよい。

では、新型コロナウイルスは何か。コロナウイルスは少なくとも現在の暴力装置としての経済・政治・科学に対するアンチ・テーゼ的な存在として出現したのではないか。コロナウイルスが近代文明の巨大な暴力装置に立ちはだかるブレーキ役だとすれば、いまの文明にとって危機的試練と言わざるをえない。何故なら危機とは現在の文明のシステムを放棄することを意味するからである。不二の世界の神の大愛に守られる「生命の力」の再生を望むのであれば、眼前の心なき暴力的経済の復活は許されない。したがって「生命も経済も」という問題の設定は正しくない。不二の世界の再生か暴力装置を持った文明の持続かの二者択一を迫られているのである。今後神の意に沿わないものは淘汰されるという事態が来るかもしれない。必要なもの・そうでないものの選別が起こることは十分に考えられる。私達に災禍をもたらすような文明装置としてのモノ・コトは必要ない。その意味で、新型コロナ問題は特殊歴史的な性格を持っていると言ってよい。新型コロナ問題は、「不二の世界」からの近代文明への厳しい試練であると同時に、人類が救われの道を進むようにとのメッセージでもある。神意は、試練と救いという両義性を持っている。不二の世界の再生の道は私達の目の前に用意されているのである。私達は、柳宗悦が構築した「不二の思想」の今日的意味を汲み取り、神の大愛に適う「心」を、精神美を、つまり「心の時代」を築いていかなければならない。

私達は、ここでインドのM・ガンディーの「非暴力の思想」に触れておきたい。イギリスの近代文明に真っ向から挑んだガンディーは、イギリスの暴力的権力に「非暴力」（アヒンサー）で対抗した。徹底して暴力を否定したのである。その際、ガンディーは、自己の思想に「神なる真理と愛の心」を本質的なものとして埋め込み、非暴力を貫いた。アヒンサーは一般的には不殺生を意味するが、究極的には愛を意味する。暴力支配に対比しての愛の心がアヒンサー（非暴力）である。ガンディーは、非暴力の究極としての愛の心とサティヤーグラハをその非暴力運動や生き方の力の源と考えていた。そのサティヤーグラハについて言えば、サティヤーは本来真理を意味し、愛の意味も含むと言う。アグラハは確固たる態度を持って物事を生み出すものなので、「力」の意味になる。つまり、ガンディーは、真理とは神のことだと言っているので、非暴力の思想は、真理（神）に対する揺るぎない信頼と「愛の心」が生んだ思想と言える。ガンディーは、運動においても日々の生活においても、神の真理と愛の心を貫いていたのである。[41]ガンディーの著作を読んで、私利私欲の心がなく、無欲で真理を実践する姿が印象的である。非暴力の思想には、真理の力、愛の力、そして魂の力が溢れている。ガンディーは自分の非暴力について次のように述べている。「非暴力は、最も高いレベルの活動力である。それは魂の力、あるいは我々の内なる至高存在の力である。我々は、非暴力を実現すればするほど、神に近づく[42]」と。

ガンディーの非暴力思想は、柳宗悦の不二の思想と不二の世界の実相と重なっているように思える。それは柳と同じく実践的思想だからである。両者とも常に神の御意を心に秘めながら生き、実践したからに他ならない。私は、ここで柳とガンディーの思想を「心の宗教」・「心の思想」あるいは「心の哲学」と呼びたい。それほどに「心」の問題は今日最も重視すべきことであるからである。そして「心」の持ち方が今後の私達の未来を決定づけるからである。

柳宗悦の健康で無事な社会、そしてガンディーの非暴力の社会という社会観は、私達にわかり易い。病のない、暴力のない、本当に安心出来る社会は、私達の当面の目標である。こうした社会を、私達は経済知・科学技術知で達成出来るであろうか。答えは否である。私達は今、経済優先、科学技術優先に道を譲るわけにいかない。柳の棟方志功の仕事についての批評が参考になる。次のように語っている。「棟方の仕事は現代作家の多くと異って、知的な性質はありません。それ故頭脳の作ではなく、体全体が生むものであります。それ故、神経の突端でする仕事でもありません。今の知的時代には珍しい仕事振りで、文明に毒された所もなく、極めて自然人に近いのであります。それ故、病的なところがありません。変態ではなく健康です。その作品が必然に古版画をしばしば想起させるのは、心の状態に互に近似したものがある為と思います。要するに、細工されたものではなく、生誕したものであります。かかる原始人的な力を失っていないのは、今の時代では珍しいことではないでしょうか。……（略）……なかなか内省の強い人ですが、知識や主張から仕事をする人ではありません。何時も問答無用の仕事振りです」[43]。非常に興味深い批評である。棟方の真善美へ向かう精神美が強く伝わってくる。ただ、ここで指摘すべきは、柳は、主知主義を批判し、二元の相対の世界に留まる「知」の限界を強調しているのであって、「知」の在り方への問題提起が含まれている。ガンディーも奇しくも同じようなことを言っている。「我々が真理を体得して始めてチット（真知、cit）が生れる。真理の伴わざる知識は真知ではない。それ故我々は神なる意義に真知を付け加えるのである。真知のあるところ常にアーナンダ（歓喜、ānanda）が伴い、いかなる苦痛も存在の余地がない。真理が無窮であると同様に、それから生れる歓喜もまた無窮である。それ故「実在―真知―歓喜」なる意義の下に神を認識するのである。即ち神はこれらの三位を一体化したものである。この真理に対する信仰あってこそ、我々の存在に価値ありというべきである。真理が人間活動の中心であり、生命である」[44]。私達は、棟方のように「知」に縛られない自然人のような健康な心を持って生活をしたいし、またガンディーが言うように、「真理―真知―歓喜」の生き方を望む。私達に今必要なのは、失ってしまった霊的力を取り戻し、神大愛（神意）を内に秘めた「心と魂で考え」、そしてのち「頭」で考え、それが活かされることである。

最後に、ガンディーの言葉を引用し、本章の結論の一つとしたい。「真理の探究には、時として死をも伴うべきタパス（苦行 tapas）と、諸種の難業とが必要であり、この間少しでも利欲の影があってはならない。利欲を離れて精進せば、何人も長き迷いに苦まないであろう。横道に入り込んでも、やがては更に正道にかえるであろう。真理の探究はとりもなおさず真の信仰であり、それが神への道である。臆病と逃げ口上の余地はない。信仰が死より永遠の生へ門口を開く護符である」[45]。このガンディーの言葉に付け加える文言を知らない。柳宗悦の不二の世界に向かう「無謬の道」は、今私達の前に準備されている。新型コロナ問題による私達の試練は、不二の世界の再生のための死（苦行）と認識すれば、その死を乗り越え再生への道が開かれている。すべては不二の一に収束する。その一にすべての救いが待っているのである。

新型コロナ問題はまだ続いている、終っていない。私達は、もし神意に沿った自戒の心を取り戻さなければ、今後も自壊への道を歩むことになるであろう。私達は、日々繰り返される自然の営みである、陽光を身体に浴び、大地を潤してくれる雨の音・さわやかに吹きわたる風の音・高らかに囀り鳴く鳥たちの声・夜にしじまに澄んで聞こえる虫たちの声に心静かに耳を傾け、何気なくそこに生きる山野の木々や草花に、路傍の石に、不思議と神秘を想い、季節が織りなす「春の芽ばえ、夏の茂り、秋のよそおい、冬の清浄」（東山）に、大愛の光を感じ、「生命《いのち》の力」・「法《のり》の力」・「産土《うぶすな》の力」の実在に親しく深く交わりたいと願う。

（1）William Blake, (1991) *Selected Poems*, ed. by P. H Butter, Everyman's Library, p.17　ウイリアム・ブレイク『ブレイク詩集』土居光知訳（一九九五）、平凡社、四一～四二ページ
（2）フランスの格差問題などについて、尾上修悟著（二〇一八）『「社会分裂」に向かうフランス―政権交代と階層対立』明石書店参照。また、本書補章「柳宗悦の「こころの経済学」―経済原理としての「物心一如の世界」」参照
（3）東山魁夷（一九七六）『日本の美を求めて』講談社学術文庫、一六～一七ページ
（4）同右、九二～九三ページ
（5）柳宗悦全集（以下全集と略）筑摩書房、第一八巻「無有好醜の願」（一一二～一一三ページ）で、柳は「不二」について次のような説明をしている。補足的に引用しておきたい。「仏法それ自身が不二門なのであります。この不二は「一」という簡単な肯定的言葉に更えてもよいのでありますが、一というと、とかく二に対し多に対する意味を持つので、かかる二元性を拭い去る言葉として、「不二」即ち「二ならず」の方が、一層適切な言い方だと思われます。この「不二」の理念こそは、西洋では充分な発達の跡がなく、東洋においで始めて熟し切ったと云ってよく、これこそは将来東洋が西洋に寄与する大なる思想的贈物となるでありましょう」
（6）全集第四巻「ヰリアム・ブレーク」二八一ページ
（7）同右、一七～一八ページ
（8）同右、二〇ページ
（9）同右、二一ページ
（10）全集第三巻「死とその悲みに就て」五〇四～五〇五ページ
（11）同右、五〇五ページ

(12) 福岡県宗像地方に『手光《てびか》の身代わり観音』(福岡県総務部広報室編『郷土のものがたり』)という民話が伝わる。柳の霊夢と類似しているので、紹介したい。

筑前宗像の福間(現、福津市)に手光というところがあり、そこに長谷寺《ちょうこくじ》(筑前霊場三三ヶ所の一七番札所)がある。そこに安置されている、十一面観世音菩薩が「身代わり観音」として多くの人に知られているのである。この観音様にまつわる民話である〈子供のいない、ある若い夫婦が「どうしても子供がほしい」と観音様の「御神力」を信じて一生懸命祈り、そのかいあって可愛らしい女の子がうまれます。父親は尋常ではない可愛がりようでしたが、その父親が急病でなくなり、母娘の二人が残されることになります。それでも母親の愛情のもとで成長し、十一歳になった秋のある日、一人で留守をし裁縫をしていた時、突然鷹が家の中に飛び込んで来たのである。娘は驚きその鷹を棒で殺してしまったのでした。その鷹は殿さまの鷹狩用の鷹だったのである。殿さまの付き人の侍にそれが見つかり、問答無用と、娘は切り倒されたのです。帰ってきた母親が、血に染まって倒れている娘を発見します。だけどまだ脈があり、医者を呼ぶと「助からない」と言う。そこで、嘆き悲しむ母親は、「なにとぞ観音様のお力で娘の命をお助け下さいませ、お助け下さいませ」と観音様に一心に祈るのでした。すると、その祈りが観音様にとどき、今にも死にそうだった娘は、顔色が良くなり、みるみるうちに傷も消えてしまったのです。そして娘は、眼をうっすらと開け夢心地に「お母様、わたくしはいま観音様にお会いしておりました」と言うのでした。たいそう喜んだ母親は、すっかり元気になった娘を連れて「観音様のおかげで、娘は元気になりました。ほんとうにありがとうございました」と観音様にお礼のお参りに行きました。その観音様を見ると、なんと肩口に大きな傷がついているではないか。観音様はほんとうに娘の身代わりになって下さったのでした。母と娘は涙をいっぱい流して観音様に手を合わせて感謝したのは言うまでもありません。この時以来、長谷寺の十一面観世音菩薩は、「手光の身代わり観音」と呼ばれるようになったということである。今はその観音様の傷は消えて無くなっているとか。〉

この民話では、観音様への一途な信仰と、母と娘の試練と再生が物語のテーマである。神の愛の心に適えば、救いの道が開かれるのである。なお、鎌田茂雄(二〇一八)『観音さま』講談社学術文庫参照

(13) 全集第三巻前掲、五〇六~五〇七ページ
(14) 同右、五〇八ページ
(15) 同右、「宗教の究竟性」一六八ページ
(16) 同右、一四七ページ
(17) 同右、一五七ページ
(18) 同右、一五九ページ
(19) 同右、「神に就て」二八五ページ
(20) 同右、二九一~三〇一ページ
(21) 同右、二九八ページ

(22) 同右、三〇八ページ
(23) 同右、三二〇ページ
(24) 同右、三三〇ページ
(25) 同右、三四六ページ
(26) 全集第一八巻「無謬の道」一八六ページ
(27) 同右、一八七～一九二ページ
(28) 同右、一九二～一九五ページ
(29) 日本の伝統文化の「型」について、俳人の黛まどか氏が日本経済新聞の夕刊「あすへの話題」で興味深く次のように語っている。「日本の伝統文化が「型」を身体に覚え込ませるのは、行動規範を身に付け、「想定外」への対応力を高めるためだ。「型」は束縛ではなく、むしろ一度体得すれば、自由に応用できる。俳句も同じだ。「型」があればこそ、たった一七音節で壮大な世界を描くことができるのだ」。（二〇一二年五月二二日）
(30) 全集第三巻、同右、一九五～一九六ページ
(31) 全集第一九巻「安心について」六一一ページ
(32) 同右、六一二ページ
(33) 古田紹欽（一九八五）『仙厓』出光美術館、衛藤吉則・石上敏・村中哲夫（一九九八）『仙厓』岡田武彦監修、西日本新聞社参照
(34) 全集第三巻「宗教哲学に於ける方法論」三四九～三五〇ページ
(35) 全集第四巻「キリアム・ブレーク」三二一ページ
(36) 同右、三三二ページ
(37) 詳しくは、本書第八章「伝承と創造の経済学――「生における死と再生」の思想」参照
(38) 全集第三巻「宗教的「一」」三六〇～三六六ページ
(39) 全集第一八巻「不二美」四七六ページ
(40) 全集第三巻「死とその悲みに就て」五〇九ページ
(41) ガンディー（一九五〇）『ガーンディー聖書』エルベール編、蒲穆訳、岩波文庫、一九ページ。また、エクナット・イーシュワラン（二〇一三）『人間ガンディー――世界を変えた自己変革』スタイナー紀美子訳、東方出版参照
(42) ガンディー（二〇〇二）『私にとっての宗教』竹内啓二訳（代表）、新評論、九九ページ
(43) 全集第一四巻「棟方と私」三四六ページ
(44) ガンディー前掲書『ガーンディー聖書』二〇ページ
(45) 同右、二二一ページ

第一〇章　文明転換と経済人類学——現代文明の死と再生の道程

第一節　解体の対象としての近・現代コスモス

土

こッつん　こッつん
打《ぶ》たれる土は
よい畠になって
よい麦生むよ。

朝から晩まで
踏まれる土は
よい路になって
車を通すよ。

打《ぶ》たれぬ土は

踏まれぬ土は
要らない土か。

いえいえそれは
名のない草の
お宿をするよ。(1)

『土』と題するこの詩は、天から舞い降りてきたかのような純粋無垢な心の持ち主、女性詩人金子みすゞ(一九〇三～一九三〇)のものである。『金子みすゞ童謡集』を編集した矢崎節夫は、みすゞの詩を「どこまでも、広く、はてしなく優しい文学宇宙」だとして、「みすゞコスモス」と呼んでいる。そして、この「みすゞコスモス」は、人間中心の視点ではなく、「いのちのこと、こころのこと、生かされているということ、違うことのすばらしさなど、現代の私たちに一番大切なことを、深い、やさしいまなざしで歌ってくれている(2)」と語る。

私達は、傲慢な人間中心の社会に生きている。それも特殊な階層や富裕層のための社会であると同時に、私たちの生活システムそのものが人間中心になっている。人間中心主義に蔽われた社会からの脱出は、人間存在の本来的な在り方を問うことでなくてはならない。生きる存在としての人間は、自然が提供してくれる様々な資源や生きとし生けるものの存在を抜きにして在り得ない、にも拘らず自己中心的に行動する厄介な生きものである。それは現代の社会の構造がそのような仕組みになっているからである。「みすゞコスモス」は、そうした人間の醜い悪の面をやさしく問い質してくれているように感じる。みすゞの詩「土」は、日常の生活道路や歩道としての土、畠の土だけでなく、名もなき草花や樹木のための大地までも視野に入れて、いのちとの関わりを詠っている。私達は、必要なものは眼に入るが、そうでないものは近くにあるものでも気付かない。殊に、今の私達はお金と関係するもの、あるいはビジネスに結びつきそうなものには、関心を示すけれども、それら以外はほとんど無意味なものとして片づけてしまう場合が多い。「みすゞコスモス」はそうした人間の視点を超えた世界を宿している。もうひとつ、みすゞの詩『日の光』を見てみたい。それは地球のすべてのものが、太陽の下、明るく楽しく生きる世界、そして死後をも予感させる宇宙世界を描いている。

日の光

おてんと様のお使いが
揃《そろ》って空をたちました。
みちで出逢《であ》ったみなみ風、
(何しに、どこへ。)とききました。

一人は答えていいました。
(この「明るさ」を地に撒《ま》くの、
みんながお仕事できるよう。)

一人はさもさも嬉しそう。
(私はお花を咲かせるの、
世界をたのしくするために。)

一人はやさしく、おとなしく、
(私は清《きよ》いたましいの、

のぼる反《そ》り橋かけるのよ。）

残った一人はさみしそう。
（私は「影」をつくるため、
やっぱり一しょにまいります。(3)）

「明るさ」を届ける日の光、それは言うまでもなく、地球上のすべてのいのちの光・源である。草花・樹木を生かすための日の光、それは世界を楽しく美しく飾る平和の光であり、植物は動物や人間にとって清浄な空気を与えてくれるかけがえのない存在となる。また、日の光は、すべての生きものの清く美しい魂を天国に送り出す「反り橋」である。そして日の光がつくる影は見たところさみしいものかもしれないが、決して不要なものではない、そこでしか生きられない尊い生きものもいるし、あるいは昼（明るさ）と夜（影）との循環はいのちの不可決な条件である。

「見えぬけれどもあるんだよ、見えぬものでもあるんだよ」のフレーズでよく知られる『星とたんぽぽ』の詩もそうだけれども、「みすゞコスモス」は天と地の壮大ないのちの仕組みが主題になっている。

「みすゞコスモス」はいま私達に何を問いかけているのだろうか。それは自己中心の傲慢な社会の精神世界が作り出したコスモス、あまりにも暴力と破壊に満ちた不条理なコスモスを問いなおすことの必要性である。近・現代コスモスはその成立の当初からカオス的状況を拡大させながら今日に至っている。日本の近代とて同じである。明治・大正・昭和初期、日本が帝国主義的性格の近代国家として確立する時期、自らの命を絶つという悲劇的な短い生涯を生きた、金子みすゞは、その文明的精神に毒されることなく天使のような健康な心を持ち、山口県の日本海に面した田舎のちいさな漁村の民衆の匂いのする精神世界・コスモスを保持していた。同時代を生きた宮沢賢治（一八九六〜一九三三）も現実の存在世界を超える精神世界・コスモスを築いているのは決して偶然に一致した出来事ではない。

金子みすゞや宮沢賢治の時代といまの私達の時代は、その根本で違いはないが、分断や格差、差別は国を超えて拡大し、さらに深刻の度合いを増している。規模において、質において違う。経済のグローバリゼーションは、全人類を巻き込んで、地球の自然環境・生命系を破壊に追いやるほどの規模と質を持つまでになったということである。私達は、すでに超えてはならないある境界線を越えてしまっているのである。コロナと戦争はそのことを証明したと言って良い。開発と成長の論理に由来する、地球生物の棲み分けシステムの破壊は二一世紀をウイルスの世紀としそして化石燃料依存の拡大はプーチン・ロシアの資源の軍事的利用を誘発し、まさにコロナと戦争を私達の日々の生活に招き入れてしまったのである。コロナとウクライナ戦争、それにイスラエルの戦争、それらは共にいのちの問題であるにも拘わらず、いのちは無視され、経済優先、領土拡大・覇権主義強化が第一で、カオス的状況を増幅するのみである。戦争は、文明の専売的発明だが、私達の眼前の戦争は核の使用を視野に入れているため、文明の崩壊と死あるいは人類の滅亡を演じる最後のドラマになりかねない[4]。それは私達の文明システムが人間存在を保証する「自由と平和」を制度化することを怠たり、戦争を許してしまうあるいは戦争を準備する体制的欠陥をもっているからである。軍備なき国家は国家ではないというのも言い古された常套句である。戦争は悪の思想、暴力と破壊の思想、いのちへの無関心が正義の名のもとに文明の根底に巣食っているのである。戦争は、当事者たちを狂気に追い込み、そして犠牲者の悲惨は世界の多くの人々の精神を傷つけてしまう。苦悩、怒り、悲しみ、そして不安と絶望の感情は、浄化されることは少ない。精神的悪の思想は近・現代コスモスでは「百年河清を俟つ」に等しい。私達は、いま何処に向かえば良いのか、いま進んでいる道は危ういのではないか、行方定まらない暗い迷いの道を彷徨しているのである。無明長夜の迷走の道におけるカオス的状況は、いま文明崩壊の論拠になっている[5]。進歩を讃美する精神あるいは成長至上主義的精神はすでに限界に来ていて、このままの姿勢では、暴力と破壊のシステムを拡大再生産しかねないことを懸念する。

そうだとすれば、「みすゞコスモス」的精神による人間らしさを取り戻すことこそ私たちに与えられた大きな課題ではないか。いのちへの無関心、人間存在への希薄な認識を根底に持つ、近・現代コスモスは解体の対象としてその「死と再生の道程」を探究することが重要であると考える。再生の道を探ること、それが本章の課題であるが、そのために、先ず、井筒俊彦（一九一四〜一九九三）のコスモス論を検討し、それを足掛かりにして、石牟礼道子（一九二七〜二〇二〇）の「もうひとつのこの世」論の意味するところを問う。そのなかで、近・現代コスモスの本質的な問題と経済人類学の意義に触れる。

第二節　井筒俊彦のコスモス論

二・一　社会の大転換——生存動機から利得動機へ

近代とは何か、それは端的に言うと、神を殺し、自然を殺して生きる道を選択した社会であるということである。生存の原理を無視することで成り立つ社会システムである。近代の資本主義市場経済の導入とともに、経済的進歩の道に誘導され、真に「生きる道」は閉ざされ、人間の人間らしさは急速に失われていく。

経済人類学者、カール・ポランニー（一八八六〜一九六四）は「一八世紀における産業革命の核心には生産用具のほとんど奇跡的ともいうべき進歩があった。しかしそれは同時に一般民衆の生活の破局的な混乱をともなっていた」[6]と述べている。この「民衆の生活の破局的な混乱」は「悪魔のひき臼」としての資本主義市場経済が生み出したものに他ならない。生活の破局とは、「古くからの社会的な紐帯の破壊」のことであり、「社会の自然的実在と人間的実在」の根本的な変質のことである。自然的実在は資源・エネルギーとして、また人間的実在は労働力として、資本・貨幣・商品の世界に取り込まれ、そこでは生きる存在としての人間の諸要素は無縁のものとして片づけられ、そこに人間らしさの社会的評価はなく、人間はただ労働の提供者であればよい。言い換えれば、「生存動機」は「利得動機」に置き換えられたのである。[7]

そのことが何を意味しているか、もう少し敷衍して言えば、社会的存在としての人間でなくなるということである。人間はつねに、いつの時代であろうと、どの社会であろうと、社会的存在でなければならない。それは人間の社会では変わる事のない、変わってはならない「人間の生れながらの資質」である。つまり、社会的な人間であることは「人間社会の存続のために必要とされる前提条件」なのである。伝統的な社会あるいは共同体の社会では、個人的な経済的利害に基づく言動が歓迎されるのは極めて稀で、基本は、社会的な人間的紐帯・絆を保持することであり、互恵的精神による社会的責務の遵守である。経済的営為においても同様である。[8] 時代と場所を問わず社会的存在としての人間が社会存立と永続性の前提条件であるとすれば、資本主義市場社会はその最も重要な基本的条件を放棄したことを意味する。前述したように、近代社会は、生存の原理を無視して成り立つ社会システムとして出発したのである。近代社会が進展し、その範囲が国境を超えて拡大するに伴って、社会的存在としての、自然的存在としての人間の資質は、近代文明にとって不要なものとして駆逐されていくこととなるのである。帝国主義、植民地主義がそのことをよく示しているし、今日でも奴隷に等しい人間的搾取はなくなっていない。

ポランニーの言う「悪魔のひき臼」の意味するところは何か。社会的存在としての人間の本性、あるいは人間らしさの精神を打ち砕く悪魔的存在、暴力的存在のことである。市場は、自由で等価を原則とする公平性のある経済的営みの空間であるように考えられているが、しかし、その内実は、量的拡大のみを追い求める世界で、人間的質の世界からは程遠く、心や精神の在り方は問わないシステムである。本来、経済行為は人間的な救いや道徳的目的と結びついた社会的行為であって、一六～一七世紀のヨーロッパの社会思想ではそのことが自明のこととして受け止められていたし、「富は人間のためにある」ものと信じられていた。[9] だが、資本主義による「人間が富のためにある」システムへの転換は、人間性の、人間らしさの大逆転である。まさに暴力的所業と言わざるをえない。生存の人間的原理に逆らって、暴力性と破壊性を伴う、人類史上極めて特殊な文明原理が築かれたのは、「悪魔のひき臼」を資本主義市場社会が制度化しそして構造化しているからである。そのために登場するのが経済知と科学技術知で、近代における知の世界をコントロールすることとなるのである。それはまた精神の世界にまで及ぶのである。経済知・科学技術知に特化した知の世界は、政治知、文化知、そして宗教知までも自らの世界に組み入れ、従属的な知として貶めるに至る。こうして精神世界の劣化の土壌が醸成され、その基礎のうえに近・現代型のコスモスが成立したと言って良い。

近・現代型コスモスの意味については、さらに詳しく後述することになるが、ここで確認すべき大きな問題がある。近・現代コスモスは、金子みすゞのコスモスとも違う、また前述の一六～一七世紀の社会思想における、経済的行為は「救いや道徳」と結びついた社会的行為であるという認識とも違う。その意味で、私達の生きるコスモスは根本のところで大きく歪んだものになっているのである。私達は、かつて原型とも言うべきコスモスを持っていたのではないか。そうだとすれば私たちは、どのようなコスモスを目指すのかが重要である。私達の生きるコスモスを持っていたのではないか。それを探ることは、ポランニーの経済人類学の世界—自然的実在・社会的実在としての人間を再生する経済秩序の世界—を超える試みでもある。人間は実在的世界のみならず、それをこえて文化的・宗教的・霊性的世界に生きる存在であるからである。私達の生の領域は広く深い。みすゞコスモス、宮沢賢治コスモス、そして後で触れる石牟礼道子コスモス、それぞれに通底するコスモスとは何かを考えてみたい。そのことに重要な示唆を与えてくれるのが、井筒俊彦のコスモス論である。

二・二　井筒俊彦の「原型コスモス」論とその意味論

私達人類は、常にある種のコスモロジー、世界観・宇宙観を描き与えられた生を懸命に生きてきた。コスモスとは、生の空間、人間らしく生きるに足る意味ある空間のことである。

神秘哲学者、イスラム思想研究などで知られる、井筒俊彦は論文『コスモスとアンチコスモス』で、「人間は錯綜する意味連関の網を織り出し（「エクリチュール」）、それを存在テキストとして、その中に生存の場を見出す。無数の意味単位（いわゆるものとこと）が、一つの調和ある、完結した全体の中に配置され構造的に組み込まれることによって成立する存在秩序、それを「コスモス」と呼ぶのである」[(10)]と述べている。「コスモス」は、ひとつの全体として私たちの身の周りに在り、「生きること」に連なる無数のモノやコトが一つ一つ濃淡を持つことなく深い意味を持つが故に、「生存の場」に成り得るのである。したがって、それは「自然科学的コスモス概念ではなくて、もっと原初的な、つまり純然たる人間経験としてのコスモスで」「人間生活の匂いのしみこんだ、人間が主体的・実存的に深く関与するような意味でのコスモス」[11]のことである。

井筒の言う「コスモス」は、「人間生活の匂いのしみこんだ人間の主体的・実存的コスモス」で、「原初的」なコスモスである。本章では、これを「原型コスモス」と呼ぶこととする。井筒に「原型コスモス」という表現はない――ただ、井筒は「最も原初的、かつ根源的な形」と表現している――が、「コスモス」の「原型」と認識することで、現代のコスモスの実像がより明確に成るように思えるからである。「人間の匂いのしみこんだ」コスモスこそ本来あるべき形ではないか。

以上のことを踏まえて、井筒のコスモス論を展開したい。人類は偶然に「原型コスモス」を手にしたわけではない。約一五〇億年前のビックバンを初発にして、宇宙の誕生、太陽系の誕生、そして地球の誕生という私たちの想像をはるかに超える途方もない時間を経て、最後に生を受けたのは人類である。宇宙的カオス、地球的カオス、そうしたカオスの状況を経て、ようやく人類の誕生はほぼ七〇〇万年前とされるが、知的生命体としての人類がどの段階でいつごろコスモス的世界を築いたかは分からないが、現世人類・ホモサピエンスの誕生を前提に――ネアンデルタール人も脳容量は私たちと変わらず高い精神性を持っていたとされる――考えれば、神話的世界の成立が一つの指標になるかもしれない。ただ、現世人類のコスモス成立までは、少なくともカオス的世界――天と地、火、水、そして植物や動物などの生きものを網羅するいのちの連鎖をベースにした存在秩序――が長く続き、その中から現世人類は神話的世界を含むコスモスを築くのである。

カオス的状況の中で、「原型コスモス」に繋がるある種の始原的・根源的コスモスを覚知し、それを語り、語り続け得るのは人間のみである。太陽、地球、月そして星などの天体生成のプロセスと人類の誕生は、旧約聖書の「創世記」を初め、すべての民族の神話の中に、語られる。日本でも、記・紀の中にそうした神話的世界とコスモス生成思想を見出すことが出来る。何故人間は「有意味的秩序構造」としてのコスモスを築こうとするのか。それは、天地の万物万生、すべての事・物が、自分たち人間にとって有意味であることを覚知し、それらが秩序あるシステムのもとに運動しているのを認知し、そして日々の生活を安心して安全に暮らせる社会にしたいからである。安心・安全の生の空間・場であるからこそ、そのことが重大な本質的意味を持つのである。「有意味的秩序構造」としてのコスモスを築き上げるには、多くの自然的・社会的試練や苦悩・精神的試練を体験し、また多くの自然の恵みを得、不思議な出来事に遭遇したであろう。そうした体験の積み重ねの中から原型コスモスが生まれると考えられる。

井筒の論理展開から見えて来る、[12]原型コスモスについていくつか特徴をあげてみたい。

第一は、私たちの日常生活空間がすでに一つのコスモスであること。そこで繰り返しくり広げられる生の営みは安心・安全のための秩序構造を志向する。したがってコスモスとは日々の無事なる生のための秩序空間のことである。

第二は、植物、動物、人間、そうした異質なものの事・物の無秩序性を秩序化する収束原理が働く存在空間であること。その収束原理の根底には事・物や人間存在を超えて存在秩序全体を動かすエネルギーが働き、事・物相互間の均衡を保ち美しい秩序体系が築き上がるのであり、したがってコスモスには秩序「空間全体に漲る存在緊張の力」が存在し働いている。人間は自らの存在をこえて働くそうした収束原理の作用を通して存在緊張の力の存在を覚知し覚醒的体験に遭遇する。その覚醒的体験とは霊性的性格のものであって、その体験を通して人間は「収束原理が働く存在空間」に主体的・実在的に関わる存在となる。その意味で「原型コスモス」は私達人間存在を規定する不可欠な存在秩序空間である。

したがって第三は、「原型コスモス」はコスモスとしての「存在秩序」の深層に潜む「圧倒的なエネルギー」の存在を中心軸にした「ヌーメン的空間」であることである。井筒によれば、それは「無定形、無記的で、均質的な空間」（カオス的空間）とは「全く質を異にする特殊な空間、異常な実在性の衝迫力に充たされた空間」あるいは「存在深層の圧倒的なエネルギーが極度に高まった特殊空間」である。私達は、「原型コスモス」がこうした「特殊空間」を持つが故に、存在秩序を「ヌーメン的空間」として認識するのである。それはまた「一種の宗教的存在体験の所産」でもある。特殊空間を他力（神）の空間だとすれば、その他力の世界を私たち自力の世界に有意味に、それなくして自力の世界は成り立たないものとして取り込むことを意味する。

第四は、原型コスモスのなかの人間の位置の問題である。コスモスが無事なる生の秩序空間だとすれば、人間はそれを守り育てる義務を持つし、またそのための能力を与えられている。井筒の言う「存在分節操作能力」である。カオス的状況の中で、「次から次、無数の線（境界線、区劃線、識別線）を引いて、大小様々な分割領域を作り出していくこと、いわゆる存在分節の操作は人間意識の表層・深層を通じて根源的いとなみの一つ」である。そのような根源的営み・能力によって、「どこにも割れ目、裂け目のない原初的存在リアリティを無数の独立単位」に有意味的に配置し、それら意味単位を言語化し、文字化―もちろんすべての民族が文字を持っているわけではない―し、固定（概念化）し、そしてそれら事物事象の意味単位をモノ・コトとして認知できるのである。事・物の有意味的存在秩序体としてのコスモス成立が全体として「有機的な整合性」を持つ構造体であるとすれば、ここで、人間の意識におけるもう一つの能力、「収束原理的能力」の存在を認知できる。井筒は、それは西洋哲学史の伝統の「ロゴス」に相当すると言う。コスモスが特殊空間の根源的エネルギーの自己表現としての実在的存在体であり、与えられた人間の能力―他力の自力―のことを考慮すれば、コスモスは、他力と自力の合作を意味する。

以上述べてきたことを踏まえれば、やはり第五として、「もっと原初的な、つまり純然たる人間経験としてのコスモス」で「人間生活の匂いのしみこんだ、人間が主体的・実存的に深く関与する意味でのコスモス」であるということである。人間的匂いのする日常の生活空間は、やはり生の空間として、また安心・安全の空間として最も根本的な意味を持つ。

そうだとすれば最後に指摘すべき問題がある。第六として、「原型コスモス」は、さしあたり階級なき権力者なき社会を想定していいのではないかということである。社会である以上、社会的役割に順じた人的配置や階層性は存在する。人間的生の安心空間はそういう意味も含むし、文明論的に言えば、「原型的文明」という言い方も出来るのではないか。つまり、人間が「意味分節操作能力」・「収束原理的能力」を持ち、それを主体的・意識的にすべての事物現象を「有意味的秩序構造」として仕立てたものがコスモスとすれば、そこに生きる人間のコスモロジーは豊かな精神性を思わせるし、そこに文明的基礎を想定できる。もちろん、原型コスモス、原型的文明は規模の小さい自律空間だが、逆に小さいが故に意味を持つ。神話的ヌーメン的空間、自然との共生空間、安心・安全の無事なる生活空間等々、人間的文明の原型と位置づけることも可能である。日本では、一万年も続いたとされる縄文時代が想起される。[13]

以上が筆者なりに整理した井筒のコスモス論（原型コスモス論）の概略である。井筒のコスモス論はこれで終わりではない。まだ重要な後半が残されている。アンチコスモス論である。

井筒によれば、コスモスが成立すると「コスモス空間そのものの中に構造的に組み込まれている破壊力」が生れ、それがアンチコスモス的動きをすると言う。その論拠として、次のように述べている。「人間は、元来、矛盾的存在です。反逆精神というものもある。するなと言われれば、かえってしたくなる。コスモスの中におとなしくしていれば安全だとわかっていても、その安全そのものが煩わしくなって、つい外に飛び出したいという烈しい衝動に駆られもする。しかも、それだけではありません。秩序構造としてのコスモスは、本性上、一つの閉じられた世界であり、自己閉鎖的記号体系としてのみコスモスであり得るのでありまして、秩序構造が完璧であればあるほど、それが、その中に生存する人間にとって、彼の思想と行動の自由を束縛し、個人としての主体性を抑圧する権力装置、暴力的な管理機構と感じられることにもなるのです。四方からびっしり塗りこめられ、窓も出口もない密室のような統制システムの中に我慢してはいられない、というわけで[14]」。果してこの論拠は正しいだろうか。人間は矛盾的存在であること、そして「原型」コスモスはガチガチの「窓も出口もない」閉じられた「密室」空間であることが述べられている。井筒のここでの論理展開は、ある種の弁証法のように見受けられるが、現代人はともかく、原型コスモスの中の人間は矛盾的存在としての資質は希薄だったのではないか、そして原型コスモスは決して密室空間ではない。実質は、閉じられた空間（クローズド・システム）と開かれた空間（オープン・システム）との調和のとれた秩序空間であった可能性が高い。すでに考古学や人類学、経済人類学が明らかにしている通り、コスモス間の交易は普遍的に見られる現象であり、特殊だが沈黙交易などが知られている。また、縄文人の対外交易はすでに知られた事実である。しかもそれらは近代的市場（交換価値の世界）とは異質（使用価値の世界）で意味がちがうのである。また、古代九州では、宮崎を中心に神話的世界が広がり、有明・筑後を中心に風土型経済があり、そして北部九州は大陸や朝鮮半島と、また南九州は琉球列島・東南アジアと交流があって、全体として閉じた世界・開いた世界の調和的空間であった。

そうだとすれば、井筒の原型コスモスの空間認識には問題があると言ってよい。そして、アンチコスモスの導出の仕方として、「密室空間」としての「原型コスモス」が、そのなかに仕組まれた「構造的破壊力」によってアンチコスモスに全面的に取って代わられるかのような印象を受けるのも問題である。そうではなく、原型コスモスを担う階層間における対立・分裂・分化を契機に階級が発生し、多くを占める民衆と支配層の台頭という社会的変化に伴うもうひとつのコスモスが発生するというのが真実ではないか。つまり、民衆が担う「原型コスモス」と支配層が築く権力構造的コスモスの並立である。権力的に歪められたそのコスモスの存在と動向こそが問題で、私達は、前近代では、二つのコスモスの鬩ぎ合いの関係として認識し、近代では、原型コスモスが消滅し歪められたコスモスのもとでの「原型コスモスへの回帰」の意味を検討することにする。特に、このことは原型コスモスのかけらもない近・現代コスモスにおいて重要である。現代の私達にとって重要なのは、眼前の極度に歪められた「近・現代コスモス」を解体し「原型コスモス」へ回帰し再生することだからである。

では、「歪められたコスモス」とはどのようなものか。

自分たちの生きる場としての「原型コスモス」を永く守り育んできたのは、名もなき無垢で純朴な民衆だったと考えられる。天を仰ぎ、地に足を踏みしめ、自然の恵みに感謝し、身の回りの事・物と共生し、そして壮大なコスモロジーを描く人たち、そのような人達の精神や意識は清浄であり、その清浄な精神を裏切り、アンチコスモス的精神を権力的に表明し始めたのは、権力志向の人たちだったと思われる。生産力の上昇や階級形成に関係なく、民衆は「聖なる空間」をもつ「原型コスモス」を設定し、それを軸にして日常のコスモスを生き、暮らしを築いて来た。神を敬い、自然の恩恵に感謝し、相互扶助の精神を養い育て、「安心・安全」の生活を構築して来た。すべての人間が同じパターンの生活をしたわけではない。そのコスモスを構成する人たちは、それぞれに与えられた役割分担を負う生活が普通であったであろう。こうした変わることの少ない秩序空間での日常の生活の繰り返しが「原型コスモス」を保持・継続する土壌を提供したと思われる。

「原型コスモス」社会に変容をもたらすのは、そのコスモスを支えてきた清浄な精神・意識の歪み・乱れと階級の発生に伴う支配階級の台頭である。その背景には、人口増、生産力の上昇、社会的役割における重要性の格差発生などが考えられるが、階級の発生は、権力志向の人間を生み、そして権力構造的社会を成立させ、社会にカオス的要素を作り出す。ある種の秩序破壊の契機である。その意味で、権力を手にする者の社会的責任は致命的に重大であるのだが、権力構造的社会の形成は、権力と支配による抑圧機構、暴力的管理機構の成立を伴い、「原型コスモス」的秩序空間は変容を余儀なくされる。権力欲・支配欲は、歴史が教えるように、例えば象徴としての神殿や巨大建造物で力を誇示し、神話や伝説、民衆の歴史的伝統的慣習や社会文化制度もそして歴史の真実までも権力的に利用する。それは新たな形の秩序という名の統治支配システムであり、原型コスモスへのアンチコスモスの動きと言って良い。民衆の中にはアンチコスモスの世界に身を投じる者もあったであろうが、民衆のほとんどは基本的に原型コスモスの守り手であった。神話、伝説、民話、技芸等々すべては本来民衆の世界のもので、原型コスモスを象徴する場合が多く見られる。山や樹木、竜、鶴や亀などの動物等々、神を象徴する表現、自然を尊重するような表現などである。また、カオス的状況の象徴としては、日本の場合、妖怪、鬼、天狗、河童など民話の世界の主役だが、そこには象徴表現の深みを感じさせるものがある。民話の世界は原型コスモスを表象するものだけでなく、そうしたカオス的な存在も取り入れた非常に巧みな世界を描き、人間と自然と霊性的世界との広い関係性をひとつのコスモスに仕立てている。民衆はこうした道具立てを通して、原型コスモスを保持し、伝統文化として引き継いで来たのである。権力者たちの政治的権力構造に変動があるとしても、名もなき民衆のこのような変わることなきコスモスは、少なくとも伝統的社会として近代文明の登場直前まで存続する。

原型コスモスに対立するアンチコスモス的精神は、歴史が進むにつれて、権力者たちの精神をコントロールするものとして拡大する。歴史は、もちろん権力・統治システムは変化するけれども、おもに彼等の支配の変遷史として記述されることが多い—歴史叙述としてそれが正しいわけではなく、民衆の精神史・生活史が欠落しているし厖大な数の無告の民衆史もある—が、それはまさしく権力欲・支配欲の闘争史にほかならない。その歴史は、民衆の原型コスモスの聖なる世界に対する俗なる世界からの戦いでもあり、民衆の精神世界のアンチコスモス的精神への取り込みとその拡大である。専制君主制的・絶対君主制的政治体制の成立による権力的支配のシステムは、民衆の日常生活世界や宗教的世界の一部に原型コスモスは保持され引き継がれるものの、原型コスモスの「有意味的存在秩序」を破壊しカオス的状況を作り出す元凶となる。ここで確認すべきは、権力の発生によって、「原型コスモス」と「アンチコスモス」という二つのコスモスが並立している事実である。[15]

人間の欲望の拡大に伴って社会は欲望充足の方向に進むことになるので、原型コスモスとアンチコスモスとの闘ぎ合いは、アンチコスモスの方に有利に展開する。しかし、社会の、あるいは民衆の状況次第では、その闘ぎ合いは社会の二重運動として現れる。原型コスモスはその場合アンチコスモスの拡大を抑制し制約するブレーキ的役割を果す。その意味で、原型コスモスの存在は自己防衛的役割を持ち社会の人間らしさを取り戻すのに重要である。それと同時に、人間も二つのコスモスの闘ぎ合いの中で、どちらに身を置くべきか矛盾的存在として生きることとなる。

近代資本主義文明の成立は、それまで存在していた「原型コスモス」をさらに解体へと導く。原型コスモスとアンチコスモスとの並立は、近代文明の到来によってひとつのコスモスになるが、それは原型コスモスの解体によるものである。前にポランニーの議論で触れたように、社会システムの中心軸の根本的な転換、すなわち生存動機から利得動機への大転換が大きな意味を持つこととなる。生きることの意味が質的に変わったからである。アンチコスモスはもともとカオス的状況を出自とするが、支配層の権力欲・支配欲に加えて、民衆の消費欲が植え付けられ、原型コスモスからの離脱が加速しカオス的状況は拡大するのである。そのカオス的状況の拡大・社会システム化こそが近代資本主義市場社会であり、人類全体をコントロールする、もちろん原型コスモスの規模を遥かに超える、世界規模のシステムとして成立する。原型コスモスの出番は完全に消滅する。しかし、文化人類学者、岩田慶治によれば、一九八〇年代の東南アジア諸民族の事例として、いまだ「人間の住む世界の在り場所」が確認され、「人間と自然をむすび、また人間と神をむすぶ、きわめて古風な習俗が受け継がれている」と言う。それは次のようなことを意味している。すなわち「人間と人間とのコミュニケーションの前に人間と自然、人間と神のコミュニケーションがある。こういうコミュニケーションの大枠のなかで、あるいは世界、あるいは舞台装置、あるいは場の枠組みのなかで、人間と人間が言語的に、あるいは非言語的に交流し、表情をかわしあい、理解しあう。そういう構造になっている」(16)。ここに示される人間存在の「舞台装置」の構造は、「原型コスモス」に近いと言える。つまり多くの民族は、人類学で言う「日常」と「非日常」の二つの世界に生きているのである。このことは非日常の原型コスモスと日常の現実世界の並立の社会を意味しているが、植民地主義や資本主義的近代化の圧力は強く、原型コスモスの命運は極めて厳しい。開発と経済成長のグローバル化は、人間存在を欲望と利得動機の世界に貶める(17)。

こうして原型コスモスの中心軸が失われ、人類は自らが築いた社会システムの中に中心軸を定めなければならなくなる。アンチコスモス的カオスの成立である。資本主義が作り出したコスモスは、カオスを内蔵したコスモスで、本章では「近・現代コスモス」と呼ぶこととする。その中心軸は何か、言うまでもなく資本であり、貨幣であり、市場である。資本、貨幣、市場これら三位一体のシステムこそ私たちの精神世界をコントロールし、その枠組みの中で生きることを余儀なくさせるのである。資本主義は、すべての人に貨幣欲を植えつけ、市場を利益創出のための動力の場にして拡大を常態とするシステムだが、その原動力の役割を果たすのが経済知・科学技術知である。経済知・科学技術知は、絶対的な知として他のすべての知に優先する。したがって、資本主義市場社会では、資本の専制のもと、動力の場としての市場秩序を保持することが社会的安定を保証する。しかし、市場はブラックボックスのような存在でその中に信ずべき絶対的な人間的・社会的価値があるわけではない、不特定多数の集まりの場にすぎない。つまり市場に秩序があるとしても一時的な秩序・安定でしかない。市場秩序というのは、したがって、持続性のない秩序で、秩序が乱れれば、それを是正してくれるのは成長のみである。だが成長してその果実の分配システムに格差があれば、市場秩序は画餅に終わる。その意味で、市場は社会的安定を保証する場ではなく、私たち人間にとって常にカオス的社会状況を作り出す元凶となる。私たちはどれほどの市場に身を委ねているか分からない、労働市場、商品市場、貨幣市場、金融市場、資本市場……等々。束ねて言えば、人間は市場である、いま私たちの社会は八〇億人が生きる人間の社会ではなく、八〇億人の規模の市場の社会である。つねにカオスの中に生きているのである。経済知・科学技術知から聞こえてくる声は、成長、成長である。私達近・現代人が築いたのは、井筒が定義したコスモスとは真逆のコスモス、アンチコスモスの極致である。私達はそれを「近・現代コスモス」と呼ぶ。

二・三　井筒俊彦のアンチコスモス論と動態的意識構造

ここまで展開してきて、ようやく井筒の「アンチコスモス論」を検討できる。井筒のアンチコスモス論は近・現代のコスモスの本質的問題を議論するうえで極めて重要である。それは我々が理解する限りで言えば、原型コスモスへの回帰あるいは再生を示唆していると思えるからである。

井筒は現代をどのように捉えているか。次のように述べている。すなわち、「現代はカオスの時代だとよく人は言います。ノマディズムの時代だ、とも。要するに、存在秩序解体の時代、ということです。じじつ、既成の存在秩序、従来我々が慣れ親しんできた意味単位の組み込み組織が、我々の目の前で急速に壊れていく。いわゆる「非日常」を求める人の数が激増してオカルティズムが流行し、人間生活の至るところに非合理なるものへの欲動が姿を現わす。このような一般的時代風潮に乗って、純粋に哲学的な思惟のレベルでも、アンチコスモスの精神が、より根源的に、徹底的に、存在解体を行いはじめたのです。ジャック・デリダ（一九三〇～二〇〇四）の「解体」思想が、まさにそれです[18]」。この言説の「存在秩序」を現代の「存在市場秩序」と、また「非日常」を「原型コスモス」と読み替えれば、我々にはよりすっきりと視野に収まる。そして、アンチコスモスの精神を「原型コスモス」への回帰を希求するアンチコスモスの精神と理解すれば、さらに我々の問題意識に合致する。

それでは、市場を基礎にした「存在秩序」の解体とはどのような意味なのか。先の井筒の引用文中にあったデリダの解体思想は、ドゥルーズ（一九二五～一九九五）＝ガタリ（一九三〇～一九九二）のリゾーム理論も同様、コスモスそのものの根拠を否定しているとして、井筒はそれらの思想を退け、東洋哲学のアンチコスモス論に転ずるのである。それはどういうものなのか。

井筒によれば、東洋哲学の主流は「昔から伝統的にアンチコスモス的立場（存在解体的立場）を取ってきた」として、その思想は、「『空』とか「無」とかいう根源的否定概念を存在世界そのものの構造の中に導入し、それをコスモスの原点に据えることによって、逆にコスモスを根底から破壊してしまおう[19]」とするものである。東洋哲学では、私達の日常の存在世界（近・現代コスモス）の解体作業は、現実に存在するものの仮象性を暴き、実在性の根拠を否定するところから始まる。市場経済秩序が「悪魔のひき臼」的暴力と破壊を制度化しているとすれば、それはいのちと生の視点から見て虚構としての秩序であり解体の対象となる。したがって、私達はそこに「無」（あるいは「夢」、「幻」などの比喩的表現）の哲学を必要とする。井筒は、そうした例として、中国戦国時代の思想書「荘子」、イスラム教における神秘主義思想家イブヌ・ル・アラビー（一一六五～一二四〇）の思想、ヒンドゥー哲学の『マーンドゥーキヤ頌』、そして仏教における大乗仏教をあげる。井筒はそうした「東洋的無」の哲学をアンチコスモスあるいは「新しいコスモス」の誕生として認識するのである。しかし、「無」の意識を持ったからと言って、事はそれほど簡単ではない。

井筒は、アンチコスモスとしての「新しいコスモス」への道程を二つの段階を経るかたちで説明する。その第一段階は、先に指摘したように、日常の秩序世界は表層意識的存在にすぎず「無」の世界だと認識することである。「無」ということは、すべての事・物は境界を持たない無分節の世界のものであるということを意味する。すべては「虚妄の事物事象、幻影のごときもの」で、あるのは宇宙の統一原理であるブラフマン（アートマン）だけである。だが、この段階は表層意識的「無」に過ぎず、いまだその根底には「様々に異なる度合いにおいて凝結した無数の意味単位の拡がり」が存在する。解体の第二段階は、深層意識の世界に入ることである。その深層における意識体験は、固定的で実体的な事・物の意味「幻想」を覚知し、「あるようでじつはない」という存在境位たる「混沌」の状態を経て、「無」に帰するのである。有の世界が解体され、無の世界が現出する。そのことによって「存在的多者の真相（＝深層）は絶対無分節的存在リアリティ、すなわち絶対的一者である、ということ。我々が経験的世界で出合う存在の分節態は、存在の絶対的無分節態（「一者」あるいは「無」）の表層的事態にすぎない[20]」ことが分かる。以上が、井筒の二段階解体論である。

しかしながら、私たちは、その「無」の意識を持つ以前に、固定した意識から抜け出せないという「人間意識の欠陥構造[21]」を持っている。それは時代精神あるいは現代の文明的精神に毒された意識で、例えば、経済学で言えば、私達は経済知・科学技術知に特化している市場社会的意識から抜け出せないでいる。したがって、近・現代コスモスに対するアンチコスモス的精神の動きも期待できない。

それを解決してくれるのは何か。意識の動態化以外にない。近・現代コスモスに内在するいのちの問題への気付き、どこか生きづらい現実への疑問、人間らしく生きたいという意識など、様々な体験を通しての意識の覚醒である。そうした動態的な意識の発動によって、自由で柔軟な意識すなわち「一定の分節体系に縛りつけられない融通無礙な意識」である「柔軟心」が生まれる[22]。この柔軟心の発動こそ「無明（根源的無知）」的近・現代コスモス空間を抜け出す、いわば意識の再生を意味する。こうした柔軟な意識の動態が「限りなく柔軟なコスモス（限りなく内的組み換えを許すダイナミックな秩序構造）」の形成を促すこととなるのである。井筒は、この柔軟なコスモスのことを「新しいアンチコスモス的コスモス」と呼ぶ[23]。

ここでの表層意識から深層意識への意識の動態は、「有」なる存在秩序を「無」空間として覚知することで、「新しいコスモス」への道程を準備するが、それはまだ解体の段階に留まり、「存在解体の極限において現成した「無」」から新コスモスへの道程における意識の動態的在り方についてまだほとんどその実態を明らかにしていない。つまり、解体後の「無」は「今度は逆に「有」の起源として、「有」の起点として」の位置を占める。「無」は文字通り何もないという意味の「虚無」ではなく、「主・客の区別をはじめとする一切の意味分節に先立つ存在未発の状態、根源的未分節の境位における存在リアリティそのもの」を内に宿しているのである。それは先に原型コスモスの特徴として指摘した、特殊空間としてのヌーメン的世界のことであり、井筒はそれを「存在・意識のゼロ・ポイント」と呼ぶ[24]。この「存在・意識のゼロ・ポイント」は、「無」の根源から「有」の秩序世界を創り出す拠点となるのである。これは柳宗悦流に言えば、心の旅の終着点、すなわち心の故郷（ふるさと）の中心点に相当する。

以上が、有から無へ、無から有へ、あるいは有の解体から無の世界へ、無の世界から再生された有の世界へという、井筒の「コスモスとアンチコスモス」論の概略的展開である。

井筒の論文「『コスモスとアンチコスモス』」は、現代を「存在秩序解体の時代」と認識し、「東西の哲学的叡智を融合した形で、新しい時代の多元的世界文化パラダイムを構想する必要が各方面で痛感されつつある今日の思想状況において、もし東洋哲学に果すべきなにがしかの積極的役割があるとすれば」という問題意識のもとで、「東洋的無」の哲学の「アンチコスモス」論の「解体と再生の思想」を「新しい柔軟心」という意識の動態的過程として展開することによって、その積極的な意味を問うものであった。

しかしながら、柔軟心にもとづく「アンチコスモス」像の具体的姿態は、ここでは描かれていない。存在・意識のゼロ・ポイントが意味する具体像も定かでない。それは前にも示唆したように、私達にとっての現代秩序解体後の再生のイメージは「原型コスモス」への回帰でありその再生であるのだが、そこに至る意識の具体的な動態が欠落している。そこで、我々は、井筒の『意識と本質―精神的東洋を索めて―』における意識論とも言うべ

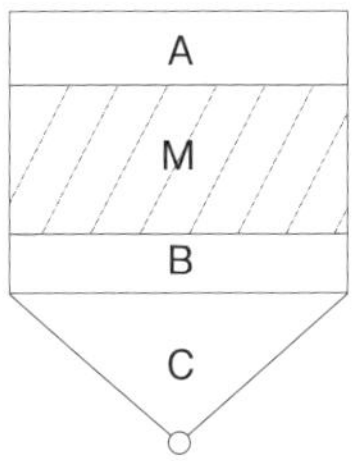

〈出所〉井筒俊彦著
『意識と本質』214ページ

き言説に注目したい。
先ず、井筒の意識構造モデル（図参照）[25]から見ていく。最初は存在秩序世界における「表層意識の領域（第一の領域でAと命名）」、その下に「深層意識の領域」があり、それの終着点が「存在・意識のゼロ・ポイント」である。その深層意識の領域が三層に分かれ、Aのすぐ下第二の領域（Mと命名）は次の領域第三の「言語アラヤ識の領域（Bと命名）」と表層意識の領域Aとの間に広がる中間地帯で「「想像的」イマージュの場所」、そして第三の下第四の領域が「無意識の領域（Cと命名）」で、その極点が「ゼロ・ポイント」である。先の「無」の空間は「深層意識の領域」に相当するが、M、B、Cそれぞれに意識の質が違う。意識の動態はAからM、B、Cへと下向し、ゼロ・ポイントに到達した後、逆に上向する。ここでは、上向のプロセスが問題となる。

ここでイマージュとは、意識構造における心象―一般的には心象風景―のことで、私たちの意識はそのイマージュ形成と密接に結びついていて、意識の動態は「起滅する無数のイマージュの断続的連鎖[26]」として認識される。その無数に起滅するイマージユのなかで最も重要なイマージュは、「元型」イマージュで、「その形象性のうちに事物の「本質」の象徴的顕現を見る[27]」のである。

その「元型」イマージュのふるさと、「存在・意識のゼロ・ポイント」を起点とする「無意識の領域C」は、井筒によれば、無の世界あるいは無本質の世界である。それはゼロ・ポイントが何かというところから始まる。無の世界の中心は、すべての事・物の無分節・未分節の状態である。井筒はそれを次のように言う。すなわち「意識と存在とは完全に融消し合って、両者の間に区別はない―のゼロ・ポイント。意識の面から見ても、存在の面から見ても、目に立つ塵一つない「廓然無聖」の境位である[28]」と。そのゼロ・ポイントは私達人間の意識が生み出した存在・意識ではなく、無でありながら有という人の意識を遥かに超えた「絶対的無分節の無」、そこには宇宙の生成につながるような存在エネルギーと創造エネルギーを兼ね備えた世界があり、「存在的透明性と開放性の世界」[29]がある。その意味では、無意識の領域Cは、ゼロ・ポイントも含めて神の領域、他力の領域なのではないか。「存在・意識のゼロ・ポイント」とは、「神の存在・神の意識のゼロ・ポイント」のことではないか。金子みすゞの「見えぬけれどもあるんだよ、見えぬものでもあるんだよ」の世界である。私達はその世界を、すなわち宇宙的生命、神的生命、神的光として顕現する存在エネルギーと創造エネルギーを、覚知するのである。覚知する意識、それが「無意識の境地」すなわち「無心」である。「無心の境地」に至ることで、存在もゼロ、意識もゼロ、「いかなるものをも意識しない」という意味の「純粋意識」を得、心は「廓然の境位」である。人間は無心の境地に立つことで、自由で透明で開放性に富む世界を覚知し、そして存在エネルギーと創造エネルギーの世界に身を置き、不二の世界に一体化する。物理学的に表現すれば、光が波動であるように、神の波動に人は波長を合わせることが出来る。それが無心になるという意味でもある。そうすることで、人は他力の存在を、そして自らのいのちの根源を覚知するのである。さらにいのちの神秘も。無心は人間中心・人間意識中心から脱出する契機でもある。

無意識の世界・無心の世界に意識を置くことで、人は「自由で透明で開放性に富む」「柔軟心」を手にし、他力世界の存在的・創造的エネルギーの流れに乗って「原型コスモス」を目指す。その流れは、人間の動態的意識の流れでもあり、柔軟心は次の「アラヤ識の領域B」に至る。このBの領域は、万物の種を宿す世界で、ここで「元型」イマージュの種が生まれる。それだけでなく経験的秩序世界に実在する事物の、例えば、花とか木などのイマージュもある。しかし、「元型」イマージュの特徴は、経験界の具体的対応物のないことである。井筒は次のように具体性を持った形で述べている。「神話の主人公として活躍する超人的英雄のイマージュは、現実の人間に間接的、あるいは素材的に対応しているが、直接的ではない。仏教のイマージュ空間に咲く花は、現実の花に「似ている」だけであって、現実の花のじかのイマージュではない。だから「元型」イマージュは言語アラヤ識から生起しても、経験的現実の世界に直結する表層意識まで上っていかない。いわば途中で止まってしまう。その途中の場所がM領域である」[30]と。表層意識とは質を異にする「「想像的」イマージュの場所M」は、「元型」

イマージュの種が芽を出し、花になり、実を結ぶ「一種独特の存在世界」である。存在的・創造的エネルギーを宿した「元型」イマージュは、この領域で創造的な想像力を発揮して根源的・本質的に形象化を果たす。そうした行程を経て「元型」は事・物の「本質」となる。それを「元型」的「本質」と言う。井筒は、例として、易の記号体系における八卦の一つ、「坤《こん》」（陰の卦）―『大辞泉』によれば、「地にかたどり、従順で物を成長させる徳を表わす」という意味―について語る。その形象―本象とも言う―は「大地」で「厚く積んで万物の下位にあり、従順で静か」の意味でこれが「元型」イマージュで「本質」である。ここでは大地を元型イマージュ（本質）として、その大地の本質的性格をベースにして様々な派生的イマージュが展開する。血縁関係では「母」、その意味は「養い育てる女性」―母なる大地という―、「布」は「柔らかく、広く、平らで物を載せる」という意味、「釜」は「物を煮て食べられるようにする」という意味、ものの在り方としての「平等均一」は「善悪わけへだてなく万物を養う」という意味、また「子母牛」は「子牛をつれた母牛で、母牛は子牛を愛情をもって育て、子牛はまた母牛にたいして順」という意味、等々。また八卦の一つ、「離」は、その形象は「火」で本質は「情熱」、派生して「光明」も「知性」も「火」である。[31] このように、元型イマージュを形象化してその本質を開示するのだが、その形象化のことを意識における象徴化作用という。つまり領域Mにおける深層意識は、事・物の「元型」的「本質」を形象化してそれを「象徴化」するのである。それが「シンボル」である。元型イマージュ的に言えば、太陽は象徴としての太陽、水は象徴としての水、花は蓮の花のように「無限に深い象徴性を帯びた不思議な花」である。本章の冒頭に掲げた、金子みすゞの詩『土』は、シンボルとしての「土」で「母なる大地」の形象化である。その意味で、深層意識の領域Mは、象徴的世界で、表層意識の存在世界とは原理的に異なる「独自のコスモス」で「別の一つの世界」をなす。[32] したがって、深層意識の動態的展開によって導出された象徴的世界は、その創造性に充たされたイマージュの自己展開によって、独自の物語性と構造性を持つようになる。第一の物語性とは、神話形成的発展性と説話的自己展開性のことで、文字通り神話、説話、民話の成立である。「「元型」イマージュを中心にして、そのまわりに他の「想像的」イマージュが結集し、自然にそこに物語が形成され」る。神話や民話に見られる「「聖なる」物語や象徴的物語である。[33] 第二の構造性とは、元型単位と派生的・副次的単位とのイマージュ間の有意味的融合という安定的な秩序構造体として機能するという性格である。その象徴的存在がマンダラで、それは「意識・存在の「元型」的構造図」を表わし、「全体同時」的・共時的動きをする、無時間的空間なのである。[34]

このように見て来ると、深層意識領域で創出される、象徴的世界は、「元型」的本質を纏ったイマージュの世界として、秩序世界とは異なる独自の性格のコスモスとして成立することが明確になる。しかもそれは「神的実在そのものの内的存在構造の形象化」[35]としての性格を色濃く映すものである。まさに「原型コスモス」への回帰とその再生の道程と言って良い。なお、「元型」的本質は、文化的枠組みに制約されその形象化された姿態に違いがあっても、それが意識の動態的展開によって導出されるプロセスや道筋は全人類に共通していて普遍的なものである。[36] したがって、「原型コスモス」への回帰とその再生の問題は全人類に共通の課題として認識してよい。

ここまで、井筒のコスモス論について、細かい論点を省略して、その概略を展開してきたが、この節の最後に、井筒コスモス論の、いま現在の時点での意味を指摘したい。

第一は、アンチコスモス的精神の発動によって、自由無碍な意識としての柔軟心にもとづく新しいコスモス像の成立を明確にしたことである。いまの私達の社会の市場による存在秩序構造の破綻的状況に直面して、私達は根源的な生の意味を問う必要に迫られている。そうした状況のもと、私たちの生の本質、生きることの意味を究明する思想装置が提出されていると思う。近・現代の市場秩序構造が生の問題を無視する決定的な欠陥をもつ社会システムであるとすれば、新たなコスモス像を持つことで、その構造を相対化し、虚構性を暴露できる。その意味で、井筒のアンチコスモス論は現代文明の死（解体）と再生の問題に大きな示唆を与えてくれる。

第二は、新しいコスモス像の形成は、精神世界の問題であり、意識の流れの結果として提起されていることである。表層意識による本質認識の過誤や歪みをただすのは、井筒の言う「元型的本質」であって、その発見は、神実在の内的構造の中心にある存在・意識のゼロポイントに無心で到達することで実現する。しかしながら、私達の表層意識は経済知・科学技術知の絶対的優位のなかで固着的状態に陥っている。前に指摘した意識の欠陥構造である。ある種の密室空間に閉じ込められているのが現実である。こうした意識の密室的空間から深層意識領域への移動の契機は、現実の秩序世界における「言語（意味）脱落」あるいは「本質脱落」という現象体験である(37)。たとえば、言葉が言葉として通用しないとか、自然が自然でなくなる、水が水でなくなる、花が花でなくなる、人が人でなくなるなど、分節化された表層意識的本質の破壊が起こるような体験である。こうした体験を契機に意識の密室空間からの「滑り出し」が始まる。いま私達の秩序空間ではこうした「言語（意味）脱落」・「本質脱落」の現象が多く見られる。もちろん意識の滑り出しには個人差があるだろうが、こうした脱落現象をきっかけにして意識の固着化が動態化するのである。問題はその動態の方向であるが、脱落現象の先にある実在的本質を認識したいという志向である。意識の固着化はいわば死を意味し本質の再生の可能性を閉ざしてしまう。意識は解放の方向性を持たないと心を殺すこととなる。意識の開放的志向性は、「言語（意味）脱落」「本質脱落」の意味を問うという意識機能から始まるとしか言いようがない。その問い自体がすでに「深層意識の領域」の出来事で、そのことの自覚的覚知が「元型」的本質に迫る誤りのない心の旅・意識の旅であり、そして「無心の世界」で本物に遭遇するのである。その意味で、意識とは存在の認識主体であり、その存在の深みにあるものの本質を認知する多層的構造の運動態である。意識の在り方、心の在り方が私たちのコスモロジーを決定するのである。

第三は、「新しいコスモス」が概念論としてではなく存在論あるいは実在論として展開されていることである。アンチコスモスとして導出された世界は、存在秩序世界とは別の特殊空間「もうひとつのコスモス」として提起されているのである。表層意識の領域を唯一の思考の場とする思想は、「新しいコスモス」を「概念装置のひとつ」として認識する可能性が高いが、「新しいコスモス」は不可視でも認識主体としての意識が認知し得る「存在態」である。そこには「根源的無分節の境位における存在リアリティそのもの(38)」が実在するのである。ここに私達は現実の秩序世界に並立して「もうひとつの世界」の存在を覚知するのである。このことによって「もうひとつの世界」から現実世界を見直すことが出来るのである。無心の眼で現実を見る、あるいは「元型」イマージュの記号的シンボルである神話や民話の世界から現実世界を見るなどの意識作用が可能になる。例えば、民話の世界での主人公、鶴や亀などの生きものはその存在以上の存在として、すなわち人間と同等かあるいは人間を超える存在として設定されているし、また民話『若返りの水』—山に出かけた老人がそこで見つけた湧水を飲んで若者になるという話—の中の「水」は「神水」のような存在である。自然や事・物との共生という問題もこうした「もうひとつの世界」からの捉えなおしが必要である。井筒の言う「元型」的本質からの再生的認識である。金子みすゞの詩『土』もまた『日の光』もシンボライズされた「土」であり「光」であり、「元型」的本質の顕現である。「金子みすゞコスモス」は、その意味で、「原型コスモス」の再生の姿であり、「もうひとつの世界」の表出である。

したがって、我々は、井筒の「原型コスモス」をコスモスの基本モデルとして考えたい。

第三節　石牟礼道子の「もうひとつのこの世」の実在性

三・一　「もうひとつのこの世」はどこにあるか

経験世界のすべての事・物が深層意識領域における柔軟心・無心の眼によってリセットされ、その経験世界の内在的実体が根本的な矛盾を帯びたものとして明確になるとき、「もうひとつのコスモス」は、石牟礼道子の「もうひとつのこの世」となる。

井筒のコスモス論で展開された「もうひとつのコスモス」は、石牟礼道子コスモスと交わらせることによって現実の世界により近い存在に進化するように思われる。「もうひとつのコスモス」は「もうひとつのこの世」として顕現するのである。「もうひとつのこの世」の出自は「もうひとつの世界」であるが、それは「この世」との直接的関係において密になる。「密になる」とは、「この世」との共時的存在の次元において、その途方もない虚構性への対峙を意味する。

『苦界浄土』を初め、私たちの心の底に響くような、例えば、『天湖』、『あやとりの記』、『おえん遊行』などの小説、エッセイや対談などで、石牟礼道子の発する言葉は、通常私達が使う言葉の意味を超えて、井筒流に言えば、深層意識「無心」の存在エネルギーと創造エネルギーのほとばしりを感じさせる。その言葉の源は、確かに「この世」のどこにもない。「もうひとつのこの世」からの言葉としか思えない。

石牟礼道子の思想については、すでに第二章―「石牟礼道子の精神世界と現代文明―人間・風土・神々の円環構造の文明論的意味(39)」―で取り上げているので、ここでは、エッセイを中心に考えたい。彼女のエッセイには小説とは違って現実に対する率直で直接的で本質に迫る言葉が多いように感じるからである。

石牟礼は『天の病む』というエッセイの中で、水俣病で犠牲になった人たちの闘いの姿を通して「人間の偉大さ」を次のように綴っている。「手に盾ひとつもたぬものたち、剣ひとつ持たぬものたち、権力を持たぬものたち、全く荒野に生まれ落ちたまま、まるで魚の胎からでも生まれ落ちたままのものたちが、圧倒的強者に立ちむかうときの姿というものが、どんなに胸打つ姿であることか。しかも死にかけているものたちが。もっとも力弱きものたちが人間の偉大さを荷ってしまう一瞬を、わたしたちはかいま見ました。たぶん根源的な人間の命題のひとつがここには提出されました。未曽有の受難史の果に(40)」。「最も力弱きものたちが人間の偉大さを荷う」とはどういうことなのか。名もなき弱き民衆の「人間としての偉大さ」、その根源は何処にあるのか。「もうひとつのこの世」に身を置く者の強さ・力・エネルギーなのかもしれない。水俣病をめぐっての加害者と被害者という単純なこの世の対立関係ではなく、言わば「この世の権力の心」と「もうひとつのこの世の心」との対峙の中に何か別の新しい空間が現れたのではないか。「天の病む」とは何を意味するのだろう。加害者のいのちも被害者のいのちも他力的いのちであることに変わりはないのに、通じ合えない二つのいのち、その間には立ちはだかる大きな壁、深い溝、「天の心を失った世界」が横たわっているのだ。海とか、山とか、大地とか、そして空（天）、日常の生を取り巻く空間、それは私達には普遍的な「絶対世界」であるが、その生の根源的世界を無視した世界が厳としてそこにある。だが、「天の心を失った世界」を包み込む「絶対空間」が現れたのではないのか。民衆の無心なる「人間らしさの心」への石牟礼の憧れと賛辞である。

原発事故（チェルノヴィリと福島）、テロリストによる果てしない殺人、中東で長く続く民族間の対立と殺戮、軍事クーデターによる自由を求める民衆への容赦のない殺戮（ミャンマー）、北朝鮮や中国などの独裁者による民衆の弾圧、そしてロシアのウクライナとの戦争、イスラエルのパレスチナの無辜の人達への容赦のない殺戮と攻撃、さらには日常生活のなかで頻発する殺人事件等々。私たちが直面しているこうした「生」の惨劇は、いつまで繰りかえされるのか。人が人を殺す、人はなぜ他者の存在を無視し、「死」を好むのか。権力を持つ者たちの精神世界はどのように成り立っているのか。水俣の加害者たちの精神と少しも変わらない。これが私達の暴力と破壊を構造化した市場秩序世界の現実である。

この現実は、石牟礼道子の精神世界のさらなる究明を求めているように思う。おぞましい精神の病の極致にいる権力者たちによる惨劇によって傷つき、犠牲になった人たちの魂からの「生の叫び」とは、何か。その死者たちの叫びとは、「死から生への転生」、つまり、この世に残された者すべてがその「死者たちとともによみがえること」、その死を無駄にすることなく「未来永劫」死者の生を残された者たちの生に重ね再生することである。(41)だが、言葉としては理解可能でも、その言葉の深い意味はどういうことなのか。死者と残された者の生とはどのように繋がるのかその深い意味が分かりたい。

実は、石牟礼に「もうひとつのこの世へ」と題するエッセイがある。彼女はそのなかで「私のゆきたいところはどこか。この世ではなく、あの世でもなく、まして前世でもなく、もうひとつのこの世である。…この世ではないもうひとつのこの世とはどこにあろうか」と問う。また「この世の外の、もうひとつの世の中へゆく道はどこか」(42)とも。石牟礼は厚生省前での「すわりこみ」の状況を、「ひとの心にむけて語りうる言葉はじつはなく、心通わぬ無限世界に、おのれをさらすこと。ただそのために、わたしは座る」(43)、そのことの空しさを思い、東京の風景の根源的な違和感に耐えて座ると語る。「座っていれば行方定まらぬ憎悪で生身はくすぼり、わたくしは自分自身をくゆらせる。生死のあわいをゆくものたちを、切なくはっきり、愛しみながら。いまにも燃えあがりたいとこいねがう」(44)。その心の空しさは根源的な東京の風景への違和感であり、この世の東京が水俣病の犠牲者の生と死を受け入れる世界ではなく、まことに次元の異なる東京風景に愕然とし言葉を失うのである。「死者たちの戻ってくる道はいたるところでかき消え」「もうひとつのこの世」への道を見出すのは難しい東京、「物質至上神の神殿」、その象徴は林立するビル群だが、そこに隠され蓄えられている飽くなき物質性と残虐性、人々はそれに怯えはしてもそこからの脱出ままならず、逃げと無関心で元の木阿弥。魂を偽るための無数の風景が広がる首都、東京。「死相をおびた花々」「いのちのうすい果物や、野菜類が、東京には氾濫する」、そして欲望の時間に追われる人々、東京は「言語（意味）脱落」「本質脱落」に溢れている。こうした東京の魂を侵されて漂流する「精神の水俣病病理的状況」は、肉体は水俣病に侵されても魂の清浄な死者や犠牲者を受け入れる世界と交わることはない。石牟礼の問いに対する解は東京の何処にも見当たらないのである。さて、答は？　石牟礼は、このエッセイで、水俣病に侵され「植物的生存」を生き、終焉間近い、一九歳の娘、松永久美子の生とは何か、「ただの、一市井のにんげんにさえなれなかったにんげんの生」、また「人間的生存の極限を生きた」彼女の生とは何かを問う。その生と死は、文明の終焉を告げている。地球の片隅の知られることもない無告の民の生と死がグローバルに肥大化した文明の死に繋がっているのである。それは何故か。文明の核心である、人間の生という存在の正しさと美しさを近代文明は認めようとしないからである。人の生に濃淡があるかのように。そして、石牟礼は、そのおぞましいほどの文明に侵された松永の生と死の悲しみを、その存在のもつ輝きに変えて「救いの世界」に導こうとする。すなわち「真にうつくしいものは驕らない。存在のただしさのみでそのようなものたちは無心さに帰って存在する。存在の美しさのみで、このものたちは死ぬ。文明の死を死ぬものは、もっとも醜悪なものたちの手によって殺される故に、聖性を付与される。ひとまわりひとまわり、彼女はそのように溶解する。遠いところにむかって。存在の光輝さの世界にむかって。彼女の存在にとどきえぬものたちを処罰しながら[45]」と石牟礼は言う。文明の死を再生の世界に導き蘇らせるのは、私達残された者の責務である。死を新しい生に転生しなければならない、しかもこの世で。だが、この世にそれはあり得ない。そうだとすれば、「もうひとつのこの世」が必要である。その「もうひとつ」は何処にあるのか。言うまでもなく、水俣の文明の死を体験した人たちが創造した世界でしかない。石牟礼が切り開く新たな精神世界は、地球の片隅の小さな生と死がグローバル文明の死と再生の縮図であることを告げている。

石牟礼道子の「もうひとつのこの世」（石牟礼道子コスモスと言ってもよい）が、単に形式的な概念装置に過ぎないとすれば、「この世」へのインパクトは極めて小さいと言わざるを得ないが、多くの人々が共鳴し同じコスモスを共有したいと願うのは、アンチコスモス的精神による「原型コスモス」への回帰と再生を実在のものとして提起しているからである。ただ、ここで何が問題なのか。近・現代コスモスとしての市場経済秩序世界を我々は解体の対象と認識しているが、その「死と再生の道程」はどのように展開するのか。実は、このプロセスを論理的にうまく説明することは困難で、不可能に近い。今日の市場社会秩序は、それを支えている様々な政治経済的単位を初めとしてその他の文化的・宗教的単位などそれぞれが有意味的に調和してひとつの全体としてまとまって動いているわけではない。むしろ諸単位はバラバラで混乱・混迷の状況というのが真実である。すでにいろいろ言葉を尽して述べて来たが、やはり精神と意識の欠陥構造、つまり現代コスモスを支える精神・意識構造の固着化を突き崩すことには限界が付き纏っている。意識の動態化や柔軟心への転換は内部から起ることで、我々としては言語（意味）脱落、本質脱落の実態を暴露するようなアンチコスモス的精神の深化を進めて行かなければならない。「この世」に対して「もうひとつのこの世」の実在性とその優位性を、そしてまた豊かな精神性の在り処を提示していく必要がある。そのために、さらに石牟礼道子コスモスの深化した絵図を明らかにしたい。

石牟礼道子に近代はどのように映ったのか。すでに東京の本質脱落的風景について言及したが、石牟礼の苦悩は非常に深いものがあった。それを例えば、東京コスモスと石牟礼コスモスとの融合といった言葉で片付けることが出来るであろうか。いやとてもできる話ではない。東京コスモスをこえるコスモス風景の提示こそ必要である。

石牟礼道子の良き理解者で近代思想史家、渡辺京二は、石牟礼文学には二つの特徴があると言う。それは石牟礼の「もうひとつのこの世」に関連して述べられている。一つは、「現にこの世にある世俗的な生活の彼方に、その始原ないし根元をなす隠れた存在の次元があって、その次元から絶えず呼び返されているといったふうに、人間の生のありかたをとらえる感覚」を持つことで、もう一つは、石牟礼の紡ぐ物語は過去と現在、そして未来もが共時的に共存している世界として展開されていることである。(46) 渡辺の言う、私達の世俗的な日常の生活の「始原ないし根元をなす隠れた存在の次元」というのは、「近代化以前、工業化文明以前の、さらに言えば文字文化以前の、土を耕し、海の生きものをすなどり、牛や馬を追う、山河と密着した生活の中で常に感知されていたもので、それなしには農民としての、あるいは漁民・牧畜民としての現世の世俗生活も、存続の根底を失うような、「もうひとつのこの世」」のことである。(47) すなわち、「生という存在」あるいは「生きるということ」の根底にある不可視の世界を覚知すること、私達は自分の「生と死」を自分で自由に選択出来ない限り、いま、ここにある「生」とは何か、その「生」はだれのものか、誰によって与えられたものか、そして「生」はつねに「死」を伴い連綿と過去から現在・未来へと繋がっていく、そのことは何を意味するのか、どの時代の誰でもが覚知するであろう、こうした生と死の存在と関係性と連続性をになう根源的な世界が実在するのである。それは思考をめぐらせればめぐらすほど、まったく不思議でスピリチュアルな聖なる世界とも言いうるものである。井筒の言う「存在・意識のゼロポイント」を意味する無心の世界がここにあり、水俣の「文明の死」をその正しさと美しさゆえに受け入れた世界が実在するのである。それが「もうひとつのこの世」の実在性に心を寄せる石牟礼道子のコスモロジー、豊かな精神性であると思われる。それはまた、渡辺が指摘する第二の特徴、過去・現在・未来という時間が共時的に共存する時空間である。時間の動と静の共存空間である。動の中の静、静の中の動、動の極致は静、静の極致は動、故に、共時的存在である。静は無時間的存在だが、有を内に秘めたエネルギーを持つ時空間、動は言うまでもなく日常の直線的・循環的時間である。動は内に静を含むことで動としての役割を果すことが出来るのである。過去の時間には静の時間を含めてすべての時間が凝縮しているが、その時間は現在にも実在し、未来にも変わらぬ時間として移り住んでいく、連綿として続く時間と空間の連続性である。こうした時空間に存在することが「生」の意味であり「生きること」の意味である。

三・二 「もうひとつの自然」を宿す「もうひとつのこの世」

石牟礼に、「戻りの道をうち忘れてさまようものたちのことを、水俣では「高流浪《たかざれ》きの癖のひっついた」者と申します」というフレーズで始まる、『天の魚』という短いエッセイがある。過去のことは全部忘れて戻るところがなくさまよっているという意味だが、これはもちろん現代に生きる私達の現実を比喩的に言い表わしたものである。時間の連続性を拒否し、いのちの繋がりを無視する現代コスモス、その空しさを思いつつ、石牟礼は次のように続ける。「――孫であったものたちもやがて年寄りになる。そしておむかえの時期がくる。してみると、畠のぐるみの繁みや、渚をころがりまわっている村々の稚いものたちは、死んでゆく自分の生れ替りではあるまいか。この世はなるほど順々送りじゃねえと自得する。たぶんもの心ついたとき、それは自得されていたことだった。自分は誰の生れ替りだろう……。年とった彼や彼女たちは、人生の終り頃に、たしかに、もっとも深くなにかに到達する。たぶんそれは自他への無限のいつくしみである。凡庸で、名もないふつうのひとびとの魂が、なんでもなく、この世でいちばんやさしいものになって死ぬ(48)」と。別な「生」を引き継がせてもらった自分の「生」、自分の「生」を引き継いでくれる次なる別の「生」、そうして繋がっている「生」、それら「生」の共時的存在、自分の「生」をそのようものと考えただけでも、「陽がさしている感じ」がすると言う。「生」の連続性と多層性と共時性の世界である。

こうした石牟礼道子コスモスの描く実在的「生」の世界は、人間の領域を超えて、天と空、海、山、川、そして風、水など、自然が織りなす風景に及ぶ。それなしに私たちの「生」は在り得ないのである。水俣の不知火の海が不条理にも一方的に穢され死海となったことの石牟礼の心の痛みは、水俣病の犠牲者へのそれと何ら変わることのないものであった。海に「汚して申し訳ない」と謝罪したなどということはあまり聞いたことはないが、海をまともに見たこともない者にとってはそこにかけがえのない「生」のあることさえ分からないのかもしれない。石牟礼は、太陽のことを「陽いさま」と呼ぶ。どことなく身内への親しみを感じさせる表現だが、『陽いさまをはらむ海』というエッセイは、日の入りの情景を「海が沈んでいく陽いさまを胎むような」という言い方をする。「海のなかにお日さまが憩うから、それでうみが夕映えのような光を放ってくる。それでそういう光を受けて空も夕映えるというか、そのとき、夜の闇のなかに魚たちがいるんじゃなくて、何か非常に深い海の底にお日さまが包まれていて、そのぬくもりのなかで魚たちも眠って育つような、そういう親和感みたいなものが、お日さまと海と魚との間にあって、それから岸辺に住んでる私たちも、全部同じ世界のなかにやはり包みこまれて安らぐという感じの夜がありました(49)」と語る。それはお日さまと海と魚と人が同じ時間と空間を共に生きる安らぎの世界である。やさしく美しい安らぎの風景である。こうした安らぎを与えてくれる空間には私達人間にとって身心の穢れを浄化してくれる清浄なものが宿っているかのように感じられるのである。石牟礼の精神世界は、川面をわたる風にも「何かのこころ」を感じ取る。エッセイ『天崖のみなもとの藤』の一節、「海にそそぎ入りながら、満々と光る川がある。水面から来る風が、うなじにきりきりまつわるように匂ってくる。橋の上からさしのぞいていると、風の子たちの起す渦巻が無数に散らばり、くるくるとさざ波を立てては広い水面の上に消えてゆく。この風のみなもとは、上流の、すがるの滝の奥の山系にちがいない。すがるの滝というのは、阿蘇山系をつくったりこわしたりしていた神さまが、つくりかけの山の縁を、ちょっと踏みこわした跡なんだと、いまも火を噴く神山の村々の老人たちは考える。わが村の山々は、この国が出来あがるずっとずっと前の、神さまの時代の山であったと(50)」。水面をわたる風は神の時代の山からの涼やかな精霊の便りである。風が精霊を運び、精霊が風となる。海はお日さまを抱き、海（水）の精霊になり、風は山の神を乗せて風の精霊となる。

最後に、もうひとつ、『崩れゆく山村』のなかの一節、「あるとも思えぬかそけき声というのが、ひと昔前まであった。草のさやぐ声であったり町の片隅の沼に影さしてひらく、睡蓮の身じろぎなどがそうであった。歌や句などをつくらぬ人間たちでも、わたしのような細民の子らでも、そういう気配の中にひとり這入りこみ、心がほうとするひとときを持っていた。暮しの過酷さだけでなく、生きることに耐えられぬ日々を慰撫するような、やわらかい空気が、芥子の花びらのふるえるほどな感じで、ときどきやって来ていたのである。あの静寂はいったいどこへ行ったろう。今日という日を営まねばならないものたちの一切の思念が生れ出る宇宙的な静寂、東洋の隠者たちの思想がたくされていた空無の世界。わたしなどが草のさやぎのようなものに呼びとめられていたのは、そのような世界からの風の便りを、聴いていたかもしれない。何とそれらは等しなみに与えられていた、わたしたちへの恩寵であったことか」[51]。石牟礼が言うように、「今そのような恩寵は遠のいた」。だがしかし、宇宙的静寂や空無の世界がなくなったわけではない。私達人間の側がそのような世界を拒否したからにすぎない。草のさやぎ、睡蓮の身じろぎ、芥子の花びらのふるえなど、「あるとも思えぬかそけき声」、音、それらは「心がほうとするひととき」を与えてくれる、ある意味、心の至福のときである。自然とは、ただそこに山あり、川あり、樹木があり、そして石や岩があるというだけの物の世界ではない。いくつもの「生」が共に響き合って創りだす、私達人間には到底できることではない、秩序ある特別な空間である。私達にとってそれは心洗われる空間であり、スピリチュアルな世界である。つまり、自然には「もうひとつの自然」が存在するのである。石牟礼道子のコスモス、「もうひとつのこの世」は、「もうひとつの自然」をも含む精神世界なのである。石牟礼道子のコスモスが、「もうひとつの自然」を含んだ「もうひとつのこの世」になったことで、私達の「生」の世界は、人間中心の世界から脱して、もっと広く穏やかな平穏無事な世界であることが示されたと言ってよい。

この節の終りに、「もうひとつのこの世」論が提起する意義について二つだけ指摘しておきたい。

第一は、石牟礼道子の描き出した、「もうひとつのこの世」は、その内容が、極めて人間的な匂いのする世界になっていて、前節で触れた「原型コスモス」を思わせることである。あるいは「原型コスモス」そのものと言ってよい。

第二は、「もうひとつのこの世」は、これまで述べてきたように、近代という文明の不条理を明らかにすること、そのことだけでなく、市場秩序による現代コスモスへの対置としてアンチコスモスを提起したことである。K・ポランニーが示した社会の二重運動という視点に立てば、この石牟礼道子コスモスは、現代コスモスからの防衛運動という位置づけになるだろう。しかし今はそういう一歩退いたネガティブな位置ではなく、「原型コスモス」

への回帰と再生という時代状況にあって、文明転換を荷う「実在的基盤」に成り得ると思う。石牟礼は、思想家、I・イリイチとの対談で「近代というこの途方もない化物を心やさしい物語り世界に編み替えて魂をふきこまねばなりません(52)」と語っている。「心やさしい物語世界」として現代コスモスを編み替えること、そこにどのような魂を埋め込めるか、次に経済人類学の在り方を含めて論究したい。

第四節　経済人類学の役割

経済は、本来社会の一領域として社会の中に埋め込まれるべき人間的営為である。しかし、現代の経済システムは社会からはみ出し社会を従えてしまった、極めて特殊歴史的なシステムである。現代知において絶対的な優位性をもつ経済知・科学技術知への特化は、その特殊性を支え人間の精神世界を支配している。その意味で、経済学の持つ学問的責任は極めて重い。

我々は、まず経済人類学を経済知・科学技術知批判の学として認識している。しかし、それは経済学という狭い領域だけの問題ではなく、どのような社会システムのもとで経済問題を位置づけるかということ、言い換えれば、「原型コスモス」を石牟礼の言う「心やさしい物語世界」に見立てて、そのコスモスの中にそれに相応しい経済の仕組みを組み入れるということである。したがって、経済問題は市場秩序そのままにというわけにいかない。すでに触れたように、市場秩序は「暴力と破壊」を構造化した経済だからである。「悪魔のひき臼」はいまだグローバルに機能し続けている。そうである以上、暴力的経済は解体の対象でしかない。

石牟礼道子コスモスが、井筒のアンチコスモス論と同様、苛烈なアンチコスモス的性格を持つものであったことを考慮すれば、経済人類学も必然的に共通の土俵の上に立たなければならない。それは言うまでもなく、「生」の問題であり、「生きること」の意味を根底的に究明することである。そのことは、現代経済学への批判に直結する。

経済人類学は、いわゆる体系的な理論が出来ているわけではない。過去の伝統的社会と言われる社会における人間の生存原理と結びついていると思われる経済現象に着目してその社会的意味を究明してきたと言ってよい。したがって、ここでは「人間の生存原理と密接不可分と思われる経済現象」に焦点をあて考察してみたい。三つある。風土型経済、互酬型経済、そして「用の世界」の経済である。[53]

四・一　風土型経済——自然と調和的な人間の経済

先ず、自然と調和的な人間の経済についてである。私達はその経済を風土型経済と呼ぶ。石牟礼コスモスは、水俣という自然風土から生まれた側面が強い。その意味では、風土型コスモスという言い方もあながち不可能ではない。

自然なしに経済的な営みなど在り得ないことは誰でも分かる。生きるための、衣食住はすべて自然からの恵みであった狩猟採集の社会を考えれば分かる。その意味で、狩猟採集経済は、風土型経済の原型である。その際、自然は人間にとって生きるのに必要な素材を提供してくれる存在以上の存在として受け止められていたと思う。考古学の知見が示しているように、すでにそこに生きる人たちは自分たちのコスモスを持っていたのではないか。

自然は、生きる存在としての人間の「生と死」をいわばまるごと包みこんでくれる「もうひとつの自然」でもあったのではないか。文字はなくとも、言葉はあり、音楽・絵画・遊び・宗教儀礼、狩猟採集の技能、耕作や栽培の技能、火や水を使う技能、加工技能、そして子供を育て次世代に繋げていく生活様式の確立など、また神話や民話もあったであろう。自然は、たんに物的な世界に限定出来ない、四季折々の恵み・自然災害・事故などによる喜び・悲しみ・不安・怒りなどの感情、感謝・祈りなどの精神世界をも律するような存在で、「原型コスモス」形成の基礎であった。人間は自然との関係で決して受身の姿勢ではない、自然を存在以上の存在として受け止め主体的・実在的関係を築くのである。それが「原型コスモス」であり、風土の世界である。風土は人間と自然とが織りなすコスモスで、人と自然との共生空間のことである。風土には人の生き方とそれを支える精神世界がある。だからこそ風土における暮しは、風土の思想とともにある。日本の場合、風土の在り方は多様である。海を基点にした風土、山を基点にした風土、農地や河川を基点にした風土、それぞれ里と言い、里海、里山、里川がある。風土の思想は、こうした地域の特性に規定される側面があるが、一般的には、「無主・総有」を基本として成り立っている。例えば、海は人間だけのものではなく魚のものでもあるし、すべての生あるものに属する、山でも川でも同じである。土地所有は、近代的な概念だが、風土型経済では土地は協同管理すべきものという側面を強くもっている。それは個別の海、山、土地に限定されるものではなく、それらを含む自然全体についても当てはまる。実はこの「無主・総有」の思想には、自然というもの人間が創ったものではないという意識・認識が根底にある。そうした意識は自然から与えられる生活手段への感謝、恵みへの感謝と歓びを伴う。そこから派生して経済的な営みも決まる。与えられた自然の素材を人間は使用可能な形態に変えるのみであるが、そのことが最も基本的な経済の意味である。それはいわゆる経済的価値の増加あるいは利益とは無縁の、「用の世界」の豊かさに繋がるのである。漁業では、魚は与えられた素材で、生で、焼いて、煮て、蒸して、干して等々、利用の多様化が生活を潤す。農耕では、土地を耕し種をまき収穫をして穀類・野菜を得る。また、生産の用具や生活道具の製作についても事情は同じで、技能の鍛錬や知の蓄積は経済的営みを支える人間的作業である。それらの行為は、自然的存在・営みの人間的利用であり、自然と人間との共同作業である。人間にとって重要なのは、自然的存在と人間的営みとを如何に有意味的に秩序付けるかということである。そこに無主・総有の思想が社会秩序の原理として重要な役割を果すのである。風土の中で人間の「生」を豊かに構築するというのは、以上のようなことである。

四・二　互酬型経済

原型コスモスは、人間が日々の生活を安心して、安全にそして健康的に維持する空間である。自然との共時的空間である、風土型経済も安定した社会システムでなければならない。それを基礎づけるのが互酬型経済である。いわば信頼と安心と寛容の経済である。生産された富（使用価値）を如何に社会的成員に平等に分配するかという問題である。生産され消費される物は、基本的に必要を充足する対象である。物が、生産され消費されるまでのプロセス、分配のされ方は、互酬的交換、交易、再分配そして家政（自給自足）の四つの関係を通じて行われる。

風土型経済では、互酬的交換は人と人を繋ぐ最も基本的な経済的関係である。この経済的関係が経済全体を律するからである。互酬とは、言うまでもなく、相互に扶助し合う関係であり、利他的な関係である。交換とは、ここでは使用価値どうしの交換のことで、相手の必要を充足するのが原則である。この互酬的交換には、絶対贈与（純粋贈与）や一般的な贈与が含まれ、相互扶助的精神の基本型である。相互に助け合い、支え合う関係を基本にすることで、経済の仕組みが安定的に推移するのである。またそこに関係する人間は、生産者でもあり消費者でもある。しかしこの互酬的関係が規模的に拡大すると、貨幣が登場する。貨幣の発生は経済の仕組みそのものを有意味的に秩序立てる意味があり、それは決して利益や権益と結び付いたものではない。増殖する貨幣ではない。使用価値を計る手段（価値尺度としての手段あるいは計算貨幣）、流通を助ける手段（流通手段としての貨幣）、社会的蓄蔵としての貨幣などである。我々はこうした性格の貨幣を半貨幣と呼びたい。こうした貨幣の登場で、互酬的経済関係が拡大しうる――もちろん貨幣が個人的な利益や権益と結びつきその性格に変化が生まれれば、互酬的関係が崩れる可能性を完全に否定できないが――し、一般的交易を互酬的関係で律することが出来る。それが利益を前提にした市場交換に転換しないための防波堤になる。あくまでも互酬的関係を保持した交易である。

互酬型経済では、家政における自給自足の経済を無視できない。家庭は安心・安全・祈りの場であると同時に、特に、食生活の面で重要である。家庭の味は地域の食生活を豊かにするし、創意工夫の意識は文化的生活にも寄与する。それは生産と消費の直結したある意味で個人的営みのようであるが、しかしすべての生活手段を一家庭で調達出来るわけではない。社会との互酬的関係において、また交易を通じて自足できない生活品を手にいれることが不可欠である。自給自足の経済は、また余剰生産を交易によって社会に還元できる。そういう意味で、自給自足の経済は、互酬型経済の一部として補完的な役割を持つ。

生産された富（使用価値レベルでの価値）は、これまで述べてきた互酬的関係による経済的分配機構で公平に平等に分配されない場合が多い。何故なら社会的成員が富の分配機構に平等に携わっているわけではなく、社会的階層の違いによって、その職能の違いによって、富の分配度に違いがでてくる。特に、政治的統治や宗教的儀礼に関わる階層は、その仕事の社会的必要度によって、富の集中度が一般の成員より大きい。富の分配に不平等が発生することになる。その不平等を修正するのが社会の再分配機能である。特に、高齢者、子供、病気や身体的欠陥のため働けない人たちは、こうした互酬的・相互扶助的社会では、社会全体で保護するシステムが準備されているのである。今日の社会保障制度の個人的保障とは違い、互酬的社会の必要不可欠な制度である。逆に言えば、富の再分配機構を持つが故に、互酬型経済が成立すると言っていい。

ところで、この互酬型経済は、閉じられた空間ではなく、むしろ開かれた空間であることを指摘したい。風土型経済は、その基礎である自然風土に規定される度合いが大きいので、閉じられた空間のイメージが強いが、「原型コスモス」論で指摘したように、基本的に人間の社会は外に開かれた空間でなければならない。人間が社会的存在であるのと同じように、社会も外に開かれ異文化との交流を持たねばならない。閉じられた社会では、基本的に人口増などの社会変化に対応するのは難しいからである。互酬型経済でも、すべての必要な財が自己の経済圏で手に入るとは限らない。特に、衣食住に関わる財の欠如・不足は、例えば、山村での塩の欠如、漁村での木材や穀類の不足、農村での水不足など、その社会にとって致命的である。それを補完するのが外の社会との平和的交流である。その交流も当然互酬原理にもとづくもので、物的交流に限らず社会的文化的性格を持つものである。そして人的交流と移動も行われる。風土型の閉鎖空間は、物と人の交流で開かれた空間となる。

四・三　「用の世界」の経済——使用価値重視の経済

風土という言葉は、自然と同義ではなく、そこにある地形、四季折々の変化する気候や風景、水土という言葉があるように、水や土の地域的特性、植生の在り方など環境全体を意味する。そして人間も歴史や伝統を色濃くもった存在として、その構造の一員である。表現の仕方が難しいが、自然が主で人間は従だが、時に人間が一時的に主的存在になることもある。例えば、氾濫する川の堰の建造とか植林などそれにあたる。人間が主体的に関わって今ある風土、そこには歴史が刻まれ伝統的要素が浸み込んでいるのである。こうした自然的・人間的風土を守り後世に繋げていくことは、「生」の問題の主要課題である。風土が「原型コスモス」の基礎であるとすれば当然のことである。特に、戦後高度成長と共に、私達は風土の存在の意味を忘れ無視しそして汚し、台無しにし、そこから脱け出ることに努力して来た。それは成長を最善とする経済知・市場の力によって進んだのである。いまそれが間違いであることが確実になっている。いやすでに水俣で証明済みである。その意味で、風土は経済的市場の思想に晒してはならない存在なのである。そして互酬型経済も近代的市場とは無縁のものとして、「原型コスモス」を支える「信頼と安心と寛容」の経済でなければならない。そのためには、個人的利益・権益・欲望と結びやすい「交換価値」の経済ではなく、「用の世界」・「使用価値」重視の経済を構築しなければならないのである。

「使用価値の世界」は、これまで経済学の取り扱う分野から排除されてきた。そのためにこの分野での議論に筆者の知る限り、知的蓄積は少ないように思う。筆者にとって、それに最も相応しいのは、柳宗悦（一八八九～一九六一）の民芸論である。民衆的工芸の略、民芸は民衆の生活世界つまり「用の世界」に見られる美とは何か、その意味を究明すべく、柳は、北は東北から南は沖縄まで全国ほぼ二〇〇ヶ所を回り、日本の「手仕事の世界」に「用の美」のあることを発見するのである。用の美の世界は、本章で言う「原型コスモス」と重なるので、柳宗悦の精神世界は注目に値する。井筒俊彦は柳の書を興味深く読んでいたと言われる。二人には神秘主義的思想があり共通するところが多い。

さて、使用価値世界の最も重要なポイントは、何のために物を作るのかという問題である。現代の市場システムでは、生産の直接的目的は利益を得るためである。利益を伴わない生産はありえない。交換をして利益を得ることが目的である。使用価値生産は、生活に役に立つこと、実用的であることが優先する。使用価値は生活価値であり実用価値である。そうだとすれば、利他的な精神が必須である。それは、より有用なもの、より実用的なものにしたいという社会的道徳的精神・奉仕の精神である。そしてそれを受け取り消費する側も、それに応える義務を負う。したがって、「用の世界」は、物と心とが一体になるべき世界であり、心の在り方が物の良し悪しを決める。柳は、「用の世界」を「物心一如の世界」と呼ぶのである。そのため、生活に役立ち実用性に富む品物は、「物への用」と「心への用」との結果として考えることが出来る。井筒がコスモス論で意識の在り方を問題にしたのと同じように、「用の世界」は心・精神の在り方を抜きに考えることは出来ない。物の形、色、模様は意識の働きによるし、美しさの問題も意識作用に依存する。

次に「用の世界」で問題になるのは、風土に根ざした社会である限り、物が文化的要素を持つということである。その地に独特の風土文化・生活文化を物が纏うのである。風土が提供する素材の特質、いわゆるその地の特産品があるし、歴史や伝統を引き継いできた社会であれば、それを無視した品物はありえない。そこには、風土に学び・活かす心、歴史・伝統に学び・活かす心が不可欠である。そうした心の在り方が、その土地の社会的規範や道徳観を育て、次世代に継承する力になる。こうして物は文化的価値をもつのである。柳は、そこに見られる用の美を「風土の美」「文化の美」と言う。

さらに、「用の世界」は、心の深層の問題として、深化し豊かに展開する。井筒はその深層意識の極点を「存在・意識のゼロポイント」と認識して、自由無碍な心あるいは無心とも言い得る「柔軟心」が創り出す世界を描いたが、それは前述のアンチコスモスの議論と重なる。そしてそれは柳の言葉で言えば「自在心」のことであるが、何ものにも囚われない強く柔軟で、静寂の境地を意味する。「心の浄土」と表現していいかもしれない。そこから生れ出て来た物は、新たな美を纏い、浄土の美として救いの世界に導くのである。宗教的価値を持つ物になる。そのような「用の世界」は、三つの不思議を生み出すと、柳は言う。すなわち、名もなき民衆の生活空間の出来事であるがゆえに、第一は、貧富、貴賤、賢愚、才不才の区別を無くすること。第二は、名もなき無学の専門家でもない者が美の世界に参与できること。それは用を第一義とする何の計らいもない無心が生み出す不思議である。第三は、経済と美との調和的世界の成立である。足るを知り「用を充足する経済」の仕組みが美と救いの浄土的世界と結び付くことが不思議である。このように、心が、精神が、意識の深層に導かれれば、「用の世界」は、「もうひとつの経済」を生み出し得るのである。

これまで展開して来たように、風土型経済・互酬型経済・「用の世界」の経済で生産された物は、言うまでもなく近代的商品ではない。しかし、取引、交易の対象として「商品的性格」持つことを否定出来ない。そこには、取引のための場が成立し、貨幣も登場する、いわゆる「市」と言われる規模の小さい地域的市場（いちば）が存在する。そこで、我々は、「半市場」という概念装置を提起したい。

半市場とは、使用価値を取引する場であって、利益を得るための市場とは違う。競争の場でもないし、常に拡大を志向しているわけでもない。非競争的・非膨張的なのである。それは前にも触れたように、互酬的性格の強い市場であって、決して個人的利害とは無縁の高い道徳性と倫理性を持った、そういう空間である。ここに登場する貨幣は、単に物の交換と流通を促す手段に過ぎず、市場的貨幣あるいは増殖を目的とする資本に転化する性格の貨幣ではない。それは先述した半貨幣のことである。使用価値・生活価値・実用価値を持ち、文化的価値・宗教的価値を纏った物は、交換の対象でもあるので、我々はそれを半商品と呼ぶ。当然半貨幣の媒介によって価格が生まれる。その価格は、使用価値の価格であって、交換価値ではない。需給の多寡で決まる価格ではない。用の世界の価格は、量の評価値ではなく、質の評価値である。物の必要度・実用度で決まり、その物に対する心の評価も加わる。物の価値と心の価値の一体化した価格とも言い得る。柳は、その価格は生産した者と消費する者との「無欲と感謝の接触点できまる」と言う。したがって、一物一価という価格の決まり方は存在しない。むしろ経験値とか伝統値、あるいは慣習値のような価格である。半市場は、風土的・互酬的経済の仕組みと親和的な関係にあるものとして意味をもつのである。

以上、私達は、三つの経済パターンを三位一体のものとして展開して来た。明らかに現代経済システムに照らして、三つの経済パターンからなる経済は「もうひとつの経済」と言ってよいし、そして、井筒の「原型コスモス」、石牟礼道子の「もうひとつのこの世」に埋め込むべき経済であると思う。アンチコスモスにとって不可欠な構成要素となる。

なお、私達は、これら三つの経済パターンが「原型コスモス」に組み入れられてこそ経済人類学は学問として意味あるものと考えている。

第五節　「原型コスモス」への回帰と再生

近代化というのは、科学技術の進展にもとづく工業化・機械化と都市化に象徴される。それは物量の豊かさを伴う、大量生産・大量消費と都市人口の増大を生み出した。資本にとって成長のための環境が整ったのである。人間の生活が機械生産による工業製品と自給のないすべての生活手段を都会の中で手に入れるスタイルに依存するようになると、人間の生き方は資本の成長の枠組みに急速に組み込まれていくのである。それは他方で風土型経済の解体であり、自然の生きものの「生」や人間の自然的生活からの離脱を意味していた。それは「生」という存在から遠のくことであり、また「生への無関心」を醸成する土俵となるのである。

実は、資本の発生には、最初からそうした犠牲のシステムがインプットされていたという事実がある。すでに知られているように、イギリスの産業革命は、大西洋をはさんで、ヨーロッパと新大陸アメリカとそしてアフリカを結ぶ三角貿易からの膨大な富が深く関係していた。そこには言うまでもなく黒人奴隷の、いまだに正確な実数が分からない——一五世紀から四世紀の間に一二〇〇万から一五〇〇万の奴隷が船倉に貨物のように運ばれたとされる——、悲惨な犠牲が存在した。それはアフリカに限らず、コロンブス後のラテンアメリカ・カリブ海諸国そして南米にまで拡大する。砂糖、コーヒー、綿花プランテーションでの労働力確保が目的である。そしてヨーロッパの資本主義経済の拡大と同じように、アメリカでのネイティブインディアンの惨劇も経済発展の犠牲そのものである。[54] その犠牲のシステムは、他でも見られるケースだが、日本で言えば、アイヌ、沖縄、福島、広島・長崎、そして水俣である。そこには犠牲と差別が確実に存在する。その差別の意識が犠牲を拡大する。

　こうした犠牲のシステムに在るのは、自然的生に対してだけでなく、他者・他人の存在・生への差別と無関心である。資本の世界的拡大と機械化・都市化の進展は、犠牲のシステムを構造化しながら、暴力と破壊を深刻化させている。『自由からの逃走』で知られる、新フロイト派の精神分析学者・社会心理学者のE・フロム（一九〇〇〜一九八〇）は、『悪について』（ただ原題はThe Heart of Manである）[55]で、ネクロフィリア（Necrophilia）について言及している。それはバイオフィリア（Biophilia）―生を愛するという意味―の対語で、死を愛するという意味である。まさに悪の極致である。フロムは、資本主義近代の機械化・都市化のグローバルな展開によって醸成された「生への無関心」という精神的土壌を指摘している。その精神的土壌の中に生まれるのがネクロフィリア的精神である。歴史的には、ヒットラー、スターリンを典型的代表例とする。いまの世界にそれに類した例は数多い。

　暴力と破壊、私達の近代はいつまでそれを繰り返すのだろうか。E・F・シューマッハ―は「「自然と宇宙の征服」、「探求への抗いがたい欲求」、際限のない経済発展等々―これらは暴力の概念である。非暴力の概念は「生命への畏敬」、宗教的な「賛仰」、謙虚さ、踏みとどまるところを知るという意味での節度、そして抑えがたい正義への意欲、である。前者は心の舵を失った精神から生れ、後者は精神をコントロールできるほど強い心から出てくる」[56]と言う。経済知・科学技術知に特化した現代の知は、精神をコントロール出来ず「心の舵を失った精神」を日々生み出しているのが現実である。ネクロフィリア的精神の横暴は許されない。金子みすゞに『大漁』と題する短い詩がある。「朝焼け小焼けだ　大漁だ　大羽鰮の　大漁だ。浜は祭りの　ようだけど　海のなかでは何万の　鰮のとむらい　するだろう。[57]」金子みすゞコスモスの精神世界の豊かさを示す心温まる詩である。人間の驕りをいさめる意味と鰮への心使い・慈しみがここにはある。人間による自然への過剰な仕打ちと読み取れる、祭りと弔い、それは人間の社会に置き代えれば、文明の暴力・驕りとそれによる犠牲の数々ということになる。

私たちは、広島・長崎、原発事故、コロナと戦争等々、水俣がそうであるように、文明の死に日々直面している。そして文明の死は、環境汚染、地球生態系の破壊にまで及ぶ。私達はすでに取り返しのつかない地点に立っているということである。

しかし、ここで立ち止まるわけにはいかない。文明の死が私達に突き付けている意味は重い。暴力と破壊の現代コスモスがこのまま拡大すれば、さらに犠牲は大きく広範囲に及ぶことになるのは必至である。これ以上の犠牲を出さないために、アンチコスモスの精神を強化しなければならない。それは井筒が提示した「原型コスモス」、すなわちすべての事・物が公平に濃淡の差なく有意味的に調和して働く秩序の体系を取り戻すことである。すでに述べたように、私達は、(一)日々の生活を無事なる生のための秩序空間にすること。何事もない平穏無事な生活ほど尊いものはないからである。健康で平和的で、そして足るを知るほどの富があればいい。現代コスモスにそれはない。(二)私達には他力という力が与えられている、その力とは、異質なものの事・物の無秩序性を秩序化する収束能力である。現代コスモスは、すでにカオスの様相を呈している。不必要なものが沢山ある。必要と不必要を選別して、無秩序を秩序の体系に再編・再生することが要求されている。そのことを覚知し、収束能力を主体的・実在的に実践することである。(三)「原型コスモス」は存在・意識のゼロポイントを中心軸として働く「ヌーメン的空間」である、私達はその特殊な空間にあるエネルギーを少しでも活用する意識を持たなければならない。つまり他力を自力化することである。そのためには過去の宗教的・霊的体験に自覚的に学ぶ必要がある。私達には未知の潜在的能力が備わっている可能性は高いのである。それは柳宗悦が指摘した「無の心」であり、「美の浄土」に到達する「心の浄土」である。(四)「原型コスモス」は人間の「存在分節操作能力」による主体的働きによって創出できる存在空間であるが、私達はそのことを自覚的に意識すること、つまりその能力を知り実践することで事・物の意味単位をその存在以上の存在として「元型」的本質を見極め得ることが重要である。その際、大切なのは謙虚さを忘れず、コスモスはあくまでも他力と自力の合作であることを自覚しなければならない。人間中心に陥らないことである。(五)「原型コスモス」は、人間が主体的に、そして実在的に—

そこに確かに存在することを信じること―深く関わることで成立する空間である、と確信することである。人間の匂いの浸み込んだ、「人間らしさ」の空間である。そして、(六)「原型コスモス」はアンチコスモスとして次なる文明の基礎たり得る、「原型的文明」に成り得るという意識を持つことである。

意識の持ち方、心の在り方こそ重要で、その力・エネルギーは強大で他者の心の深層に響く。井筒のアンチコスモス論はもちろんのこと、金子みすゞの詩、そして石牟礼道子の精神世界が生んだ「もうひとつこの世」、柳宗悦の「心の世界」「もうひとつの社会的価値の世界」は、文明の死という様々な危機的状況に直面しているこの時、私達の意識を揺さぶり、明るさと希望を与えてくれるし、私達の目指すべき道の指針となる。「原型コスモス」への回帰と再生は、いまこの時、私達の精神・意識に課せられた問題の核心である。文明の毒は至るところに溜り何時どのような形で噴き出すか予想はつかない。私達は、それぞれその置かれたところでアンチコスモス的「もうひとつのこの世」を日常の生活の中で構築する努力が欠かせない、「無心という深層意識世界を基点にして」。私達にも深く染みついている文明の毒を浄化し、フロムの言うネクロフィリア的精神を打ち破るために、また暴力と破壊の犠牲システムを無くすために。そして存在の尊厳さと美しさを取り戻すために。

(1) 矢崎節夫編解説(一九九八)『金子みすゞ童謡集』ハルキ文庫、三四~三五ページ
(2) 同右、二〇五~二〇六ページ
(3) 同右、一〇〇~一〇一ページ
(4) L・マンフォード、久野収訳(一九七八)『人間―過去・現在・未来』上、岩波新書、一〇〇ページ
(5) P・セルヴィーニュ、R・スティーヴンス　鳥取絹子訳(二〇二二)『崩壊学　人類が直面している脅威の実態』草思社参照
(6) K・ポランニー、野口建彦・栖原学訳(二〇〇九)『大転換　市場社会の形成と崩壊』東洋経済新報社、五九ページ
(7) 同右、七〇~七一ページ
(8) 同右、八一ページ
(9) R・H・トーニー　出口勇蔵・越智武臣訳(一九五六)『宗教と資本主義の興隆―歴史的研究』上　岩波文庫、六八~六九ページ
(10) 井筒俊彦(一九八九)『コスモスとアンチコスモス　東洋哲学のために』岩波書店、一九二ページ

(11) 同右、一九六〜一九七ページ

(12) 同右、一九六〜二一六ページ。なお、本文では、井筒の「原型コスモス」像の特徴として六点指摘したが、その整理は筆者の恣意的なものである

(13) 岡村道雄(二〇〇〇)『縄文の生活誌』講談社参照

(14) 井筒前掲書『コスモスとアンチコスモス』、二一九〜二二〇ページ

(15) 渡辺京二(二〇一四)『幻影の明治　名もなき人びとの肖像』平凡社、八五ページ

(16) 岩田慶治(一九八六)『人間・遊び・自然　東南アジア世界の背景』NHKブックス、二〇〇〜二〇一ページ

(17) 岩田慶治は、同右著の中で、ボルネオ島の内陸部に住むイバン族の伝統的な道具である臼と外から入ってきた近代的な動力精米機との鬩ぎ合いについて次ように述べている。その臼は長方形の箱型の容器でロングハウスの床に仕組まれて毎朝村の女性が使用するものである。立杵でモミをつく音は、出会いの音(言葉以前の世界へのチャンネルを開く音)・指示する音(その日の出来事を指示する音)・文化的構築物をつくりだす意味の綾(文化の中のその意味を指定)と結びつき、臼は「生きものとしての道具」・「宇宙に開かれた道具」として、道具以上の複合的・総合的な文化的意味を持つという。だが動力精米機の導入で、その村の文化に混乱が起こり、文化破壊が進むのである。そのいきさつを次のように語る。「二人、三人、四人と同年輩の女性が集まって臼をつく楽しみ、共同労働の中での生き甲斐、生活者としての存在感を失うことになった。苦労もないが、楽しみもない。家族ごとに、勝手に、それぞれ都合のよいときに精米するだけである。臼をつくときに聞こえてくる音の心地よさ、その音の響きを通じて実感する村びとの連帯感、いまはそれもない。村びとを結びあわせるかわりに、耳をふさぎたくなるような音が村びとの一人と一人の間に、くさびを打ちこむことになった。もちろん、稲のカミが喜ぶはずはない。だから、あるイバン族の村では動力精米機の使用を禁じたこともあるが、いまは守られていない。機械が退くかわりにカミが退いたのである。稲のカミなどというものは合理主義思想の力によって呆気なく追放されてしまったのである。カミは死んだのである。そのカミのふるさとであった空間も死んだのである」。(同右、九三〜九七ページ)

(18) 井筒前掲書『コスモスとアンチコスモス』、二二六〜二二七ページ

(19) 同右、二三〇ページ

(20) 同右、二四〇ページ

(21) 同右、二四四ページ

(22) 同右、二四五ページ

(23) 同右、二四四〜二四五ページ

(24) 同右、二四〇〜二四一ページ

(25) 井筒俊彦(一九八三)『意識と本質―精神的東洋を索めて―』岩波文庫、二一四〜二一五ページ

(26) 同右、一八二ページ

(27) 同右、一八二ページ
(28) 同右、一四三ページ。なお、「廓然無聖《かくねんむしょう》」について。『大辞泉』によれば、「廓然」とは「心が晴れわたりわだかまりのないさま」とあり、「廓然無聖」とは仏語（中国の仏教書『碧巌録』）で「大悟の境地には聖人と凡夫の区別はないということ」とある
(29) 同右、一六五ページ
(30) 同右、二一七～二一八ページ
(31) 同右、二一〇～二一二ページ
(32) 同右、二二二ページ
(33) 同右、二四八～二四九ページ
(34) 同右、二五一～二五四ページ
(35) 同右、二二八ページ
(36) 同右、二四七ページ
(37) 同右、一四ページ
(38) 井筒前掲書『コスモスとアンチコスモス』二四一ページ
(39) 本書第二章「石牟礼道子の精神世界と現代文明―人間・風土・神々の円環構造の文明論的意味」参照
(40) 石牟礼道子全集第六巻（初出は一九七四年、二〇〇六）『天の病む』藤原書店、五〇二ページ
なお、その前年の一九七三年に書かれた「祈るべき天とおもえど天の病む」（同右、四八六～四九二ページ）参照
(41) 同右全集第四巻（初出は一九七〇年、二〇〇四）『もうひとつのこの世へ』
(42) 同右、四五九ページと四六二ページ
(43) 同右、四六三ページ
(44) 同右、四六三ページ
(45) 同右、四七〇～四七一ページ
(46) 渡辺京二（二〇一三）『もうひとつのこの世―石牟礼道子の宇宙』弦書房、一九八～二〇〇ページ
(47) 同右、一九八ページ
(48) 石牟礼道子全集第七巻（初出一九七五年、二〇〇五）『天の魚』三六六～三六七ページ
(49) 同右（初出一九七五年、二〇〇五）『陽いさまをはらむ海』四八〇ページ
(50) 同右（初出一九七五年、二〇〇五）『天崖のみなもとの藤』四七三ページ
(51) 同右全集第十一巻（初出一九八九年、二〇〇五）『崩れゆく山村』二六一ページ
(52) 石牟礼道子（二〇〇四）『不知火―石牟礼道子のコスモロジー』藤原書店、二五四ページ

(53) 風土型経済については、本書第六章拙稿「風土と経済　風土といのちの産業としての農業の再生」参照。互酬型経済については、本書第一章「人間の経済と「市場」―K・ポランニーの本来的市場論の構造」参照。そして「用の世界」の経済については、本書第五章「柳宗悦の「用の世界」論―重層的価値世界の構造」および補章「柳宗悦の「こころの経済学」―経済原理としての「物心一如の世界」」参照

(54) B・E・スティーヴンソン、所康弘訳（二〇二三）『奴隷制の歴史』ちくま学芸文庫、E・ウィリアムズ、中山毅訳（二〇二〇）『資本主義と奴隷制』ちくま学芸文庫、J・メイエール、猿谷要監修、国領苑子訳（一九九二）『奴隷と奴隷商人』創元社参照。増田義郎（一九八九）『掠奪の海　カリブ』岩波新書、T・R・バージャー、藤永茂訳（一九九二）『コロンブスが来てから　先住民の歴史と未来』朝日選書参照。P・ジャカン、富田虎男監修、矢部文治訳『アメリカ・インディアン　奪われた大地』創元社、阿部珠理（一九九四）『アメリカ先住民の精神世界』NHKブックス、青木やよひ（一九九二）『ホピの国へ　アメリカインディアンに学ぶ』廣済堂文庫参照

(55) E・フロム、渡会圭子訳（二〇一八）『悪について』ちくま学芸文庫参照

(56) E・F・シューマッハー、酒井懋訳（二〇〇〇）『スモール　イズ　ビューティフル再論』講談社学術文庫、二六九ページ

(57) 金子みすゞ前掲書、一二ページ

〈注以外の参考文献〉
U・ベック、伊藤美登里訳（一九九八）『危険社会』法政大学出版局
若松英輔（二〇一一）『井筒俊彦　叡智の哲学』慶応義塾大学出版会
野本寛一（一九九四）『共生のフォークロア　民俗の環境思想』青土社
鶴岡真弓（二〇一七）『ケルト　再生の思想―ハロウィンからの生命循環』ちくま新書

あとがき

経済学は、古典派以来今日まで資本主義が創出した市場と蓄積のシステムを人間の発展の典型として認識してきた。その現代版であるアメリカ発のグローバリズムは、世界に通用する経済思想として世界全体をその方向に導き、組み込んできた。世界はその流れに乗って留まることを知らない欲望のシステムと化し、その充足のために膨大な資源が消費され、途方もない量の商品と廃棄物が生み出され、その結果地球のエコシステムは大きく狂い、山火事による火の海、大雨による泥の海の襲来は日常になり、天地の仕組みの乱れは人間に牙を剥きだしている。その欲望のシステムは、地球自然の狂気化だけでなく、人間の内なる自然である人間性をも蝕んでいる。戦争、暴力、犯罪、精神障害などの精神・こころの破綻は、私達の文明の破局さえ懸念させるのに十分である。冷戦が終わり、いくらかは全世界が幸せの道に進めるのではないかとの期待が膨らんだが、今世紀もすでに四半世紀が過ぎようとしている今日、軍縮の動きどころか逆に軍拡は止まず、対立と分断は深まるばかりで、ウクライナ、そしてイスラエルでの戦争は、第三次世界大戦への危険さえ思わせる。グローバリゼーションは明らかに破綻した。さらには、コロナを初めとする感染症の流行は収束する気配がない。こうしたただならぬ状況は、こと・ものすべてに対して限界を知らない過剰な資本主義世界を我々は作ってしまったことを意味している。経済的豊かさに酔いしれる時代は終わり、容易ならざる時を迎えているのである。私達が培ってきた近代という進歩主義的歴史認識は、古く、仮のものであることがほぼ間違いなく明らかに成りつつある。

いま私達が正しく問わなければならないこととは何か。かつて、シューマッハーが「前のめり大敗走」と形容したように、「大敗走」の道を私たちは走り続けているとすれば、答えは明白である。それは、これからも引き続き経済成長を目的にして技術革新に邁進することではない。人間の存在を無視した経済の論理が先行し、モノ・カネ優先の想いは、途方もない格差を生み、人間らしく生きるための社会的条件を奪ってしまったからである。人間の存在しない経済・社会になってしまったことへの歴史的・社会的反省が重要である。

だが、経済知・科学技術知に特化してしまっている現代の知の体系は依然としてその限界を認識せず、すべてはＡＩやロボット、生命科学などの発展で解決し、持続的経済成長が実現できると考えているようである。温暖化対策、ＳＤＧｓなどビジネス化してしまっている現実を見るとき、知の資本主義システムは、進歩主義的歴史認識を貫く道を進み続けるであろう。科学は、いまや科（とが）の学に堕してしまったことを否定できない。もちろん私達人間だけに与えられた科学する力は他力で「生きる力」の不可欠な要素だが、過剰に暴力と破壊に結びつく科学の在り方が問題なのである。それは言語（意味）脱落・本質脱落的諸現象の拡大となって現れることを意味する。そうした唯物論的・経済主義的思想を相対化し、解体するためには、生存原理を社会の主導的原理と位置づけ、それを再生し構築していくことが肝要である。

率直に言えば、本書は生きる存在としての人間の在り方を少しでも明らかにしたいという問題意識に基づいて編成している。私達の存在世界は余りにも生きづらく、暴力と破壊に満ちて、本当に必要なものが段々少なくなっていくような気がする。経済的に価値あるとされるもの・ことが氾濫し、日々の暮しに本当に必要なもの・ことが少なくなっている。この社会の生きづらさが云々される所以である。自由と平等、民主主義などの近代の理念は、資本のものになり、自然は自然資本でありそして人間は人的資本と呼ばれる。それらすべては資本に従属する存在であり、普遍的価値には程遠く言語（意味）脱落・本質脱落現象である。こうした認識に立てば、本書は自ずと従来の経済学の枠を超えた立論になるのは当然のことである。それゆえ、本書は民話的・土着的思考、民芸的思考、神話的思考など「もうひとつのこの世」的思考、一言で言えば、霊性的思考を重視し、経済的思考から霊性的思考への転換を強調している。その「もうひとつのこの世」は観念の想像世界ではなく、天と地の極大と極小を包み込む、不可視だが果てしなく大きくそして深い実在の世界で全ての存在が帰一すべき世界である。

私達人間も例外ではない。多くの悲惨で過酷な犠牲を伴う文明崩壊を見ることなく、無事で心穏やかな日々の暮しを取り戻すために私達は自然でありのままでありたいものである。私達人類とすべての生きものにとってこの地球は宇宙で唯一無二の生きる場であり空間であり、そしてこれからも人間らしい歴史を紡いでいかなければならない時空間だからである。地球外の天体に生きるなどということは幻想に過ぎない。

次に掲げるのは金子みすゞの詩、二編である。

不思議

私は不思議でたまらない、
黒い雲からふる雨が、
銀にひかっていることが。

私は不思議でたまらない、
青い桑の葉たべている、
蚕が白くなることが。

私は不思議でたまらない、
たれもいじらぬ夕顔が、
ひとりでぱらりと開くのが。

私は不思議でたまらない、

誰にきいても笑ってて、
あたりまえだ、ということが。（『金子みすゞ童謡集』八二〜三ページ）

蓮と鶏

泥のなかから
蓮が咲く。

それをするのは
蓮じゃない。

卵のなかから
鶏が出る。

それをするのは
鶏じゃない。

それに私は
気がついた。

それも私の

せいじゃない。（同右一一〇〜一一一ページ）

私達人間も意味ある存在として地球から生まれ、不思議の世界に身を置いている。人間も大地を踏みしめ、天を仰ぎ天に想いを馳せそしてこの地球という場で生きる以外にないのである。人として責任ある生き方をしなければならない。それがあたりまえというものである。にも拘らず、私達人間は地球を汚し穢すだけでなく、互に傷つけ合い憎しみ合う関係を繰り返している。暴力と破壊の連鎖を断ち切るのは私達人間の精神の問題である。

本書の特徴は、経済人類学の枠を超え、宗教の領域にかなりの程度足を踏み入れていることにある。経済人類学を生の世界のものにするためには、その領域との関わりを無視できないと思う。M・エリアーデや柳宗悦、そして井筒俊彦等の思想、宗教思想に共感をし、高く評価し、いまの私達が直面する文明論的課題に活かすことを彼等の言説で代弁させてもらった。と言うのも、私達の日々の生（と死）に関わる宗教的・霊性的とも言うべき不思議な根源的体験を如何に本書に書き込むか、それを如何なる言説で説き起こすかが常に念頭にあったからである。特に、柳の宗教認識・哲学は、筆者にとって自らの思想を的確に表現するのに極めて好都合であった。柳も、また井筒もある宗門・宗派にこだわる言説を展開していない、むしろそれを超えたところにある普遍的とも言うべき宗教の在り方すなわち千古不易なる本源的生の世界の本体と仕組みを見出そうとしているのである。いま重要なのはまさにその問題である。宗教に垣根はいらない、人を人として公平に見るのが宗教の基本であるはずである。柳はバーナード・リーチに宛てた手紙の中で、神秘主義的宗教の、宗派とは関係のない普遍的性格を強調しその研究を「希望をもって楽しみながら」深めたいと語っている（柳宗悦全集第二一巻上二〇〇〜二〇四ページ）。柳の文明観、宗教観はまさに人にとっての普遍の生き方を探ることを軸にしている。柳の用の世界を究めようとした民芸思想は彼の宗教観と切り離しては理解できない。真実のモノやコトに交わりたいとの想いである。その言説は筆者に常に多くの力を与えてくれた。そうした意味で経済人類学は宗教的生の世界と不可分の関係にあると思う。本書で指摘した原型コスモス（第一〇章）への回帰こそ私達の目指すべき方向である。本書が今後展開されるであろう文明のオルターナティブ論に少しでも役に立てることを願う。

本書は、初出一覧に見るように、比較文明学会九州支部編の研究誌『文明研究・九州』に掲載したものを殆ど再録している。九州支部研究会のみならず、会員の方々から多くの知的刺激を頂いている。記して、深く感謝を申し上げたい。また、大﨑正治国学院大学名誉教授には、絶えず貴重な批判的コメントを頂き感謝に堪えない。

なお、筆者の研究生活に家族の存在は大きく、私事で恐縮だが、本書を、私の妻裕子、息子の幸毅、そして娘家族(カドカ・ローシャン、知郷、怜生)に捧げたい。

最後になるが、本書の出版のため、弦書房の小野静男社長に多大なるご尽力を頂き、心より感謝申し上げたい。

二〇二四(令和六)年一〇月　福岡・宗像にて

前田芳人

参考文献

Arendt, H. (1958), *The Human Condition*, University of Chicago Press. 志水速雄訳（一九九四）『人間の条件』ちくま学芸文庫

Berque, A. (1986), *Le Sauvage et L'artifice, Les Japonais Devant La Nature*, Gallimard, Paris. 篠田勝英訳（一九九二）『風土の日本—自然と文化の通態—』ちくま学芸文庫

Blake, W. (1991), *Selected Poems*, ed. by P. H, Butter, Everyman's Library. 土居光知訳（一九九五）『ブレイク詩集』平凡社

Braudel, F. (1979), *Civilization Matérielle, Économie et Capitalisme, XVe-XVIIIe Siècle tome 2 Jes Jeux de L'Échange*, Librairie Armand Colin, Paris. 山本淳一訳（一九八六）『物質文明・経済・資本主義一五～一八世紀、Ⅱ-1、交換のはたらき1』みすず書房

Daly, H. E. ed. (1973), *Toward a Steady-State Economy*, W. H. Freeman and Company

Daly, H. E. (1977), *Steady-State Economics*, W. H. Freeman and Company

Eliade, M. (1958), *Patterns in Comparative Religion*, translated by Rosemary Seed and Ward, London. 堀一郎訳（一九六八）『大地・農耕・女性—比較宗教類型論—』未来社

———— (1958), *Birth and Rebirth*, Harper & Brothers Publishers, New York. 堀一郎訳（一九七一）『生と再生—イニシエーションの宗教的意義—』東京大学出版会

Grierson, P. P. J. H. (1903), *The Silent Trade, A Contribution to the Early History of Human Intercourse*, Edinburgh, William Green & Sons, Law Publishers. 中村勝訳（一九九七）『沈黙交易—異文化接触の原初的メカニズム序説—』ハーベスト社

Kimbrell, A. ed. (2002), *Fatal Harvest, The Tragety of Industrial Agriculture*. Island Press

Klein, N. (2007), *The Shock Doctrine: The Rise of Disaster Capitalism*, Henry Holt and Company Inc. 幾島幸子・村上由見子訳（二〇一一）『ショック・ドクトリン』岩波書店

Kolm, S. C. and Ythier, J. M. eds. (2006), *Handbook of the Economics of Giving Altruism and Reciprocity*, Vol.1, Elsevier

Kolm, S. C. (2008), *Reciprocity, An Economics of Social Relations*, Cambridge Uni. Pr.

Korten, D. C. (2006), *The Great Turning : From Empire to Earth Community*, Kumarian Press, Inc. and Berrett-Koehler Publishers Inc. 田村勝省訳（二〇〇九）『帝国から地球共同体へ』一灯舎

Malinowski, B. K. (1922), *Argonauts of the Western Pacific : An Account of Native Enterprise and Adventure in the Archipelagoes of Melanesian New Guinea*, George Routledge & Sons, Ltd. London. 泉靖一責任編集（一九八〇）、『西太平洋の遠洋航海者　メラネシアのニュー・ギニア諸島における原住民の事業と冒険の報告』、『マリノフスキー、レヴィ＝ストロース』（世界の名著71）中央公論社

Neusner, J. and Chilton B. eds. (2008), *The Golden Rule, The Ethics of Reciprocity in World Religions*, Continuum

Polanyi, K. (1957), " Aristole Discovers the Economy " in *Trade and Market in the Early Empires*, eds. by C. M. Arensberg and H. W. Pearson, The Free Press, Glencoe.「アリストテレスによる経済の発見」玉野井芳郎・平野健一郎編訳（一九七五）『経済の文明史』所収、日本経済新聞社

Polanyi, K. (1977), *The Livelihood of Man*, ed. by H. W. Pearson,

Academic Press. 玉野井芳郎・栗本慎一郎訳（二〇〇九）『人間の経済Ⅰ・Ⅱ』岩波書店
Polanyi, K. (2001), *The Great Transformation, The Political and Economic Origins of Our Time*, Foreword by J. E. Stiglitz, Introduction by F. Block. Beacon Press. 野口建彦・栖原学訳（二〇〇九）『［新訳］大転換　市場社会の形成と崩壊』東洋経済新報社
Renger, J. (2005), "K. Polanyi and the Economy of Ancient Mesopotamia", in *Autour de Polanyi ;Vocabulaires,théories et modalitiés des échanges*, Textes renuis par Ph. Clancier, F. Joannes, P. Rouillard et A. Tenu, De Boccard
Ricardo, D. (1817), *The Works and Correspondence of David Ricardo*, ed. by P. Sraffa, Cambridge Uni. Press (1951~73). リカードウ全集、堀・末永・鈴木・中野・杉本・玉野井監訳（一九六九～一九七八）、雄松堂書店。なお、全集第1巻（*On the principles of Political Economy and Taxation*）は、岩波文庫版（羽鳥卓也・吉沢芳樹訳（一九八七）『経済学および課税の原理』）が普及している
Shiva, V. (1993), *Monocultures of the Mind, Perspectives on Biodiversity and Biotechnology*, Zed Books: London and New Jersey & Third World Network: Penang, Malaysia. 戸田清・鶴田由紀訳（二〇〇三）『生物多様性の危機―精神のモノカルチュアー』明石書店
――（2005）, *Earth Democracy: Justice, Sustainability, and Peace*, South End Press, USA. 山根規雄訳（二〇〇七）『アース・デモクラシー』明石書店
Van Gennep, A. (1909), *Les Rites de Passage, Étude systématique des cérémonies*, Librairie Critique, Paris. 綾部恒雄・綾部裕子訳（二〇一二）『通過儀礼』岩波文庫
青木やよひ（一九九二）『ホピの国へ―アメリカインディアンに学ぶ―』廣済堂文庫
吾郷健二（二〇一〇）『農産物貿易自由化で発展途上国はどうなるか―地獄へ向う競争』明石書店
阿部珠理（一九九四）『アメリカ先住民の精神世界』ＮＨＫブックス
網野義彦（二〇〇五）『日本の歴史をよみなおす』筑摩書房
飯沼二郎（一九七〇）『風土と歴史』岩波新書
――（一九七九）『歴史の中の風土』日本評論社
石牟礼道子編（一九七二）『水俣病闘争わが死民』現代評論社
――編（二〇〇四）『不知火―石牟礼道子のコスモロジー』藤原書店
『石牟礼道子全集』全一七巻・別巻一（二〇〇四～二〇一四）藤原書店
イーシュワラン・E．スタイナー紀美子訳（二〇一四）『人間ガンディー―世界を変えた自己変革―』東方出版
井筒俊彦（一九八三）『意識と本質』岩波文庫
――（一九八九）『コスモスとアンチコスモス―東洋哲学のために―』岩波書店
稲田浩二（一九七八）「日本民話の伝承と風土―「花咲爺」をめぐって―」梅棹忠夫・江口一久・君島久子・稲田浩二・野村雅一・川田順造著『民話と伝承―世界の民族―』朝日新聞社
井上恭介（二〇一五）『里海資本論』角川新書
井上隆三郎（一九七九）『健保の源流―筑前宗像の定礼―』西日本新聞社
イムラー・H．栗山純訳（一九九三）『経済学は自然をどうとらえてきたか』農文協

煎本孝（二〇一九）『こころの人類学―人間性の起源を探る―』ちくま新書
岩岡中正編（二〇〇六）『石牟礼道子の世界』弦書房
岩田慶治（一九八六）『人間・遊び・自然―東南アジア世界の背景―』NHKブックス
岩波書店編集部編（二〇一二）『三・一一を心に刻んで』岩波書店
ウィリアムズ・E．中山毅訳（二〇二〇）『資本主義と奴隷制』ちくま学芸文庫
内野久美子（二〇一二）『太古からの道―地球の流れにそって歩こう』知恵の木ブックス
内橋克人編（二〇一一）『大震災の中で―私たちは何をすべきか』岩波書店
内山節（二〇〇五）『「里」という思想』新潮社
――（二〇〇六）『「創造的である」ということ㊤・㊦』農文協
――（二〇〇九）『怯えの時代』新潮社
――（二〇一〇）『共同体の基礎理論』農文協
――（二〇一一）『文明の災禍』新潮社
宇根豊（二〇一四）『農本主義へのいざない』創森社
鵜野祐介（二〇一五）『昔話の人間学』ナカニシヤ出版
江口司（二〇〇六）『不知火海と琉球弧』弦書房
衛藤吉則・石上敏・村中哲夫（一九九八）『仙厓』岡田武彦監修、西日本新聞社
江原昭善（一九八七）『人間性の起源と進化』NHKブックス
エリアーデ・M．堀一郎監修（一九七一～一九七七）『エリアーデ著作集』全一三巻、せりか書房
エンデ・M．田村登志夫編訳（二〇〇〇）『ものがたりの余白―エンデが最後に話したこと―』岩波書店
大江正章（二〇一五）『地域に希望あり―まち・人・仕事を創る―』岩波新書
大澤真幸（二〇一二）『夢よりも深い覚醒へ―三・一一後の哲学』岩波書店
大島広志（二〇一三）「笠地蔵」『昔話・伝説を知る事典』やまかわうみ第七号、アーツアンドクラフツ
太田浩史（二〇〇六）『柳宗悦と南砺の土徳』となみ民藝協会
岡村道雄（二〇〇〇）『縄文の生活誌』講談社
尾上修悟（二〇一八）『「社会分裂」に向かうフランス―政権交代と階層対立―』明石書店
樫尾直樹（二〇一〇）『スピリチュアリティ革命―現代霊性文化と開かれた宗教の可能性』春秋社
加藤義喜（一九八六）『風土と世界経済―国民性の政治経済学』文真堂
金子みすゞ、矢崎節夫編（一九九八）『金子みすゞ童謡集』ハルキ文庫
鎌田茂雄（二〇一八）『観音様』講談社学術文庫
鎌田東二（二〇〇五～二〇〇六）「美と聖性の内奥へ―柳宗悦論―」『春秋』二〇〇五年五月号～二〇〇六年一二月号
河合隼雄（一九八四）『日本人とアイデンティティ』創元社
――（一九八九）『生と死の接点』岩波書店
ガンディー・M．エルベール編、蒲穆訳（一九五〇）『ガーンディー聖書』岩波文庫
――、竹内啓二・浦田広朗・梅田徹・鈴木康之・保坂俊司訳（二〇〇二）『私にとっての宗教』新評論
木岡伸夫（二〇一一）『風土の論理―地理哲学への道』ミネルヴァ書房
木岡伸夫編著（二〇〇九）『都市の風土学』ミネルヴァ書房

北見秀司（二〇一〇）『サルトルとマルクスⅠ・Ⅱ』春風社
北山修・橋本雅之（二〇〇九）『日本人の〈原罪〉』講談社現代新書
木村秋則（二〇一三）『リンゴが教えてくれたこと』日経ビジネス人文庫
熊倉功夫編（一九八七）『柳宗悦茶道論集』岩波文庫
熊倉功夫・吉田健司共編（二〇〇五）『柳宗悦と民藝運動』思文閣出版
ゲルバート・A．深澤英隆・飛鳥井雅友訳（二〇一三）『現代日本のスピリチュアリティ―文学・思想にみる新霊性文化』岩波書店
小出裕章（二〇一一）『小出裕章が答える原発と放射能』河出書房新社
上妻国雄（一九七八）『宗像伝説風土記上・下』西日本新聞社
古島敏雄校注（一九七七）『百姓伝記上・下』岩波文庫
佐藤光（二〇〇六）『カール・ポランニーの社会哲学―『大転換』以後―』ミネルヴァ書房
三・一一Kids Photo Journal編（二〇一二）『三・一一キッズフォトジャーナル―岩手・宮城・福島の小中学生三三人が撮影した「希望」―』講談社
志賀直邦（二〇一六）『民藝の歴史』ちくま学芸文庫
白川静（一九七九）『中国古代の文化』講談社学術文庫
ジャカン・P．富田虎男監修、矢部文治訳（一九九二）『アメリカ・インディアン―奪われた大地―』創元社
ジャンケレヴィッチ・V．中澤紀雄訳（一九七八）『死』みすず書房
シューマッハー・E．F．酒井懋（二〇〇〇）『スモールイズビューティフル再論』講談社学術文庫
寿岳文章編（一九九一）『柳宗悦妙好人論集』岩波文庫
『鈴木大拙全集』全四〇巻（一九九九～二〇〇三）岩波書店
スズキ・D・T．柴田譲治訳（二〇〇三）『生命の聖なるバランス』日本教文社
鈴木秀夫（一九七五）『風土の構造』大明堂
瀬川拓男・松谷みよ子編（一九七三）『日本の民話六―土着の信仰―』角川書店
瀬川拓郎（二〇一六）『アイヌと縄文―もうひとつの日本の歴史―』ちくま新書
セルヴィーニュ・P．スチーヴンス・R．鳥取絹子訳（二〇一二）『崩壊学―人類が直面している脅威の実態―』草思社
外岡秀俊（二〇一二）『三・一一複合被災』岩波書店
曽根英二（二〇一〇）『限界集落―吾の村なれば―』日本経済新聞出版社
高島善哉（一九九七）『民族と階級』高島善哉著作集第五巻、こぶし書房
高橋哲哉（二〇一二）『犠牲のシステム―福島・沖縄』集英社
高木仁三郎・水戸巌・反原発記者会（一九八七）『われらチェルノブイリの虜囚』三一書房
竹中均（一九九九）『柳宗悦・民藝・社会理論』明石書店
田嶋謙三・神田リエ（二〇〇八）『森と人間―生態系の森・民話の森―』朝日新聞社
田中幸人・東靖晋（一九八一）『漂民の文化誌』葦書房
田中康弘（二〇一五）『山怪―山人が語る不思議な話―』山と渓谷社
――（二〇一七）『山怪弐―山人が語る不思議な話―』山と渓谷社
玉城哲・旗手勲（一九七四）『風土―大地と人間の歴史―』平凡社
玉城哲（一九七六）『風土の経済学―西欧モデルを超えて―』新

評論
千葉悦子・松野光伸（二〇一二）『飯館村は負けない―土と人の未来のために―』岩波書店
土田眞紀（二〇〇七）『さまよえる工藝―柳宗悦と近代―』草風館
坪田譲治編（一九七六）『日本むかしばなし集三』新潮文庫
――（一九七二）「『龍の子太郎』の解説」松谷みよ子『龍の子太郎』講談社文庫所収
鶴岡真弓（二〇一七）『ケルト再生の思想―ハロウインからの生命循環―』ちくま文庫
鶴見俊輔（一九九四）『柳宗悦』平凡社
トーニー・R．・H．出口勇蔵・越智武臣訳（一九五六・一九五九）『宗教と資本主義の興隆―歴史的研究―上・下』岩波文庫
渡植彦太郎（一九八六）『仕事が暮らしをこわす』農文協
――（一九八七）『技術が労働をこわす』農文協
中見真理（一九八七）『学問が民衆知をこわす』農文協
――（二〇〇三）『柳宗悦―時代と思想―』東大出版会
――（二〇一三）『柳宗悦―「複合の美」の思想―』岩波新書
中村生雄編著（二〇〇六）『思想の身体　死の巻』春秋社
中村元（二〇〇五）『〈生〉の倫理』春秋社
――（二〇〇一）『広説佛教語大辞典』東京書籍
中村政則（二〇〇五）『戦後史』岩波新書
中村光夫（一九六七）「『歴史と風土』について」（解説）『人生の本―歴史と風土』文芸春秋
永原慶二監修、石上英一・加藤哲郎他編（一九九九）『岩波日本史辞典』岩波書店
夏目漱石（一九一一）「現代日本の開化」『私の個人主義』講談社学術文庫
西田幾多郎（一九八七）『西田幾多郎哲学論集Ⅰ』岩波文庫
西村肇・岡本達明（二〇〇一）『水俣病の科学』日本評論社
野本寛一（一九九四）『共生のフォークロア―民俗の環境思想―』青土社
バージャー・T・R．藤永茂訳（一九九二）『コロンブスが来てから―先住民の歴史と未来』朝日選書
長谷川櫂（二〇〇九）『和の思想』中公新書
東島大（二〇一〇）『なぜ水俣病は解決できないのか』弦書房
東山魁夷（一九六七）『風景との対話』新潮社
――（一九七六）『日本の美を求めて』講談社学術文庫
東山魁夷画文集（一九九五）『四季めぐりあい』講談社
平山郁夫（一九八八）『群青の海へ』中公文庫
――（一九九八）『絵と心』読売新聞社
広井良典（二〇〇一）『定常型社会―新しい「豊かさ」の構想―』岩波新書
――（二〇〇九）『グローバル定常型社会―地球社会の理論のために―』岩波書店
広河隆一（二〇一一）『福島原発と人びと』岩波書店
深井純一（一九九九）『水俣病の政治経済学―産業史的背景と行政責任―』勁草書房
藤田紘一郎（二〇〇一）『謎の感染症が人類を襲う』PHP新書
藤森裕治（二〇〇〇）『死と豊穣の民俗文化』吉川弘文館
古川のり子（二〇一六）『昔ばなしの謎―あの世とこの世の神話学―』角川文庫
古田紹欽（一九八五）『仙厓』出光美術館
フロム・E．渡会圭子（二〇一八）『悪について』ちくま学芸文庫
ベック・U．伊藤美登里訳（一九九八）『危険社会』法政大学出版局
ベルク・A．中山元訳（二〇一一）『風土学序説―文化をふたた

び自然に、自然をふたたび文化に―』筑摩書房
前田英樹（二〇一三）『民俗と民藝』講談社選書メチエ
前田芳人（一九八四）「古典派定常経済論と現代経済―発展的社会から定常的社会へ―」大阪市立大学経済学会『經濟學雜誌』第八五巻第二・三号
――（二〇〇六）『国際分業論と現代世界―蓄積論から環境論・文化論へ―』ミネルヴァ書房
増田義郎（一九八九）『掠奪の海―カリブ』岩波新書
松井健（二〇〇五）『柳宗悦と民藝の現在』吉川弘文館
――（二〇一四）『民藝の擁護』里文出版
――（二〇一九）『民藝の機微』里文出版
松居友（二〇一三）『昔話とこころの自立』教文館
――（二〇一三）『昔話の死と誕生』教文館
松竹洸哉（二〇一八）『柳宗悦―「無対辞」の思想―』弦書房
松谷みよ子（一九六〇）『龍の子太郎』講談社文庫
――（一九一四）『民話の世界』講談社文庫
松谷みよ子・樋口淳編（一九九七）『死と再生の民話』童心社
黛まどか（二〇二二）「あすへの話題」日本経済新聞夕刊
マンフォード・L．久野収訳（一九七八）『人間―過去・現在・未来―』岩波新書
三澤勝衛著作集全四巻（二〇〇八）『風土の発見と創造』農文協
水尾比呂志（二〇〇四）『評伝　柳宗悦』ちくま学芸文庫
宮崎安貞編録・土屋喬雄校訂（一九三六）『農業全書』岩波文庫
ミル・J．・S．永茂喜訳（一九五九〜一九六三）『経済学原理一〜五』岩波文庫
メイエール・J．猿谷要監修、国領苑子訳（一九九二）『奴隷と奴隷商人』創元社
藻谷浩介（二〇一三）『里山資本主義』角川新書
守田志郎（一九七一）『農業は農業である』農文協
守田志郎著作集第三巻（一九七二）『農法―豊かな農業への接近―』農文協
『柳宗悦全集』全二五巻（一九八〇〜一九九二）、筑摩書房
安田喜憲（一九九二）『日本文化の風土』朝倉書店
――（一九九七）『東西文明の風土』朝倉書店
安室知・小島孝夫・野地恒有編著（二〇〇八）『日本の民俗1　海と里』吉川弘文館
山下惣一（一九九八）『身土不二の探究』創森社
山本義隆（二〇一一）『福島の原発事故をめぐって』みすず書房
――（二〇一八）『近代日本の一五〇年―科学技術総力戦体制の破綻―』岩波新書
山森亮（二〇〇九）『ベーシック・インカム入門』光文社新書
結城登美雄（二〇〇九）『地元学からの出発―この土地に生きた人びとの声に耳を傾ける―』農文協
湯川洋司（一九九一）『変容する山村―民俗再考―』日本エディタースクール出版
レヴィ＝ストロース、川田順造・渡辺公三訳（二〇〇五）『レヴィ＝ストロース講義―現代世界と人類学』平凡社
若松英輔（二〇一一）『井筒俊彦―叡智の哲学―』慶応義塾大学出版会
――（二〇一五）『霊性の哲学』角川選書
渡辺京二（二〇〇五）『逝きし世の面影』平凡社
――（二〇一三）『もうひとつのこの世―石牟礼道子の宇宙』弦書房
――（二〇一四）『幻影の明治―名もなき人びとの肖像―』平凡社
『和辻哲郎全集』全二〇巻（一九六一〜一九六三）岩波書店

初出一覧

序　章　経済学が直面している課題とは何か――本書の構成と素描――書き下し
第一章　「人間の経済と「市場」―K・ポランニーの本来的市場論の構造―」（西南学院大学経済学論集第四四巻第二・三号、二〇一〇年所収）
第二章　「石牟礼道子の精神世界と現代文明―人間・風土・神々の円環構造の文明論的意味―」（比較文明学会九州支部『文明研究・九州』第五号、二〇一一年所収）
第三章　「震災・原発事故と文明論的課題―生と死の社会経済学―」（比較文明学会九州支部『文明研究・九州』第六号、二〇一二年所収）
第四章　「日本文明の基層と柳宗悦の世界―手仕事における美と道徳と経済の調和―」（比較文明学会九州支部『文明研究・九州』第三号、二〇〇九年所収）
第五章　「柳宗悦の「用の世界」論―重層的価値世界の構造―」（比較文明学会九州支部『文明研究・九州』第八号、二〇一四年所収）
補　章　「柳宗悦の「こころの経済学」―経済原理としての「物心一如の世界」―」（西南学院大学経済学論集第五四巻第三・四合併号、二〇二〇年所収）
第六章　「風土と経済―風土といのちの産業としての農業の再生―」（比較文明学会九州支部『文明研究・九州』第七号、二〇一三年所収）
第七章　「風土の思想と経済学―民話の世界の経済学―」（比較文明学会九州支部『文明研究・九州』第一〇号、二〇一六年所収）
第八章　「伝承と創造の経済学―「生における死と再生」の思想―」（比較文明学会九州支部『文明研究・九州』第一二号、二〇一八年所収）
第九章　「柳宗悦の不二の思想―新型コロナ問題の本質とは何か―」（比較文明学会九州支部『文明研究・九州』第一五号、二〇二一年所収）
第一〇章　「文明転換と経済人類学―現代文明の死と再生の道程―」（比較文明学会九州支部『文明研究・九州』第一七号、二〇二三年所収）

なお、本書に収録するにあたり、誤字、脱字の修正だけでなく、タイトルの変更および内容の加筆・修正をしたところがある。

ま行

や・ら・わ行

な行

は行

た行

さ行

索引（人名と事項）

（ただし、人名のうち、K・ポランニー、石牟礼道子、柳宗悦、井筒俊彦は除外した）

〔著者略歴〕

前田芳人（まえだ・よしと）

一九四二年生まれ。専攻：世界経済論、社会経済学、経済人類学。

西南学院大学名誉教授、経済学博士。おはなし会昔っコ「民話の会むなかた」代表。

大阪市立大学（現・大阪公立大学）大学院経済学研究科博士課程修了。八幡大学（現・九州国際大学）教授を経て、西南学院大学経済学部教授。カナダ・モントリオール、コンコーディア大学カール・ポランニー経済学研究所客員研究員（一九九七年八月～一九九八年七月）。

著書『国際分業論と現代世界』（ミネルヴァ書房、二〇〇六年）。編著『国際経済の新展開』（世界思想社、一九八二年）、編著『貿易問題』（ミネルヴァ書房、一九九四年）。共著『世界経済の構造と展開』（ミネルヴァ書房、一九七九年）、共著『世界経済論を学ぶ』（有斐閣、一九八〇年）、共著『国際労働力移動』（東京大学出版会、一九八七年）、共著『国際貿易の古典理論』（同文館、一九八八年）、共著『現代資本主義と流通』（ミネルヴァ書房、一九八九年）、共著『新版世界経済』（ミネルヴァ書房、一九九八年）、共著『重商主義再考』（日本経済評論社、二〇〇二年）など。

人間存在の経済人類学
——社会再生への道程

二〇二四年一二月一〇日発行

著者 前田芳人
発行者 小野静男
発行所 株式会社 弦書房
（〒810・0041）
福岡市中央区大名二―二―四三
ELK大名ビル三〇一
電話 〇九二・七二六・九八八五
FAX 〇九二・七二六・九八八六

組版・製作 合同会社キヅキブックス
印刷・製本 シナノ書籍印刷株式会社

落丁・乱丁の本はお取り替えします。

ISBN978-4-86329-294-9 C0095